Der Weißstorch

Ciconia ciconia

von Dr. Gerhard Creutz, Neschwitz

2., erweiterte Auflage

Mit 94 Abbildungen

Die Neue Brehm-Bücherei

A. Ziemsen Verlag · Wittenberg Lutherstadt · 1988

Creutz, Gerhard:
Der Weißstorch: Ciconia ciconia / von Gerhard Creutz. – 2., erw. Aufl. – Wittenberg
Lutherstadt: Ziemsen, 1988. – 236 S. : 94 Ill. : (Die neue Brehm-Bücherei; 375)
ISBN 3-7403-0172-4

ISBN 3-7403-0172-4

ISSN 0138-1423

Die Neue Brehm-Bücherei 375

© A. Ziemsen Verlag · DDR Wittenberg Lutherstadt · 1988
Lizenz-Nr. 251-510/116/88 · LSV 136 5
Herstellung: Messedruck Leipzig III - 18 - 127
Printed in GDR
Bestellnummer 800 178 2

02080

*„Störche sind Zeugen einer noch einigermaßen
heilen Umwelt – ihr Schwinden und gar ihr
Ausbleiben ist ein Alarmzeichen!"*

Ernst Schüz

dem dieses Buch in Dankbarkeit gewidmet wird

Vorwort zur 2. Auflage

Wenn Bücher – wie es gern gesagt wird – ihr Schicksal haben, dann gilt dies in ganz besonderem Maße von dem vorliegenden Band „Weißstorch" der Neuen Brehm-Bücherei. Diese volkstümliche Vogelgestalt, die jedes Kind mindestens schon aus seinem Bilderbuch kennt, wurde bereits 1951 in einem der ersten Bändchen (NBB 35) von Prof. R. Mell behandelt. Auf 44 Seiten bot er einen Überblick über das Leben des Vogels und fügte 18 Abbildungen und 12 Literaturangaben bei. Nach Mells Tod (†1966) besorgte Dr. F. Hornberger 1967 eine Neubearbeitung (NBB 375), die fast den vierfachen Umfang und dazu 67 Abbildungen und 95 Quellenangaben umfaßte. In sie konnte der storchvertraute Verfasser, der sein Leben fern von seinem langjährigen Wirkungskreis in Tübingen beendete († 1970), seine reichen Erfahrungen einfließen lassen.

In den letzten Jahrzehnten machte die Storchforschung ungeahnte Fortschritte, nicht zuletzt durch die Anregungen von Prof. Dr. Ernst Schüz, dem früheren Leiter der Vogelwarten Rossitten (jetzt Rybatschi) und danach Radolfzell. Durch die Beringungsergebnisse und die Anwendung ablesbarer Kennringe wurde der Weißstorch zu einem der bekanntesten Vögel, und das Schrifttum über ihn wuchs zu einem kaum noch überschaubaren Umfang an. So machte sich eine erneute Bearbeitung der längst vergriffenen zweiten Auflage notwendig. Kein anderer wäre dazu berufener gewesen als Prof. Schüz selbst. Er ist zweifellos der beste Kenner dieser Vogelart, aus dessen Feder wenigstens 125 Veröffentlichungen zum Thema „Storch" stammen. Leider mußte er diesen vielseitigen Wunsch ablehnen. Auf seinen Vorschlag hin wurde mir die schwierige Aufgabe übertragen. In einer Neubearbeitung mußten sowohl das umfangreiche Schrifttum ausgewertet und die neuen Ergebnisse berücksichtigt als auch andererseits manche zu stark in Einzelheiten abschweifende Darstellungen der 2. Bearbeitung durch Allgemeingültiges ersetzt werden. Dies zu bewältigen wäre mir ohne die uneigennützige Hilfe von Prof. Schüz wohl kaum gelungen, weshalb ich ihm dafür meinen herzlichsten Dank sagen möchte. Weiterhin danke ich den Herren Dr. R. Kuhk, Dr. M. Dornbusch, Dr. W. Zimdahl, H. Heckenroth und G. Fiedler für vielfältigen Rat, ebenso all den Beobachtern und Bildautoren, die hier ungenannt bleiben müssen. Weiterhin gilt mein herzlicher Dank den Mitarbeitern der Vogelwarten Radolfzell, Helgoland und Hiddensee und den zahlreichen Helfern beim Beringen und Ablesen der Kennringe, die große Opfer an Zeit gebracht und manchen gefährlichen Einsatz gewagt haben, hier aber nicht namentlich genannt werden können.

Wie viele andere Großvögel oder auf Feuchtgebiete angewiesene Vogelarten ist auch der Weißstorch durch landschaftsgestaltende Maßnahmen in seinem Bestand arg bedroht und deshalb schutzbedürftig. Ich wünschte, daß dieses Buch nicht nur zu seiner Kenntnis, sondern auch zu seiner Erhaltung einen wesentlichen Beitrag zu leisten vermöchte!

Neschwitz, Frühjahr 1987   Dr. Gerhard Creutz

Inhaltsverzeichnis

In diesem Buch werden folgende inzwischen international übliche Abkürzungen verwendet:

Brut:
a HPa = Horstpaar allgemein (b + c + d)
b HPm = Horstpaar mit ausfliegenden Jungen a — (c + d)
c HPo = Horstpaar ohne Junge a — (b + d)
HPn = nichtbrütendes Horstpaar
HPo— = Paar ohne Gelege, zwischen 14. 4. und 15. 6. mindestens 4 Wochen am Horst
HPo[—] = Horstpaar mit Gelegeverlust
HPe = erfolgloses Horstpaar
HPo[m] = Horstpaar mit unbefruchtetem Gelege
d HPx = Horstpaar mit unbekanntem Nachwuchs a — (b + c)
HE = Horst mit Einzelstorch
HB = Horst mit gelegentlichem Besuch (HB1, HB2)
Hu = Horst unbesetzt
Hnk = Horst nicht kontrolliert
e JZG = Gesamtzahl der ausfliegenden Jungen im Gebiet
f JZa = durchschnittliche Jungenzahl der HPa e : (b + c) (= „allgemeiner Jungenindex")
g JZm = durchschnittliche Jungenzahl der HPm e : b
StD = Storchendichte, HPa/100 km^2
StDBio = HPa-Zahl umgerechnet auf 100 km^2 Storchbiotop-Anteil des Landes

Horststand:
HD = Hartdach (dem Bauwerk unmittelbar aufsitzend, dazu Angabe über Baumaterial, ferner mit oder ohne Nisthilfe)
WD = Weichdach (wie vorige)
S = Schornstein oder Lüfter, freistehend, Baumaterial, Höhe
M = Mast oder Gestell, freistehend, ohne Leitungen, Baumaterial, Höhe
EM = Elektro- oder Telefonmast mit Leitungen, mit oder ohne Nisthilfe, Baumaterial, Höhe, Konstruktion
B = Baum mit Art, Höhe, mit oder ohne Nisthilfe

Zug:
ZS = Zugscheide
ZSG = Zugscheidengrat
ZSM = Zugscheidenmischgebiet
Ross. = Vogelwarte Rossitten
Rad. = Vogelwarte Radolfzell
Helg. = Vogelwarte Helgoland
Hidd. = Vogelwarte Hiddensee

1. Zur Systematik

Die Gruppe der Storchvögel hat ein hohes stammesgeschichtliches Alter, worauf schon die Verschiedenheit der in ihr zusammengefaßten Arten und ihre unzusammenhängende Verbreitung hinweisen. Erste Vorfahren haben vermutlich bereits im Erdmittelalter vor etwa 100 Millionen Jahren zur Kreidezeit gelebt. Für das alttertiäre Oligozän vor 50 Millionen Jahren konnten bereits mehrere Storcharten in einigen Erdteilen außer Asien nachgewiesen werden. Die erdgeschichtlich frühesten Nachweise für Europa sind fossile Funde aus dem Jungtertiär (Oberpliozän) in Senèze, Haute-Loire, Frankreich und aus dem Quartär in Frankreich (Höhle Lunel-Vieil), Böhmen (Holubic) und der Schweiz (Salève), wo auch in den Pfahlbauten von Mosseedorf und Robenhausen Funde aus der mittleren Steinzeit gelangen (Lamprecht 1964). Sie stützen allerdings die aufgrund der Parasitenfauna von Szidat (1940) in Afrika angenommene Urheimat der Störche nicht, doch muß man die Zufälligkeit fossiler Funde berücksichtigen.

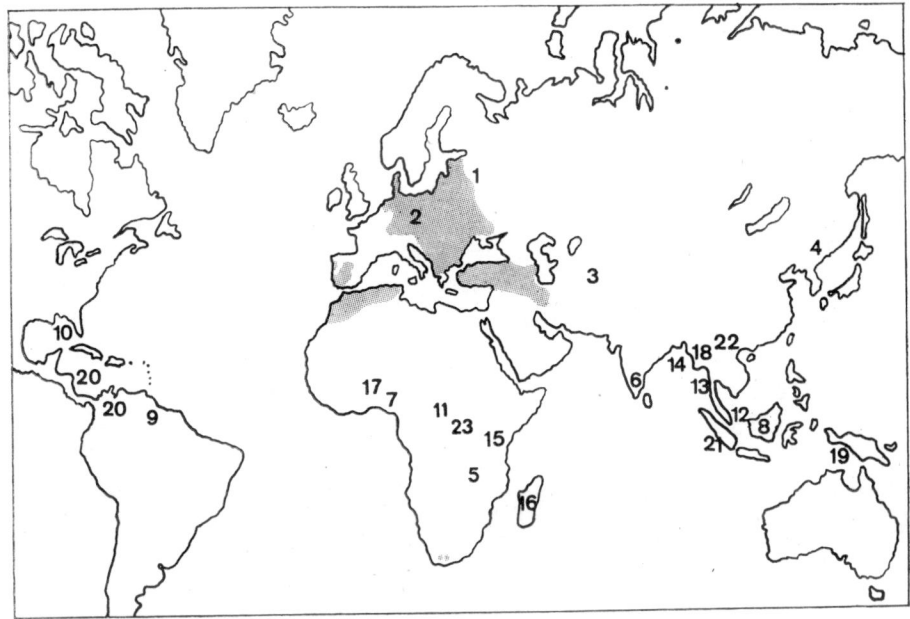

Abb. 1. Die Verbreitung der Storcharten und -unterarten.
1 *Ciconia nigra*, 2 *C. c. ciconia*, 3 *C. ciconia asiatica*, 4 *C. boyciana*, 5 *C. abdimii*, 6 *C. e. episcopus*, 7 *C. episcopus microscelis*, 8 *C. episcopus stormi*, 9 *C. maguari*, 10 *Mycteria americana*, 11 *M. ibis*, 12 *M. cinerea*, 13 *M. leucocephala*, 14 *Anastomus oscitans*, 15 *A. l. lamelligerus*, 16 *A. lamelligerus madagascariensis*, 17 *Ephippiorhynchus senegalensis*. 18 *E. a. asiaticus*, 19 *E. asiaticus australis*, 20 *Jabiru mycteria*, 21 *Leptoptilos javanicus*, 22 *L. dubius*, 23 *L. crumeniferus*. Orig.

Tabelle 1. Kennzeichen der Storcharten

Name	Verbreitung	Größe cm	Gewicht kg	Färbung des Gefieders	Schnabel	Ständer	Bemerkungen
Schwarzstorch *Ciconia nigra* (L., 1758)	gemäßigte Zone, besonders Mitteleuropa bis Ussuri	120	2,5–3,0	schwarz, glänzend, außer Brust und Bauch (weiß)	lang, spitz, dunkel karminrot	dunkel karminrot	verstreute Vorkommen in SW-Europa und S-Afrika
Weißstorch *C. ciconia* (L., 1758)	Europa bis Iran, selten in S-Afrika	130	2,6–4,5	weiß, Schwingen schwarz	rot	rot	*C. c. ciconia* (L., 1758) Europa bis Iran, *C. c. asiatica* Severtzov, 1872 in Turkestan (größer!)
Schwarzschnabelstorch *C. boyciana* Swinhoe, 1873	Amur- und Ussurigebiet bis zum Japanischen Meer	150	3,5–5,0	Schwingen dunkel	schwarz, kräftig	rot	jetzt als selbständige Art anerkannt
Abdim- oder Regenstorch *C. abdimii* (Lichtenstein, 1823)	mittleres Afrika zwischen Sahara und Äquator	75	1,0–1,6	ähnlich Schwarzstorch, aber weißer Hinterrücken	dicker, kürzer, dunkel graugrün	graugrün, Füße rot	kleinster Storch! Wandert zur Regenzeit in das Winterquartier im nördlichen S-Afrika
Weißhals- oder Wollhalsstorch *C. episcopus* (Boddaert, 1783)	Tropen von Afrika und Indien bis Philippinen	150		schwarz, Kopf und Hals weiß, Schwanz gegabelt	schwarz	rot	*C. e. episcopus* (Boddaert, 1783) in Indien mit schwarz. Oberkopf, *microscelis*. (G. R. Gray, 1848) im tropischen Afrika mit schwarzem Scheitel *stormi* (W. Blasius, 1896) auf Kalimantan. Selten!

Maguaristorch *C. maguari* (Gmelin, 1789)	Südamerika von Venezuela bis Argentinien	130		weiß, Schwingen und der gegabelte Schwanz schwarz	bläulich-grün	rot	Bodenbrüter in Sümpfen, Nestlinge schwärzlich, Augen weiß
Amerika-Waldstorch *Mycteria americana*, (L., 1758)	Südstaaten N-Amerikas bis N-Argentinien, Paraguay u. Südbrasilien	120	2,0–3,0	Kopf und Hals nackt, schwärzlich wie Schwingen und Schwanz, sonst weiß	lang, abwärts gekrümmt, schwarz	schwärzlich, Zehen hellrosa	einzigster Storch N-Amerikas
Afrika-Waldstorch od. Gelbschnabelstorch *M. ibis* (L., 1766)	tropisches Afrika zwischen Sahara und Oranjefluß	110	2,0	weiß bis rosa, Schwingen und Schwanz schwarz, Gesichtshaut rot	lang, gelb, abwärts gekrümmt	gelb	„Nimmersatt"
Milch-Waldstorch *M. cinerea* (Raffles, 1822)	SE-Asien bis Indonesien	120	2,5	Kopf und Hals befiedert, rotbraune Gesichtshaut, weiß	strohgelb, lang, dünn	fleisch-farben	stark gefährdet!
Bunt-Waldstorch *M. leucocephala* (Pennant, 1769) („painted stork")	tropisches Asien von Indien bis Indochina, Kambodscha, Vietnam	120	2,0–3,0	Flügelrand und Brustband schwarz-weiß, Gesichtshaut u. Kehle rötlich	gelb, lang abwärts gekrümmt		
Weiß-Klaffschnabel *Anastomus oscitans* (Boddaert, 1783)	Indien, Sri Lanka bis Hinterindien, Vietnam	90	1,4–1,8	Flügel weiß, Schwingen u. Schwanz schwarz	grünlich, ziemlich lang, seitlich abgeplattet	rot	Schnabelspalt! Erst spät in Jugendentwicklung hervortretend, erleichtert das Aufnehmen großer schlüpfriger Gehäuseschnecken, „Begrübung" ohne Klappern
Schwarz-Klaffschnabel *A. lamelligerus* (Temminck, 1823)	tropisches Afrika und Madagaskar	100	1,5	völlig schwarz, z. T. gelblich metallisch glänzend	z. T. gelblich hornfarben		in Afrika *lamelligerus*, auf Madagaskar *madagascariensis* Milne-Edwards, 1880 mit länger. Schnabel

Name	Verbreitung	Größe cm	Gewicht kg	Färbung des Gefieders	Schnabel	Ständer	Bemerkungen
Sattelstorch *Ephippiorhynchus senegalensis* (Shaw, 1800)	tropisches Afrika von Senegal und Sudan bis S-Afrika	160	5,0	ähnlich Riesenstorch	rotschwarz bis rot, gelber Sattel	schwarz, rote Gelenke	Spannweite 240 cm
Riesenstorch od. Schwarzhalsstorch *E. asiaticus* (Latham, 1790)	Indien, Hinterindien und Neuguinea N- und E-Australien	160	6,0	Kopf, Hals und Flügel schwarz, Oberrücken und Bauch weiß	glänzend schwarz, Auge beim ♂ schwarz, beim ♀ gelb	korallenrot	größter Storch, *asiaticus* (Latham, 1790) in SE-Asien, *australis* (Shaw, 1800) in Australien und Neuguinea
Jabirustorch *Jabiru mycteria* (Lichtenstein, 1819)	Mexiko bis N-Argentinien	150	3,5	völlig weiß, Kopf und Hals unbefiedert, schwarz	schwarz, stark, aufwärts gekrümmt	dunkelgrau	weit verbreitet, aber nirgends häufig
Stirnplatten-Marabu (Kleiner Adjutant) *Leptoptilos javanicus* (Horsfield, 1821)	NE-Indien, Sri Lanka, SE-Asien bis Vietnam, Djava, Sumatera	130	5,0	Oberseite dunkelgrau, Brust und Bauch weiß, Kopf und Hals fast nackt	lang, leicht aufwärts gekrümmt	schwarz	Flügelspannweite bis 3,20 m, kein Kehlsack
Argala-Marabu (Großer Adjutant) *L. dubius* (Gmelin, 1789)	NE-Indien, SE-Asien, Burma, Thailand	150	6,0	Kopf und Hals fast nackt, rosagraues breites Flügelband	massig, hell hornfarben	schwarz	großer Kehlsack aufblähbar
Afrika-Marabu *L. crumeniferus* (Lesson, 1831)	tropisches Afrika südlich der Sahara bis Natal	130	6,0–7,0	ähnlich dem vorigen, doch ohne helles Flügelband	hornfarben	schwarz oder grau	großer Kehlsack, „Kropfstorch"

In der Ordnung Schreitvögel (Ciconiiformes) werden außer der Familie der eigentlichen Störche (Ciconiidae) auch die Reiher, Ibisse und Löffler zusammengefaßt, weiterhin als offenbar recht nahe verwandte Arten mit stark abweichendem Äußeren der Schuhschnabel *(Balaeniceps rex)* und von manchen Taxonomen auch der seltsame Hammerkopf *(Scopus umbretta)*. Dieser reichlich hühnergroße Vogel, der seinen Namen von dem stark verlängerten Federschopf erhielt und wegen seiner gleichmäßig dunkelbraunen Färbung auch Schattenvogel genannt wird, weist wie die Reiher eine gezähnte Mittelzehe und Puderdaunen auf, ferner einen Stimmapparat, der ihn zu Lautäußerungen befähigt, während andererseits der im Flug vorgestreckte Hals an die Störche erinnert. An den Gewässern Afrikas zwischen Sahara, Arabien, Madagaskar und der Kapprovinz geht er dem Fang von Kleintieren nach und baut sein mächtiges Kugelnest in die Bäume, während der ähnlich lebende Schuhschnabel sein Nest in Grassümpfen und Papyrusdickichten zwischen Nil und Kongo anlegt. Schreitend oder lauernd geht der große graue Stelzvogel dem Fischfang nach. Eigenartig ist sein schuhförmiger, etwa 20 cm langer und ebenso hoher, gelbbraun gemusterter Schnabel, den er beim Klappern wie ein Storch zurücklegt. Insgesamt werden in der Ordnung der Schreitvögel 59 Gattungen mit 115 Arten, von denen für 42 noch zusammen weitere 116 Unterarten beschrieben wurden, zusammen also 231 Formen, vereinigt. Sie sind Nesthocker, deren Hals und Beine meist lang sind.

In der Nomenklatur der eigentlichen Störche (Ciconiidae) schließen wir uns den taxonomischen Folgerungen an, die Kahl nach 11jährigen vergleichenden Verhaltensstudien an Störchen gezogen hat (Kahl u. Schüz 1972). Er gliedert die Familie in die Untergruppen der Störche (Tribus Ciconiini), der Waldstörche und Klaffschnäbel (Tribus Mycteriini) und der Riesenstörche und Marabus (Tribus Leptoptilini) mit zusammen 6 Gattungen und 18 Arten (s. Tab. 1). Es sind sämtlich große, hochbeinige und langhalsige Vögel mit meist schwarzweißem Gefieder. Sie bewohnen vorwiegend wasserreiche Gebiete der tropischen Zonen aller Erdteile. Schwarz- und Weißstorch sind auch in den gemäßigten Gebieten der Paläarktis heimisch und ausgesprochene Zugvögel, doch wandern auch tropische Arten. Der in der halbtrockenen Buschsavanne Senegals und Äthiopiens zwischen 6° N und 15° N brütende Regenstorch *(Ciconia abdimii)* findet während der Regenzeit die besten Bedingungen für die Aufzucht seiner Jungen und zieht dann nach Südafrika, wenn dort die Regenzeit einsetzt.

Störche sind gute Flieger, die im Flug den Hals vorgestreckt halten, nach mehreren Flügelschlägen Gleitstrecken einschalten oder besonders gern in hochsteigender Warmluft segeln und kreisen. Ihnen fehlen die Putzzähne an der Mittelzehe und Puderdaunen, wie sie die Reiher aufweisen. Dagegen ist die Bürzeldrüse bei ihnen gut entwickelt. Ihr Stimmapparat ist ohne Muskulatur, weshalb sie fast ausnahmslos nur zischen können oder mit dem Schnabel klappern. Ihre Beute besteht vorwiegend in lebenden Kleintieren, also in Mäusen, Fröschen, Schlangen und Fischen, ferner aus Insekten, Würmern und Schnecken, die sie laufend oder springend, nicht aber schleichend, verfolgen, doch verschmähen sie auch Aas nicht. Sie sind vorwiegend tagaktiv und schlafen mit zurückgelegtem Kopf, den Schnabel in das Halsgefieder gebettet. Die gleichgefärbten Eltern sind gemeinsam an der Aufzucht der einzigen Jahresbrut beteiligt, die bei großen Storcharten bis über fünf Monate in Anspruch nehmen kann. Sie tragen das Futter im Kehlsack herbei und erbrechen es in die Nestmulde des großen Horstes, der nicht selten mit anderen in Brutkolonien vereinigt ist. Durch das Einschränken ihres Lebensraumes sind vor allem der Schwarzstorch, der Wollhalsstorch auf Kalimantan (Borneo) und die westwärts wegziehende Population des Weißstorches, ganz besonders aber dessen Unterart, der Turkestanstorch, und der fernöstliche Schwarzschnabelstorch, bedroht, deren Bestände jeweils mit höchstens 600 bis 800 Brutpaaren angegeben werden.

Als brauchbarste Kennzeichen der Arten haben sich Größe, Form und Farbe des Schnabels, die Gefiederfärbung und Unterschiede in der Bevorzugung bestimmter Futtertiere bzw. in der Art, sie zu erbeuten, erwiesen.

2. Der Weißstorch und seine zwei Unterarten

2.1. Der Weißstorch *Ciconia ciconia ciconia* (L., 1758)

Mit Ausnahme der Schwungfedern, der längsten Oberflügeldecken und der großen Deckfedern, die sämtlich schwarz sind, ist das Gefieder des Storches weiß. Zeitweise Braunfärbung vor allem der Brust- und Bauchfedern ist auf Verschmutzung zurückzuführen, während bei ausschließlicher Fischfütterung gefangengehaltener Störche das weiße Gefieder leicht lachsrosafarben überflogen erscheint. Gelegentlich treten im weißen Schwanz einzelne schwarze Federn auf. Ein nackter Zügelstreif durch das Auge ist bei nestjungen Störchen schwarz, wird später schwarzgrau und bei Altstörchen wieder schwarz, wie auch ein Hautring um das Auge und die Kehlhaut am Kinn, die weiter nach hinten zu unregelmäßig, aber scharf begrenzt rot ist. Die beim Jungvogel gräuliche Iris verfärbt sich später ins Bräunliche.

Der leuchtend rote Schnabel ist beim Männchen 150–190 mm (im Durchschnitt etwa 175 mm) lang und an seiner Basis 37 mm hoch. Seine Unterkante ist meist im vordersten Teil leicht aufwärts geschwungen, während sie beim Weibchen etwa nach dem ersten Drittel einen Knick aufweisen kann und der Schnabel kürzer ist (140–170 mm). Die Schnabelform ist jedoch kein zuverlässiges Geschlechtsmerkmal. Bei Nestjungen ist der Schnabel schwärzlich gefärbt und hat eine bräunliche Spitze. Zur Zeit des Flüggewerdens verfärbt er zunächst ins Bräunliche und dann ins Blaßrote, behält aber eine dunkle Spitze.

Nestjunge Störche vertauschen ihr 1. Dunenkleid aus kurzen lockeren Daunen schon etwa gegen Ende der ersten Lebenswoche mit dem 2. Dunenkleid, das länger, dichter und weiß ist. Das Jugendkleid ist ebenfalls weiß, die dunklen Federn aber eher braunschwarz als schwarz. Manchmal sind Einzelfedern im Schwanz, Rücken, an den Flanken oder auch mittlere Flügeldecken mehr oder weniger grau, bei fast allen Jungstörchen auch die Spitzen der mittleren und kleinen Unterflügeldecken oder der mittleren Oberflügeldecken längs des Schaftes durch unscharf begrenzte graubraune bis graue Flecken. Sie werden – wie auch die Deckfedern der Handschwingen – im Alterskleid völlig weiß (Orn. Mitt. 35, 1983, S. 186). Die Beine („Ständer") sind zunächst rosa, werden aber bald schwarzgrau und

	Storch	Graureiher	Kranich
	200	220	260
	200	210	220
	90	110	110
	110	80	100
	220	140	260
gesamt	820	760	950
Schnabel First	175	115	100
Schnabel Spalt	190	150	115

Abb. 2. Vergleich der Größenmaße von Weißstorch, Graureiher und Kranich (Durchschnittswerte für Männchen; Angaben in mm). Orig.

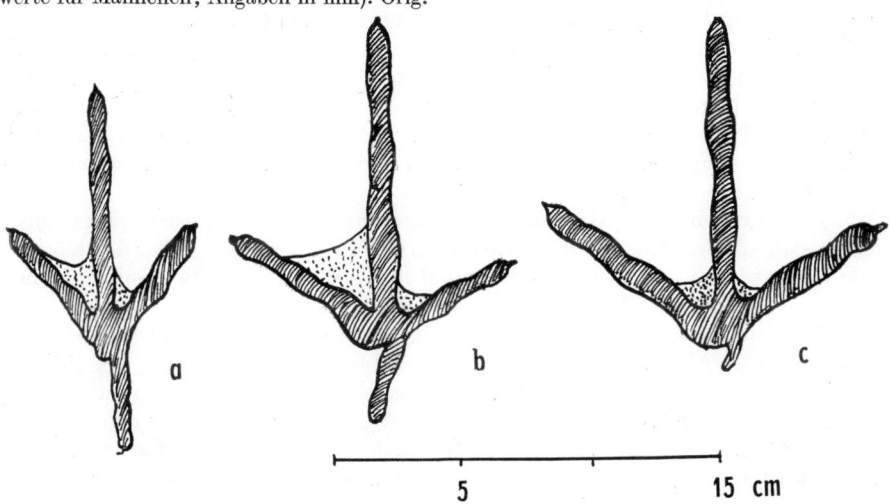

Abb. 3. Trittsiegel des linken Fußes von Graureiher (a), Weißstorch (b) und Kranich (c). Orig.

13

beim Jungstorch dann bräunlichrot, ehe sie ein leuchtendes Rot wie beim Altstorch bekommen, bei dem sie eine Länge von 195–240 mm erreichen. Zwei Fußwurzelknochen sind mit dem Schienbein zum Unterschenkel verwachsen (Tibiotarsus), während die übrigen und die Mittelfußknochen zum Lauf (Tarsometatarsus) verschmolzen sind. Von den gut ausgebildeten Zehen ist die nach hinten gerichtete nur wenig höher angesetzt als die vorderen und berührt beim Stehen und Laufen den Boden (s. Abb. 3). Die Vorderzehen haben Spannhäute, die zum Teil als schmale Säume bis fast an die Zehenspitzen reichen. Die Flügellänge schwankt beim Männchen zwischen 530 und 630 mm, beim Weibchen nur bis 590 mm und beträgt im Durchschnitt etwa 580 mm, die Schwanzlänge 215–260 mm.

Für das Körpergewicht liegen nur wenige Angaben vor. Es ist beim Männchen höher und beträgt 2600–4400 g, im Durchschnitt etwa 3800 g, während das Weibchen nur 2500–3900 g und im Durchschnitt etwa 3300 g schwer wird. Offenbar nimmt das Gewicht im Juli und August zu, so daß die Störche mit guten Reserven den Wegzug antreten können. Steinfatt (1936) ermittelte bei erlegten Störchen folgende Durchschnittswerte:

	Juni (n = 14)	15. Juli–10. August (n = 12)
♂	3341 g	3970 g
♀	3150 g	3521 g

Äußere Geschlechtsunterschiede gibt es nicht, so daß es kaum möglich ist, einen Einzelvogel sicher auf sein Geschlecht hin anzusprechen. Es gibt kein einwandfreies Merkmal für die Geschlechter, vielmehr überschneiden sich die Maße. Besteht die Möglichkeit eines Vergleiches, erweist sich das Männchen meist als größer und kräftiger, wobei möglicherweise das Alter eine Rolle spielt. Die individuellen Unterschiede können erheblich und ein junges Männchen kann kleiner als ein altes Weibchen sein. Gewichts- und Größenentwicklung mit zunehmendem Alter sind unbekannt.

Einige Sicherheit in der Geschlechtsbestimmung – aber keineswegs eine völlige! – ergibt sich aus dem Zusammentreffen mehrerer Kennzeichen. Außer der Körpergröße spricht auch der klobigere Schnabel mit der oft aufwärts geschwungenen Spitze des Unterschnabels für ein Männchen, während das Weibchen meist einen schlankeren und von der Spitze bis zur Wurzel mehr geraden und etwas kürzeren Schnabel hat (s. Abb. 34). Das Flügelpumpen bei der Begrüßung (s. S. 107) ist beim Männchen eindrucksvoller, weil die Flügelspitzen dabei tiefer herabgesenkt werden. Ein weiterer Hinweis ist die Kopula, doch habe ich selbst auch ein Weibchen aufsteigen sehen, und auch andere Beobachter berichten mehrfach von ambivalentem Verhalten, so daß auch diese Verhaltensweise selbst dem erfahrenen Beobachter keine volle Sicherheit gibt und die feldornithologische Geschlechtsbestimmung fraglich bleibt. Andererseits weisen einzelne Vögel oftmals Unterschiede der Schnabelform, Lauffarbe oder im Gefieder auf, die ein individuelles Erkennen ermöglichen. Zuverlässige Auskunft über das Geschlecht können nur das Verfahren der Endoskopie oder Laparoskopie geben.

Das Brutareal des Weißstorches ist disjunkt. Seine Grenzen werden durch die geographische Lage, Bodengestalt und -beschaffenheit und andere Faktoren bestimmt. Der Einfluß des Klimas wird besonders deutlich an der Nordgrenze. Der Storch ist als Frührückkehrer auf die Möglichkeit angewiesen, ausreichend Bodengetier (Regenwürmer!) für seine Ernährung finden zu können. Darum liegen Norwegen und Finnland bereits jenseits der Verbreitungsgrenze, und der Storch erscheint dort nur als gelegentlicher Gast. Die Nordgrenze verläuft von Dänemark über Südschweden, dessen natürlicher Bestand gegenwärtig erloschen ist, bis zum Finnischen Meerbusen. Von dort folgt sie zunächst der 6^0-März-Isotherme nach Südosten und schwenkt dann im Westen der Sowjetunion über die Gebiete Pskow, Smolensk, Kaluga, Brjansk, Orel, Kursk und Charkow nach Süden ab bis Dnepropetrowsk und Melitopol, schließt aber die Halbinsel Krim aus.

Daß auch der Mensch – sowohl durch Duldung und Förderung als auch durch Behinderung oder Verfolgung – einen wesentlichen Einfluß auf den Grenzverlauf ausübt, zeigt sich am deutlichsten in Westeuropa. Ursprünglich hat der Mensch die Ansiedlung des Storches durch die Art der Landnutzung ermöglicht und gefördert. Es darf angenommen werden, daß der Storch als ursprünglicher Steppenvogel – wann? – dem Menschen in die Kultursteppe mit Äckern und Wiesen folgte und mit der Ausweitung der Rodungen auch in Mitteleuropa heimisch wurde. Der einstmals vermutlich kolonieweise auf Felsen und Bäumen horstende Storch wurde über siedlungsnahe Einzelbäume zum Bewohner von Ortschaften, wo er in der Nähe der nahrungspendenden Kulturlandschaft auf Dächern und Bauwerken Nistplätze fand, die ihm leichten Anflug, freien Überblick und vielleicht auch größere Sicherheit boten.

Gegenwärtig droht die Zivilisation durch wasserwirtschaftliche Maßnahmen, Melioration, Verdrahtung der Landschaft und sicher auch durch die Intensivierung der landwirtschaftlichen Bodennutzung, Anwendung von Bioziden und den verstärkten Gebrauch von Schußwaffen zu einer verhängnisvollen Gefahr zu werden und das Verbreitungsgebiet des Storches wieder einzuengen. Dies zeigt sich z. B. deutlich in Frankreich, das einstmals sicher weitgehend besiedelt war, heute aber infolge Abschuß und Verfolgung außer einigen gelegentlichen Brutvorkommen nur noch im Elsaß einen größeren Brutbestand aufweist. Die westliche Verbreitungsgrenze des Storches springt gegenwärtig von den Niederlanden unter Ausschluß von Belgien und Luxemburg nach Osten über den Rhein bis nach Westfalen zurück und schwenkt dann über Hessen nach Süden zum Oberrhein. Seit 1949 ist der Storch auch in der Schweiz ausgeblieben und erst durch künstliche Ansiedlung erneut heimisch geworden.

Die Südgrenze des Hauptverbreitungsgebietes in Europa schließt dann Österreich, Jugoslawien, Albanien, Griechenland nördlich des Golfes von Korinth und Bulgarien ein und verläuft im Osten weiter über die Türkei, Kleinasien und Armenien. Auch im Zweistromland, in Nord- und Zentralirak, Transkaukasien, West- und Nordiran, südlich des Elbursgebirges, in Zagros und Khuzestan bis zum Persischen

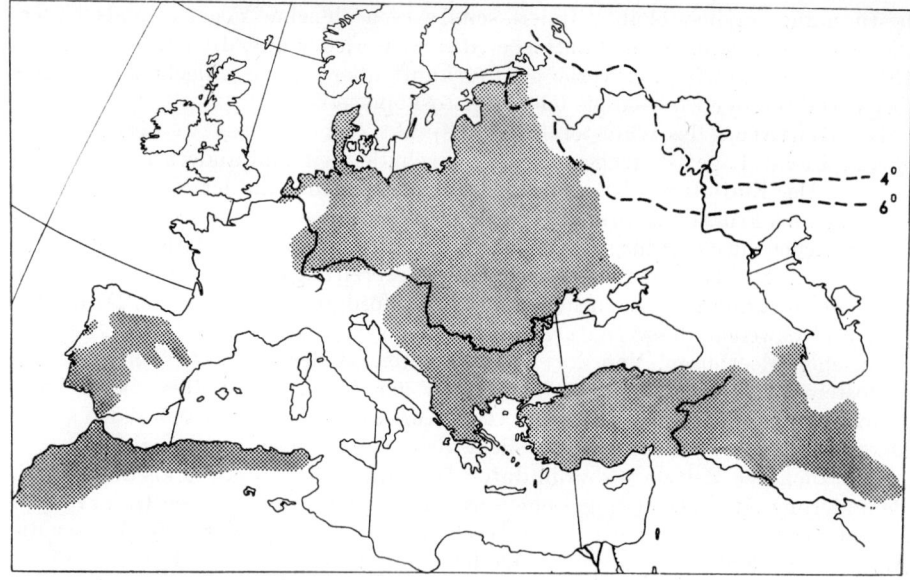

Abb. 4. Das Brutverbreitungsgebiet des Weißstorches *(Ciconia c. ciconia)* in Europa, Vorderasien und Nordafrika. Nach Schüz 1967

Golf gibt es Storchbruten. Außerdem wurden 1929 eine Brut in Dagestan im
Nordkaukasus und 1818 eine auf Ceylon (Sri Lanka) nachgewiesen (Vaurie 1965).
Neuerdings wird von vereinzeltem Brüten in Israel berichtet, vermutlich begünstigt durch umfangreiche Landkultivierung, so daß mit weiterer Zunahme gerechnet werden kann. Für Ägypten fehlen Brutnachweise wenigstens aus ge-
schichtlicher Zeit.

Durch eine etwa 800 km breite storchenfreie Zone südwestlich von der Burgun-
dischen Pforte getrennt, erstreckt sich ein weiteres geschlossenes Brutgebiet über
weite Teile der Iberischen Halbinsel bis nach Nordafrika. Vom Südabhang der
Pyrenäen und im Nordwesten von Galizien und Asturien reicht es über das
Duerogebiet, Kastilien, Andalusien bis zum Südteil von Portugal, so daß die
Iberische Halbinsel vorwiegend im Westen besiedelt ist. In Marokko, wo der
Storch als heiliger Vogel Schutz genießt, besiedelt eine größere Population vorwiegend den Westteil südwärts bis etwa 30° Nord und das Tal des Souss. Von hier
aus erstreckt sich das Vorkommen in Marokko ostwärts durch den Norden Alge-
riens und Tunesiens bis Bizerte.

Schließlich ist seit einigen Jahrzehnten ein kleines inselartiges Vorkommen in
der südafrikanischen Kapprovinz bekannt. Hier haben 1935 bis 1941, 1958 bis
1965 einige Paare, die möglicherweise auf den Rückflug nach Europa verzichtet
haben, an drei Orten, davon in Bredasdorp sogar in einer kleinen Kolonie, gebrütet
(Broekhuysen 1965, Broekhuysen u. Uys 1966).

2.2. Der Turkestanstorch *Ciconia c. asiatica* Severtzov, 1872

Diese Unterart des Weißstorches ist größer als die Nominatform und hat längere Flügel (580–630 mm, im Durchschnitt 610 mm). Vor allem aber ist ihr roter Schnabel mit 184–235 mm Länge (im Durchschnitt 215 mm) und einer Basishöhe von 34,5–39 mm ($\varnothing$ 36,9 mm) deutlich kräftiger.

Das inselartige Verbreitungsgebiet erstreckt sich zwischen 59° und 79° Ost bzw. 38° und 43° Nord (s. Vogelwarte 31, 1982, S. 467–469) von Südkasachstan über Ostusbekistan und Turkestan bis West- und Nordtadshikistan zwischen den Städten Tschadshou am Amudarja, Taschkent, Alma Ata und dem Siebenstromland südlich des Balchaschsees. Gelegentliches Brüten wird auch für Kaschgar im Westen Chinas angeführt. In Usbekistan und am Amudarja brüten nur wenige Paare. Der Gesamtbestand wird nur noch mit 558 Horstpaaren angegeben, die 1670 Junge hatten (Lebedeva 1960). Der Rückgang wird mit der Umwandlung von Reis- in Baumwollfelder, stärkerer Besiedlung durch Menschen und Mangel an Brutmöglichkeiten begründet und geht sicher auch auf Verfolgung zurück, denn die Nanai essen Störche, während die Chinesen aus großen Knochen Eßstäbchen anfertigen.

Dieser scheue Storch brütet aus Mangel an hohen Gebäuden meist auf Bäumen und oftmals in Kolonien. Bei der Ortschaft Jam im Kischlak wies die größte Kolonie 1965 noch über 60 Horste in Bäumen auf, doch waren es 1976 – wohl infolge von Beunruhigungen durch Häuserbau – nur noch 16. Auch auf dem Friedhof von Tabibmasar ging der Bestand von 50 Horsten im Jahre 1969 (davon 31 besetzt) nach Störungen durch Bewohner auf 20 im Jahre 1975 zurück. In Kosch-tam-galy wurde ein Teil der Nester auf der Erde gefunden, doch waren sie möglicherweise abgestürzt, z. B. durch Schneebruch (Meklenburzew 1978). Als Nahrung wurden vorwiegend Reptilien und Insekten, namentlich Zikaden festgestellt (Johansen 1954).

Obwohl 1965 bis 1971 mehr als 600 Jungstörche beringt wurden, ist über die Wanderungen wenig bekannt, weil nur etwa 2,5% Wiederfunde vorliegen. Sie weisen auf Zug – durch eine Zugscheide von den Störchen Westeuropas getrennt – zu den Niederungen des Industales und zum Südfuß des Hindukush. Auch in Afghanistan und Ostiran stellen sich Wanderer spärlich ein, und Schüz (1963) vermutet Überwintern in Pakistan, Bangladesh und Burma, Johansen (1954) auch in Ostturkestan am Syrdarja und sogar in Sri Lanka. Regelmäßiger Zug wird 70 km nördlich von Kabul festgestellt, wo ein trichterförmiges Tal bei der Stadt Gulbahar (Provinz Parwan) den Vogelzug durch den Salangpaß (3658 m) über den Hindukush lenkt und deshalb eifrige Nachstellungen erfolgen. Drei Wiederfunde von Ringträgern liegen süd- bzw. südsüdöstlich vom Beringungsort (Lebedeva 1960, Niethammer 1972). Wahrscheinlich ist aber auch ein Teil des Storchbestandes seßhaft.

Die Eiablage ist bereits Anfang April beendet, und die Jungen schlüpfen im Mai. Der Wegzug beginnt Ende August/Anfang September und ist im Oktober am stärksten. Die Rückkehr erfolgt ab Ende März und ist durch einen Ringfund am 2. April 280 km vom Beringungsort Samarkand und eine Beobachtung vom 18. April bei Taschkent belegt.

3. Der Schwarzschnabelstorch *Ciconia boyciana* Swinhoe, 1873

Etwa 3500 km ostwärts vom Verbreitungsgebiet des Turkestanstorches erstreckt sich jenseits des weiten zentralasiatischen Raumes das inselartige Brutgebiet des Schwarzschnabelstorches zwischen Amur, Ussuri und Japanischem Meer.

Dieser Storch hat eine stattlichere Gestalt, eine größere Flügellänge (620 bis 670 mm gegenüber etwa 580 mm beim Weißstorch) und blasser gefärbte Schwungfedern als der Weißstorch, vor allem aber einen massiveren und schwarzen Schnabel, der eher aufgeworfen als gerade erscheint und die Neigung zu einem offenen Spalt erkennen läßt. Die nackten Hautstellen um das Auge und am Kinn sind rot statt schwarz. Auch in ihrem Verhalten weichen beide Arten etwas voneinander ab, weshalb die Taxonomen den bisher als Unterart betrachteten Vogel jetzt als „gute" und selbständige Art ansehen.

Über die Verbreitung liegt eine neuere Untersuchung vor (Neufeldt u. Wunderlich 1982). Danach kommt dieser Storch im fernöstlichen Sibirien im Amurtal

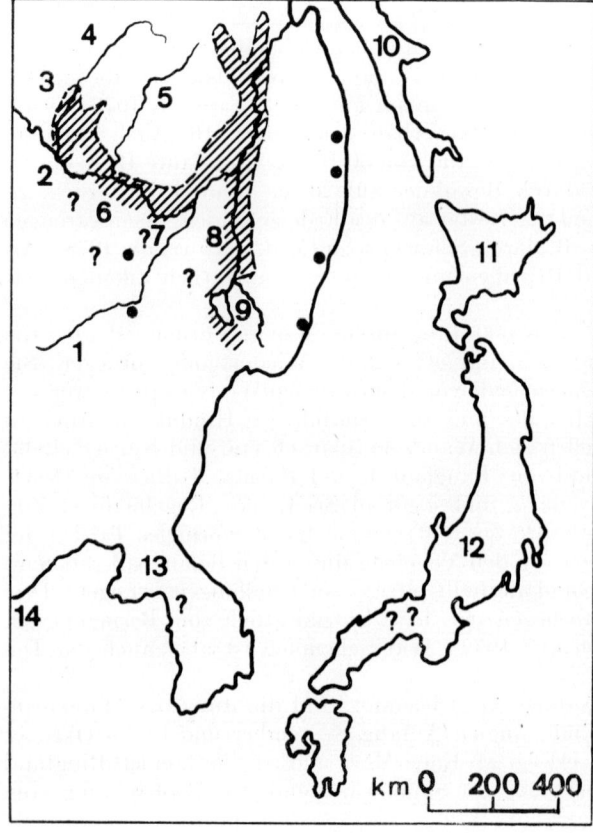

1 Harbin
2 Blagowestschensk
3 Seja
4 Selemdsha
5 Bureja
6 Amur
7 Songhuajiang (Sungari)
8 Ussuri
9 Chankasee
10 Sachalin
11 Hokkaido
12 Honshu (Hondo)
13 Korea
14 Hebei (Hopeh)

km 0 200 400

Abb. 5. Das Verbreitungsgebiet des Schwarzschnabelstorches *(Ciconia boyciana)* in Ostasien. Nach Neufeldt u. Wunderlich 1982

von Blagowestschensk bis zur Mündung, im Ussuriland südwärts bis fast zum Chankasee und nach Osten zu in der Küstenprovinz am Japanischen Meer vor, besonders in den Flußebenen der Bureja, Selemdsha, Seja und am See Bolon. Von Flugzeugen aus wurde versucht, den Bestand zu erfassen, doch ergaben sich nur wenige und unsichere Zahlen. Geschätzt wurden für 1984 etwa 400 bis 500 Paare. In geringerer Zahl brütet der Schwarzschnabelstorch außerdem in Heilongjiang, am Songhuajiang und im Amur-Songhuajiangbecken, doch fehlen neuere Nachrichten aus diesem Gebiet, ferner kaum noch in Korea, wo 1971 ein Altvogel des letzten Brutpaares abgeschossen wurde (Vogelwarte 30, 1980, S. 279–280). In Japan war er einstmals häufig und noch zu Beginn des 19. Jh. „ziemlich gewöhnlich". Er brütete z. B. auf Kiefern in der Reiherkolonie beim Shizowka-Schloß (140 km westlich von Tokio) oder 1879 selbst auf den Dächern von Tempeln in Tokio (Schüz 1954). Durch ungeregelte Jagdausübung ging der Bestand rasch zurück, so daß um 1900 nur noch ein Brutplatz in der Präfektur Hyogo (500 km westlich Tokio) bekannt war. In wiederholtem Auf und Ab konnte der Bestand durch Schutzmaßnahmen wieder auf 80 Paare im Izushin-Tal anwachsen, bevor dieser Restbestand durch die Kriegswirren und Besatzung nach 1945 erneut bis auf wenige Paare auf der Insel Honshu fast völlig vernichtet wurde. Ein abermaliger Anstieg wurde durch Melioration und Biozidanwendung um 1958 wieder zunichte gemacht. Letztmalig zog ein Paar 1959 Junge auf, und 1960 verlief eine Brut erfolglos. Seitdem besteht wegen einer hohen Belastung mit quecksilberhaltigen Pestiziden kaum Aussicht auf eine Wiederbesiedlung, so daß der Name „Japanstorch" nicht mehr zutreffend, sondern eher irreführend ist (Tsukamoto, Vortrag in Walsrode am 15. 10. 1985).

Bereits 1855 vermißten Forschungsreisende den Storch am linken Amurufer und in anderen Gebieten, aus denen er einstmals bekannt war. Zwar erfolgt eine gewisse Verlagerung des Verbreitungsgebietes nach Norden, z. B. in die Seja-Bureja-Niederung, doch nimmt der Gesamtbestand ab. In der mittleren Amurniederung und dem unteren Amurbecken schätzt man noch 200 Brutpaare, am Ussuri und seinen östlichen Zuflüssen 140 Paare, im Raum Chabarowsk 400 Paare und im Primorski-Gebirge 60 Paare. Das Red Data Book of USSR (1978) veranschlagt für das sowjetische Gebiet eine Gesamtzahl von etwa 1300 Störchen. Am Nur- oder Bulangsee soll er nicht mehr, am Odshalsee und in den Küstenprovinzen nur noch selten vorkommen.

Im März suchen die Störche ihre Brutgebiete in den von großen Grasflächen durchsetzten Laubwäldern der Flußauen auf, in denen Birken, Linden, Eichen, Pappeln, Ulmen und Ahorn vorherrschen. Auf waldbestandenen Erhöhungen in den versumpften Niederungen oder auf hohen Einzelbäumen in Feuchtgebieten und an Altwässern errichten sie an schwer erreichbaren Orten den Horst. Als Einzelgänger meiden sie dabei die Berührung mit den Menschen ebenso wie allzu enge Nachbarschaft mit Artgenossen. In der Kolymaniederung fand Cordes (Orn. Centralblatt 1877, S. 51) auch Gruppen von 50 bis 60 Paaren – offenbar aus Mangel an Bäumen – auf der Erde brütend. Besonders geeignet für den Horstbau scheint die Birke *Betula polyphylla* zu sein.

Abweichend vom Weißstorch läßt *boyciana* beim Klappern den vorgestreckten Hals seitlich hin- und herschwingen, bevor er ihn auf den Rücken zurückwirft.

Das Flügelpumpen unterbleibt völlig. Mitte April ist das Gelege mit meist 2 bis 3 Eiern vollständig. Die Jungen schlüpfen im Mai und werden im Juli flügge. Die Brutverluste sind erheblich und gehen oft auf menschliche Tätigkeit zurück. Nicht wenige Horste werden jedoch auch vom Himalayabär *(Selenarctos thibetanus)* geplündert, und herabgestürzte Junge werden oftmals ein Opfer des Marderhundes *(Nyctereutes procyonoides)*. Die Nahrung des Storches besteht hauptsächlich aus Fischen, Fröschen, Schlangen, Käfern und Heuschrecken. Sie werden immer einmal durch Klopfen mit dem Fuße auf die Erde aufgescheucht.

Nach der Brutzeit schließen sich die Schwarzschnabelstörche gegen Ende August bis Anfang Oktober oftmals in größeren Gruppen zusammen, die in der Nähe verbleiben oder nur wenige Hundert km umherstreifen, z. B. vom Amur nach Südjakutien. Die japanischen Inseln wurden trotz gelegentlicher Schneefälle kaum verlassen. Soweit die Störche vom Festland nicht in der Nähe ihres Brutgebietes überwintern, wandern sie nach Korea, China, vereinzelt auch bis zu den Riu-Kiu-Inseln, nach Taiwan oder gar nach Südostasien. Die Mehrzahl sucht den seenreichen Unterlauf des Jangtsekiang auf, vor allem die Provinzen Jiangxi und Anhui, wo im Winter 1984/85 an den Ufern flacher Fischteiche an vier Stellen 480 Individuen gezählt werden konnten (Wang Qishan, Vortrag in Walsrode am 15. 10. 1985). Allerdings sind sie hier von den Gefahren der Bejagung und der Anwendung chemischer Pestizide und vergifteter Köder bedroht. Winterbeobachtungen liegen auch für die Provinz Fujian oder für Assam, Manipur und Südbangladesh vor.

Mangel an Nistgelegenheiten durch Fällen der Horstbäume, Trockenlegung von Sümpfen, Verfolgung und Vergiftung sind auch bei dieser Storchart die Ursachen für einen raschen Bestandsrückgang, so daß bereits der Gedanke erwogen wird, die letzten Störche – geschützt in Flugkäfigen – zur Vermehrung zu bringen, doch hat sich die Gefangenschaftsaufzucht als sehr schwierig erwiesen.

4. Bewegungs- und Verhaltensweisen des Storches

Die langen Stelzbeine, von denen der Oberschenkel und ein Teil des Unterschenkels im Gefieder verborgen sind, während der Rest unbefiedert ist, lassen den Storch kräftig ausschreiten. Droht ihm bei der Nahrungssuche kleinere Beute zu entkommen, folgt er ihr im Eilschritt oder gar in Sprüngen, die von Flugbewegungen unterstützt werden können. Während des Laufens wechselt die Haltung des Kopfes zwischen ruhigem Verharren und raschem Vorwerfen, so daß er dazwischen jeweils eine Ruhelage einnimmt, in der Umgebung und Beute fixiert werden. Die langen, nach vorn gerichteten Zehen, die zum Teil durch eine kleine Spannhaut verbunden sind, und die ziemlich große Hinterzehe gewährleisten eine hohe Standfestigkeit, auch beim Durchwaten eines Sumpfes oder seichten Gewässers. Gerät er an einen tieferen Graben oder ein größeres Hindernis, „überspringt" er es nach kurzem Anlauf mit einigen Flügelschlägen und landet dann jenseits im Gleitflug. Das Trittsiegel unterscheidet sich deutlich von dem anderer großer Schreitvögel. Es übertrifft den Fußabdruck des Graureihers an Größe und zeigt gegenüber dem Kranich eine längere Hinterzehe. (s. Abb. 3).

Während einer Schreitpause hebt der Storch meist einen Lauf etwas an. Er verharrt gleichsam mit herabhängenden Zehen in einer Intentionsstellung zum
Weiterlaufen.

Sehr gern und vorwiegend hoch auf dem Horst, einem Dach, Mast oder Baum,
aber auch in Pausen während der Futtersuche auf einem Feld, steht der Storch

Abb. 6. Bewegungs- und Verhaltensweisen des Weißstorches. Links oben beginnend: landend
– laufend – lauernd – fliegend – im Nest stochernd – Wasser spendend – ruhend – sichernd.
Orig.

auf einem Bein und zieht das andere dicht an den Körper, so daß nur noch das Fersengelenk und die Spitzen der herabhängenden Zehen aus dem lockeren Bauchgefieder hervorschauen. Oftmals wird der Fuß vor dem Einziehen mehrmals abwärts geschüttelt. Die Bevorzugung eines bestimmten „Standbeines" ist nicht zu erkennen. Selbst bei stärkerem Wind bereitet diese Stellung keine Mühe, weil das Intertarsalgelenk zwischen dem Unterschenkel und dem Tarsometatarsus als Schnappgelenk einrastet. Dadurch kann der Storch sogar eine ganze Nacht hindurch ohne Anstrengung auf einem Bein stehen. Die Körperhaltung ist dabei waagerecht und der Kopf auf den Nacken zurückgelegt. Der Schnabel ruht, in das gelockerte Halsgefieder gebettet, auf den Luftsäcken im Hals als Polster. Diese Stellung ist Ausdruck der Ruhe und Zufriedenheit und wird tagsüber in Pausen zwischen dem Brüten oder der Nahrungssuche, vor allem aber am Abend als typische Schlafstellung eingenommen. Oftmals geht ihr ein wiederholtes behagliches Schütteln voraus, bei dem man das Rascheln der Flügel vernehmen kann. Dieses Schütteln erfolgt gelegentlich auch sonst, z. B. wenn beide Gatten beisammenstehen. Meist beginnt das Weibchen damit, und das Männchen folgt dann seinem Beispiel. Im Anschluß an die Begattung hat es dagegen wohl die Bedeutung des Gefiederordnens. Auch Gähnbewegungen mit weitgeöffnetem Schnabel gehören in diesen Ablauf, wobei manchmal schwer zu entscheiden ist, ob es ein Ausdruck von Wohlbefinden oder vertieftem Luftholen oder ein Anzeichen des bevorstehenden Gewöllauswurfes ist, bei dem der Storch meist mit abwärts gerichtetem Schnabel würgt.

Der Zeitpunkt des Z u r r u h e g e h e n s ist recht unterschiedlich und liegt nicht selten erst nach Einbruch der Dunkelheit. Der als Nestling aufgezogene Storch „Albert" suchte seinen Stall zu bestimmter Zeit freiwillig auf, allerdings im Sommer nur sichtlich ungern. Da er flugunfähig war, stellte er sich dann lieber erhöht auf einen Laubhaufen oder Baumstumpf, den er mit einem Schritt oder Sprung erreichen konnte. Er hatte sich auch bereits im Herbst des ersten Lebensjahres – wie übrigens auch andere Jungstörche – ein „Nest" aus Ästen, Laub, Schilfstengeln usw. gebaut. Dies geschah zum Teil an recht ungewöhnlichen Plätzen an einem stark geneigten Hang oder nahe am Wasser. Stets wurde zunächst in ihm herumgestochert und der Nestboden gelockert, bevor sich in solchen Fällen ein Storch darauf niederließ. Im afrikanischen Winterquartier übernachten die Störche auf Bäumen oder im kurzen Gras, wo sie allerdings durch Schakale besonders gefährdet sind.

Bei starkem Schreck oder in gefahrdrohenden Situationen drücken sich die Jungen spontan mit ausgestrecktem Hals flach in die Nestmulde und verharren dort bewegungslos, z. B. beim Erscheinen von Fremdstörchen oder auch eines Elternteils. Diese A k i n e s e täuscht den Verlust der Bewegungsfähigkeit vor. Sie wird durch eine Adrenalinausschüttung ausgelöst, die den Fluchtinstinkt unterdrückt. Selbst nahezu flügge Störche drücken sich noch so, z. B. wenn ein Beringer über dem Nestrand auftaucht, oder sie lassen sich durch Streicheln oder Bedecken mit einem Tuch dazu bewegen. Sogar Altstörche verfallen gelegentlich in eine derartige Starrehaltung, wenn sie sich unterlegen fühlen. Andererseits ist bei ihnen gelegentlich auch das sogenannte „Hinabstarren", wohl eine beschwichtigende Demuts- oder Verlegenheitshandlung, zu beobachten.

Im Gegensatz zu der Ruhehaltung verrät sich Angst durch Aufrichten und straff angelegtes Gefieder, während bei Wut der Körper zur Abwehr oder zum Angriff bereit – z. B. beim Erscheinen eines Störenfriedes – an geduckter Haltung und gesträubtem Gefieder, vor allem der langen Kehlfedern, erkennbar ist.

Beim Sitzen hocken Jungstörche auf dem anfangs stark angeschwollenen Intertarsalgelenk, das gleichsam ein Sitzpolster abgibt, also nicht auf den Läufen. Die Füße sind dabei so weit angehoben, daß die herabhängenden Zehenspitzen kaum den Nestboden berühren. Dadurch kommt es zu Schaukelbewegungen, besonders wenn Kopf und Körper beim Aufpicken des Futters hastige Bewegungen ausführen. Das Schaukeln wird von den Füßen gebremst, ist aber noch nach Wochen deutlich.

Auch Altstörche sitzen gern im Horst, z. B. in den ersten Tagen nach der Rückkehr aus der Winterherberge oder im Verlauf der Nacht. Während hier Ruhebedürfnis oder auch das Anzeigen eines besetzten Horstes der Anlaß sein mögen, sind es zu anderen Zeiten vielleicht schwüle Gewitterstimmung oder Sturm. Ein Weibchen saß in einem Horst, auf dem die Jungen eifrig Flugsprünge übten. Besonders vor dem Wegzug gönnen sich Störche oftmals eine „Sitzpause", vor allem nachwuchslose Paare. Beide Partner sitzen zuweilen gleichzeitig Seite an Seite mit gleicher Blickrichtung im Horst. In Verbindung mit vermehrtem Klappern und erneuten Tretversuchen erweckt dann das Verhalten den Eindruck einer nochmals erwachten und natürlich ergebnislosen Anpaarung.

Einen erheblichen Teil der Ruhezeit widmen die Störche der Gefiederpflege. Wenn es nicht erhöhte Beanspruchung bei der Futterbeschaffung in Zeiten mit Nahrungsmangel verbietet, werden täglich mehrere Stunden auf Putzen, Reinigen und Federpflege verwendet. Jede Pause zwischen dem Brüten oder bei der Nahrungssuche wird wahrgenommen, sei es am Horst oder auch im Feld, und oft klingt auch eine Erregung im Übersprung in Körperpflege aus. Vom Storch, der dabei manchmal nur auf einem Bein steht, wird das Halsgefieder hörbar durchgeknabbert, Feder um Feder durch den Schnabel gezogen, geglättet und zurechtgelegt, mit tiefem Bückling das Bauchgefieder gepflegt, jede Schwungfeder von oben oder im gelüfteten Flügel von unten geordnet, oder eine lockere Feder abgezupft und mit Schnabelschlenkern weggeschleudert. Kopf und Hals werden „vornherum", also nicht über den gesenkten Flügel hinweg gekratzt.

Das anhaltende Kratzen, Putzen, Schütteln und Dehnen wird schließlich mit dem Abspreizen eines Beines und meist einseitigem Strecken eines Flügels und mit einem wohligen Gähnen abgeschlossen. Jede Ablenkung oder Störung ist allerdings Anlaß zu sofortiger Unterbrechung.

Sind beide Partner beisammen, schließt sich beim Putzen der andere durch „Mach-mit-Verhalten" gewöhnlich sehr bald an. Dabei kommt es nicht selten auch zum gegenseitigen Kraulen („Allopreening"), wie es von Reihern, Papageien, Tauben oder Dohlen bekannt ist. Das Männchen eines nachwuchslosen Paares kraulte sein im Nest sitzendes Weibchen am Kopf, meist ist es aber wohl das Weibchen, welches den Partner zärtlich im Gefieder nestelt und damit vielleicht sein Verlangen nach Paarung ausdrückt.

Jungstörche werden offenbar nur vom Weibchen vorsichtig mit der Schnabelspitze an Kopf und Hals, im Nacken und Rücken beknabbert, bevor sie dies selbst

Abb. 7. Bewegungs- und Verhaltensweisen des Weißstorches. Links oben beginnend: klappernd – fliegend – Begattung – putzend – gähnend – kratzend – sich streckend – pumpend· Orig.

tun, wenn sie etwa vom 26. Lebenstag an lange Zeit allein auf dem Horst stehen und die durchbrechenden Konturfedern vermutlich einen Juckreiz ausüben. Gelegentlich beknabbern sich die Nestgeschwister dann auch gegenseitig wie spielerisch.

Wie gern Störche ein Bad nehmen, besonders an heißen Sommertagen, haben wir öfter an unseren Pfleglingen beobachten können. Sie schritten zunächst bis an die Fersengelenke ins Wasser, schöpften es dann mit dem Kopf auf den Rücken, öffneten die Flügel leicht und schlugen damit kräftig gegen das Wasser, dem sie schließlich tropfnaß entstiegen. Auf einer nahen Wiese standen sie dann mit gebreiteten Flügeln, mit denen sie fächelten, oder sprangen hin und her, bis sie trocken waren und mit dem gründlichen Ordnen des Gefieders, besonders an Flügeln, Unterseite und Schwanz, beginnen konnten.

Der Storch vermag auch zu schwimmen, tut es aber nur ungern. Gerät er einmal in tieferes Wasser, rudert er an Land, kann sich jedoch auch vom Wasser erheben. Zimmermann (1955) berichtet von einem Storch, der – wohl um zu baden und vielleicht verlockt durch Schwäne – von einem Pfahl in die Limmat sprang, dabei in tiefes Wasser geriet und ruhig schwamm. Durch diese Erfahrung bereichert, hatte er offenbar Gefallen an der ungewöhnlichen Badeweise gefunden, die er später wiederholte, obwohl sich dazu auch Gelegenheit im flachen Wasser geboten hätte.

Eine eigenartige Erscheinung ist das Bekoten der Beine bei vielen – nicht allen! – Alt- und Jungstörchen, die sich bei der Kotabgabe nicht wie gewöhnlich nach vorn beugen, so daß der Strahl im Bogen nach hinten abgeht. Sie richten sich im Gegenteil kurz auf, so daß der After nach vorn gepreßt wird und der flüssige Kot, der öfter als sonst und in kleineren Mengen abgespritzt wird, die unbefiederten Teile des Unterschenkels trifft und dann die Ständer herabläuft, wobei die Harnsäure zu einer weißen Kruste eintrocknet. Dies ist der Fall an heißen Sommertagen, vornehmlich im August, und unterbleibt beim Einsetzen kühlen, regnerischen Wetters. Hornberger (1939) hielt eine Erschlaffung der Schließmuskeln für möglich. Ein aufgezogener Jungstorch zeigte am 65. Lebenstag gleichzeitig Freßunlust und erweckte Verdacht auf einen Zusammenhang mit der Mauser. „Gezieltes" Bekoten der Beine wäre auch denkbar als Folge einseitiger Ernährung, Darm- oder Körperschwäche und Entwicklung einer Darmflora, die einen harmlosen Durchfall herbeiführt. Im Freiland könnte vermehrte Insekten- oder Wasseraufnahme die Wäßrigkeit des Kotes verursachen. Sehr wahrscheinlich ist diese Urohidrosis jedoch als besondere Form der Wärmeregulierung (Thermoregulation) zu betrachten, indem der Kot an besonders durchbluteter Stelle durch Verdunstung eine Abkühlung bewirkt und dem Körper überflüssige Wärmeenergien entzieht (Kahl 1936). Für eine solche Erklärung würden auch Versuche an *Mycteria americana* (Vogelwarte 22, 1963, S. 119) und die gleiche Erscheinung bei anderen Storcharten und bei Geiern sprechen.

Das Fliegen ist eine dem Weißstorch angeborene Bewegung, die lediglich ausreifen, also nicht von den Eltern erlernt werden muß. Um den 40. Lebenstag beginnen die Jungstörche mit ersten Flügelschlagbewegungen. Etwa mit 60 Tagen führen sie – besonders bei geeignetem Wind und bei Abwesenheit der Eltern – von Schnabelknappen begleitete Luftsprünge aus, die der Kräftigung der Flugmuskeln dienen. Bald folgen die ersten Kurzflüge, die aber noch erhebliche Unsicherheit beim Bogenfliegen, Landen und Verhalten bei böigem Wind oder auch rasche Ermüdung erkennen lassen. Die ersten Flugversuche sind ein Wagnis, das oft genug mit einem Absturz endet. Die Koordination der ererbten Mechanismen muß erlernt und geübt werden, um alle Tücken und Gefahren zu meistern. Die

Abb. 8. Flugbild von Schwarzstorch, Weißstorch und Kranich. Orig.

übenden Jungstörche machen jedoch erstaunlich rasche Fortschritte. Der von uns aufgezogene Storch „Albert" flog mit der instinktsicheren Einstellung gegen den Wind am 59. Tag 20 m über eine Wiese und erreichte am 62. Tag einen 20 m hohen Schornstein, der bald sein Lieblingsplatz wurde. Vor dem ersten Abflug von ihm mußte er allerdings sichtlich seine Angst überwinden. Nach dem Freilassen aus seinem Nachtquartier war es morgens bald sein größtes Bedürfnis, eine Strecke zu fliegen.

Störche heben sich nach einigen Schritten Anlauf vom Boden ab und fliegen mit vorgestrecktem, leicht abwärts geneigtem Hals. Sie ähneln hierin den Kranichen, während Reiher den Hals s-förmig zurückgelegt tragen (s. Abb. 8). Während des Fliegens können Störche klappern, Kot abgeben oder auch ein Gewöll auswerfen.

Der Ruderflug mit schweren Schlägen der 2 m und mehr klafternden Schwingen wechselt mit Gleitstrecken und Dahinsegeln. Oft geht der Streckenflug in weit ausholenden Kreisen über, bei dem die lang ausgestreckten Ständer die Steuerung unterstützen können. Die Thermik von Aufwinden vermag Störche mit wenigen korrigierenden Flügelschlägen rasch bis jenseits der Sichtbarkeitsgrenze zu entführen. Während des Fernfluges halten Störche keine feste Flugordnung ein, sondern ziehen in lockeren Pulks. Die Echosignaturen auf dem Radarschirm verzeichnen 120 bis 130 Flügelschläge/min, nach anderen Messungen etwa 1,75 Schläge/s. Von einem Flugzeug aus wurde beobachtet, daß Störche in 600 m Höhe auf einer Inversionsgrenze segelten und das wellenförmige Auf und Ab der Schichtengrenze als Kraftquelle ausnützten (Beitr. Vogelk. 5, 1957, S. 189–200). Auf dem Zug wird im allgemeinen eine Tagesleistung von 150–200 km bewältigt. Entsprechende Flugstrecken haben auch Störche bestätigt, die im Rahmen von Heimkehrversuchen verfrachtet wurden (Wodzicki u. a. 1938). Die maximale Tagesleistung dürfte etwa bei 400 km liegen und nur in Ausnahmefällen erreicht werden. Als ausgesprochener Segelflieger meidet er den Flug über das Mittelmeer und zieht den Umweg der Umgehung im Westen oder im Osten vor, um die Aufwinde über den Landmassen ausnützen zu können.

Der vorwiegend tagaktive Weißstorch kann auch nachts rege sein. Zur Brutzeit weilt er dann zwar meist im Horst oder in seiner Nähe, verläßt den Ruheplatz aber oft schon vor Morgengrauen und kehrt häufig erst bei völliger Dunkelheit zurück bzw. jagt und füttert sogar gelegentlich in hellen Nächten. Auf dem Zug legt er zuweilen auch während der Nacht längere Strecken zurück und wählt diese Zeit – vor allem in Afrika – möglicherweise, um allzu großer Wärme zu entgehen (Bouet 1950).

26

Bemerkenswert ist das Verhalten gegenüber Flugzeugen. Ein zu pflegender Storch wurde bei der Annäherung eines Hubschraubers ungewöhnlich unruhig, und ergriff schließlich die Flucht. Dagegen verhielt er sich sichtlich unbeeindruckt, als zwei Tiefflieger mit tollem Pfeiflärm über ihn hinwegbrausten. Mehrfach wird von „Vogelschlägen", d. h. von Zusammenstößen zwischen Flugzeugen und Störchen, berichtet. In Uganda kam dadurch ein Royal Air Vickers Gordon-Flugzeug zum Absturz, wobei zum Glück die Besatzung nicht ernstlich verletzt wurde (Vogelzug 10, 1939, S. 187). Nicht alle derartigen Meldungen haben jedoch einer Nachprüfung standhalten können.

Gegenüber Artgenossen sind Störche lediglich in Horstnähe unduldsam. Bei Begegnungen im freien Feld halten sie nur einen gewissen Abstand ein und weichen sich – auch ohne Drohgesten – aus. Bei Gemeinschaftshaltung in Gefangenschaft wird eine Rangordnung eingehalten. Ein Storch zerschlug bei der Bekämpfung seines Spiegelbildes eine Fensterscheibe, zum Glück ohne sich dabei zu verletzen (Beitr. Niedersachsen 35, 1982, S. 40). Mit anderen Vogelarten kommt es gelegentlich zu Auseinandersetzungen. Eine Graugans wurde von einem Storch vertrieben und wiederholt wurden Schwäne in die Flucht geschlagen, doch griffen diese ihrerseits mehrfach auch einen Storch an.

5. Lautäußerungen

Weißstörche verfügen nur in sehr geringem Umfang über stimmliche Äußerungen. Gleich zahlreichen anderen Beobachtern habe ich solche niemals von Altstörchen vernehmen können. W. Dobbrick teilt jedoch mit, daß er am 24. 4. 1931 aus einem fliegenden Schwarm heraus ein Dutzend Mal laute „kurok" – Rufe gehört habe (Orn. Mber. 40, 1932, S. 18–19).

Als einziger Kehllaut lassen Altvögel lediglich ein Zischen hören, das etwa wie hch, hich oder hach klingt, so z. B. bei der Abwehr eines Eindringlings, in Verbindung mit der Begattung oder auch als Einleitung zum Klappern, der eigentlichen Ausdrucksweise der Störche. Zusammen mit dem Flügelpumpen kann das Klappern als Ausgleich für fehlende Stimmlaute gelten. Bei diesem spannt das heruntergedrückte Zungenbein die Kehlhaut, die nun einen versteiften Resonanzboden für den Schallraum der erweiterten Schnabelhöhle abgibt, wenn die Schnabelscheiden in rascher Folge hart und weithin hörbar aufeinanderschlagen.

Der Schnabel zeigt zunächst schräg abwärts und wird beim Beginn des Klapperns rasch nahezu zur Senkrechten hochgereckt und dann der Kopf nach hinten gelegt, so daß er fast den Rücken berührt. Die Tonfolge klingt jetzt heller und rascher. Nach einigen Sekunden wird der Kopf wieder in die Normallage gebracht, bei längeren Klapperstrophen der Körper fast waagerecht gehalten und der Vorderkörper nur leicht geneigt, bis das Klappern allmählich beendet wird. Der gleiche Vorgang kann sich erneut anschließen und mehrfach wiederholt werden. Die Flügel werden währenddessen in Schultern und Armgelenk leicht abgewinkelt und hängen mit zuckenden Spitzen etwas herab, der Schwanz wird aufgerichtet und gespreizt. Oftmals treten die Störche dabei wie wiegend hin und her, wohl um das Gleichgewicht zu erhalten, oder sie umschreiten auch den Horst. Von ihm aus erschallen die meisten Klapperstrophen, obwohl sie auch von einem Dachfirst, einer Wiese oder ausnahmsweise sogar im Flug vorgetragen werden können. Nach Anlaß und Ablauf kann man als besondere Form das „Sofortklappern", bei dem die Erregung geringer ist und deshalb das Hochwerfen unterbleibt, vom „Zischklappern" unterscheiden, bei dem Kopf und Hals nach einleitendem Zischen mit geöffnetem Schnabel sofort in die Rückenlage gebracht werden.

Das Klappern ist stets Anzeichen für eine Erregung aus freudigem oder unliebsamem Anlaß, wobei die auslösende Stimmung – Begrüßung, Angst, Abwehrdrohen – nicht immer sofort erkennbar ist. So begrüßt der anfliegende Partner den am Neste weilenden, der daraufhin in das Klappern einstimmt. Trägt der Ankömmling Niststoffe zu, die ihn am Klappern hindern, unterbleibt dies, bis es nachgeholt werden kann, wenn der Ast verbaut ist. Wie dieses „Begrüßungsklappern" ist auch das „Abwehrklappern" beim Eindringen fremder Störche von pumpenden Bewegungen der gelüfteten Flügel begleitet, bei denen das Männchen die Schwingen höher anhebt und tiefer senkt als das Weibchen, und daran oftmals zu erkennen ist. Wagen sich Fremdstörche in Horstnähe, werden sie nach heftigem Klappern notfalls durch Abdrängen oder sogar durch erbittertes Kämpfen zu vertreiben versucht. Ist nur einer der Horstbesitzer anwesend, kommt der Partner auf den weithin hörbaren „Hilferuf" eiligst herbei, sofern er ihn vernehmen konnte.

Selbst sehr hoch über den Horst hinstreichende Artgenossen, aber auch Schwarzstörche oder Greifvögel werden durch Klappern angezeigt, auch wenn sie offensichtlich keine Angriffsabsichten haben. Dadurch wurden mir bei Horstansitzen oftmals Vögel signalisiert, die ich wegen der Entfernung oder Flughöhe noch nicht bemerkt hatte. Einmal wurde ich so durch ein nachwuchsloses Storchpaar auf einen Schwarzstorch aufmerksam gemacht, der kaum noch erkennbar über dem Horst dahinzog. Ein im Horst sitzender Einzelstorch klapperte einen vorbeifliegenden Fremdstorch an, wobei er im Horste sitzen blieb, ein anderer begrüßte sein Weibchen auf einem Bein stehend und trotzdem heftig pumpend. Wieder ein anderer, der mittelgroße Jungstörche bewachte, stand ebenfalls nur auf einem Bein, als er einen Mäusebussard klappernd ankündigte. Ein zweifellos absichtslos vorüberfliegender Schwarzmilan veranlaßte einen Storch zu ungewöhnlich heftigem und anhaltendem Klappern. Ursache, Heftigkeit und Darbietungsart der Klapperstrophen können also recht verschieden sein.

Das Klappern, ein schnelles Zusammenschlagen der Schnabelhälften, ist eine angeborene Ausdrucksform. Schon die Nestjungen werfen bald nach der Geburt den Kopf auf den Rücken, und bereits im Alter von wenigen Tagen ist das Klappern mit schiefgehaltenem oder zurückgelegtem Kopf – wenn auch noch „weich" – vernehmbar, mit zunehmender Verhärtung der Schnabelleisten dann deutlicher und häufiger, wenn sie im Alter von wenigen Wochen auf den Fersen hocken können. Sie lassen es ohne erkennbaren Anlaß hören, aber auch beim Erscheinen der Eltern oder beim Anblick eines Greifvogels, den sie offenbar bereits anzusprechen vermögen, wie ich es für Schwarzmilan, Mäuse- und Wespenbussard vermerkte. In den ersten Lebenswochen wird das Klappern oftmals durch ein „Rülpsen" gleichsam als stimmlichen Anlauf eingeleitet (Schüz 1942). Siewert (1932) beschreibt etwa ein halbes Dutzend Lautstöße, die wie *echä echä och och djaa* klingen. Später bringen die Jungstörche einen gezogenen Bettellaut in zwei Tonlagen, der wie *hiiäh* oder *wuijä* klingt. Schüz sagt von ihm, „man kann von einem Kreischen, Miauen, Jaulen, Winseln, Grunzen, Quieken sprechen – alles Begriffe, die nicht ganz, aber teilweise zutreffen. Diese Bettellaute, deren erster Teil höher liegt als der zweite, ertönen vor allem dann, wenn ein Altvogel ans Nest kommt. Die Jungen steigern sich dabei gegenseitig in das Rufen hinein, und es schwillt mit der Aussicht auf Nahrung an . . . Ist der Hunger gestillt, so erstirbt das Betteln mit einem müden Quieken". Dieses wimmernde Maunzen oder gedehnte Miauen klingt wie asthmatisch oder als leide der Jungstorch unter Befall mit Luftröhrenwürmern und ringe nach Luft. Er kann aber auch bei Abwesenheit der Altvögel erwachen, vielleicht bei heftigem Hunger. Wenn die Altvögel dann mit vorgebeugtem Körper, flügelschlagend und mit hochgestelztem Schwanz nach Futter angebettelt werden, picken die Nestjungen gleichzeitig schräg nach unten in die Nestmulde und lassen die wimmernden *wiäh, hiäh, ujiäh* oder *hiiäh* hören. Diese Laute verlieren sich erst spät nach dem Ausfliegen.

Eine weitere Ausdrucksform für Erregung ist das Schnabelknappen, bei dem Ober- und Unterschnabel nur einmal oder wenige Male nacheinander kräftig mit hartem Ton aneinandergeschlagen werden. Der Hals wird dabei schräg vorgestreckt, der Schnabel abwärts gehalten, und die Körperhaltung verrät einen inneren Zwiespalt zwischen Angriffs- und Abflugbereitschaft. Mit solchem Schnabelknappen wird der sich auf dem Dachfirst nähernde Fremdstorch angedroht oder auch ein Mensch aufmerksam verfolgt, der sich in der Nähe eines Horstes mit wenige Tage alten Jungstörchen bewegt. Auch Jungstörche knappen bei ihren ersten Flugsprüngen oder bei plötzlichem Schreck.

6. Die Mauser

Freilandbeobachtungen und Balguntersuchungen haben bisher nur ein unzureichendes Bild vom Mauserablauf beim Storch ergeben (E. u. V. Stresemann 1966) und erlauben noch keine Verallgemeinerung. Aus den über einen Großteil des Jahres hin gefundenen Mauserlücken konnte lediglich der Schluß gezogen werden, daß der Federausfall von mehreren Zentren aus und oftmals unregelmäßig zu verlaufen schien.

An 5 in Altreu (Schweiz) erbrüteten und in einem Gehege aufgezogenen Störchen konnte die Schwingenmauser während je 2 bis 7 Mauserperioden (insgesamt 21) untersucht werden (Bloesch, Dizerens u. Sutter 1977). Obwohl der Ablauf möglicherweise von den gegebenen Bedingungen beeinflußt war, ließ ein Vergleich mit Befunden an freilebenden Störchen keine Unterschiede erkennen, weshalb die Ergebnisse hier kurz zusammengefaßt werden sollen.

Das Wachstum der Einzelfedern erfolgt anfangs mit linearer Geschwindigkeit. Die Handschwingen wachsen täglich 8–9 mm, die Armschwingen 6,5–6,9 mm, von zwei Drittel der Länge an weniger, so daß eine Schwinge nach 50 bis 55 Tagen, die Handschwinge H 6 bis H 9 nach 65 bis 75 Tagen erneuert ist. Neue Federn sind auf der Innenfahne nur angedeutet, auf der Außenfahne aber stark silbergrau samtartig bereift. Bei Lupenvergrößerung sind Härchen erkennbar, die den stark ver-

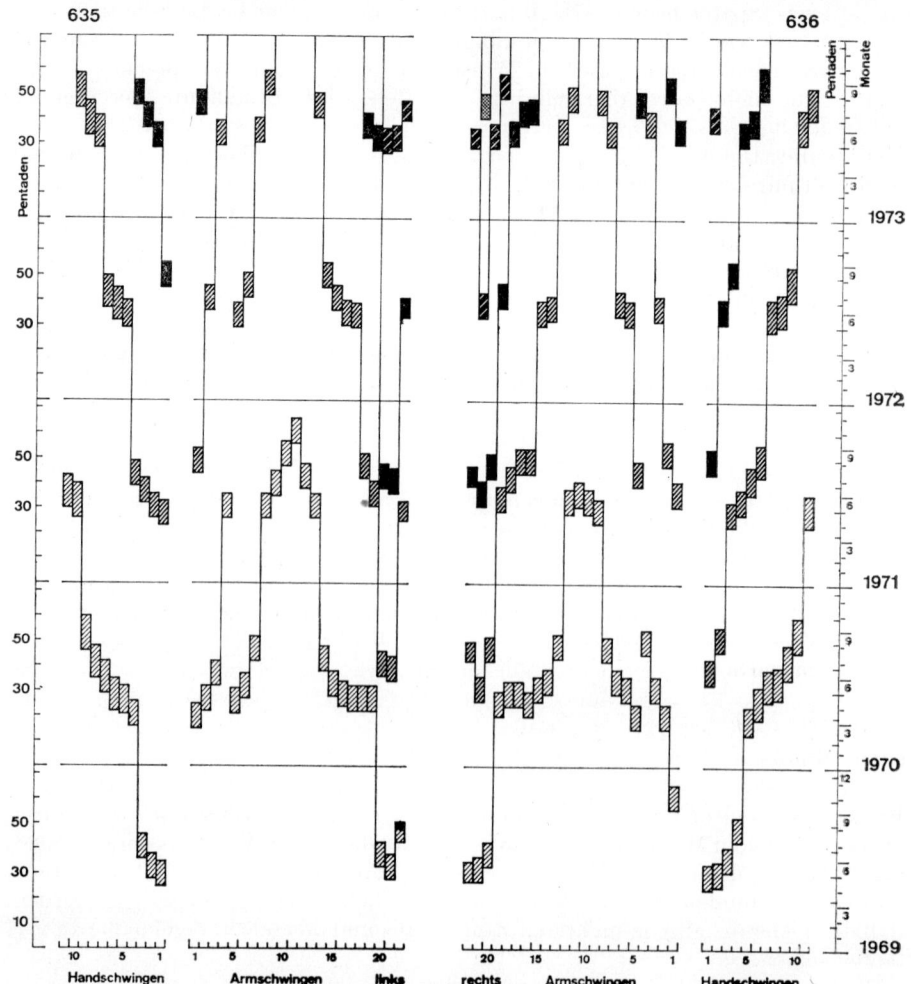

Abb. 9. Verlauf der Schwingenmauser bei einem Storch in Gefangenschaft. Auf der Abszisse sind die Schwingen des linken und rechten Flügels aufgetragen, auf der Ordinate links die Jahrespentaden, rechts die Monate. Die in der Mauser erneuerten Federn sind durch Säulen dargestellt, deren Basis den Wachstumsbeginn und deren Länge die Wachstumsdauer angibt. Derselben Generation angehörende Federn sind durch eine besondere Signatur markiert und untereinander mit Linien verbunden. Nach Bloesch et al. 1977

längerten Ausläufer der Hakenstrahlen darstellen (Pennulum), unpigmentiert bleiben und silberweiß wirken. Diese Anhängsel brechen leicht ab, vorwiegend an ihrer Basis, und geben bei der Abnützung die schwarze Grundfarbe der Feder frei, so daß sich daraus ein Hinweis auf das Alter der Feder ergibt.

Die 11 Hand- und 22 Armschwingen mit einer Maximallänge von 44 cm ergeben für beide Flügel zusammen eine Gesamtlänge von 20 Metern, wovon alljährlich von den Versuchsvögeln bis zu 15 m, im Durchschnitt 11 m = 57% des Fluggefieders, beiderseits je 6 Hand- und 13 Armschwingen, erneuert wurden. Für H 1 ergab sich eine mittlere Tragdauer von 1,2 Jahren, für H 11 eine solche von 2,5 Jahren.

Der Federwechsel erfolgt als Staffelmauser, an der Hand gestaffelt-deszendent ab H 1, am Arm gestaffelt-konvergent ab A 1, A 5 und A 20/22. Die Mauserzyklen werden im 2. Mauserjahr eingeleitet und erreichen den endgültigen Ablauf anscheinend erst im 4. oder 5. Jahr.

Im 1. Jahr enthält also der Flügel nur Federn der 1. Generation, von denen ein Teil auch noch im 2. Jahr in Gebrauch bleibt. Erst im 3. Jahr sind alle Federn durch eine 2. Generation ersetzt, einige bereits sogar durch eine dritte. Infolge der Staffelung wachsen neue Federn an mehreren Stellen gleichzeitig heran. Diese Intensivierung der Mauser ist ohne Beeinträchtigung der Flugfähigkeit durch Entstehen großer Lücken möglich und erlaubt vor allem gleit- und segelfliegenden Großvögeln den Ablauf der Mauser trotz der langen Wachstumsdauer der Schwungfedern in angemessener Frist.

Im ersten bis dritten Mauserjahr beginnt der Federwechsel im März oder April, in späteren um die Mitte Mai und ist durchschnittlich nach 235 bzw. 180 Tagen gegen Anfang November beendet. Er erfolgt also größtenteils in den Sommermonaten zwischen Bebrütungsbeginn und Wegzug. Noch wachsende Schwingen werden auf der Herbstwanderung fertiggestellt, anschließend dürfte der Federwechsel weitgehend ruhen.

Das Zusammenfallen von Mauser und Brutgeschäft ist ungewöhnlich, beim Storch aber vielleicht dadurch ermöglicht, daß er in dieser Zeit seine Flügel weniger beansprucht als während der 3 bzw. 2 Monate langen Fernwanderung und beim Verfolgen der Wanderheuschreckenschwärme im Winterquartier. Möglicherweise könnte die Mauser auch bei der hohen Mortalität des Storches im Winterhalbjahr eine zu starke zusätzliche Belastung des Organismus bedeuten. Jedenfalls wird auch bei freilebenden Störchen das Fluggefieder hauptsächlich zur Brutzeit erneuert.

7. Der Lebensraum

Den Lebensraum des Weißstorches bilden offenes Gelände mit niedrigem Pflanzenbewuchs, z. B. Gras- und Riedland, oder extensiv bewirtschaftete bzw. brachliegende Flächen, auch wenn diese von kleinen Baumgruppen oder Feldgehölzen durchsetzt sind.

Als Kulturfolger besiedelt der Storch vorwiegend Kulturland. Durch natürliche Überschwemmungen gedüngtes Dauergrünland, kurzrasige Weidekoppeln, Marschen oder mehrfach im Jahr gehauene Wiesen – vor allem, wenn diese zeitweise überflutet werden und auf ihnen Wasserlachen zurückbleiben – sind das bevorzugte Jagdgebiete der Störche. Ebenso bedeutsam sind natürliche Feuchtgebiete mit wechselndem Wasserstand, mit Verlandungszonen, Altwässern, Tümpeln, Gräben und Grabentaschen. Dagegen behindert die hohe Vegetation der Mähwiesen die Nahrungssuche, und ebenso erlangen Anbauflächen von Feldfrüchten erst nach der Ernte erhöhte Bedeutung durch vermehrte Gelegenheit zum Fang von Kleinsäugern, weshalb Störche dann gern auf Stoppeläckern „feldern". Wasser übt eine starke Anziehungskraft auf Störche aus. Sie suchen oft die flach auslaufenden Ränder von Stauseen, wassergefüllte Sand- und Kiesgruben, Küstenbereiche mit Wattenland und Lagunen, Flußmündungen, Fischteiche, ja sogar Rieselfelder und Flachmoore auf. Landschaften mit feuchten fruchtbaren Böden erhalten Vorrang vor sandig-trockenen Gebieten. Im Marschland ist der Storch häufiger als in der Geest. Künstliche Bewässerung lockt Störche auch auf Anbauflächen von Reis, Baumwolle und anderen Kulturpflanzen und macht sie dort zum Regulator der Biomasse. Auch auf dem Zug rasten die Störche in entsprechenden Lebensräumen. Im afrikanischen Winterquartier suchen sie vorwiegend Steppengebiete auf, während Wüsten und Halbwüsten wegen ihrer Nahrungsarmut weitgehend gemieden werden.

Die Größe des Nahrungsrevieres eines Storchenpaares wird durch die Örtlichkeit, durch Witterung und Nahrungsfülle bestimmt. Die Ansiedlung setzt voraus, daß im Umkreis von 3 km um den Horst etwa 25 % der Nahrungsfläche (= 200 ha Grünland) den angeführten Bedingungen entsprechen, weil die Nahrungssuche fast ausnahmslos innerhalb dieser Entfernung und möglichst in Blickverbindung mit dem Horst erfolgt. Erst wenn die Jungen allein gelassen werden können, unternehmen die Altvögel auch längere Ausflüge zu weiter entfernt gelegenen Nahrungsgründen. Ehemals erfüllte die Kulturlandschaft diese Ansprüche weitgehend und trug dadurch zum Vorkommen des Storches bei. Da die Störche ihre ursprüngliche Nistweise als Baum- oder Felsbrüter nur noch teilweise beibehielten und das Brüten auf Bauwerken bevorzugten, erwiesen sie sich in zweifacher Hinsicht an den Menschen gebunden (Schnurre 1922). Andere Storcharten nehmen z. T. wesentlich größere Nahrungsräume in Anspruch. Der amerikanische Waldstorch *(Mycteria americana)* unternimmt 80 % seiner Nahrungsflüge innerhalb eines Umkreises von 20 km, dehnt sie aber auch bis 70 km Entfernung aus (Coulter, Vortrag 15. 10. 1985, Walsrode).

Leider wird die Nahrungsgrundlage vielerorts durch agrarstrukturelle Maßnahmen beeinträchtigt. Die Umwandlung von Grünland in Ackerfläche, Intensivierung und Industrialisierung der Landwirtschaft, Grundwasserabsenkung, Gewässerausbau und sonstige Meliorationsvorhaben entwerten ganze Landschaften als Siedlungsgebiet für den Storch, besonders wenn Bebauung, Verdrahtung und andere Eingriffe dazukommen. Durch sein Wegbleiben spiegelt der Storch das Ausmaß wasserwirtschaftlicher Maßnahmen und den Umfang der landeskulturellen Umgestaltung wider. Er wird dadurch gleichsam zum Indikator für biologisch noch nicht verarmte Gebiete mit hoher Umweltgüte. Im einst so storchenreichen Niedersachsen haben fast nur noch die grundwassernahen und nicht gänzlich hochwasserfreien Bereiche entlang der Wasserläufe und die küstennahen Marschen ihre Eignung als Lebensraum für den Storch bewahren können (Heckenroth 1978).

Der Storch ist vorwiegend ein Tieflandsvogel. In wiesenreichen Tälern kann er jedoch weit in die Mittelgebirge vordringen, wenn ihm dort Bodenbeschaffenheit und Bodenfeuchtigkeit geeignete Bedingungen bieten. Lediglich saure und nah-

Abb. 10. „Schildwache der Dachfirste". Aufn. M. Hardel

Abb. 11. Fliegender Storch.
Aufn. M. Hardel

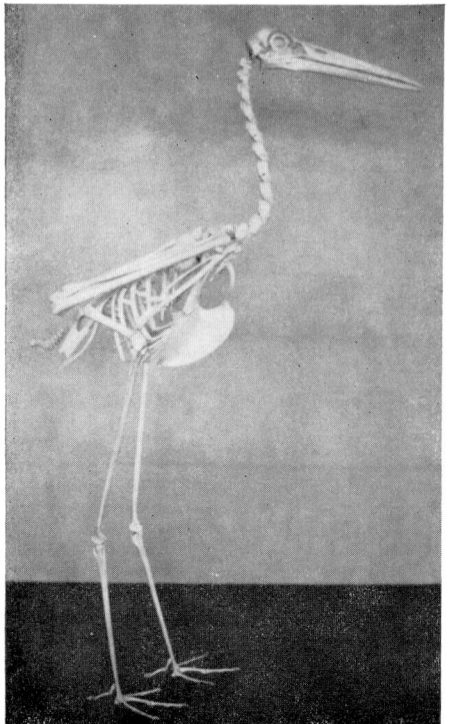

Abb. 12. Storchskelett aus dem Museum
für Naturkunde Bern; beachte das kräftige Brustbein für den Ansatz der Flug-
muskulatur. Aufn. M. Hardel

Abb. 13. Fliegende Störche. Aufn. G. Budich

Abb. 14. Schwarzschnabelstorch *(Ciconia boyciana)* im Tierpark Berlin. Aufn. K. Rudloff
Abb. 15. Abdimstorch *(Ciconia abdimii)* im Zoo Schwerin. Aufn. K. Rudloff
Abb. 16. Schwarzstorch *(Ciconia nigra)* im Tierpark Berlin. Aufn. K. Rudloff

Abb. 17. Durch den Einsatz schwerer Technik angelockte Störche, die sich sehr schnell an diese bequeme Art des Nahrungserwerbs gewöhnt haben. Aufn. K.-D. Stegemann

Abb. 18. Auch zwischen einer Rinderherde ist die Nahrungssuche erfolgversprechend. Aufn. G. Tiede

Abb. 19. Das Wasser des „Queck-
brunnens" in Dresden aus dem
Jahre 1461 sollte zur Fruchtbarkeit
verhelfen. Aufn. Möbius

Abb. 20. Störche als Briefmarken-
motiv. Aufn. R. Schipke

Abb. 21. Die Lehrschau „Weißstorch" im Storchenturm, einem ehemaligen Ziegelbrennofen in Altgaul. Aufn. G. Budich

Abb. 22. Zum Übernachten aufgebaumte Nichtbrüter. Aufn. G. Tiede

Abb. 23. Hochspannungsmasten sind beliebte Ruheplätze. Aufn. G. Tiede

Abb. 24. Gemeinsames Klappern der Altvögel. Aufn. W. Aßfalg

Abb. 25. Fast synchron ablaufende Gefiederpflege. Aufn. W. Aßfalg

Abb. 26. Sich kratzender Altvogel.
Aufn. W. Aßfalg

Abb. 27. Störche bei der Paarung. Aufn. G. Budich

Abb. 28. Quecken, Kartoffelkraut oder Mist dienen oft zur Auspolsterung. Aufn. H. Blümel
Abb. 29. Pferdeäpfel als Nistmaterial. Aufn. H. Blümel

Abb. 30. Beim Einbauen
von Zweigen.
Aufn. H. Blümel

Abb. 31. Wegen seines Ge-
wichtes abgenommener
Horst. Nach Jonkers 1978

Abb. 32. Szene eines Storchenkampfes in Bergenhusen (Schleswig-Holstein).
Aufn. G. Fiedler

Abb. 33. Storchenkampf in Oggelshausen am Federsee. Aufn. W. Aßfalg

Abb. 34. Beide Altvögel bauen am Nest, vorn das ♀. Aufn. J. Hofherr

rungsarme Hochmoore meidet er. In Hessen brüteten noch kurz nach 1900 Störche in Niedermoos und Herbstein in mehr als 400 m über NN (Gebhardt u. Sunkel 1954), im Erzgebirge ehemals bis um 500 m (Heyder 1952). Aus den Vorbergen des Bayerischen Waldes sind Storchvorkommen aus 560 m, aus Oberschwaben, Baden und Württemberg zwischen 600 und 700 m bekannt, z. B. aus Ostrach bei Hohenzollern (Löhrl 1938). Im Allgäu besaß einst Immenstadt ein Brutvorkommen in 728 m Höhe, und in Friedenweiler bei Neustadt im Schwarzwald hat es 1725 und einige Jahre vorher sogar Bruten in 900 m Höhe gegeben (Kuhk 1977).

Brutvorkommen in großen Höhenlagen werden auch aus anderen Teilen Europas und Vorderasiens mitgeteilt. Für die Schweiz werden Bruten bei Einsiedeln im Kanton Schwyz in 900 m Höhe für die Jahre 1733 und 1757 angegeben (Glutz v. Blotzheim 1962). Im Westen und Süden der ČSSR gibt es eine Anzahl Nester in Höhenlagen zwischen 300 und 650 m, bei Bochov sogar bei 670 m und bei Teplá bei 680 m. Ein Horst in Hurka an der oberen Moldau (720 m) ist nicht mehr besetzt. Nach Beneda (1980) hat der Storch in den Jahren 1938 bis 1978 sein Verbreitungsgebiet um 100 m höher verlagert. Stollmann (1956) gibt für die Hohe Tatra in den Jahren 1955/1956 10 Horste in mehr als 700 m bis maximal 829 m an, und ganz ähnliche Angaben liegen für die Steiermark, für Polen bei Chocholow (780 m, Profus 1981) und Bulgarien vor, wo in den niederschlagsreichen Rhodopen – vielleicht begünstigt durch die Anlage zahlreicher Stauseen – bei Welingrad 6 Nester in Höhen zwischen 750 und 800 m und bei Batak gar in 1200 m (Beitr. Vogelk. 11, 1965, S. 107) gefunden wurden. In Griechenland sind Nester am Kastoriasee in 750 m Höhe (Martens 1966) und bei Ano Hydrussa, südöstlich von Florina in Westmakedonien in 860 m Höhe (Heckenroth 1969a) bekannt, in Ano Wrontu bei Serre sogar in 1040 m (Hölzinger u. Künkele 1986). Die höchstgelegenen Horste in Spanien gibt es in Zapardiel de la Ribera (1353 m) und Nova Cepeda de Tormes (1349 m).

Ganz erstaunlich sind die Höhenangaben für Brutvorkommen im Vorderen Orient. Kumerloeve (1966, 1979) gibt für Kleinasien 700 m bis 1300 m an und fand Horste am Beysehirsee in 1116 m, in Hocharmenien am Kenarbel Köyü sogar bei 1800 m, bei Erzurum und Cildir bei 1960 m und maximal bei Sarikamis sogar bei 2100 m und Göle 2300 m, ferner in Sowjetarmenien und dem Kaukasus in Höhen zwischen 800 m und 2000 m (1962). Sauter u. Schüz (1954) berichten von Vorkommen am Sewansee in Armenien in 2000 m, im Mittleren Atlas in 2010 m und bei Imilchil in 2500 m Höhe.

Diese Angaben lassen den Schluß zu, daß der Höhenverbreitung nur eine bedingte Bedeutung zukommt und der Einfluß des Nahrungsreichtums entscheidender ist als der klimatische. Höhere Niederschläge können sich in kontinentalen Teilen Europas günstig auswirken, andernorts dagegen aufgrund der Durchnässung der Jungen erhöhte Verluste verursachen und dadurch das Gleichgewicht zwischen Nachwuchs und Bestandserhaltung erheblich stören. Möglicherweise ist hierin die Ursache für den Storchrückgang an der nordwestlichen Verbreitungsgrenze zwischen den Niederlanden und Schweden zu suchen.

Bemerkenswert ist die in manchen Ländern beobachtete Verlagerung des Verbreitungsgebietes in größere Höhenlagen, z. B. in der ČSSR und in Bulgarien.

Sie ist auch für die Lausitz wahrscheinlich, wenn auch nicht durch Ringfunde belegbar. Als nach 1945 der verstärkte Braunkohlenabbau in der Niederlausitz zu starken Grundwasserabsenkungen und dadurch zu einem deutlichen Rückgang der Storchbruten führte, kam es 50 km südlich davon im Bergland der Oberlausitz auffällig zur Gründung neuer Vorkommen in Mittelgebirgslagen bis 340 m NN (Creutz 1967). Mag auch die Umstellung der Landwirtschaft auf Viehhaltung und Weidekultur dabei begünstigend mitgewirkt haben, kann doch kaum ein Zweifel am Zusammenhang beider Erscheinungen bestehen.

8. Nahrungsaufnahme

Über die Ernährungsweise des Weißstorches sind wir nur verhältnismäßig unzureichend unterrichtet, weil die Schutzbedürftigkeit des Vogels den Abschuß zu planmäßigen Magenuntersuchungen verbietet und nur zufällige Feststellungen möglich sind. Wiederholt werden Gelegenheitsbeobachtungen, die auf unterschiedliche Weise zustande gekommen sind, in verstreuten Nachrichten mitgeteilt. Bei ihrer Auswertung muß bedacht werden, daß ungewöhnliche Fälle besonders oft angeführt werden und dadurch leicht einen falschen Stellenwert erhalten, der zu einer unzutreffenden Beurteilung führen kann.

Der Storch ist ein ausgesprochener Schreitjäger. Mit großen Schritten pirscht er das Gelände ab, dabei unablässig nach rechts und links spähend. Als Sammler pickt er vorwiegend sich bewegendes Kleingetier vom Boden auf oder liest es von Halmen oder Schirmblüten ab. Er nimmt aber auch bereits tote oder schon mehr oder weniger stark in Verwesung übergegangene Nahrungstiere auf, wie z. B. an der Kurskaja Kossa (Kurischen Nehrung) beobachtet werden konnte, wo er angespülte tote Fische und die Verursacher ihres Todes, die parasitischen Riemenwürmer *(Ligula intestinalis)*, aufsammelt (Hornberger 1971). Gern folgt er einem Pflug oder Heuwender. Im Sammeleifer verringert sich dann die Fluchtdistanz so, daß er einen vertrauten Eindruck erweckt und seine Nahrungsaufnahme aus geringer Entfernung beobachtet werden kann. Freigelegten Mäusen die ihm zu entwischen drohen, folgt er rennend oder gar in Flugsprüngen mit Unterstützung der Flügel. Vor ihren Schlupflöchern verweilt er manchmal einige Zeit in gespannter Lauerstellung mit vorgestrecktem Hals und stoßbereit abwärts gerichtetem Schnabel oder fährt mit hörbarem Schnabelknappen in sie hinein. Dabei knickt er leicht in den Fersengelenken ein und stößt dann blitzschnell nach der flüchtenden Maus. Eine Anstandsjagd im eigentlichen Sinn, wie sie Reiher ausüben, kennt der Storch nicht, doch sollen in Aserbaidshan Störche gern nach Greifvogelart von Telegrafenmasten aus auf Beute lauern (Lebedeva, Priroda 58, S. 104).

Vom afrikanischen Nimmersattstorch ist bekannt, daß er manchmal Beute durch „Fußtrillern", d. h. durch rasche klopfende Bewegungen der Füße, aus ihren Verstecken aufschreckt. Möglicherweise vermag auch unser Weißstorch die gleiche Technik anzuwenden, ebenso auch der Schwarzschnabelstorch.

Das außerordentlich scharfe Sehvermögen kann durch das Gehör, vor allem aber durch den Tastsinn ergänzt oder völlig ersetzt werden. Flaches, getrübtes oder verkrautetes Wasser durchschnäbelt der Storch mit hin- und hergeschwenktem Kopf. In tieferes Wasser taucht er den geöffneten Schnabel bis zum Ende seines Spaltes oder auch bis über die Augen ein, um eine versteckte Beute aufzustöbern oder ertastete Gegenstände zu prüfen und abzuschlucken. Nach längerem vergeblichen Suchen hebt er den Kopf an und schüttelt ihn mit geöffnetem Schnabel und geschlossenen Augen, vermutlich um sich von dem anhaftenden Wasser zu befreien. Ein vom 8. Lebenstag an ohne Vorbild aufgezogener Jungstorch suchte seine Nahrung ebenso. Diese Jagdweise hat auch Löhrl (1957) beschrieben und H. Siewert in einem Film festgehalten. Sie ist auch von *Mycteria americana* bekannt.

Eine andere Jagdweise beobachtete ich am 19. 6. 1983 in einem Teich bei Holscha. Er war im Herbst abgelassen und mit Winterroggen eingesät worden. Nach dem erneuten Bespannen Anfang Juni starb das hochgeschossene Getreide ab und glich über weite Flächen einem schütteren Schilfbestand. Ein Storch lief in gebückter Haltung an dem Rand entlang oder auch quer hindurch und „stach" in rhythmischem Gleichmaß bei jedem Schritt mit leicht geöffnetem Schnabel in das Wasser. Während 30 min hatte er etwa 1000 m mit 2000 Schritten zurückgelegt. Bei jedem 5. bis 8. Schritt war er erfolgreich und schluckte ein meist kleines Beutetier mit hochgeworfenem Kopf ab. Die Zahl der ergebnislosen Suchstöße dazwischen schwankte zwischen 1 und 15. Die Jagd galt vorwiegend Kaulquappen, die an dem warmen Nachmittag besonders lebhaft umherschwammen und von denen in einer halben Stunde 250 bis 400 erbeutet wurden. Am nächsten Tag suchten beide Störche des Brutpaares am gleichen Ort nach Nahrung, jedoch in der üblichen Weise ohne Hast schreitend, nach rechts und links blickend und nur dann und wann zustoßend.

Auch fliegende Beute vermag der Storch zu erschnappen, z. B. Vögel, aber auch Libellen oder selbst Mücken, wie es an einem schwülen Maitag ein brütendes Weibchen immer wieder tat, sicher allerdings nur, um sich der Plagegeister zu erwehren. In Gefangenschaft lernen Störche schnell, ihnen zugeworfene Futterbrocken aufzufangen, so wie es von Hunden bekannt ist.

Bemerkenswert ist, daß sich Störche gern bei Flächenbränden einstellen, um dicht vor oder hinter der Feuerlinie flüchtendes oder „geröstetes" Getier aufzunehmen, ohne sich von den Rauchschwaden beeindrucken zu lassen. Beim Brand eines 25 ha großen Gerstenfeldes in Salchow bei Anklam am 28. 7. 1968 fanden sich sehr bald zwei Störche ein, und nach 90 min waren 18 Störche versammelt (Hemke, Falke 16; 1969, S. 139). Sie liefen dicht hinter der Feuerlinie und ließen sich nicht durch die Rauchschwaden beirren. Ähnliches beobachtete Heckenroth (1968) in Anatolien, und in Afrika sind Ansammlungen bei Steppen- und Savannenbränden keine Seltenheit. Anschaulich heißt es bei Cheesman (1936): „Die geschwärzten Wälder bieten ein trauriges Bild, und rundherum halten sich Marabus, Weißstörche, Adler und Milane auf, die vollgestopft sind mit gerösteten Eidechsen, Mäusen und Heuschrecken und sich kaum vom Weg fortbewegen."

Im allgemeinen ist der Weißstorch kein Nahrungsschmarotzer. Trotzdem mögen sich dazu Gelegenheiten bieten, wenn mehrere Vogelarten gedrängt einem Pflug folgen. Stegemann (Beitr. Vogelk. 23, 1977, S. 248) beobachtete einen Storch, der im Flug einer Nebelkrähe eine Maus abzujagen versuchte, und vermutet, daß dies aus Nahrungsmangel im Frühjahr geschehen sein könnte.

Erfahrungslos aufgezogene Jungstörche wenden trotz fehlender Vorbilder die gleichen Jagdweisen an. Sie verknüpfen angeborene Fähigkeiten mit eigenen Erfahrungen zu einer vervollkommneten Methode des Beuteerwerbes, wie wir öfter bei aufgepäppelten Nestlingen beobachten konnten (s. auch Löhrl 1961). Die gefundene Beute erfährt kaum eine Behandlung. Kleine Käfer u. a. werden sofort verschlungen, große mit der Schnabelspitze erfaßt und zum Teil durch mehrfaches Zugreifen zerdrückt und getötet. Mäuse und Maulwürfe werden oftmals zunächst erst im Schnabel mehrfach hin- und herbewegt, vielleicht um Geschmack und Schluckbarkeit zu prüfen, dazwischen auch manchmal abgelegt und dazu an einen Platz getragen, wo sie nicht so leicht entweichen können. Wenn sie noch laufen können, verfährt der Storch mit ihnen nach Katzenart. Er stößt mit dem Schnabel nach ihnen, packt sie und läßt sie mehrfach wieder los. Ist er dann zum Abschlucken entschlossen, wirft er sie hoch und fängt sie mit geöffnetem Schnabel wieder auf oder faßt sie mit der Schnabelspitze, die er bis zur Waagerechten anhebt. Mit ruckartigen Bewegungen wirft er den Kopf nach hinten und öffnet den Schnabel im Augenblick des Anhaltens, so daß die Beute in den Schnabelspalt gerät und von der Zunge in den Schlund befördert werden kann.

Wichtig ist die Gleitfähigkeit der Nahrung. Jede größere trockene Beute wird zielstrebig zum Wasser getragen, wenn solches nahe erreichbar ist, und, mit der Schnabelspitze gehalten, mehrfach eingetaucht, hin- und hergeschwenkt oder auch in das Wasser geworfen, wieder herausgefischt und geprüft, ob sie schluckbar ist. In ähnlicher Weise werden schlammige Frösche oder Fische zunächst abgespült. Gefangen gehaltene Störche verfahren mit Fleischbrocken, denen Fell- oder Knochenreste anhaften, ganz entsprechend. Diese Verhaltensweisen wenden auch ohne Vorbild aufgezogene Jungstörche an. Sie sind also angeboren und werden lediglich durch selbstgemachte Erfahrungen weiterentwickelt. Stets bleibt die Nahrung unzerteilt. Sie wird niemals im Schnabel zum Horst getragen, sondern ausschließlich im Schlund. Anderslautende Beobachtungen beruhen auf Verwechslungen mit herangeschleppten Niststoffen, und oftmals werden Äste für herabhängende Schlangen gehalten. Den Nestjungen wird die Nahrung vorgewürgt und in den Horstboden erbrochen.

Feldornithologische Beobachtungen bei der Nahrungsaufnahme können gute Einblicke in die Zusammensetzung des Speisezettels und die aufgenommene Nahrungsmenge geben. Innerhalb einer Stunde nahm ein Storch 44 Mäuse, 2 junge Hamster und 1 Frosch auf, ein anderer 25 bis 30 Grillen in einer Minute (Szijj 1955). Bei derartigen Beobachtungen sollte zugleich auch auf das Verhältnis von erfolgreichen zu mißlungenen Fangversuchen geachtet werden, das nicht nur vom Nahrungsangebot abhängt und durchschnittlich etwa 1:2 beträgt, sondern auch unterschiedlich sein kann. Auf einer überschwemmten Wiese war ein Storch 24mal in 1 min erfolgreich, andererseits können Fehlstöße beachtlich zahlreich sein. Eine Durchbeobachtung über 630 min ergab mindestens 1037 Beutetiere, also durchschnittlich 1,6 je min.

Am Horst läßt sich verfolgen, was die futterbringenden Altvögel hervorwürgen und auf den Nestboden fallen lassen. Manchmal verschlingen allerdings die Jungen die Futterspende so gierig, daß eine Bestimmung nicht gelingt. Es bleiben aber auch Nahrungsbrocken im Nest liegen, die der Altvogel dann meist erneut aufnimmt oder zuvor kurz im Schnabel hält oder hochwirft. Bei 220 Fütterungen erkannte Schüz (1943) 138 Fische, 39 Frösche, 9 Mäuse und 5mal Insekten, 38mal Regenwürmer und 18mal *Ligula intestinalis*.

Magenuntersuchungen konnten meist nur in Einzelfällen bei verunglückten oder toten Störchen vorgenommen werden. Sie ergaben – ausgenommen die Befunde für die rasch verdauten Weichtiere und Würmer – zuverlässige Ergebnisse. Die Untersuchung einer größeren Reihe verdanken wir Riffel (1874, nach Hornberger 1953). Er entnahm 17 Magen mindestens 11 Maulwürfe, 66 Mäuse, einige Schlangen und Blindschleichen, mehr als 20 Eidechsen, 2 Frösche, einige hundert Käfer und Engerlinge, Dutzende von Grillen, Maulwurfsgrillen und Heuschrecken und außerdem eine halbe Ratte, 3 Küken, die mit dem Mist auf das Feld gefahren worden waren, ein Stück totes Huhn, Schuhleder und ein Holzstück von 2 Zoll Länge.

Rörig (1903) lagen 72, Eckstein (1907) 27 Magen von Störchen vor, die zwischen April und August aus verschiedenen Gegenden eingeliefert worden waren. Ihnen konnten vor allem zahlreiche Käfer entnommen werden (s. Tab. 2), Eckstein gibt außerdem noch 1 Maulwurf, 7 Mäuse, 2 Eidechsen, 1 Blindschleiche, 15 Frösche, 3 Fische, Käfer aus 23 Gattungen, je 2 Maulwurfs- und Feldgrillen, 3 Heuschrecken und 1 Blutegel an. Die Wirbeltierreste in einem Magen betrugen im Höchstfall 77,9 g, die Insektenreste 6,0 g. Sand und Pflanzenteile waren stets vorhanden, im Höchstfall 103,8 g bzw. 70,85 g. Auch Stammer (1937) fand in 25 Magen Mäuse und Frösche, vor allem aber Heuschrecken, Maulwurfs- und Feldgrillen und weitere Insekten.

Eine besondere Gelegenheit bot sich 1933 und 1934, als im heutigen Nordostpolen (Masuren) ein – bei der hohen Storchendichte verantwortbarer – Abschuß von Störchen angeordnet wurde, um die Frage der Jagdschädlichkeit zu prüfen. An der damaligen Vogelwarte Rossitten (heutiges Rybatschi) wurden 144 eingelieferte Störche von J. Steinbacher (1936) untersucht. Sie ergaben als Spiegelbild des landschaftlichen Angebotes in mehr als 90 % der Magen Käfer, in 72 Wühlmäuse, in 54 Frösche, in 10 Maulwürfe, in 3 Spitzmäuse und je einmal Wiesenpieper, Eidechse und Knoblauchkröte, aber keinerlei Hinweis auf jagdbare Tiere.

Als Inhalt von 251 Storchenmagen stellte Stammer (1937) nach Berichten verschiedener Untersucher folgende Liste von Nahrungstieren zusammen: 22 Maulwürfe, 5 Spitzmäuse, 1 Hase, 109 Mäuse, 5 Vögel, dreimal Eireste, 8 Eidechsen, 1 Schlange, 108 Frösche, 4 Kröten, 1 Salamander, 5 Fische, 236 Käfer (davon 73 Wasserkäfer), 45 Heuschrecken, 8 Maulwurfsgrillen, 18 Raupen, 18 Schnaken, 4 Libellen, 6 Schnecken, 18 Regenwürmer, 19 Blutegel und 165mal Pflanzenteile. Es sind also Land- und Wassertiere, wobei auffällt, daß Frösche verhältnismäßig wenig und Kröten nur ungern verspeist werden. Die Befunde erwiesen sich als bedeutungslos für Niederjagd und Fischerei und gaben auch keinen Anhaltspunkt für das Verzehren von Bienen. Damit entkräfteten sie alle Vorwürfe, die A. Brehm gegen den Storch als „Raubvogel in der vollsten Bedeutung des Wortes" erhoben hatte.

Unverdaubare Beutereste werden bereits von halbwüchsigen Jungstörchen im Magen zu Speiballen geformt und nach etwa 36 bis 48 Stunden ausgewürgt. Diese Gewölle sind 3 bis 5 × 6 bis 10 cm groß und wiegen bis zu 65 g. Ein Riesengewöll war etwa 15 cm lang und 137 g schwer und hatte sich derart im Schnabel eines flüggen Jungstorches verklemmt, daß dem Erkrankten keine Hilfe mehr gebracht werden konnte (G. und W. Haas 1965).

Speiballen bestehen aus dicht verfilzten grauen Mäusehaaren und enthalten oft Unmengen stark zerbröckelter Chitinteile von Insektenpanzern, vor allem die widerstandsfähigen Kopfteile, Halsschilder, Flügeldecken oder die Grabschaufeln der Maulwurfsgrille, ferner erdige Bestandteile – wohl meist aus dem Darm aufgenommener Regenwürmer – und pflanzliche Reste. Hinweise auf Weichtiere fehlen fast völlig bis auf Schalenreste von Schneckenhäusern oder die nicht leicht nachweisbaren Borsten der Regenwürmer, die Grimm (1986) in jedem der 71 von ihm untersuchten Gewölle vorfand, ohne daß ihm allerdings eine Aussage über die Anzahl der Würmer möglich war. Horn- und Federteile werden weitgehend verdaut. Von Kleinsäugern sind nur gelegentlich Knochenstückchen, Zähne oder die kräftigen Grabschaufeln des Maulwurfes und von Vögeln vereinzelt Federkiele bestimmbar. Von Reptilien und Fischen bleiben nur Schuppen oder besonders starke Knochen erhalten. Trotzdem konnten J. und L. Szijj (1965) 85 Gewöllen u. a. auch Reste von 32 Maulwürfen, 1 Spitzmaus, 11 Feldmäusen, 1 Brandmaus, 17 Reptilien, 8 Fröschen, 2 Wechselkröten und 1 Fisch entnehmen und berichten, daß auch Csörgey in 50 Gewöllen je einmal Feldmaus, Eidechse und Frosch fand. Die von Rey (1903–1907), Horion (1953), J. und L. Szijj (1955), Dolderer (1956) und anderen in guter Übereinstimmung nachgewiesenen Käferarten gehören überwiegend den Familien der Laufkäfer, Schwimmkäfer, Aaskäfer und Blatthornkäfer an (s. Tab. 2). Ohne Zweifel ist die Zahl der nachgewiesenen Käferfamilien mit 23 sicher noch nicht erschöpft. Dazu kommen Arten aus weiteren Insektenordnungen in oftmals erstaunlicher Anzahl zum Nachweis. Viele Gewölle im Horst sprechen für kein ,,gutes" Storchenjahr, weil sie offenbar Mangel an Mäusen anzeigen.

Da das Nestgesiebe seine Herkunft vorwiegend entglittener Nahrung und zerfallenen Gewöllen verdankt, vermag es – wenn auch keinen vollständigen Speisezettel – ebenfalls gewisse Hinweise zu liefern. Neben 13 nidikolen, also nestbewohnenden Käferarten konnte Weber (1938) weitere 26 Käferarten nachweisen, die zweifellos verzehrt worden waren. Székessy (1950) konnte für 7 Storchnester sogar 89 Käferarten auflisten, von denen 6 in allen Horsten vorkamen, z. B. der kleine Mistkäfer *(Trox scaber)*.

Das bei Singvögeln bewährte Verfahren der Halsringproben-Entnahme versagt beim Storch weitgehend. Vielleicht wäre ein zeitweises Zubinden des Schnabels erfolgreicher, doch ist zu erwarten, daß die Altvögel die zwangsweise verweigerte Nahrung selbst wieder verschlingen. Jungstörche erbrechen jedoch gelegentlich als Schreckfolge und liefern dadurch vereinzelte Nahrungsproben.

9. Die Zusammensetzung der Storchennahrung

Allgemeines zur Nahrung des Storches. Als animalischer Allesfresser nimmt der Weißstorch, was er erreichen und bewältigen kann. Auf seinem Speisezettel stehen Beutetiere von der Größe einer jungen Bisamratte *(Ondatra zibethica)* bis herab zum 10 mm, ausnahmsweise auch nur 4 mm großen Insekt und von sehr unterschiedlichem Nahrungswert (Kaloriengehalt). In bemerkenswerter Anpassungsfähigkeit vermag er das unterschiedliche Angebot auszunutzen, das er jeweils nach Jahreszeit, Witterung, Örtlichkeit, landesüblicher Feldbewirtschaftung und den Beziehungen zwischen diesen Faktoren vorfindet. Massenvorkommen einer Beutetierart werden gründlich ausgeschöpft. Insgesamt ist „der Speisezettel des Storches ein klares Bild der besten Möglichkeiten" (Schüz).

Es liegt nahe, daß die Marschenlandschaft im Nordwesten der BRD ein anderes Nahrungsangebot bereithält als die Teichgebiete der Oberlausitz, die ungarische Puszta oder gar die von Heuschreckenschwärmen überfallenen Ländereien Südafrikas. Selbst in der Umgebung des gleichen Ortes sucht der Storch recht unterschiedliche Nahrungsquellen auf, sowohl am gleichen Tag als auch unter dem Einfluß von Jahreszeit und Witterung.

Zur Zeit der Rückkehr im Frühjahr findet er in der Regel noch recht unfreundliche Lebensbedingungen vor, die ihn manchmal zu längerem Fasten zwingen. Wenn dann der Frost aus dem aufgeweichten Boden schwindet, bilden Regenwürmer zeitweise die einzige Nahrung. Sobald die Feldbestellung möglich wird, verzehrt der Storch, was die Pflugschar freilegt. Auch in Afrika folgt er den Traktoren und lernt vermutlich, sie nach Gehör ausfindig zu machen. Vom Frühjahrshochwasser überschwemmtes Land bietet ihm einen gedeckten Tisch, ebenso später die Grasmahd oder die Getreideernte. Er ist dann sofort zur Stelle und zehntet das Kleingetier, dem die Deckung genommen ist. Aber nicht allein die Bewirtschaftungsweise der Felder, sondern ebenso die Aufteilung der Anbaufläche in Getreidefelder, Feldfruchtäcker und Grünland beeinflussen Ort und Art der Nahrungssuche. Dazu kommen weiterhin die Auswirkungen der Witterung. In regenreichen Zeiten bilden Würmer den Hauptbestandteil der Nahrung und können dann bis zu 90% ausmachen, während in Trockenzeiten Mäuse und andere Kleinsäuger, vor allem aber Insekten und unter diesen wieder Käfer und Heuschrecken den vorderen Rang einnehmen. Die immer wieder in Erstaunen versetzende Findigkeit des Storches im Aufspüren von Nahrungsgründen und seine große Anpassungsfähigkeit an die jeweiligen örtlichen Verhältnisse ergeben eine artenreiche Beuteliste, deren Vollständigkeit darzustellen hier weder angestrebt wird noch zu erreichen ist.

Von Säugetieren können Maulwürfe *(Talpa europaea)* durch die schwarze Farbe ihrer Haare und die dicken Grabschaufeln oft in Gewöllen nachgewiesen werden. Ihr Hinabwürgen bereitet manchmal Schwierigkeiten und kann sogar zum Erstickungstod führen (Beitr. Fortpfl. Vögel, 11, 1935, 85–92). Dolderer (1956) konnte aus 16 von 66 Gewöllen Reste von Maulwürfen entnehmen (8×1, je 3×2 und 3 Maulwürfe, je 1×4 und 5), die – nach den gleichzeitig gefundenen Totengräbern *(Necrophorus vespillo)* zu urteilen – vermutlich wenigstens zum Teil bereits tot gefunden wurden. Manchmal werden Maulwürfe aber auch als „anrüchig" verschmäht.

Während sich für Spitzmäuse (Soricidae) nur wenige Angaben finden, z. B. für die Waldspitzmaus *(Sorex araneus)*, werden Wühl- und Langschwanzmäuse (Microtidae und Muridae) allen anderen Kleinsäugern vorgezogen. Besonders in sogenannten „Mäusejahren" werden sie in Mengen gefangen, den Jungstörchen als begehrtes „Kraftfutter" zugetragen und sind dann einer der Gründe für „gute" Storchenjahre. Von Mäusen befallene Felder und Kleeschläge werden vom Storch sehr bald entdeckt und ziehen ihn stark an. Bis zu 43 % aller Magen enthielten Mäusereste. Ein Storch sammelte in einer Stunde hinter dem Pflug 44 Mäuse auf (Hornberger 1953), ein anderer erbrach nacheinander 13 Mäuse. Meist handelt es sich um die Feldmaus *(Microtus arvalis)*, oftmals auch um die Erdmaus *(Microtus agrestis)*, die Scher- oder Mollmaus (auch Wasserratte genannt, *Arvicola terrestris*) oder um die Nordische Wühlmaus *(Microtus ratticeps)*, während Gelbhalsmaus *(Apodemus flavicollis)*, Brandmaus *(Apodemus agrarius)* und Rötelmaus *(Clethrionomys glareolus)* nur gelegentlich erbeutet werden. Als 1958 Rötelmäuse ungewöhnlich zahlreich waren, verfolgte sie ein von uns aufgezogener Storch im Neschwitzer Park sehr eifrig, lauerte mit vorgestrecktem Hals und abwärts gerichtetem Schnabel vor ihren Schlupflöchern oder stocherte in diesen herum. Ratten *(Rattus* spec.) wurden wiederholt als Nahrung nachgewiesen (Hornberger 1953, Haas 1968 u. a.). In Afrika wird den Wurzelratten *(Tachyoryctes* spec.) eifrig nachgestellt.

In Südosteuropa bildet das Ziesel *(Citellus citellus)* eine wichtige Beute, ebenso der Hamster *(Cricetus cricetus)*, der vor allem hinter dem Schälpflug gegriffen wird. Es sind vorwiegend Jungtiere (Szijj 1955), doch konnte J. Nagy (Aquila 71, 1964, S. 231) auch ein ausgewachsenes Weibchen nachweisen. Der am Schwanz erkennbare Kern einer Bisamratte *(Ondatra zibethica)*, von dem ein Bisamrattenfänger das Fell abgestreift hatte, bereitete dem Altvogel beim Hervorwürgen gleichermaßen Schwierigkeiten wie dem Jungstorch beim Verschlingen (Beitr. Vogelk. 9, 1964, S. 317).

Löhmer (1980) konnte beobachten, wie ein Storch ein Kleinwiesel *(Mustela vulgaris)* mit Flugsprüngen verfolgte, dann etwa 50 s knebelte, mehrfach dolchte und nach 2 min ohne Anstrengung verschluckte. Ganz ähnlich verhielt sich ein Storch auf der Stelzvogelwiese des Tiergartens in Stendal. Er ergriff ein Wiesel mehrfach, schüttelte es beständig, schritt mit ihm zu einem Teich und tauchte es mehrmals etwa 30 s unter Wasser, bevor er es verschlang. Beim Hinabgleiten sträubten sich die Halsfedern deutlich, und anschließend trank er Wasser (Beitr. Vogelk. 14, 1968, S. 180). Auch Riffel (nach Hornberger 1953) führt das Wiesel an. Dagegen nahm ein Kampf mit einem Hermelin *(Mustela erminea)* einen dramatischen Ausgang. Es saß zunächst abwehrend auf den Hinterfüßen und wich den Schnabelstößen geschickt aus. Schließlich konnte es sich am Hals des Storches dicht unterhalb des Kopfes festbeißen und ließ auch nicht los, als der Storch aufflog. In 25 m Höhe begann der Storch niederzugehen und verendete rasch mit durchgebissener Halsschlagader, während das Hermelin davonsprang (Beitr. Vogelk. 17, 1971, S. 82). Die letztgenannten Säugetierarten können lediglich als Gelegenheitsbeute betrachtet werden und bilden die eben noch erreichbare Grenze des zu Bewältigenden.

Sehr oft ist behauptet worden, der Storch stelle auch Kaninchen *(Oryctolagus cuniculus)* und Hasen *(Lepus europaeus)* – natürlich nur Jungtieren! – nach, und noch immer wird diese Ansicht vertreten, meist ohne einen Beweis erbringen zu können. Wenn auch damit gerechnet werden muß, daß der Storch gelegentlich „wildert" und, etwa im Frühjahr, beim Absuchen eines deckungsarmen Feldes einen zufällig gefundenen Junghasen aufnimmt, so sucht er doch nicht planmäßig danach wie etwa nach Mäusen, zumal er Hecken nicht durchstöbert und ihm oft schon von der Beutegröße her Grenzen gezogen sind. Schon Riffel (s. Hornberger 1953) konnte einem Jäger, der eine Anzahl „verdächtiger" und angeblich bei der Hasenjagd beobachteter Störche abschoß, das Fehlen von Hasenresten im Magen nachweisen. Mehr noch machen die 144 Magen- und Schlunduntersuchungen eigens zu diesem Nachweis abgeschossener Störche die Hasenjagd des Storches unwahrscheinlich (Steinbacher 1937), weil sie keinerlei Hinweis ergaben. Auf keinen Fall übt der Storch einen spürbaren Einfluß auf den Hasenbesatz aus.

Ganz entsprechend muß der Vorwurf zurückgewiesen werden, der Storch stelle jungen Rebhühnern und Fasanen nach. Vögel spielen in seiner Beuteliste überhaupt keine wesentliche Rolle, und lediglich Putzig (1938) berichtet von 7 jungen Fasanen von etwa 22 g Gewicht in einem Magen. Bei Horstkontrollen fand Tantzen (Vogelwarte 22, 1964, S. 288) junge, flügge Feldlerchen *(Alauda arvensis)*, eine Bekassine *(Gallinago gallinago)* und ein Fasanenei. Als Zufallsfunde müssen die Brut eines Wiesenpiepers *(Anthus pratensis)* oder gelegentlich eines anderen Bodenbrüters gelten. Unter den spärlichen Nachweisen ist ein Star *(Sturnus vulgaris)* anzuführen, der vermutlich tot gefunden wurde, und ein anderer, der zwischen weidenden Kühen gefangen, geschüttelt, abgelegt und nach mehrmaligen Schnabelstichen mit Mühe verschlungen wurde (Falke 12, 1965, S. 391). Auch ein Buchfink *(Fringilla coelebs)* und einmal sogar ein Mauersegler *(Apus apus;* Beitr. Naturk. Niedersachs. 14, 1961, S. 95) wurden Storchbeute. Mehrere Beispiele belegen das „Erschnappen" fliegender Vögel, z. B. fingen Zoostörche vorüberfliegende Feldsperlinge *(Passer montanus)* aus einem Schwarm (Niethammer 1972). In Kenia fischten sich Störche Blutschnabelweber *(Quelea quelea),* die beim Trinken oder Baden aus einem Riesenschwarm ins Wasser gefallen waren, aus dem Wasserloch (Vogelwarte 26, 1972, S. 352). In Geschanovo in Bulgarien wartete ein Altstorch auf seinem Horst, bis die Jungen des Weidensperlings *(Passer hispaniolensis)*, die sich als Untermieter eingenistet hatten, am Nesteingang erschienen und er sie schnappen konnte.

Meldungen vom Fang von Küken oder einmal auch von 12 jungen Enten überbetonen die Vogeljagd des Storches – nicht selten in berechnender Absicht! – oder haben gewöhnlich einen besonderen Anlaß. Einen solchen Fall gab es 1962 in Lippitsch. Hier bestätigten Beobachtungen die Klagen über einen Storch, der sich und seine 3 Jungen ausschließlich mit Jungenten oder mit Karpfen eines nahen Fischteiches ernährte. Tatsächlich flog er vom Horst unmittelbar in einen Auslauf mit Hunderten von Jungenten, die erschreckt auseinander stoben, sich aber sehr bald wieder beruhigten und sorglos in die Nähe des bewegungslos stehenden Storches kamen, der sich ein halbes Dutzend einverleibte und zum Horst zurückflog. Ganz ähnlich verhielt er sich auch beim Fischfang. Am Schilfrand stehend, wartete der Storch, bis die etwa 12 cm langen Karpfen an seinem Ständer vorbeischwammen. Da der Fang des Storches nicht gelang, mußte dem Antrag auf Abschuß nachgegeben werden. Dabei stellte sich heraus, daß der rechte Trittballen – vermutlich nach einer Verletzung – erheblich angeschwollen und vereitert war, so daß der Storch die beim Laufen verursachten starken Schmerzen durch das Stehen im weichen Teichschlamm zu vermeiden suchte, ohne dadurch die Fürsorge um die Jungen aufgeben zu müssen. Diese wurden dann auf mehrere Horste verteilt und sind sämtlich flügge geworden. Vogeleier sind dreimal als Storchnahrung bekannt geworden. Im Magen eines toten Storches, bei dem Verdacht auf Verzehren eines Gifteies bestand, fanden sich tatsächlich Schalenreste (Putzig 1938).

Reptilien treten als Storchbeute in Mitteleuropa sehr zurück, gewinnen aber bereits in Ungarn und erst recht in östlichen Gebieten mit Kontinentalklima oder in Afrika erheblich an Bedeutung. Lebedeva (1958) stellte in Aserbaidshan den Nahrungsanteil an Reptilien mit etwa 12% fest und fand vor allem *Natrix natrix* und *N. tessellata*, aber auch Sumpfschildkröten (*Emys* sp.). Eine der Schlangen hatte eine Länge von 97,5 cm und wog 255 g. Bei uns werden von Kriechtieren am häufigsten Eidechsen (*Lacerta* spec.) und Blindschleichen *(Anguis fragilis)* gefangen, wie Beobachtungen und der Nachweis von Schuppen in Gewöllen bestätigen (Eckstein 1907, Dolderer 1956, Hornberger 1953, 1957, Glutz von Blotzheim 1962, u. a.). Öfter werden auch Begegnungen mit der Ringelnatter *(Natrix natrix)* ausgenutzt, und erfolgreiche Kämpfe mit der Kreuzotter *(Vipera berus)* erfahren namentlich in der Jagdpresse zuweilen eine dramatische Darstellung. Über das Verzehren tropischer Schlangen fehlen nähere Artangaben.

Überraschenderweise nehmen Amphibien in der Storchnahrung nicht den erwarteten Platz ein. Zwar verknüpfen schon die Darstellungen in Kinderbüchern Storch und Frosch zu einer noch bei Erwachsenen verbreiteten Vorstellung, aber die tatsächlichen Nachweise belehren eines anderen. Unter günstigen Voraussetzungen enthalten bis 42,5% der Magen Reste von Fröschen (Steinbacher 1936), und möglicherweise ist der Anteil in küstennahen Gebieten groß (Meybohm brfl.), entspricht jedoch im Binnenland nach übereinstimmenden Befunden längst nicht den Erwartungen (Dolderer 1956, Hornberger 1967, u. a.). Andererseits wird manchmal der Storchrückgang mit dem Mangel an Fröschen begründet. Außer Molchen (*Molge* spec.) werden nur Braunfrösche, also Gras- und Moorfrosch (*Rana temporaria* und *R. arvalis*), gern gefangen, dagegen die grünen Wasserfroscharten (*Rana esculenta*, *R. ridibunda* und *R. lessonae*) verschmäht, solange andere Nahrung ausreichend zur Verfügung steht. Sicher sind sie nicht schwerer zu fangen, doch macht sie vermutlich die Ausscheidung von Hautdrüsen beim Storch wie bei anderen Vogelarten unbeliebt. Mehr noch gilt dies für Salamander *(Salamandra maculosa)*, Unken (*Bombinator* spec.) und Kröten (*Bufo* spec.), die spätestens nach einer ersten Begegnung unbeachtet bleiben. Lediglich eine Wechselkröte *(Bufo viridis)* und mehrfach die Knoblauchkröte *(Pelobates fuscus)* und ihre großen Larven (Szijj 1955, Vasvári 1934) bzw. *Pelobates syriacus* (Lebedeva 1958) finden sich in der Beuteliste.

Recht unterschiedlich sind die Angaben über den Verzehr von Fischen. Es liegt nahe, daß diese rasch sättigende Nahrung wahrgenommen wird, wo sie sich bietet, besonders wenn sie durch Parasiten oder hemmenden Pflanzenwuchs bewegungsgehindert ist, da der Storch keine allzu große Geschicklichkeit beim Fischfang zu haben scheint. Die Gleitfähigkeit dürfte Anlaß sein, sich auch bei Gelegenheit an so große Fische zu wagen, die ihm den Erstickungstod bringen können. Das günstige Angebot an übersetzten Fischteichen kann den Storch dann zum Schadenstifter machen, wenn er Karpfen *(Cyprinus carpio)*, Plötzen *(Leuciscus rutilus)* und andere Nutzfische fängt.

Eckstein (1907) konnte an der Oder Hecht *(Esox lucius)* und Schüz (1943) an der Kurskaja Kossa einmal Aal *(Anguilla vulgaris)* und Quappe *(Lota lota)* als Storchbeute nachweisen. Vor allem sammelte der Storch aber hier am Haffstrand angespülte tote und zum Teil bereits stark zersetzte Fische auf, die mit der als *Diplostomum volvens* bezeichneten Larve des Saugwurmes *Hemistomum spathaceum* befallen waren. Nach ihrer Entwicklung in der Spitzhornschnecke *(Limnaea stagnalis)* als Cercarien erregen diese Trematodenlarven in Fischen, besonders im Kaulbarsch *(Acerina cernua)*, den Wurmstar und führen oftmals zum Tod. Auf 1200 m Uferstrecke konnten bis zu 2000 tote Kaulbarsche aller Altersstufen gefunden werden. Weiterhin werden besonders in den Monaten Juni bis August tote Cypriniden, vorwiegend Plötzen, in großer Anzahl angespült, die der Bandwurm *Ligula intestinalis* zum Absterben gebracht hatte. Dieser weiße Wurm erreicht in Plötzen als 2. Zwischenwirt fast seine Geschlechtsreife. Er füllt ihre Leibeshöhle und kann sie zum Platzen bringen, so daß neben den Fischleichen auch noch die Würmer herumliegen und dann vom Storch aufgenommen werden.

Eckstein (1907) berechnet den Fischanteil an der Storchnahrung mit 1,1% und scheidet deshalb den Storch als fischereiwirtschaftlich bedeutungslos aus seiner Betrachtung fischverzehrender Vögel aus, und ganz entsprechend urteilt Hornberger (1957), doch können örtlich und zeitlich günstige Bedingungen auch höhere Werte ergeben.

Mindestens zahlenmäßig machen Insekten einen ganz erheblichen Anteil an der Storchnahrung aus, und namentlich für die Jungstörche sind sie von großer Bedeutung. Obwohl sie nur einen vergleichsweise geringen Nährwert haben, werden sie planmäßig gesucht und nicht nur vom Boden oder von Halmen abgelesen, sondern vom Storch geradezu mit der Kenntnis ihrer ökologischen Ansprüche so erfolgreich aufgespürt, daß selbst ein leidenschaftlicher Insektensammler in der gleichen Zeit kaum auch die gleiche Menge zusammenbringen würde. Zwar sind die Arten vorwiegend Bewohner des offenen Geländes, aber viele von ihnen leben tagsüber versteckt. Sie werden ohne Rücksicht auf etwaige Abwehrmittel wie Analsekrete oder Verdauungssäfte (bei Silphiden, Carabiden, Dytisciden, Scarabaeiden, Elateriden) verzehrt. Stärkere Chitinteile, wie Mandibeln, Köpfe, Halsschilde, Flügeldecken oder die Schienen der Heuschrecken, bleiben in Gewöllen erhalten und bestimmbar.

Nach Arten und Individuen (– nicht nach Gewicht! –) bilden Käfer den Hauptanteil. Dolderer (1956) fand Käferreste in 90% der untersuchten Gewölle, Steinbacher (1936) in 94% aller untersuchten Magen, allein in 73% Carabiden, und in 29% Wasserkäfer. Es sind überwiegend am Boden oder im Wasser lebende, also terricole oder aquatile Arten (Horion 1953) von wenigstens 10 mm und nur selten geringerer Größe. Eine Zusammenstellung der Arten würde sicher unvollständig bleiben und könnte leicht erweitert werden, weil sie von örtlichen und zeitlichen Bedingungen beeinflußt wird. Deshalb sei hier lediglich allgemein bemerkt, daß regelmäßig und zum Teil in beachtlichem Ausmaß Vertreter von 15 Käferfamilien zum Nachweis kommen, weitere in Einzelfunden als Gelegenheitsbeute. Übereinstimmend werden an erster Stelle Laufkäfer (Carabidae) genannt (Rey 1903/07, Szijj 1955, Csörgey in Szijj 1955, Hornberger 1967 u. a.) und am zahlreichsten *Carabus auratus, C. granulatus* und *C. cancellatus* angeführt. Dolderer (1956) nennt 31 Carabiden-Arten, darunter auch den Puppenräuber *Calosoma auropunctatum.* Es ist nicht ausgeschlossen, daß der auffällige Rückgang der Laufkäferarten durch den Einsatz giftiger Chemikalien beim Rückgang des Storches eine größere Rolle spielt.

Sehr gern werden an Gewässerrändern und in Gräben die Schwimmkäfer (Dytiscidae), vor allem die großen Gelbrandarten, ihre oftmals fischereischädlichen Larven und auch die Wasserfreunde (Hydrophilidae) mit dem stattlichen Kolbenwasserkäfer *(Hydrous piceus)* erschnäbelt. In 30 Gewöllen fanden sich Reste von wenigstens 7 Arten mit 69 Exemplaren (Dolderer 1956). Leider sind diese und andere Wasserinsekten und ihre Larven durch die Maßnahmen der modernen Fischereiwirtschaft, hauptsächlich durch das Kalken und Austrocknen der Teiche, weitgehend verschwunden.

Ebenfalls recht zahlreich finden sich Aaskäfer (Silphidae), für die Dolderer (1956) wenigstens 6 Arten mit 523 Käfern in 64 von 66 Gewöllen angibt. Ein Speiballen enthielt wenigstens 46 *Silpha obscura* und sah fast schwarz aus. *Silpha carinata* fand sich in 26 und *Phosphuga atrata* in 33 Gewöllen. Vermutlich war mancher Aaskäfer und ebenso auch mancher Totengräber (*Necrophorus* spec.) zusammen mit einem Tierkadaver aufgenommen worden. Auch Csörgey (in Szijj 1955) konnte 210 *Silpha obscura* nachweisen.

Während Kurzflügler (Staphylinidae), Stutzkäfer (Histeridae) und Hirschkäfer (Lucanidae) nur zufällige Beutetiere sind, machen Blatthornkäfer (Scarabaeidae) wieder einen wesentlichen Nahrungsbestandteil aus. Aus 57 von 66 Gewöllen kamen Reste von 340 Käfern in 9 Arten zum Vorschein, von denen Mistkäfer (*Geotrupes* spec.) und Dungkäfer (*Aphodius* spec.) jeweils mit mehreren Arten vertreten waren. Erwähnung verdient der nur zerstreut verbreitete Mondhornkäfer *(Copris lunaris)* mit 4 bzw. 93 Exemplaren aus der Uckermark und aus Ungarn (Csörgey). Aus der Unterfamilie Laubkäfer (Melolonthinae) sollen der in Ungarn oft gefundene Getreidelaubkäfer (*Anisoplia segetum*, Csörgey), der Gartenlaubkäfer *(Phyllopertha horticola)*, *Rhizotrogus aegninoctialis* Brachkäfer *(Amphimallon solstitiale)* und der Maikäfer (*Melolontha* spec.) besonders genannt werden. Der Storch fängt die ungeschickt oder gar hilflos am Boden liegenden oder die sich zur Eiablage anschickenden Käfer. Die brummend zum Ausflug startenden Maikäfer veranlassen ihn zum Hin- und Herrennen, und an Schwärmtagen bilden Maikäfer manchmal die ausschließliche Nahrung. In einem Magen fanden sich bis 76 Maikäfer (Schüz 1942), in einem Gewölle bis 54 (Dolderer 1956). In ebenso erstaunlichen Mengen wird auch die Larve verschlungen, so daß die Reste von 90 Engerlingen in einem Gewöll gezählt werden konnten (Dolderer 1956). Kuhk (1986) beobachtete Mitte Juli Störche, die wartend auf einer frisch gemähten Wiese standen, dann plötzlich eilig ein Stück liefen und Beute vom Boden oder dicht darüber aufnahmen. Es waren Brachkäfer, von denen in Ausnützung des günstigen Angebotes in einer halben Stunde 20 bis 40 Käfer aufgenommen wurden. Ein Gewöll (73 × 35 mm) enthielt unter anderem die Reste von 58 Brachkäfern.

Von den übrigen Käferfamilien erlangen nur noch die Blattkäfer (Chrysomelidae) eine gewisse Bedeutung, da Kartoffelkäfer *(Leptinotarsa decemlineata)* verzehrt werden, die z. B. in Baden (Horion 1953) oder in Ungarn (Rékasi 1973/74) in größerer Anzahl nachgewiesen wurden. Dagegen konnten überraschenderweise Rohrkäfer *(Donacia* spec.) kaum unter den Nahrungsresten gefunden werden, wohl aber Rüsselkäfer (Curculionidae) mit 19 Arten (Dolderer 1956), darunter vor allem *Otiorrhynchus* spec.

Aus den Familien der Marienkäfer (Coccinellidae), Pillenkäfer (Byrrhidae), Hakenkäfer (Dryopidae), Schnellkäfer (Elateridae), Schwarzkäfer (Tenebrionidae) (hier nur *Tenebrio molitor* öfter in Storchhorsten gefunden!), Bockkäfer (Cerambycidae; lediglich in Ungarn *Dorcadion* spec. mehrfach, Csörgey 1955) und Borkenkäfer (Ipidae) wurden jeweils nur wenige Käfer als Gelegenheitsbeute aufgenommen, so daß sie als bedeutungslos für die Ernährung des Storches gelten können, und mehr noch trifft dies für die hier nicht aufgeführten Familien zu.

Die Gegenüberstellung der wichtigsten Untersuchungsergebnisse (Tab. 2) läßt deutlich erkennen, daß nur Käfer der Familien Carabidae, Dytiscidae, Silphidae, Hydrophilidae und Scarabaeidae einen nennenswerten Anteil an der Storchnahrung ausmachen, während Vertreter der anderen Familien stark zurücktreten oder völlig fehlen.

Neben Käfern sind Gradflügler (Orthoptera) zahlenmäßig die am häufigsten in der Storchnahrung vertretene Insektengruppe. Zwar werden Ohrwürmer *(Forficula* spec.) nur vereinzelt verzehrt, dafür aber Feldgrillen *(Gryllus* spec.) in um so größerer Zahl. Hornberger (1967) entnahm einem Speiballen 65 und Csörgey (in Szijj 1955) 50 Gewöllen 2928 Feldgrillen! Oft wird auch die Maulwurfsgrille *(Gryllotalpa vulgaris)* trotz ihrer versteckten Lebensweise erbeutet. Wiederholt wurden bis zu 14 Stück in einem Magen gefunden (Riffel in Hornberger 1953). Dies berechtigt zu der Annahme, daß der Storch dieses Insekt belauert, sein Vorkommen erkennt und sein Verhalten zu deuten weiß.

Weitaus am zahlreichsten sind jedoch Heuschrecken, namentlich Feldheuschrecken (Acrididae). Im niedersächsischen Marschengebiet zwar zurücktretend (Meybohm brfl.), fand sie Steinbacher (1936) in Nordostpolen (Masuren) in 18% aller Magen, und in Ungarn gehören sie zu den häufigsten Beutetieren. Stammer (1937) entnahm dem Magen eines Storchweibchens die Reste von 1 315 Feldheuschrecken!

Es sind vorwiegend Angehörige der Gattungen *Acrydium, Stenobothrus, Chorthippus, Stauroderus* und vor allem der zu Wanderzügen neigenden Gattung *Locusta* und der Arten *Calliptamus italiae* und *Stauronotus maroccanus*. Auch den großen grünen Laubheuschrecken (Tettigoniidae) stellt er fleißig nach, besonders den Gattungen *Tettigonia, Metrioptera* und *Decticus*.

Im afrikanischen Überwinterungsgebiet des Storches kommt den Heuschrecken eine besondere Bedeutung zu. Arten mit einer Generation im Jahr sind mit ihrer Entwicklung der Regenzeit angepaßt. Sie legen zu deren Beginn ab Oktober ihre Eier ab, durchlaufen ihre Nymphenstadien als flugunfähige Hüpfer („hoppers") bis zum Februar und bilden dann „hopperbands", die sich bis zum April zu den „swarms" der Imagines vereinigen und ihre Wanderzüge beginnen. Ein Schwarm mittlerer Größe aus einigen Milliarden Heuschrecken vertilgt täglich mehrere Tausend t Pflanzenmasse. Er erstreckt sich bis 50 km Länge und 10 km Breite

Tabelle 2

Probenzahl	Magenuntersuchungen				Gewölluntersuchungen						Gesiebe	
	Rörig 1903	Eck-stein 1907	Stein-bacher 1936	Rey 1903	Horion 1953 Rhein-pfalz	Horion 1953 Baden	Horion 1953 Branden-burg	Szijj 1955 Ungarn	Csör-gey 1955 Ungarn	Dol-derer 1956	Weber 1938	Szé-kessy 1956
	26	27	144	—	8	?	?	85	50	66	1	7
Laufkäfer Carabidae	++	+	++	+++	+++	+++	++	−	++	++	++	+
Schwimmkäfer Dytiscidae	+++	−	+	+++	−	+	+	++	+	++	+	+
Kurzflügler Staphylinidae	−	+	+	−	+	+	−	−	−	+	−	−
Aaskäfer Silphidae	+	+	+	++	+	+	+	−	++	+++	+	−
Stutzkäfer Histeridae	−	−	+	−	−	−	−	+	−	+	−	−
Hirschkäfer Lucanidae	−	−	+	−	−	−	−	+	−	−	−	−
Blatthornkäfer Scarabaeidae	+	+	+	++	+	+	+	++	++	++	++	++
Kolbenwasserkäfer Hydrophilidae	++	+	+	−	+	+	+	+	−	++	+	−
Marienkäfer Coccinellidae	−	−	+	−	−	−	−	−	−	−	−	−
Pillenkäfer Byrrhidae	−	−	+	−	−	+	−	−	−	−	−	−
Schnellkäfer Elateridae	+	−	+	+	+	+	−	−	−	++	−	−
Schwarzkäfer Tenebrionidae	−	−	−	−	+	+	−	−	−	−	−	+
Bockkäfer Cerambycidae	−	−	−	−	−	−	−	−	+	−	−	−
Blattkäfer Chrysomelidae	−	+	+	−	+	+	−	+	−	+	−	−
Rüsselkäfer Curculionidae	−	+	+	−	−	+	−	+	−	+	−	−

+++ = sehr häufig, ++ = oft, + = vereinzelt

(maximal 100 × 13 km). Zählungen ergaben im Durchschnitt 9600 Heuschrecken/m², von denen das ganze Gebiet einheitlich rotbraun gefärbt sein kann. In Zentralafrika sind es besonders die Arten *Schistocera gregaria* (Rote Wüstenheuschrecke, desert locust), *Nomadacris septemfasciata* (Große Rote Wanderheuschrecke), *Locustella migratoria migratorioides* (African migratory locust) und *Anacridium* spec. (treelocust), in Südafrika *Locustana pardalina* (Braune Wanderheuschrecke), die ungeflügelte *Hetrodes pupus* und die schwerfällige *Homorocoryphus* spec.

Über 100 Vogelarten aus 34 Familien zehnten diese Wanderscharen, darunter mit besonderem Eifer auch der Weißstorch, den die Buren deshalb den „Großen Heuschreckenvogel" („Sprinkhahnvoël") nennen.

Ansammlungen von 1000 bis über 5300 Störchen wurden – zum Teil vom Flugzeug aus – gezählt und folgen den Heuschrecken. Dies kann andererseits dazu führen, daß in einem Gebiet, in dem sonst 80000 Störche geschätzt werden, zu anderer Zeit bei Trockenheit und Nahrungsmangel kaum der zehnte Teil verweilt. Ein Augenzeuge schildert: „Wenn eine Wolke über den Himmel zieht oder Regen fällt, setzen sich die Heuschrecken; die Störche lassen sich dann nieder und beginnen die Krüppel aufzunehmen. Die meisten Heuschrecken sind zu lebhaft, um gefangen zu werden, solange es noch hell ist. Abends setzen sich die Heuschrecken für die Nacht, und die Störche kommen herunter und verschlingen sie. Es gab damals in einer Nacht Hunderte von Störchen auf den Bäumen . . . und das Schnabelklappern ging die ganze Nacht hindurch" (Cheesman 1935).

Störche verzehren vorwiegend die „Hüpfer". In einem Fall waren es in 20 Freßminuten 165 Larven der 4. Stufe, am Tag wohl bis zu 3000 Heuschrecken. Tote Störche fand man von der Mundhöhle bis zum Magen damit vollgestopft und zählte 102, 309, 79, 982, oder 537 Hüpfer. Im Magen finden sich vorwiegend die Mandibeln, bei einem Mageninhalt von 207 g waren es 890 Stück. Vermutlich werden täglich etwa 3 Gewölle von 6–51 g ausgeworfen. 187 Speiballen ergaben Durchschnittswerte von 25 g und 64,2 × 41,0 mm Größe. Die Störche mästen sich geradezu mit Heuschrecken und setzen Fett an, das vor allem subkutan, weniger zwischen den Eingeweiden abgelagert wird. Bei einem 4,3 kg schweren Storch waren es 240 cm³.

Insgesamt werden jedoch nur etwa 6% der Gradationen vertilgt. Die Eiablage der Heuschrecken erfolgt oftmals im hohen Gras, wo die Weibchen nur schwer erreichbar sind. Zu dieser Zeit treten Störche auch meist erst vereinzelt auf, und die allmählich entstehenden Storchenschwärme erbeuten vorwiegend alternde Heuschrecken nach der Eiablage. Deshalb ist ihr Einfluß bei der Bekämpfung der Gradationen zwar nicht bedeutungslos, aber geringer, als gewöhnlich angenommen wird.

Um ernste Schäden an Kulturpflanzen zu verhindern, bleibt die Bekämpfung der Heuschrecken mit chemischen Mitteln unentbehrlich. Allein im Sudan werden jährlich gegen durchschnittlich 450 „swarms" 6000 t Chemikalien eingesetzt, 1958 sogar 11000 t!

Die Berichte über die Auswirkungen auf Vögel sind sehr widersprüchlich. Schon Thienemann hatte Schädigung des Storchbestandes befürchtet, dessen Vermehrungsrate nicht auf Aderlässe durch „Hekatomben vergifteter Störche" – von denen Berichte nach 1931 sprachen – eingestellt ist. Dazu mag es zuweilen gekom-

Tabelle 3. Giftgefahrengrenze gebräuchlicher Locustizide

	BHC	Diazinon	Dieldrin	DNC
„Letal-Dosis 50" (Milligramm auf 1 kg Vogel)	60–400	10–50	10–30	etwa 30
„Letal-Dosis 99" (Tausendstel mg auf 2,5 g 'Heuschrecke)	50	30	30	60
Zahl der Heuschrecken, die mit gleicher Mittelmenge getötet werden	12 000–80 000	3 000–17 000	3 000–10 000	5 000

men sein, bevor etwa 1954 die Umstellung von Arsenik-Kleieködern auf andere Mittel erfolgte, von denen allerdings z. B. Aldrin und Dieldrin ebenfalls nicht unbedenklich sind. Selektiv gegen Heuschrecken und bei normaler Dosierung für Warmblüter ungefährlich sein sollen dagegen BHC (= Benzolhexachlorid), DNC (= Dinitroorthocresol) oder HCH (= Hexachlorcyclohexan), die sowohl als Pulver als auch in öliger Lösung – oftmals vom Flugzeug aus – verstäubt und für die Gefahrengrenzwerte für Locustizide angegeben werden (s. Tab. 3). Neuere Berichte über Heuschreckenvergiftungen klingen beruhigend und nennen den Soforttod von Störchen eine ungewöhnliche Ausnahme bei unsachgemäßem Vorgehen, doch bleiben anklagende Gegenstimmen nicht aus. Jedenfalls sind bisher Spätfolgen nur ungenügend bekannt. Sie könnten sich aus dem Freiwerden der kumuliert gespeicherten Giftmengen ergeben, wenn die Fettvorräte durch große Anstrengungen oder Nahrungsmangel aufgebraucht werden. Möglich ist auch ein Herabsetzen der Fruchtbarkeit, also Impotenz der Männchen oder unbefruchtete Eier, oder eine allgemeine Schwächung, die Anlaß zu einer Spätheimkehr in das Brutgebiet werden und damit zu einer Störung im Brutablauf führen kann. Für eine endgültige Klärung sind jedenfalls noch weitere Untersuchungen notwendig, besonders in Afrika, wenn sie gerade dort auch manchmal nicht leicht durchzuführen sein werden.

Von den übrigen Insektenordnungen werden Libellen (Odonata) und ihre Larven sehr gern verzehrt. Die Imagines sucht der Storch auch, wenn sie verklammt an Halmen sitzen, oder er fängt die umherfliegenden sogar geschickt aus der Luft. Gelegentlich in Massen nimmt er die Larven der Blattwespen (Tenthredinidae) oder auch Schmetterlingsraupen auf, so vor allem die „Erdraupen" der Graseule *(Charaeas graminis)*, ferner von Sphingiden, von denen Steinbacher (1936) 15 Raupen von 8–10 cm Länge nachweisen konnte. In Südafrika erweist er sich durch das Vertilgen großer Mengen von Raupen der Luzerne schädlichen *Laphygma exemta* (= army worm) und *Chloridae obsolata* (= green worm) als Helfer der Landwirte. Auch die Larven der Schnaken (*Tipula* spec.) und Eintagsfliegen (Ephemeroptera) können mit Eifer gesucht werden, aber Fliegen (Diptera) und andere Zweiflügler, Hautflügler (Hymenoptera), Schnabelkerfe (Rhynchota) und andere Insektenordnungen spielen jedoch nur eine untergeordnete Rolle in der Storchnahrung und kommen kaum jemals über den Rang einer Zufallsbeute hinaus, wenn auch gelegentlich einmal eine Biene, Wespe, Blattwanze, Getreide- oder Schwimmwanze oder ein anderer Kerf mitgenommen wird (Dolderer 1956). Auf der Beuteliste des Storches stehen weiterhin vereinzelt Spinnen und Tausendfüßler (Myriopoda), z. B. Steinläufer (*Lithobius* spec.) oder Schnurläufer (Julidae). In Algerien sollen auch Skorpione von ihm verzehrt werden (Bouet 1957). Für Höhere Krebse (Malacostraca) ist lediglich die zu den Kurzschwanz- krebsen (Brachyura) gehörende, in Europa eingeschleppte Wollhandkrabbe *(Eriocheir sinensis)* bekannt geworden. Gerade dies Beispiel zeigt, in welchem Maß ein örtliches Angebot genutzt werden kann. Nach einer ersten Meldung aus der Haseldorfer Marsch bei Hamburg von 1934 (Peters 1934), nach der beim Be- ringen in einem Storchenhorst 20 mittelgroße Wollhandkrabben und darunter am Boden Gewölle mit Resten gefunden wurden, konnte Berndt (1937) berich- ten, daß eine Brut mit zwei Jungstörchen bei einem Massenauftreten zur Zeit eines Elbehochwassers gut 3 Wochen fast ausschließlich und danach weitere 3 Wochen zum großen Teil mit Wollhandkrabben aufgezogen wurde. Nahezu die Hälfte aller Fütterungen bestand aus jeweils 5 bis 7, im Höchstfall aus 8 Krabben, so daß Berndt mit einem Gesamtverbrauch von mehr als 1 000 Tieren rechnet. Auch Putzig (1938) konnte einem Gewöll Wollhandkrabbenreste entnehmen.

Der Nachweis von Weichtieren (Mollusca) ist oft schwierig. Er gelang Klei- ner (1937) in 9 von 82 Storchmagen (= 10,89%). Schnecken (Gastropoda) dienen als Nahrung und zur Deckung des Kalkbedarfes, dagegen kaum ihre Schalen auch als Gastrolith und Verdauungshilfe. Sie werden rasch verdaut. Schalenreste erscheinen mit Zeichen chemischer und mechanischer Einwirkung in den Gewöllen, dagegen nicht im Kot. Die Schalen versuchsweise von Kleiner verfütterter *Helicella* spec. und *Lithoglophus* spec. verweilten noch nach 12 Stun- den unberührt im Darm. Als Beute wurden nachgewiesen von den Landlungen- schnecken (Stylommatophora) die Schnirkelschnecken (*Cepaea* spec. und *Helicella* spec.) sowie die Bernsteinschnecke (*Succinea* spec.), von den Wasserlungen- schnecken (Basommatophora) die Spitzhorn- oder Schlammschnecke (*Limnaea* spec.), die Posthornschnecke (*Planorbis* spec.) und *Anisus* spec.), von den Vorder- kiemern (Prosobranchia) lediglich die Sumpfdeckelschnecke (*Vivipara* = *Paludina* spec.) und *Lithoglyphus* spec. (Putzig 1938, Hornberger 1953). Sie werden als einzige Gruppe der Bivalva ebenso „beschnäbelt" wie Flußmuscheln (*Unio* spec.).

Aus dem Tierkreis der Würmer (Vermes) sind einige Ringelwürmer (Oligo- chaeta) für den Storch wichtig, ganz besonders Regenwürmer (Lumbricidae). Vor allem bald nach der Rückkehr in das Brutgebiet kann ihr gewichtsmäßiger Anteil an der Nahrung bis 90% betragen (Hornberger 1953) und das Überleben des Storches unter erschwerten Verhältnissen sichern. Auch zur Zeit der Jungenauf- zucht oder hoher Niederschläge ist der Anteil von Regenwürmern an der Nahrung bedeutend, und nur in Trockenzeiten geht er sehr zurück. Die meisten werden durch die Nässe aus ihren Röhren getrieben oder ertrinken, aber besonders am Morgen und Abend werden sie auch „gezogen", d. h. erfaßt und im Augenblick des nachlassenden Widerstandes aus der Röhre gezogen. Nach Beobachtungen wurden in 10 min 50, in 18 min 77 Regenwürmer verschluckt, und ein Storch würgte vor den Jungen eine Mahlzeit aus, die lediglich aus 50 Regenwürmern von 8–19 cm Länge bestand. Aneinandergelegt hätten sie eine Gesamtlänge von

5,75 m ergeben (Hornberger 1967)! Einige Male konnten auch Egel (Hirudinea) bestätigt werden, einmal durch einen unverdauten Hautmuskelschlauch. Angegeben werden Blutegel (*Hirudo* spec.) und der Pferdeegel *(Haemopis sanguisuga)*. Bemerkenswert ist das bereits erwähnte Verzehren des Bandwurmes *Ligula intestinalis*. Von ihm werden zahlreiche Fische in der Kurskaja Kossa befallen, besonders Plötzen und andere Cypriniden, deren Leib auftreibt oder gar platzt. In ihnen als zweiter Zwischenwirt erreicht er nahezu seine Geschlechtsreife. Sowohl die toten parasitierten Fische als auch die freigewordenen Bandwürmer werden in großer Zahl gefressen, wenn sie am Ufer angeschwemmt worden sind. Nicht alle Bandwürmer werden durch Verdauung aus dem weiteren Entwicklungsgang ausgeschieden, doch könnten höchstens Altvögel zur Verbreitung des Parasiten beitragen (Schüz 1943).

Schließlich darf nicht unerwähnt bleiben, daß sich in Magen und Gewöllen auch ein größerer Anteil von Resten pflanzlicher Herkunft vorfindet, z. B. Grashalme oder Stücken von Schachtelhalm, Holz u. a. m. Es ist noch ungeklärt, inwieweit sie zufällig, versehentlich, mit dem Verdauungstrakt von Beutetieren oder absichtlich als Verdauungshilfe verschluckt wurden, so daß ihnen also eine mechanische oder physiologische Bedeutung zukommen würde. Auch Steinchen oder Sand finden sich zuweilen in beachtenswerter Menge. Letzterer wird zum Teil aus dem Darm von Regenwürmern stammen. Wenn wenig Kleinsäuger verzehrt wurden und ihre Haare nicht zur Gewöllbildung zur Verfügung standen, sind die Speiballen geradezu von erdig-lehmiger Beschaffenheit und die Insektenreste darin eingebettet. Gelegentliche Scherbenstücken von Glas oder Porzellan lassen vermuten, daß sie als Verdauungshilfe aufgelesen wurden. Sie bestätigen die widerstandsfähige Natur des Storchmagens, der auch tote Kleinsäuger in fortgeschrittener Zersetzung ohne Schaden verarbeitet!

Verständlicherweise hat ein so stattlicher Vogel wie der Storch einen großen Nahrungsbedarf. Er ist schon bei den Nestjungen recht hoch und beträgt in der ersten Lebenswoche täglich jeweils die Hälfte des Körpergewichtes. Bei dem nahe verwandten Amerikanischen Waldstorch *Mycteria americana* sind es 60%, was diesen Störchen auch den Namen „Nimmersatt" eingetragen hat. Der tägliche Nahrungsbedarf eines erwachsenen Storches kann mit 500 g veranschlagt werden, eine Mahlzeit bis 400 g betragen. Dafür liefern einige Magenuntersuchungen Beispiele. Nach Riffel (in Hornberger 1953) enthielt ein Storchmagen am 18. 4. 1860 einen Klumpen Regenwürmer, so groß wie zwei Männerfäuste, viele Käfer, Engerlinge, Maulwurfsgrillen, 2 Eidechsen, ein Stück von einem toten Huhn, ein Stück Schuhleder. Am 14. 6. 1868 wurden einem anderen Magen entnommen: etwa 100 Regenwürmer, 20 Käfer, einige Engerlinge, 7 Eidechsen, 2 Maulwürfe, 10 Feldmäuse und eine halbe Ratte mit Schwanz.

Wieder ein anderer lieferte am 17. 6. 1868 10 bis 20 Regenwürmer, eine Anzahl undeutlich erkennbarer Raubtiere [gemeint sind wohl Raubinsekten. – D. V.], 30 Käfer und Feldgrillen, 3 kleine „Küken" (vom Mist!), 3 Eidechsen, 1 Maulwurf und 16 Feldmäuse. G. u. H. Haas (1965) geben einmal 6 ± erwachsene Wasserratten oder 11 Wühlmäuse an; Glutz von Blotzheim (1962) 77 Feldheuschrecken, 14 kleine Laufkäfer, Fleischreste (von Fisch?) und 70 g Lehm und Graswürzelchen. Günstige Gelegenheiten, ein örtliches Massenvorkommen einer Tierart auszunutzen, werden häufig wahrgenommen. So enthielt jeweils ein Magen 76 Maikäfer (Schüz 1942a) oder 674 kleine Carabiden, vermutlich *Chlaenius* spec. (Schüz 1942a), 80 Libellen, meist *Libellula quadrimaculata* (Putzig 1938), 1315 Heuschrecken (Acrididae) (Stammer 1937), 14 Maulwurfsgrillen (Riffel in Hornberger 1953) oder 730 Blattwespenlarven (Tenthredinidae) (Schüz 1942a). Jeweils einem Gewöll wurden entnommen Reste von 5 Maulwürfen oder 63 *Carabus auratus* (Dolderer 1956), von Steinbacher (1936) 637 Gartenlaubkäfer *(Phyllopertha horticula)* oder 76 bzw. 109 Maikäfer, von Dolderer (1956) 90 Engerlinge oder 46 Silphiden, und Szijj (1955) berichtet von 200 – und nach Schenk sogar von 1 000 – Heuschrecken *(Stauronotos maroccanus)*.

Ein Jungstorch braucht zwischen Geburt und Ausfliegen etwa 16 kg, nach Profus (1982) bis 28 kg Nahrung. Das sind 17 000 bis 27 000 kal, wobei eine Maus etwa 1,5 kal und 1 Frosch 1,2 kal spendet. Als Nahrungsverbrauch der polnischen Störche errechnet Profus (1982) für die Brutvögel etwa 5 100 t und ihre Jungen 2 720 t im Jahr. Das wären 1,85 kg je Hektar Wiese und Weide. Der Tagessatz eines Storches in Gefangenschaft betrug 46 Frösche und Mäuse (Falke 3, 1956, S. 136).

Den Gesamtenergiebedarf eines Horstpaares schätzt Profus (1986) auf 4 660 kJ je Tag. Bei ausschließlicher Ernährung mit einem Nahrungsobjekt würde dies z. B. 1,4 kg Regenwürmer (bei 3,2 kJ/g Lebendgewicht) oder 1 044 Frösche (bei 4,57 kJ/g) bzw. 742 kleine Nager (bei 6,28 kJ/g) bedeuten. Für einen Nestling berechnet er als tägliche Nahrungsmenge:

Jungenalter von	3.–5. Tag	21.–23. Tag	51.–53. Tag
täglicher Energiebedarf in kJ	644	1 500	3 486
Zahl der Fütterungen	15	12	8
Zahl der Beutetiere	261	439	2 895
Biomasse der Beutetiere in g	366	883	1 581
aufgewendete Suchzeit in min (nach Pinowski)	16–71	37–71	86–382

Ein Brutpaar mit 5 Jungen muß täglich 4,0 kg Nahrung fangen. Im Verlaufe der gesamten Nestlingszeit erhält ein Jungstorch in 55 Tagen 116 000 kJ, in 64 Tagen 124 000 kJ, das sind 35–39 kg Regenwürmer oder 26–28 kg Frösche oder 18–19 kg Feldmäuse.

Zusammenfassend kann über die Nahrung des Storches gesagt werden, daß der Vogel sehr anpassungsfähig ist. Er sammelt auf, was ihm die jeweils örtlich und zeitlich herrschenden Umstände an lebenden oder toten Tieren von 1 cm bis zu Maulwurfsgröße anbieten, wobei er örtlich begrenzte Massenvorkommen rasch ausfindig macht und ausbeutet. Die wichtigste Grundnahrung stellen Kleinsäuger, Reptilien, Frösche, Fische, Insekten, besonders die Käferfamilien Carabidae, Dytiscidae, Silphidae, Hydrophilidae und Scarabaeidae, ferner Heuschrecken und

Regenwürmer dar. Zahlreiche weitere Tierarten, darunter auch Krebse oder Weichtiere, bilden lediglich eine zufällige Gelegenheitsnahrung. In jedem Fall wird die Nahrung ungeteilt verschlungen und den Jungen im Schlund zugetragen.

Die Kenntnis des Nahrungsspektrums ermöglicht eine Beurteilung der wirtschaftlichen Bedeutung des Storches, auch wenn oft lediglich die Arten und ihr Prozentanteil angegeben werden und der quantitative Anteil nicht bekannt ist. Zahlenmäßig wenig, aber regelmäßig und in mindestens 20% aller Gewölle nachweisbare Beutetiere müssen verständlicherweise anders bewertet werden als nur manchmal, dafür aber dann in Massen verzehrte. Leider reichen die Ergebnisse der Nahrungsanalysen noch nicht für die Beurteilung der Gewichtsanteile aus.

Es ist naheliegend, daß der Mensch an der Kenntnis der Nahrung dieses Großvogels interessiert ist, denn wie A. Brehm hatten auch Rohweder (in: Naumann u. Hennicke, Gera 1905), der den Storch ein „räuberisches, gefräßiges Geschöpf" nannte, und andere den Vogel in einen schlechten Ruf gebracht, der sich hartnäckig z. T. noch bis heute erhalten hat. Er hatte die Nahrung vorwiegend aus Wasserwirbeltieren, jagdbaren Tieren und Geflügel bestehend charakterisiert und dabei Angaben verallgemeinert, die – wie es oft geschieht – von Ausnahmen berichteten.

Die wenigen tatsächlichen Nachweise von Niederwild rechtfertigen eine Verurteilung des Storches nicht im geringsten. Sie zeigen, daß Jagdschäden zu Unrecht befürchtet werden, vielmehr erweist sich der Storch durch das Vertilgen von Mäusen, Maikäfern, Heuschrecken und anderen Kleintieren besonders für die Landwirtschaft als ausgesprochener Helfer. Lediglich in Fischzuchtgebieten kann es zu unliebsamem Verhalten kommen. Die Auswirkungen der Nahrungsverknappung in jüngster Zeit durch Grundwassersenkung, verstärkten Einsatz von Kunstdünger und giftigen Schädlingsbekämpfungsmitteln u. a. m. sind noch nicht zu übersehen. Es ist abzuwarten, ob und wie der Storch Ersatz finden wird oder welche Folgen sich daraus für den Storchbestand ergeben werden.

10. Mensch und Storch

Als einziger Großvogel hat sich der Storch freiwillig dem Menschen angeschlossen und sich seinem Lebensraum eingefügt. Wir wissen nicht, wann diese enge Beziehung begann, vermutlich schon bald, nachdem der Mensch durch Rodungen die Landschaft auch für den Storch „öffnete". Die Weite der Ackerlandschaft entspricht jedenfalls den Lebensbedürfnissen des Storches, der in ihr und hinter dem Pflug seine Nahrung und auf den Dächern höherer Bauwerke einen geeigneten Horstplatz findet.

Es kann deshalb nicht verwundern, daß die „Schildwache der Dachfirste" (R. T. Peterson) zu einer besonders volkstümlichen Vogelgestalt wurde, die im Leben und Brauchtum der Landbevölkerung fest verwurzelt ist und zu der sich geradezu mythologische Beziehungen entwickelten. Manche Vorstellungen und Ansichten haben sich aus alter Zeit bis in die Gegenwart erhalten. Obwohl heute schon die Schuljugend nicht mehr an die Bedeutung des Storches als Kinderbringer glaubt („. . . dieweilen Ihr in Afrika – Verzeihung, Herr Storch – wer ver-

Abb. 35. Horst auf „Weichdach". Holzschnitt aus dem „Hortus sanitatis", Straßburg um 1498

tritt Euch da?"), so wird doch hier und da der erste gemeinsame Weg eines Brautpaares mit stilisierten Storchbildern in weißer Farbe bemalt oder am Vorabend der Hochzeit von Jugendlichen ein Blechstorch auf dem Dach befestigt. Von St. Georgen in Österreich wird berichtet, daß ein Postbote die Geburt eines Kindes durch einen hölzernen Storch auf dem Hausdach anzukündigen pflegte. Er soll ihn schon zehnmal gezeigt haben! Auch der Abdimstorch in Afrika gilt als Kinderbringer.

Noch immer bilden Ankunft und Abzug des Storches für die Dorfbewohner ein besonderes Ereignis, das einstmals vom Türmer durch Blasen mit dem Horn angezeigt und zum Tagesgespräch wurde. Mancherlei volkstümliche Vorstellungen im Denken der Landbevölkerung sind auch heute noch lebendig. Wenn die Störche weiß zurückkommen, soll ein trockenes Jahr bevorstehen, sind sie schmutzig, wird es viel Regen geben. Kehrt nur ein Storch zurück, betrauert er den Verlust seines Partners sieben Jahre. Sieht ein Mädchen den ersten Storch nach der Ankunft fliegend, kommt es noch im gleichen Jahre auf den Brautwagen, wenn er steht, wird es Gevatter werden, und wenn er klappert, werden Frauen und Mädchen in der Küche viel Geschirr entzweiwerfen. Überfliegt der Storch das Haus einer Wöchnerin im Bett, soll es nach einem Jahr erneut Nachwuchs geben. Ist die Bauersfrau während des Winters gestorben, bezieht der Storch seinen alten Horst nicht wieder. Das Haus auf dem sein Horst steht, ist vor Feuersbrunst und Blitzschlag geschützt. Stets zieht er nur eine gerade Jungenzahl auf und wirft notfalls einen weiteren Jungstorch ab. Nach altem Volksglauben bezahlt er damit den Hauszins oder dem Hausherrn seinen Tribut. Der 24. August ist Reisetag. Kleinvögel trägt er auf seinem Rücken nach Afrika. Vor der Abreise wird Storchen-

Abb. 36. Wirtshausschilder mit Storchdarstellungen in Pfaffenhausen (Bayern), Oberuhldingen am Bodensee und Bad Windsheim. Orig.

gericht gehalten. Alle schwächlichen Jungstörche, welche die Reise nicht überstehen würden, werden getötet. Ebenso soll es untreuen Weibchen ergehen, und ein anderes wurde totgehackt, weil es eine Graugans erbrütete (– das Ei hatten junge Burschen im Übermut in das Nest gelegt). Oft sind solche Geschichten liebevoll mit allerlei Zutaten ausgeschmückt, aus denen die enge Verbundenheit mit dem Storch erkennbar ist, die auch in Märchen, Sagen und sonstiger Folklore zum Ausdruck kommt. Für sie ließen sich mühelos noch weitere Beispiele finden oder auch Belege aus alten Büchern anführen. Stets wird der Storch als verständiger Vogel dargestellt, der alles sieht und weiß und Glück, Reichtum – oder Kinder bringt.

Der bereits 1461 erwähnte „Queckbrunnen" in Dresden (s. Abb. 19) trägt auf seinem Dach einen Storch als Sinnbild. Er erhielt seinen Namen im Zusammenhang mit einer alten Vorstellung, wonach sein Wasser kinderlosen Frauen zur Fruchtbarkeit verhelfen würde.

In Weißig (Oberlausitz) ritzte z. B. ein Gastwirt Jahr für Jahr die Jungenzahl und den Tag ihrer Beringung mit einem Nagel in das Fallrohr einer Dachrinne und legte so eine Storchenchronik seines Hofes an. In dem storchenreichen Dorf Parey im Luchgebiet der Havel bei Rathenow wird alljährlich im Juli das „Storchenfest" mit großer Anteilnahme der Bevölkerung begangen. Städte und Ortschaften, Straßen, Türme, Apotheken, Gasthöfe und Handelswaren wurden nach dem Storch benannt. Die Städte Altlandsberg und Storkow haben den Storch in ihr Wappen aufgenommen. In Pfaffenhausen (Bayern) erzeugt eine Brauerei das „Storchenbräu", und mancherorts kündet ein Wirtshausschild „Zum Storchen" einen Gasthof an. Die Abbildungen auf Bildern, Briefmarken und in Dänemark auch auf einer 10-Kronen-Geldnote zeugen von der Beliebtheit des Storches, der in Dänemark, 1960 auch in der BRD als Nationalvogel und vom Deutschen Bund für Vogelschutz als Wappenvogel gewählt wurde. Für 1984 wurde der Storch zum „Vogel des Jahres" ausersehen. Alle diese Beispiele beweisen die Volkstümlichkeit des Storches.

Wie die meisten Tierarten, die eng mit dem Leben des Menschen verbunden sind, hat auch der Storch einen kurzen einsilbigen Namen, der von althochdeutsch storah oder indogermanisch strgo abgeleitet wird und „steif sein" – vermutlich auf die langen Ständer bezogen – bedeutet. Die Bezeichnungen „Klapperstorch", in Siebenbürgen „Klapperschink" und in der Uckermark „Knepper" weisen auf die Lautäußerungen hin. Andere Namen gehen auf die Gestalt – so z. B. Langbein, Knickerbein oder Käkerbein –, auf Farbe, Lebensraum oder auf die Nahrung zurück, wie Hainotter, Honoter oder südafrikanisch Sprinkhahnvoël (auch Sprinkaanvoël) (vgl. Schüz 1986a). Ungewöhnlich und heute wohl fast vergessen ist die ehemals in Nürnberg übliche Bezeichnung „Garndieb". Sie ist möglicherweise darauf zurückzuführen, daß Störche zum Bleichen ausgelegtes Garn als Niststoff in ihren Horst getragen haben.

Weit verbreitet ist dagegen auch heute noch „Adebar" von indogermanisch eudh = feuchte, sumpfige Stelle, also wohl „Sumpfgänger", das erst später zu althochdeutsch odaboro (von ot = Glück und boro = Träger) zu Glücks- oder Segenbringer geworden und noch heute in zahlreichen mundartlichen Abweichungen als Adebor, Odebor, Adbor, Orebor, Olber, Oalbeer, in Niedersachsen Ehbeh, Ebeher oder Äbehr, plattdeutsch Hoierboier oder in den Niederlanden als Ooievaar lebendig ist. Vielleicht gehört auch das in Lüneburg, Braunschweig, Hannover und Hessen gebräuchliche Heilebart, nach dem auch der letzte Schnee im Frühjahr als „Heilebartschnee" bezeichnet wird, in diese Sprachverwandtschaft (Lüders, Natur u. Jagd in Niedersachsen 1956, S. 174).

Dem Weißstorch entsprechen „White Stork" (englisch), „Hvid Stork" (dänisch), „Hvítstorkur" (isländisch) oder „Stork" (norwegisch). Eine andere sprachverwandte Gruppe bilden „Cigogne blanche" (französisch), „Ciconia bianca" (italienisch), „Cegonha branca" (portugiesisch) und „Cigüeña" (spanisch). Der tschechische Name ist „Čápa bílý", der polnische „Bocian biały", der jugoslawische „Roda bijela", der rumänische „Barză albă" und der ungarische „Fehér golya". Russisch heißt der Storch „АИСТ", estnisch „Valge-toonekurg", finnisch „Katto-haikara", türkisch „Leylek", am Blauen Nil „Bagdar" und in Südafrika „Sprinkhahn- oder wit Sprinkaanvoël". Die Araber sehen im Storch einen Mekkapilger und nennen ihn deshalb „Hadschi-Laklak", wobei das Nachwort das Klappern lautmalerisch nachahmt. Es gab auch Anlaß zu der bei Publius Syrus (zur Zeit Julius Cäsars, um 50 v. u. Z.) gebräuchlichen Bezeichnung „crotalistria" (= Kastagnettentänzerin).

Der griechische Name pelargos (= Schwarzweiß) weist auf die Gefiederfarbe hin. In Anlehnung an ihn werden Storchforscher als Pelargologen bezeichnet. Eingehend hat sich Schüz (1986a) mit dem Namen des Storches beschäftigt.

Es sei dahingestellt, ob die Storchfreundlichkeit auf Gefühlsgründe oder auf Einsicht in seine Nützlichkeit zurückzuführen ist. Tatsache ist jedenfalls, daß dem Storch als Brutvogel in weiten Teilen seines Verbreitungsgebietes Gastfreundschaft gewährt wird. Die Türken und Kurden im Osten Anatoliens stellen für den „Leylek" Stangen mit Nestunterlagen auf. Nicht so sehr aus Gründen des Tier- und Naturschutzes, sondern aufgrund abergläubischer Vorstellungen gewähren die Mohammedaner dem „Hadschi" Schutz. Danach haben Bewohner ferner Inseln Storchengestalt angenommen, um Mekka besuchen zu können. Nach ihrer Heimkehr verwandeln sie sich bis zum nächsten Jahr wieder in Menschen. Nach anderer Deutung beherbergt jeder Storch die Seele eines Muselmannes, der in seinem Leben niemals die vorgeschriebene Pilgerfahrt zum Grabe Mohammeds gemacht hat und darum in einen Storch verwandelt wurde. Deshalb ist jeder ein Mörder, der einen Storch tötet. In der Stadt Fez bestand sogar ein Hospital aus mildtätiger Stiftung, in dem kranke Störche gepflegt und tote beerdigt wurden (Schüz 1948). Auf ähnliche Gründe ist die Verehrung in Mesopotamien zurückzuführen, während sie bei den Wandoroba in Kenya und bei Massaistämmen in Njassaland möglicherweise auf Einsicht in die Nützlichkeit des Storches beruht.

In vielen Ländern Europas ist der Schutz in entsprechenden gesetzlichen Bestimmungen verankert, deren Einhaltung weitgehend überwacht wird. Deshalb sind Fälle absichtlicher oder gar böswilliger Horstzerstörung seltene Ausnahmen, die mit Verschmutzung von Haus und Garten, Dachschaden, Qualmbehinderung, Kükendiebstahl oder dem angeblichen Eintragen von Schlangen begründet werden.

Auch der Abschuß und sonstige Verfolgungen sind ungewöhnlich und meist nur Zeichen der Verrohung in Kriegs- und Nachkriegszeiten, in denen Störche zwar gelegentlich auch verzehrt, vorwiegend aber mutwillig abgeschossen werden. „Wenn fremde Herren ins Land kommen, denen der Storch etwas Neues ist, oder wenn der Storch als Durchzügler in einem Land mit temperamentvollen Gewehrträgern erscheint, dann erst erhebt sich die Gefahr", schreibt Schüz (1955). Auch bei den Afghanen, die am Fuß des Hindukusch Jagd auf durchziehende Turkestanstörche betreiben, ist wohl eher „sportliche" Schießlust als die Versorgung mit Fleisch die Triebfeder. In ähnlicher Weise fallen auch den Schießern in Libanon zahlreiche Störche zum Opfer, die verspeist oder – nach anderer Lesart – auch als „nicht genießbar" weggeworfen und nur der Schnäbel beraubt werden, die man als „Trophäe" verkauft.

In der DDR zählt der Storch als nichtjagdbare wildlebende Tierart nach § 2 der 1. Durchführungsbestimmung zur Naturschutzverordnung – Schutz von Pflanzen- und Tierarten – (Artenschutzbestimmung) vom 1. Oktober 1984 (Gesetzblatt I Nr. 31 vom 29. November 1984) zu den geschützten Vogelarten und ist nach der zugehörigen Anlage 2 in die Gruppe der geschützten bestandsgefährdeten Tierarten einzuordnen. Nach § 3 haben die Räte der Bezirke und die Räte der Kreise die Erhaltung der geschützten Tierarten und ihrer Brut- und Wohnstätten zu sichern.

In der BRD ist der Storch in der „Roten Liste der bedrohten Vogelarten" in die höchste Dringlichkeitsstufe der Schutzbedürftigkeit aufgenommen.

Bei einigen afrikanischen Stämmen, vor allem in Mittelafrika, spielen Störche als regelmäßige Jagdbeute noch immer eine ziemliche Rolle in der Versorgung mit Fleisch, wie durch die sog. „Pfeilstörche" (s. S. 183) bestätigt wird. Auch bei uns ist ja die – freilich meist scherzhaft gemeinte – Redensart „Du bekommst einen Storch gebraten" weithin gebräuchlich, womit offenbar gesagt sein soll, daß Storchenbraten ein besonderer Leckerbissen ist, oder vielleicht auch, daß ein Anspruchsvoller etwas Besonderes, Ungewöhnliches erhalten soll. Solange solche Jagd nur mit Pfeil und Bogen ausgeübt wurde, hielt sie sich in erträglichen Grenzen. Nunmehr aber rührt die zunehmende Anwendung von Feuerwaffen an ihrer

Stelle zu einem weit spürbareren Aderlaß des Storchenbestandes, ganz besonders auf dessen westlichem Wanderweg, wo z. B. in Nigeria Fang und Abschuß einen bedenklich stimmenden Umfang angenommen haben. Aber auch aus dem Sudan wird berichtet, daß anstelle der Fleischjagd zunehmend die Sportjagd – vorwiegend von wohlhabenderen Arabern, die mit halbautomatischen Gewehren ausgerüstet sind – betrieben wird (Nikolaus, Artenschutzsymposium Weißstorch, 1986, S. 347). Da gleichzeitig große Teile der Grassteppe in riesige Baumwollpflanzungen umgewandelt und diese häufig mit Giften behandelt werden, entsteht für den Weißstorch eine bedrohliche Lage. Darauf hat die Internationale Kommission für Vogelschutz (ICBP) bereits auf ihrer Weltkonferenz am 23.–25. 5.1954 in Scanfs (Engadin) nachdrücklich hingewiesen und den Regierungen aller Länder, die vom Weißen und Schwarzen Storch auf ihrem Zug im Herbst oder Frühling berührt werden, empfohlen, sie möchten übereinstimmend und mit Nachdruck um den vollen Schutz der beiden Storcharten bemüht sein. Ein gleicher Appell der Konferenzen in Bulawayo (1957) und Helsinki (1958) führte 1963 zu der Empfehlung der Organisation für Afrikanische Einheit (OAU) an ihre Mitglieder, alle Storch- und einige weitere Vogelarten ,,sollen vollständig und im ganzen Gebiet der Vertragsstaaten geschützt werden; Jagen, Töten, Fang und Sammeln von Stücken sollen nur mit Ermächtigung durch die in jedem Fall höchste zuständige Autorität erlaubt werden, und nur wenn aufgrund nationaler Interessen oder für wissenschaftliche Zwecke erforderlich".

Obwohl 41 Länder eine entsprechende Konvention der OAU vom 15. 9. 1968 unterzeichnet haben, deuteten jedoch weiterhin anhaltende Verstöße in allen Ländern auf eine verbale Auslegung der Bestimmungen und gaben zu einer Überprüfung Anlaß. Danach sind Störche in Algerien, Gambia, Mali, Marokko, Mauretanien, Niger, Obervolta, Sambia, Senegal, Sierra Leone, Tschad und Tunesien voll geschützt, in Äthiopien, Elfenbeinküste und Nigeria nur teilweise und in Guinea-Bissau und Liberia überhaupt nicht. In Benin, Ghana, Kamerun, Togo und der Zentralafrikanischen Republik werden Störche in den gesetzlichen Bestimmungen nicht genannt (Schüz 1980b). Die Einsicht in die Notwendigkeit des Naturschutzes ist noch nicht allgemein verbreitet, weshalb es – vor allem in den Durchzugsländern – eine vordringliche Aufgabe bleibt, das Verständnis und Verantwortungsgefühl für die Erhaltung der Störche zu wecken und zu stärken. Diese Aufgabe ist schwierig und zeitaufwendig und die Befürchtung berechtigt, der Erfolg könne nicht mehr rechtzeitig erreicht werden, bevor die zunehmende Bedrohung den z. Z. noch lebenskräftigen Storchbestand unwiederbringlich vernichtet hat. Deshalb sind gegenwärtig Naturschutzorganisationen mit großen Anstrengungen um die Aufklärung über die Bedeutung des Storches als Heuschreckenvertilger und über seine Schutzbedürftigkeit bemüht. Um die gegenwärtige Lage einschätzen und um Maßnahmen beraten zu können, wie der unaufhaltsam scheinende Rückgang des Weißstorches – und auch verwandter Arten! – aufgehalten werden könnte, hatte die World Working Group on Storks, Ibises und Spoonbills des Internationalen Rates für den Schutz der Vögel (ICBP) zu einem 1. Storchsymposium in der Zeit vom 14. bis 17. 10. 1985 nach Walsrode (BRD) eingeladen, auf dem 80 ,,Pelargologen" aus mehr als 20 Ländern in 3 Erdteilen zu einem fruchtbaren Gedankenaustausch zusammenkamen.

Das Verhältnis des Menschen zum Storch entbehrt nicht einer gewissen Dramatik. Dem gleichen Vogel, dem der Mensch einstmals weite Lebensräume eröffnete und dem er Brutmöglichkeiten bot, nimmt er nun beides wieder, wenn auch oftmals unbeabsichtigt. Der erschreckende Rückgang im Bestand des Großvogels geht nicht nur „hintergründig" und menschlicher Einwirkung entzogen auf klimatische und biologische Ursachen zurück. Er wird vielmehr durch Umweltveränderungen im Gefolge der fortschreitenden Zivilisation gefördert. Landverbauung und Zersiedlung, wachsender Landschaftsverbrauch für Industrie und Verkehr, Beseitigung von Feuchtgebieten und Entwässerungen tragen ebenso zur Zerstörung der Ökosysteme bei wie die Anwendung von Pestiziden, Rodentiziden und Herbiziden, geänderte Bewirtschaftungsweisen der Äcker und Wiesen, Überweidung, künstliche Düngung oder die Verschmutzung von Wasser und Luft. Ihretwegen sinkt die Fortpflanzungsrate ab und reicht nicht mehr zur Deckung der Verluste aus, zumal zunehmend Unglücksfälle durch Verdrahtung der Landschaft, Beunruhigungen durch Freizeitnutzung, stellenweise auch Verfolgung und Abschuß erhebliche Opfer fordern. Dazu wird der Mangel an Nistmöglichkeiten immer größer, weil Horstbäume gefällt oder langjährige Niststätten in storchenfeindlicher Unduldsamkeit oder bei Ausbesserungsarbeiten während der Brutzeit beseitigt werden, was z. B. in Rumänien zum Verlust von 60% der Horste geführt hat (Klemm brfl.). Gleichlaufend mit einer zunehmenden Naturentfremdung schwindet vielerorts die Zuneigung des Menschen gegenüber dem Storch.

Angesichts dieses Rückganges erheben sich die Fragen: Was können wir tun, um wenigstens den erkennbaren und vom Menschen beeinflußbaren Ursachen zu begegnen? Wie können wir die Daseinsmöglichkeiten für den Storch verbessern oder neue schaffen? Was wird bereits getan?

Ganz allgemein ist die vordringlichste Aufgabe die Erhaltung des Biotopes, insbesondere der Nahrungsgründe, und vor allem dort, wo die Besiedlung durch Störche bereits lückenhaft geworden ist. Der steigende Landverbrauch hat Bachbegradigungen, Uferbefestigungen, Eindeichungen, Grundwasserabsenkung in hochwassernahen Niederungen und Trockenlegung zahlreicher Feuchtgebiete zur Folge. Die internationalen Bemühungen um ihren Schutz als Lebensraum für Wasser- und Watvögel fanden ihren Ausdruck in der 1971 verabschiedeten sogenannten Ramsar-Konvention, die bis 1983 von 35 Staaten angenommen wurde und sich über 280 Feuchtgebiete mit 6,5 Millionen ha Fläche erstreckt. Aber auch kleinste Feuchtgebiete sind von unschätzbarem Wert. Deshalb sollten überall, wo es möglich ist, Naßgebiete, z. B. auf Grenzertragsböden alle Wiesen ohne Drainage und Altwässer erhalten bleiben und zeitweise austrocknende Tümpel nicht verfüllt werden. Der Erhaltung derartiger Nahrungsgründe und Restbiotope ist als einer der wirksamsten Maßnahmen des Storchenschutzes unbedingt der Vorzug vor der meist viel kostenaufwendigeren Neuanlage zu geben. Trotzdem bleibt auch das Herrichten von Kleinstgewässern und Futterteichen, die an Lebeweisen reiche unbewirtschaftete Lebensräume abgeben, dringend erwünscht, auch wenn sie nur kleinflächig bleiben müssen. Sehr leicht lassen sich oftmals Kiesgruben zu Amphibiengewässern gestalten.

Erfreulicherweise gewinnt das Thema „Storch" bei den Massenmedien Radio, Fernsehen und Film zunehmend Bedeutung. Sie helfen dadurch gründliche Kenntnisse der Lebensweise und ökologische Ansprüche des Storches zu verbreiten und allgemein zur Erziehung zur Tierliebe ebenso beizutragen wie Bücher, Merkblätter oder Wanderausstellungen. In Rathsdorf-Altgaul (Kreis Bad Freienwalde/Oder) ist 1979 eine ständige Lehrschau „Weißstorch" in einem 150 Jahre alten, turmförmigen Ziegelbrennofen entstanden, dessen Spitze einen Storchhorst trägt (Abb. 21). Mit den hier zusammengetragenen Schriften, Bildern, Fotos, Dias und sonstigen Unterlagen zur Storchforschung und den Modellen für den Bau von Nisthilfen bildet sie den Mittelpunkt des Arbeitskreises „Weißstorch" im KB der DDR, unterrichtet Besucher über das Leben des Storches und wirbt für seinen Schutz. Ähnliche Bestrebungen gibt es auch in anderen Ländern. Eine ständige Wanderausstellung „Storchenschutz" wurde z. B. auch von einer Arbeitsgruppe des Deutschen Bundes für Vogelschutz im Zoologischen Museum der Universität Kiel eingerichtet, und 1981 wurde beim Internationalen Rat für Vogelschutz (ICBP) eine „Arbeitsgruppe Storks, Ibises and Spoonbills" gegründet.

Zahlreiche Einzelbetreuer und Arbeitsgemeinschaften für Storchenschutz bilden ein Netz von Vertrauensleuten, die allerorts das Schicksal der Storchbruten aufmerksam verfolgen und zu schneller Hilfe bereit sind. Sie führen über das Geschehen gründlich Buch, berichten darüber an die Zentralstelle – eine ungemein wichtige Grundlage für alle Pflegemaßnahmen! – und beraten Landwirte, Baumeister, Ingenieure und wo sonst immer Rat nötig wird. Außerdem betreiben sie praktischen Storchenschutz durch Biotoppflege, Schaffen von Horstunterlagen, Sorge um Eier und Jungvögel bei Altvogelverlust oder durch Einfangen flugunfähiger Störche und ihre Pflege. Durch ihren uneigennützigen Einsatz sind sie unentbehrliche Helfer der Naturschutzverwaltung und haben durch ihr Vorbild nicht nur zahlreiche Störche gerettet, sondern auch schon manchen Jugendlichen begeistern und damit der Naturentfremdung entgegenwirken können.

Hilfe für den Einzelstorch. Störche verunglücken recht oft. Sie stürzen z. B. bei dem Versuch, auf dem Rand eines ungeschützten Schornsteines Fuß zu fassen oder einen Horst zu bauen, hinein und sind dann in der Regel verloren, vor allem, wenn der Vorgang nicht rechtzeitig bemerkt wird. Eine noch weitaus größere Gefahr geht von der Verdrahtung der Landschaft aus. Drahtanflüge sind häufig und gehen selten ohne böse Folgen aus, zum Glück nicht immer tödlich, doch machen Brüche und Verbrennungen fast immer Pflegemaßnahmen notwendig. Jedermann kann hier erste Hilfe leisten und darf dazu vorübergehend einen Storch in Gewahrsam nehmen.

Der Storch ist ein pflegeleichter Vogel. Die erste Sorge muß der Unterbringung in einem abgedunkelten, ruhigen Raum gelten, in dem der Patient ungestört ist. Wenige Quadratmeter genügen bereits. In einer Ecke ist ein Lager aus Stroh oder Heu als Schutz vor Unterkühlung von unten herzurichten.

Bei leichten Verletzungen ist die Wunde vorsichtig zu reinigen und dann zu desinfizieren oder mit Wundspray zu verschließen. Bei Lähmungen oder Schockwirkungen genügt zunächst völlige Ruhestellung. Schwieriger sind Brüche zu behandeln. Die größten Heilungsaussichten bestehen bei Brüchen unterhalb des Fersengelenkes. Werden die Bruchstellen gut aneinandergepaßt und der Lauf danach sorgfältig geschient, kann mit einem Behandlungserfolg gerechnet werden.

Allerdings kann sich bei starker Kallusbildung ein „Wackelgelenk" ergeben (Abb. s. Vogelkosmos 1967, Heft 4), das jedoch fortan lediglich eine für den Storch erträgliche Behinderung darstellt. Schwieriger zu behandeln sind Brüche eines Oberschenkels oder Flügels, bei denen der Rat eines Tierarztes herangezogen werden sollte.

Als Futter können Mäuse, Fleisch-, Fisch- und Geflügelabfälle, Innereien (Milz, Lunge), Insekten oder Regenwürmer geboten werden, doch bereitet das Beschaffen der täglichen Menge von 300–500 g oftmals Schwierigkeiten. Dann bilden Eintagsküken einen vollwertigen Ersatz, deren Dunenfedern außerdem zur Gewöllbildung anregen. Küken sollen – mindestens anfangs – angefeuchtet gereicht werden. Abwechslung im Futter ist wichtig, wozu sich Frischfisch empfiehlt. In Teichgebieten sind oftmals Kleinfische („Fischunkraut") leicht zu beschaffen. Werden Störche ausschließlich mit ihnen gefüttert, bekommt ihr weißes Gefieder einen rosafarbenen Anflug. Gelegenheiten zum Sicherstellen größerer Futtervorräte sollten ausgenützt und diese im Kühlschrank aufbewahrt, aber keinesfalls in gefrorenem Zustand oder gesalzen angeboten werden. Regelmäßige Vitamingaben sind anzuraten, am zweckmäßigsten in einer Maus oder im Trinkwasser mit Hilfe eines eingeführten Aquariumschlauches. In Sonderfällen, z. B. bei starker Ermattung, kann auch unter fachmännischer Anleitung Rinderserum mit Hilfe einer in den Magen eingeführten Sonde verabreicht oder Traubenzucker gespritzt werden.

Störche nehmen das vorgelegte Futter selbständig auf oder sind bald daran zu gewöhnen. Futterverweigerern schiebt man angefeuchtete Nahrungsbrocken tief in den geöffneten Schnabel, hält diesen dann zu und fährt mit zwei Fingern den Hals abwärts, um den Ballen weiterzuschieben. Erbricht ein Storch das Futter immer wieder, kann dies durch eine vorübergehend angelegte enge Halsbinde aus einem weichen Stoffstreifen verhindert werden, doch ist sorgfältig achtzugeben, daß durch das hochgewürgte Futter keine Erstickungsgefahr entsteht. In gleicher Weise werden auch Nestlinge versorgt, bis sie allein fressen. Zur Deckung ihres Wasserbedarfes läßt man Wasser von einem Finger in den Schnabelwinkel tropfen. Eine Wärmeglocke oder -flasche soll sie vor Unterkühlung schützen, bis sie befiedert sind.

Bei einer langlebigen Vogelart ist jedes Individuum für den Bestand von besonderem Wert. Deshalb ist jeder Storch erhaltenswert, auch wenn er niemals wieder fliegen kann. Auf keinen Fall darf man ihn übereilt töten, denn Lähmungen lösen sich oftmals erst nach einigen Tagen. Es darf nichts für die Rettung unversucht bleiben. Für längerwährende Pflegefälle ist die Einlieferung in einen „Storchenhof" ratsam, wo meist zugleich auch tierärztliche Hilfe gewährleistet ist. Hierhin gehören auch Störche, die wegen Verletzung oder aus anderen Gründen den Wegzug nicht angetreten haben und den Winter kaum überstehen würden. Ihr Fang ist schwierig und gelingt meist erst, wenn mit fortgeschrittener Jahreszeit der Futtermangel zu einer Schwächung geführt hat. Hardel gelang es, das Mißtrauen eines Zurückgebliebenen durch das Aufstellen eines ausgestopften Storches zu überwinden und ihn an einen regelmäßig beschickten Futterplatz zu gewöhnen. Zum Fang bedient man sich einer Fußschlinge oder besser des Schlafmittels Chloralose in Futterbrocken, die vormittags an einer gewohnten Futterstelle ausgelegt werden. Etwa 150 mg des Schlafmittels werden in einem Fisch oder in einer Maus verborgen und mit ein bis zwei unbehandelten Brocken niedergelegt. Wenn der Höhepunkt des Schlafzustandes nach 30 bis 90 min erreicht ist, kann man sich dem Vogel vorsichtig von hinten nähern und ihn mit einem Kescher fangen. Der Storch ist nach etwa 12 Stunden wieder vollwach, doch kann man diese Zeit auch durch Verabreichen von 15 bis 20 Tropfen Coramin verkürzen (Bloesch 1980).

Ärztlichem Können sind schon beachtliche Erfolge beschieden gewesen. Bereits im „Sächsischen Postillon" vom 12. 8. 1905 ist zu lesen, daß ein Storch ein künstliches Bein aus Leder und Gummi mit beweglichen Zehen und einem „Kniegelenk" erhielt, mit dem er freilich anfangs etwas ungeschickt lief. Der ehemaligen Vogelschutzwarte Neschwitz wurde 1963 ein Storch eingeliefert, der in eine Bisamrattenfalle getreten und mit dieser zu seinem Horst zurückgeflogen war. Dort hatte er zwei Tage mit zerschmettertem Bein gestanden, ehe es gelang, ihn einzufangen und von dem Eisen zu befreien. Wir mußten den zerschmetterten Fuß völlig abtrennen und paßten dem Knochenstumpf ein Kunststoffrohr mit halbkugelförmiger Bodenplatte an, nachdem die Wunde verheilt war. Schließlich konnte der Storch seine Freiheit zurückerhalten. Er suchte seinen 20 km entfernten Horst wieder auf, kehrte aber im nächsten Frühjahr nicht mehr zu ihm zurück. Im Storchenhof Verden (Aller) lebten zwei Störche mit Beinprothese wenigstens vier Jahre, zwei weitere wurden Opfer eines Fuchses (Storch 1981).

Weit größere Schwierigkeiten gab es mit einem Storch, der sich im Zoologischen Garten in der westjapanischen Stadt Kobe am Maschendraht verletzt hatte. Ihm fertigte ein Zahntechniker der Tokioter medizinischen Universität nach einem Gipsabdruck des Oberschnabels eine Kunstharzprothese an und befestigte sie mit Spezialkleber, so daß die Nahrungsaufnahme wieder möglich wurde. Auch im Storchenhof Loburg gelang die Klammerung eines Schnabels. Einem anderen Storch mußte ein Beiflügel entfernt werden, und sogar eine Magenoperation zur Entfernung von zwei großen Pflanzenbezoaren verlief erfolgreich.

Die Überwinterung solcher Pfleglinge ist einfach. Sie sind nicht kälteempfindlich und ertragen selbst bei Kältegraden bis –20°C den Aufenthalt im Freien, wenn sie nur Schutz vor Wind und Sicherheit vor dem Fuchs und anderem Raubzeug finden. Trotzdem ist jedoch die Unterbringung in einem Stall anzuraten, dessen Tür tagsüber offensteht und nur durch ein Maschengitter versperrt sein soll, damit die Ammoniakdünste entweichen können. Solche Pfleglinge sind für die Möglichkeit eines vorübergehenden Auslaufes dankbar und zeigen besonders am Morgen ein ausgesprochenes Bewegungsbedürfnis. Trotz Flügelamputation machen sie Flugversuche oder baden im Pulverschnee. Dennoch waren wir immer wieder heilfroh, wenn sie den Winter überstanden hatten, denn sie zeigten gegen Ende hin oft nur geringe Freßlust, magerten stark ab und verschmutzten sehr. Deshalb soll in einem frostsicheren Wasserbecken – etwa aus glasfaserverstärktem Kunststoff – überschlagenes Wasser angeboten werden.

Im Sommer droht dagegen eher die Gefahr der Verfettung als Folge der großen Freßgier, weshalb anzuraten ist, die tägliche Futtermenge in mehreren Mahlzeiten anzubieten.

Gesunde Gehegestörche oder verletzte, bei denen Aussicht auf erfolgreiche Heilung besteht, sollen nur vorübergehend flugunfähig gemacht werden. Dazu beschneidet man einseitig einige Handschwingen, die bei der Mauser wieder ersetzt werden, oder man „riemt" sie mit einem kleinen Ledergeschirr, das Flügel und Unterarm zusammenhält und eine Streckung des Flügels verhindert. Es muß öfter auf guten Sitz überprüft und dabei gelegentlich die Seite gewechselt werden. Bei sorgfältigem Anlegen bleiben die Federn unbeschädigt, und der Storch kann – spätestens nach der Ausheilung – im Herbst oder Frühjahr freigelassen werden. Bei Dauergeschädigten wird einseitig durch Operation der Daumenfittich entfernt („coupiert"). Damit nimmt man ihnen auf Lebenszeit die Flugfähigkeit, sofern nicht bereits ein Flügelbruch das Entfernen eines Flügelteiles notwendig machte. Da die private Dauerhaltung nicht erlaubt ist, sind solche Störche einem Storchenhof oder Tiergarten zuzuführen, wo sie unter Umständen sogar zum Brüten kommen. Gegenwärtig sollen etwa 400 Störche in 112 Tiergärten gehalten werden.

Hilfe für eine Storchenbrut. Gelegentlich gibt ein Storchenpaar nach einer Störung Horst und Brut auf. Anlaß dazu können das Erschrecken durch eine Sirene, einen Böllerschuß, Feuerwerkskörper, aber auch Verängstigung durch Kinder, eine Feuersbrunst oder militärische Übung sein. Auch der Verlust eines Altvogels kann zum Aufgeben des Horstes führen. Sobald auffällt, daß ein Horst einen oder höchstens zwei Tage lang nicht mehr beflogen wird, ist schnelles Handeln notwendig. Bei der Horstkontrolle vorgefundene Eier oder Nestjunge werden so rasch als möglich auf andere Horste mit gleicher Altersstufe in der Umgebung verteilt. Das vorsichtige „Einhorsten" in fremde Storchennester, am besten in der Dämmerung, ist vor allem bei Jungstörchen im Alter von 4 bis 6 Wochen erfolgversprechend und der Aufzucht durch Menschenhand vorzuziehen, weil Störche oftmals zu vertraut werden und dann auf dem Zug verstärkt Gefahren ausgesetzt sind.

Manche Brut ist dadurch gefährdet, daß der Horst beseitigt werden muß. Storchenhorste stehen zwar unter Naturschutz, aber zuweilen ist es unvermeidbar, daß ein Baum gefällt oder ein Strohschober abgebaut werden muß und dabei der Horst auf ihnen verloren ist. Ähnlich geht es manchmal bei Ausbesserungsarbeiten an Dächern zu, die zwar grundsätzlich außerhalb der Brutzeit, also zwischen September und März und mit der Auflage, einen Ersatz zu schaffen, erfolgen sollen, aber – wie auch die Wiederinbetriebnahme eines „kalten" Schornsteines – unerwartet notwendig werden können. Auch in diesen Fällen ist Einhorsten die beste Hilfe, wenn nicht der gesamte Horst mit technischer Hilfe auf einen geeigneten Standort in der Nähe umgesetzt oder rechtzeitig ein Ersatzhorst so nahe wie möglich in weniger als 200 m Abstand hergerichtet werden kann, in den Eier oder Junge schnell und mit Sachverständnis umgebettet werden können. Erfahrungen haben gezeigt, daß hierdurch von Gelegen oder Bruten mit kleinen Jungstörchen wenigstens die Hälfte, von älteren Jungen nahezu alle gerettet werden können! Nur im Notfall mute man sich die zeitraubende Aufzucht – erst recht nach dem Erbrüten der Eier im Brutschrank – selbst zu. In Pflege genommene Jungstörche müssen täglich wenigstens 5–6 mal gefüttert werden, vor allem mit Regenwürmern, und weich auf Heu oder Stroh sitzen können. Die Huderwärme ist durch Bestrahlen mit einer Wärmelampe (30–32 °C) zu ersetzen, wobei die Jungen die Möglichkeit haben müssen, sich selbst den erwünschtesten Sitzplatz auszusuchen. Storchkämpfe vor Legebeginn verlaufen, ohne Schaden anzurichten. Versuchen später 2- bis 3jährige Nichtbrüter im Mai oder Juni den Brutablauf zu stören, ist ein rasches Eingreifen durch Vertreiben ratsam, keinesfalls aber durch Abschuß eines Storches, der nach den gesetzlichen Bestimmungen strafbar wäre und ohnehin keine Gewähr bieten würde, daß der Störenfried beseitigt würde. Wenn Eier oder Jungstörche abgeworfen wurden, aber unbeschädigt blieben, müssen sie sobald als möglich wieder in den Horst zurückgebracht werden.

Sicherung des Storchenhorstes und künstliche Unterlage. Störche beziehen oftmals jahrelang das gleiche Nest als Dauerhorst. Auch wenn vielerorts kein Horstmangel besteht und damit als Ursache des Storchrückgangs entfällt, müssen unbesetzte Storchhorste doch e r h a l t e n und gepflegt werden, solange Aussicht auf eine spätere Wiederbenützung besteht. Dabei kommt es vorwiegend darauf an, einen Teil der schweren Reisigburg abzutragen, um das Dach zu entlasten und Stürmen eine geringere Angriffsfläche zu bieten.

Einen größeren Aufwand fordert die Neuanlage eines Horstes. Ehemals war es für die Störche leicht, an dem auserwählten Ort ein Nest zu errichten, weil sich Weichdächer aus Schilf oder Stroh als geeignete Unterlage in ausreichender Zahl anboten. Trotzdem wurden bereits vor sehr langer Zeit künstliche Nisthilfen gewährt. Nach einer Eintragung im Steuerbuch der Freien Reichsstadt Schwäbisch Hall wurden 1536 dafür 3 Kreuzer ausgegeben. Gegenwärtig sind Störche weitgehend auf die Hilfe des Menschen angewiesen. Es gibt eine Fülle bewährter Vorschläge für Nisthilfen, die das Dach schonen und weitgehend sturmsicher sind. Beim Anbringen müssen die natürlichen Ansprüche des Storches berücksichtigt werden. In erster Linie verlangt der Storch freien An- und Abflug. Unerwünscht sind Blitzableiter, Antennen und Drahtleitungen aller Art in nächster Nähe.

Ein Kunsthorst besteht aus der Unterlage und dem Aufbau. Einstmals wurde gern ein ausgedientes Wagenrad als U n t e r l a g e verwendet, das nahe dem Giebel auf einem Rohr oder einem Eisenbolzen befestigt wurde, die am Dachgebälk festgeschraubt waren. Oftmals waren aber im Lauf der Zeit Beschädigungen des Daches die Folge, weshalb andere Möglichkeiten der Befestigung erprobt und vorgeschlagen wurden (s. Abb. 37). Reisig- und Strohbündel beiderseits des Dachfirstes geben eine sichere Auflage für einen Horst. Ebenso hat sich der Dachreiter bewährt, der beiderseits vom Dachfirst wie ein Sägebock den Dachflächen eines Satteldaches aufliegt. Seine beweglichen Schenkel passen sich jedem Dachwinkel an. Dachreiter sind einfach herzustellen und handlich. Sie lassen sich auch am vorgesehenen Platz aus Einzelstücken zusammensetzen und erleichtern das Umsetzen bei notwendigen Bauarbeiten. Die günstige Schwerpunktlage macht eine besondere Verankerung entbehrlich, zumal das herzugetragene Nistmaterial ohnehin den Horst bald mit dem Dach ,,verwachsen'' läßt. Andere Möglichkeiten sind ein Gerüst aus vier Stangen an der Giebelwand mit einer Plattform in Giebelhöhe, ein Bock aus drei Stangen oder auch nur ein Mast, wozu sich ausgeschiedene oder beschädigte Betonmasten der Stromversorgung ganz besonders gut eignen. Jede dieser Unterlagen muß einen H o r s t a u f b a u erhalten, der ebenfalls recht

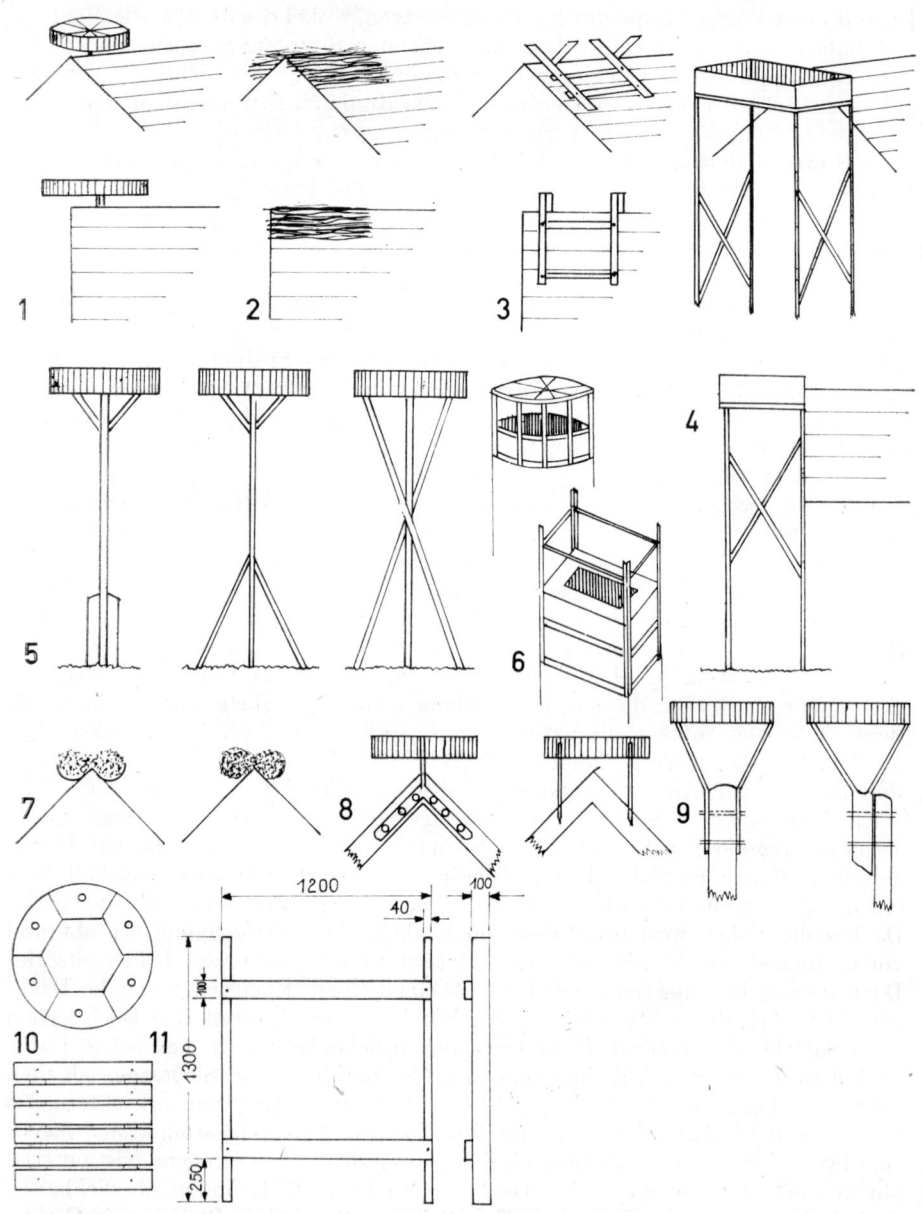

Abb. 37. Nisthilfen für den Weißstorch. Horstunterstützungen durch 1 Rad, 2 Reisigbündel, 3 Bock, 4 Gestell, 5 Maststützen, 6 Schornsteinsicherungen, 7 Reisigbündel, 8 Radverankerungen, 9 Mastenaufsätze, 10 Formen für Brettunterlagen, 11 Bock in Teilansichten. Orig.

Abb. 38. Storchennester auf der Kirche in Malpartida de Caceres (Spanien) 1978.
Aufn. G. Fiedler

Abb. 39. Storchennester auf einem Scheunendach in Mirabeau (Algerien). Aufn. U. Houch

Abb. 40. Der brütende Storch kann in kalten Nachwintern manchmal einschneien. Nach Hornberger 1967. Aufn. J. Hofherr

Abb. 41. Fünfergelege des Weißstorches. Aufn. H. Blümel

Abb. 42a–c. Verschiedene
Ausführungen von Nisthilfen.
Aufn. Zöllick

Abb. 43a. Baumhorst mit künstlicher Unterlage auf Kiefer. Aufn. L. Kluge

Abb. 43b. Taubenhaus mit Storchenhorst in Eutzsch (Mittelelbe).
Aufn. U. Zuppke

Abb. 43c. Storchenhorst auf einem Schornstein in Pretzsch (Mittelelbe).
Aufn. U. Zuppke

Abb. 44a. Storchenhorst auf Weichdach. Aufn. H. Blümel

Abb. 44b. Storchennest in Kleinröhrsdorf (Bez. Dresden). Aufn. W. Schöne

Abb. 44c. Nest auf einer strohgedeckten Scheune in Luga (Oberlausitz). Aufn. G. Creutz

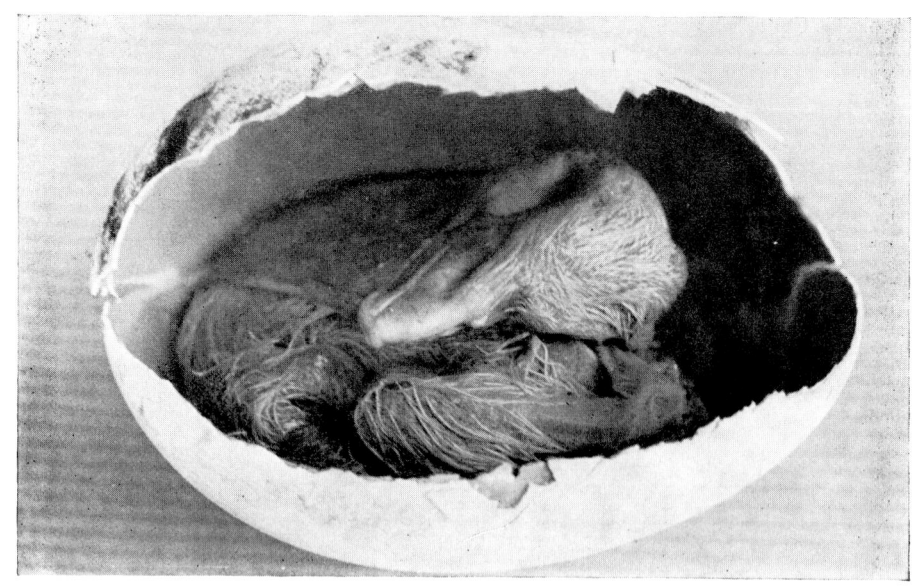

Abb. 45. Küken kurz vor dem Schlupf. Aufn. A. Schierer

Abb. 46. Zwei Embryonen in einem Ei („Doppelei"). Aufn. R. Dwenger

Abb. 47. Klappernder Jungstorch.
Aufn. H. Blümel

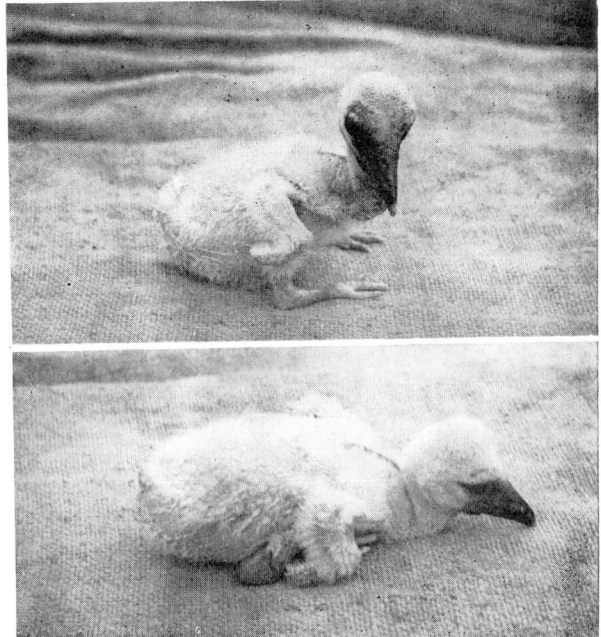

Abb. 48. In den ersten
Lebenswochen hocken die
Jungen oft mit angehobe-
nen Zehen auf den verdick-
ten Fersengelenken. Aufn.
H. Blümel

Abb. 49. Zwei Jungstörche
haben eine Ringelnatter erfaßt.
Aufn. H. Blümel

Abb. 50. Besonders an heißen
Tagen spenden die Altvögel
auch Wasser. Aufn.
H. Blümel

Abb. 51. Etwa drei Wochen
lang wird der Horst von einem
der Altvögel bewacht.
Aufn. H. Blümel
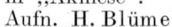

Abb. 52. Bei Gefahr verfallen
die Jungen bewegungsgehemmt
in „Akinese".
Aufn. H. Blümel
▶

Abb. 53. Mit etwa 3 Wochen platzen die Kiele der Konturfedern, und die sprossenden Federn bilden einen schwarzen Saum im Dunenkleid. Aufn. E. Schüz

Abb. 54. Vier Jungstörche in einem Nest in Riedlingen, drei davon in Akinese, der vierte war künstlich erbrütet und ist so wahrscheinlich auf den Menschen geprägt. Unbekannt ist, in welchem Alter der Storch in das Nest gegeben wurde. Aufn. W. Aßfalg

Abb. 55. Tote Jungstörche werden aus
dem Nest entfernt, bis zum 6. Lebenstag
auch verschlungen („Kronismus").
Aufn. E. Schüz

Abb. 56. Schnabelmißbildung bei einem
Jungstorch. Aufn. G. Haneberg

Abb. 57. Zur Kotabgabe
treten die Störche – auch
die Jungen – rückwärts an
den Horstrand.
Aufn. U. Zuppke

Abb. 58. Besonders an hei-
ßen Sommertagen bekoten
Störche oftmals ihre Beine.
Aufn. Hund/Prinzinger

Abb. 59. Dem Ausfliegen gehen tagelang Flugübungen voraus. Aufn. G. Budich

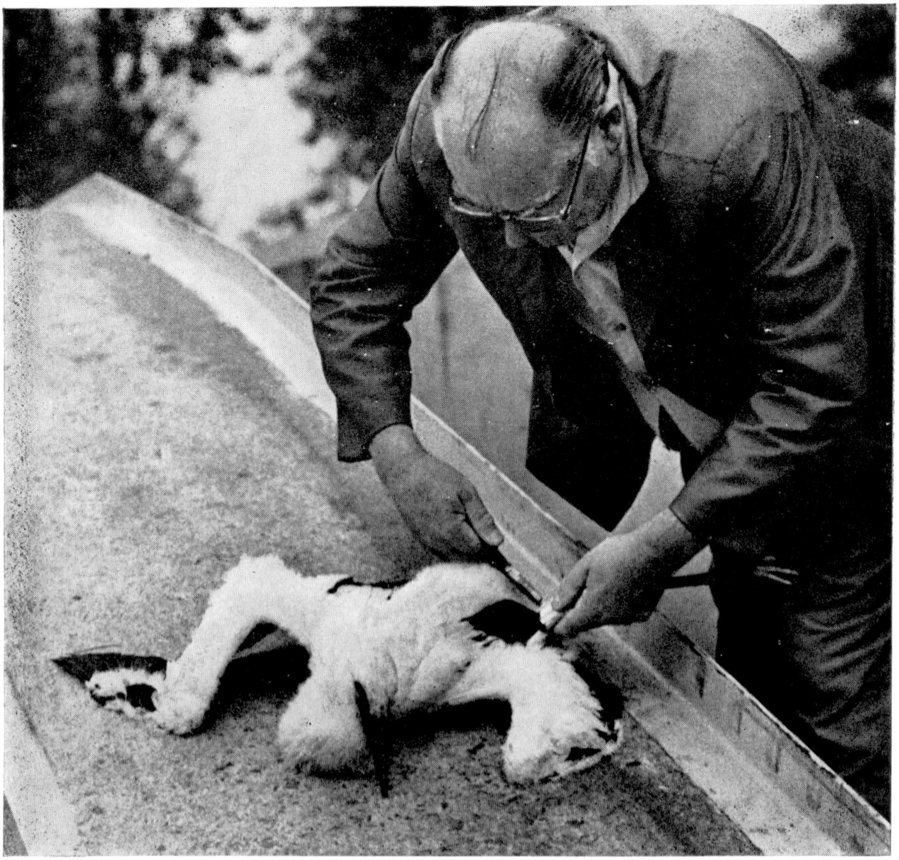

Abb. 60. Ein Jungstorch wird beringt. Aufn. H. Biele

Ein am 21.6.1971 in unserem
Horst beringter Jungstorch
wurde am 6.6.1974 tot
gefunden in Teophipol,
Ukraine, UDSSR.

Abb. 61. Derartige Schilder
an Scheunentoren sollen das
Interesse am Storch wek-
ken. Aufn. H. Storch

94

Abb. 62a u. b. Ein durchziehender Storchentrupp rastet auf Dächern des Städtchens Stolpen (20. 8. 1966). Aufn. unbekannt

Abb. 63. Storchenansammlung vor dem Abzug. Aufn. H. Biele

unterschiedlich sein kann (s. Abb. 37) und bald aus einem Lattenrost, einem geflochtenen Korb, bald aus einem Bretterboden oder -kranz besteht. Selbst eine Egge, das Rad eines Fahrrades oder ein alter Autoreifen (Frädrich brfl.) sind erfolgreich verwendet worden. In jedem Fall muß hiermit eine Schicht Reisig mit radial eingeschobenen kräftigen Ästen verflochten werden, die dann noch eine Auflage aus altem Kartoffelkraut, aus Queckenballen, Grasbatzen mit der Grasnarbe nach unten o. ä. erhält und schließlich durch Spritzer von Kalkbrühe den Eindruck eines „echten" Horstes erweckt. So vorbereitet bildet der Kunsthorst eine Hilfe und Anregung für den Storch.

Wo das Anbringen des Horstes auf einem Dach unerwünscht ist, kann ein Baum hergerichtet werden. Ist er bereits abgestorben, bieten seine toten Äste zwar gern angenommene Ruheplätze, doch hat hier ein Horst infolge der Bruchgefahr meist keinen längeren Bestand. Einen gesunden Baum kann man leicht kappen, muß aber in der Regel alljährlich die Austriebe zurückschneiden, die den Horstrand rasch überwachsen und so den Horst unbrauchbar machen. Zwischen den gegabelten Stämmen freistehender Bäume läßt sich schon mit wenigen Latten eine feste Unterlage herrichten oder eine solche durch Bespannen der gestutzten Kronenäste mit Aluminiumdrähten schaffen.

Sehr gern sucht sich der Storch selbst einen runden oder viereckigen Schornstein aus, wie ihn oftmals Dorfschmieden, Ziegeleien, Brennereien, Bäckereien und auch Fabriken besitzen. Ist der Schornstein überdacht, so daß der Rauch durch seitliche Löcher abziehen kann, werden weder seine Verwendung noch bei mäßiger Heizung die Störche selbst beeinträchtigt. Gegen einen Horstbau bestehen dann keine Bedenken, und lediglich in längeren Zeitabständen ist eine Verkleinerung des Horstes zur Entlastung notwendig.

Ganz anders liegt der Fall bei offenen Schornsteinen. Schon bei dem Versuch, auf dem Rand Fuß zu fassen, und erst recht natürlich beim „Eigenbau" eines Horstes gerät mancher Storch in den Rauchschacht. Jeder „kalte", also unbenützte Schornstein sollte deshalb einen Schutz erhalten, der bei allen Neubauten von Anbeginn an vorzusehen ist. Er besteht in einem Gitter aus 10 mm starkem Rundeisen mit einer Maschenweite von 15-20 cm, das den Rauchabzug ermöglicht und ein Hineinstürzen verhindert. Die Überkreuzungsstellen müssen verschweißt werden, und ein Rostschutzanstrich ist anzuraten. Besser, aber meist zu teuer ist korrosionsfreier Stahl.

Nicht selten wollen sich Störche den Bau auf einem „heißen" Schornstein trotz der Rauchentwicklung erzwingen. Als Horstunterlage muß dann ein Gestell angefertigt werden, das den Rauchabzug und die Wartung des Schornsteines ermöglicht und einen Zwischenschutz durch eine Asbestplatte hat. Mit dem Bezirksschornsteinfegermeister ist unbedingt eine Absprache über Brandschutzbestimmungen, Konstruktion und Wartung zu treffen. Das längere Ende der Tragstützen reicht zweckmäßig in den Schornstein, doch können bei viereckigen Rauchfängen auch Winkeleisen an den Außenkanten herabgeführt und durch Querbänder gesichert werden und dadurch sogar die Lebensdauer des Schornsteins noch erhöhen (s. Abb. 37, 43c und Kaatz 1970). Ein Anstrich mit temperaturbeständigem Rostschutzmittel ist zu empfehlen, obwohl die bald angesetzte Rußschicht ebenfalls erhaltend wirkt. Die Arbeit wird erleichtert, wenn Einzelteile angefertigt und erst am Schornsteinkopf zusammengesetzt werden. Bei späteren Kontrollen sind zugleich die Verschraubungen zu überprüfen und ein Teil des Horstes abzutragen.

In den letzten Jahren haben Störche zunehmend ihren Horst auf Masten der Energieversorgung errichtet. In manchen Landstrichen haben bereits die Hälfte aller Horste oder gar mehr einen solchen Standort, und im weitverzweigten Bahngelände zwischen Jerewan und Etschniadsin in Armenien ist sogar eine Kolonie von mehr als 60 Horsten entstanden (Beitr. Vogelk. 24, 1978, S. 107). Daraus ergeben sich oftmals Störungen in der Stromversorgung oder im Fernsprechbetrieb, die zu Verärgerung Anlaß geben und der Tierliebe zum Storch abträglich sind, außerdem aber durch die Beseitigung zu Brutstörungen oder durch vermehrte Drahtanflüge zu erhöhten Verlusten führen.

Die Ansichten über diesen Wandel in der Nistplatzwahl gehen weit auseinander. Sie reichen von der Forderung, derartige Brutversuche durch Abwehrmaßnahmen zu unterbinden und auf andere Kunsthorstunterlagen abzulenken über tatenlose Duldung bis zur Unterstützung durch das Darbieten von Gestellen als Mastenaufsatz mit einem Bretterboden oder Korb als Horstunterlage. In Ungarn wurden 1982 im Auftrag der Regierung mehrere Hundert solcher Nistkörbe angebracht, und auch in der DDR unterstützen mancherorts staatliche Stellen oder gesellschaftliche Einrichtungen das Brüten auf Masten. Die Begründung, der Storch lebe mit der Gefahr und vermindere dadurch seine Verlustquote, klingt jedoch wenig überzeugend, wenn man weiß, wie oft Jungstörche bei ihren ersten ungeschickten Ausflügen ein Drahtopfer werden, noch bevor sie Erfahrungen sammeln konnten. Es ist deshalb ratsamer, Horstunterlagen ausreichend in der herkömmlichen Weise auf Dächern oder Bäumen anzubieten.

Einbürgerungs- und Wiedereinbürgerungsversuche. Die besorgniserregende Schrumpfung des Storchenbestandes besonders am Westrand des Verbreitungsgebietes hat wiederholt Anlaß gegeben, durch Aussetzen von Störchen die entstandenen Lücken wieder zu schließen. In Großbritannien versuchte der Engländer Blackburne 1936 Störche anzusiedeln, obwohl sie hier kaum jemals heimisch gewesen sein dürften. 23 Störche im Alter von 4 Wochen wurden am 24. 6. 1936 von dem storchenreichen masurischen Seengebiet nach Croydon eingeflogen und in Kent, 4 auch in Schottland, von Menschen in Kunsthorsten aufgezogen. Nach dem Flüggewerden verunglückten drei an Drähten, die übrigen zogen Mitte August bei Windstärke 4 ostwärts und erreichten bei Kingsdown die Küste, scheuten aber den Flug über das Meer und irrten danach in Südengland umher, wo eine Gruppe von 8 Störchen bis zum 7. Oktober beobachtet werden konnte. Zwei weitere Störche hatten am 6. 10. 1936 die Normandie erreicht und wurden dort abgeschossen. Damit scheiterte der von der Bevölkerung aufmerksam verfolgte Ansiedlungsversuch (Schüz 1938b).

Erfolgreicher verliefen ähnliche Bemühungen in der Schweiz, wo der „Schweizerische Storchansiedlungsversuch der Vogelwarte Sempach", gestützt durch die Gesellschaft zu dessen Förderung (1978: 1332 Mitglieder!) und Zuwendungen des Staates, mit Beharrlichkeit, Hingabe, persönlichem Einsatz und Opfern in Altreu vorbildliche Erfolge erzielen konnte (Bloesch 1980). In einer Zeit, als das natürliche schweizerische Storchvorkommen erlosch, wurde hier – und später in weiteren 22 Außenstationen an Orten mit günstigen Nahrungsbedingungen – ein Weg zur Erhaltung des Bestandes in naturnaher Form gefunden. Die Zucht wurde 1948 mit dem Ziel begonnen, die Verluste durch das Freilassen von jährlich 20 bis 30 Jungstörchen auszugleichen. Den Grundstock bildeten einige Jungstörche aus dem Elsaß, denen weitere aus mehreren Ländern Europas und schließlich 1955 bis 1961 fast 300 Störche aus Algerien, besonders aus Mirabeau (s. Abb. 39) zugesellt wurden. Von 265 Störchen, die flugfähig wurden, konnten 220 im ersten Herbst den Wegzug antreten. Von ihnen kehrte jedoch nur einer 1957 zurück. Er konnte 1958 als Brutvogel bei Lörrach bestätigt werden. Die 45 zurückgehaltenen Störche erbrachten erstmalig 1957 eine Gefangenschaftsbrut, die ersten Aussetzungsversuche 1953 nach mancherlei Schwierigkeiten 1960 eine erste Freibrut. Der ursprüngliche Dreistufenplan (Aufziehen – freilassen – ansiedeln) wurde wegen der hohen Zugverluste geändert und nunmehr die Gefahrenzeit bis zum Eintritt der Geschlechtsreife in die Gefangenschaft verlegt. Die Störche werden erst als Vierjährige freigelassen, nachdem sie sich in freier Gattenwahl in einem Gemeinschaftskäfig verpaart haben. Etwa 30 solcher angehender Brutstörche setzen die Haltung von 80 bis 120 Gehegestörchen voraus und werden zunächst noch in Sichtverbindung mit diesen gehalten, um die Gefahr des Abwanderns zu verringern. Die Freilassung erfolgt dann im Frühjahr, und zwar nicht bei Wind oder Nebel und nicht in der Nähe eines ansässigen Brutpaares, um Kämpfe zu vermeiden. Es wird lediglich die Gehegetür geöffnet, weil beim Freilassen aus der Hand Schreck und Verängstigung zu befürchten sind.

Der Erfolg dieses Verfahrens führte zu einem Anstieg bis 1979 mit 21 besetzten Horsten in Altreu, 33 in 14 Außenstationen und 5 weiteren mit zusammen 131 Jungstörchen; 1985 erbrüteten 75 von 108 Horstpaaren 189 Jungstörche. Dies bedeutet eine flächenmäßige Wiederbesiedlung bis zu 300 km Entfernung, die seit 1970 bis in die BRD und nach dem Elsaß ausstrahlt. Sorgen bereitet allerdings der geringe Zugtrieb, so daß 1981 160 Störche überwintert werden mußten!

Als Nebenerfolg hat dieser Versuch durch mehrere Tausend Besucher jährlich den Naturschutzgedanken für den Storch stark gefördert. Trotz dieses Erfolges wurden mehrfach Bedenken gegen das Verfahren erhoben. Nach Ansicht der Gegner führt die Mischung von Störchen unterschiedlicher Herkunft (Marokko, Polen, Bulgarien usw.) zu Änderungen des Verhaltens und im Lebensrhythmus, z. B. zum Verzicht auf den herbstlichen Wegzug. Sie behaupten eine – nicht nachgewiesene! – Genänderung, befürchten zunehmend Inzucht und sprechen von „Verhaltenskrüppeln" und von Störchen, die zum Haustier geworden seien. Zucht und Auswilderung von Störchen zur Stützung des Bestandes und zur Wiedereinbürgerung sind jedoch zu einem wesentlichen Beitrag zur Erhaltung des Storches geworden, und es muß entgegen allen Einwänden eingestanden werden, daß der Storch im Südwesten Mitteleuropas, zwischen Schweiz, Elsaß und dem Südwesten der BRD inzwischen verschwunden wäre. Stattdessen hat sich hier eine Storchpopulation mit den Merkmalen des einstigen Bestandes herausgebildet. Die Tendenz zum Zugverzicht macht sich unabhängig davon auch andernorts geltend. Für den Erfolg ist wichtig, daß gleichzeitig den Ursachen des Rückganges tatkräftig entgegengewirkt wird. Die Aussetzungsplätze müssen innerhalb des jetzigen und einstigen Verbreitungsgebietes gewählt und sorgfältig ausgesucht werden. Dabei ist weiträumigen Wiesen- und Feuchtgebieten der Vorzug zu geben und eine reichhaltige Nahrungsgrundlage Voraussetzung.

Das Verfahren der Bestandsstützung von Altreu fand in mehreren Ländern Europas Nachahmung und wurde z. T. mit dem Jungenüberschuß von dort begonnen. Auch im Elsaß wurden seit 1957 insgesamt 220 Jungstörche aus Nordwestafrika an 15 Orten ausgesetzt und damit der 1967 auf 2 Brutpaare zusammengeschmolzene Brutbestand aufgestockt (Schierer 1981). In Kintzheim (1972), Hunawihr (1975) und anderen Orten konnten Nachkommen als Brutvogel festgestellt werden.

In Wiesbaden-Schierstein (Hessen) hat die „Storchengemeinschaft e. V." (F. Peterzelka, M. Hardel u. a.), nachdem das dortige Storchenpaar 1945 abgeschossen worden war, zwei Störche erworben und in dem 100 ha großen, eingefriedeten Wassergewinnungsgelände der Stadtwerke ausgesetzt. Von dem um einige Störche aus Altreu vermehrten Bestand wurden 1975 erstmals 4 Jungstörche aufgezogen, insgesamt bis 1982 alljährlich in mehreren Bruten 74 Jungstörche gegenüber nur 52 im übrigen Hessen! Trotz wiederholter Verluste konnten 1980 acht Störche an die neugegründete Aufzuchtstation im Freilandmuseum „Hessenpark" in Neu-Anspach im Taunus abgegeben werden. Am 10. 10. 1981 verschlug ein Orkan 19 aufgeschreckte Störche zum Teil bis in die Schweiz, von denen 6 tödlich verunglückten, davon 5 an Stromleitungen. Die übrigen kehrten später zurück oder konnten heimgeholt werden, so daß die Zucht fortgeführt werden konnte. Da auch diese Störche nicht wegziehen, wurden 1981 versuchsweise 4 Jungstörche in das Werratal gebracht, wo sie sich heimischen Störchen anschlossen und mit diesen auf die Reise gingen.

Eine großzügige Anlage entstand 1981 in Unter-Schwarzach im Kraichgau. In ihr fanden 27 wegen illegaler Einfuhr beschlagnahmte, 12 Schweizer und ein verletzter Storch Aufnahme, zumeist durch „Riemen" absichtlich flugbehindert. Ziel ist ein Bestand von 200 Störchen, deren Nachwuchs abgegeben werden oder Freiflug erhalten soll. Schließlich ist am 3. 11. 1979 in Kandern-Holzen (Baden) mit Altreuer Störchen eine weitere Storchzuchtanlage entstanden.

Gleiche Bestrebungen haben auch andernorts zur Gründung von Storchenstationen geführt. In den Niederlanden entstand 1969 das „Ooievaarsdorp Het Liesveld" in Groot Ammers (A. Wijnaendt). Eine Fläche von 4,5 ha wurde 1979 von 5 freifliegenden und 4 eingegatterten Brutpaaren, die zusammen 26 Junge aufzogen, und 120 Störchen bewohnt. Der ersten Außenstation Herwijnen von 1979 folgten bis 1982 6 weitere. Für einen Mindestbeitrag von 10 Gulden kann man sich in die Reihe der „Freunde" aufnehmen lassen oder für 100 Gulden eine Patenschaft übernehmen. In Belgien werden im „Zwin-Reservat" Störche aus Marokko und Portugal (E. Kesteloot) und in Schweden seit dem 13. 8. 1979 in Lammhult (Småland) 15 Altreuer Versuchsstörche gehalten (S. Svensson). Auch in Japan werden große Anstrengungen zum Wiederaufbau eines Storchbestandes unternommen, nachdem einer der letzten heimischen Schwarzschnabelstörche 1970 – vermutlich durch Gift – umgekommen ist.

Die vielfältige Hilfe wird auch durch Storchenhöfe wirkungsvoll unterstützt, die als Auffang- und Pflegestation, von einem Tierarzt betreut, verletzte, verunglückte oder vergiftete Störche in Pflege nehmen, verlassene und elternlose Nest-linge, auch ausgestoßene oder ausgehorstete, aufziehen oder zurückgebliebenen Nichtziehern ein Obdach gewähren. Voraussetzung dazu ist ein geeignetes Gelände mit Wiesenflächen und Teichen, weiterhin aber auch die Ausstattung mit Flug-käfigen, Krankenstube, Tiefkühltruhe und möglichst auch mit Nahrungsteichen, in denen Frösche und Fische herangezogen werden können. Ziel ist eine denkbar rasche Wiedereingliederung der Störche in den natürlichen Verband und das Aus-wildern nach lediglich vorübergehendem Aufenthalt, damit die Gewöhnung an den Menschen nur gering bleibt, weil sie auf dem Zug zu einer besonderen Gefahr werden könnte. Lediglich Dauergeschädigte werden zurückbehalten. Oftmals sind sie noch zur Zucht brauchbar und selbst flugunfähige brüten in Bodennestern.

Pflege finden Störche z. T. bereits in manchem Tiergarten, z. B. in Rostock, meist jedoch nur in Einzelfällen. Dagegen konnten im Storchenhof Loburg (Kaatz 1980) 7 von 17 eingelieferten Störchen wieder ausgebürgert werden, in der „Niedersächsischen Storch-Pflegestation" in Verden an der Aller (H. Storch) 1980 sogar 33, seit 1962 insgesamt 180, von denen mehrere später brütend nachgewiesen werden konnten. Bis zu 40 Pflegefälle werden hier im Jahr aufge-nommen, von denen einige erst im nächsten Jahr freigelassen werden können, so daß 20 bis 30 Überwinterer versorgt werden müssen. Dauergeschädigte verpaaren sich und ziehen Junge auf, die ebenfalls mit abziehen.

In der Station Süderstapel (W. Hansen) konnten 1977 im Herbst 18 gesund-gepflegte Störche freigelassen werden. Zu ihrer Aufzucht wurden von einem Lehrer 10000 Frösche gezüchtet. Auch in Eekholt (Schleswig-Holstein), in Bent-wisch (A. Hammer) und sicher noch in anderen Orten und in anderen Ländern, z. B. in Kolding (Südjütland), bestehen derartige begrüßenswerte Einrichtungen zur Storchenpflege. Es muß jedoch noch mals ausdrücklich betont werden, daß alle aufgewendete Mühe nur dann sinnvoll ist und einen nachhaltigen Erfolg ver-spricht, wenn mit ihr gleichzeitig äußerste Anstrengungen zur Erhaltung oder Schaffung eines storchenfreundlichen Lebensraumes einhergehen.

Die Sicherung des Lebensraumes. Es kann nicht nachdrücklich genug betont werden, daß es die vordringlichste Maßnahme zur Erhaltung des Storches ist, ihm den Lebensraum zu sichern, sowohl im Brutgebiet als auch in den Durch-zugs- und Überwinterungsländern. Wenn es nicht gelingt, diese Aufgabe zu mei-stern, werden auch alle sonstigen Bemühungen um die Erhaltung des Storches vergebens bleiben.

In erster Hinsicht gilt es zu verhindern, daß mehr und mehr Grünland – beson-ders in den Flußauen – in Ackerland verwandelt und deshalb der Grundwasser-spiegel immer stärker abgesenkt wird. Sicher wird es nicht einfach sein, auch künftighin großflächig Wiesen nur extensiv zu nützen und zeitweise zu über-fluten. Die Notwendigkeit, geeignete Flächen im Zug der Flurbereinigung zusam-menzulegen und für sie einen hohen Grundwasserstand zu sichern, sollte vor allem dort erkannt werden, wo noch ein erfreulicher Weißstorchbestand vorhanden ist.

Große Sorgfalt ist auf den eingeschränkten maßvollen Einsatz von Pestiziden zu verwenden, um unmittelbare Schädigungen des Storches und die Verarmung des Nahrungsangebotes für ihn zu verhindern. Beim Nestbau ist der Storch mehr denn je auf unsere Unterstützung angewiesen, oftmals auch auf liebevolle Duldung und einsichtsvolles Verhalten, z. B. bei notwendigen Ausbesserungsarbeiten, die nach Möglichkeit außerhalb der Brutzeit erfolgen sollen.

Sehr wichtig ist, daß Unglücksgefahren vermieden werden, wo es nur möglich ist. Das Abstürzen eines Horstes oder das Hineinfallen eines Storches in einen Schornstein müssen rechtzeitig verhindert werden. Mit dem Unfug, Bindegarn, Angelsehnen und Folien aller Art sorglos liegen zu lassen oder unbedacht wegzuwerfen, sollte endlich Schluß gemacht werden. Sie bringen dem Wild oder Haustieren gleichermaßen Gefahren! Vor allem gilt es, Schäden durch die Verdrahtung der Landschaft zu verhindern. Umrüsten und Isolieren der Anlagen oder Verkabeln von Leitungen helfen, dem Stromtod wirkungsvoll zu begegnen. Schließlich müssen Schutzbestimmungen den Storch vor der Verfolgung mit Waffe oder Fanggeräten bewahren und die Einhaltung derartiger Erlasse streng überwacht werden.

Trotz aller Vorsorge wird es nicht ausbleiben, daß einmal ein Storch verunglückt. Seine Unterbringung in einer Storchpflege- oder -aufzuchtstation sollte dann auf alle Fälle versucht werden, denn es kommt auf die Erhaltung jedes einzelnen Storches an!

11. Die Brutzeit

Das Verlassen des Winterquartiers. Die Bewältigung des Rückfluges stellt eine gewaltige Leistung dar. Der zeitrichtige Beginn des Heimzuges setzt offenbar ein soziales Aufladen des Zugtriebes voraus (Schüz 1960). Störche mit noch nicht voll entwickelter Zugstimmung werden möglicherweise gesellig mitgerissen, doch bleiben auch stets einzelne – oftmals ohne Kennzeichen von Jugendlichkeit oder Krankheit – zurück, folgen erst verspätet oder treiben sich allein oder in kleinen Trupps weiterhin im Überwinterungsgebiet herum oder aus europäischer Sicht besser gesagt, sie „übersommern" in Afrika. Geschwächten Störchen fehlt der Trieb zum Wandern, mindestens aber die Kraft zu raschem Vordringen.

In manchen Jahren brechen die Störche im Winterquartier nur spät und zögernd zum Rückflug auf. Er geht dann auch nur schleppend voran und wird oft schon vor dem Erreichen der Brutheimat vorzeitig abgebrochen. Erhöhte Opfer deuten auf offensichtlich geschwächte Vögel, von denen viele ihr Brutgebiet nur mit großer Verspätung oder nie erreichen. Die Folge sind geringere Brutenzahl und niedriger Bruterfolg, also ein sogenanntes „schlechtes Storchenjahr" oder „Störungsjahr".

Zum Beispiel gab es im Februar 1937 in Südafrika starke Regengüsse. Für Pretoria wurden 243 mm Niederschlag – gegenüber durchschnittlich 107 mm – und ausgedehnte Überschwemmungen gemeldet. Ungewöhnlich oft wurden kranke oder tote Störche gefunden, was sich in einer erhöhten Rückmeldungszahl widerspiegelte. Die Störche rückten langsamer als sonst in Richtung Brutheimat vor, wo sie oft erst im Mai eintrafen und dann jeden Brutversuch unterließen. Nachprüfungen ergaben einen starken Trematodenbefall, der diese Störche schwächte oder dem sie sogar erlagen.

Auch beim Storch besteht – wie bei anderen Vogelarten – ein Zusammenhang zwischen Heimkehrtrieb und Fortpflanzungsreife. Einjährige sind noch nicht fortpflanzungsfähig und besonders im Mai und Juni anatomisch durch die histologische Untersuchung gut von Mehrjährigen zu unterscheiden, wie Steinbacher u. Schüz (1936) an der Struktur von 62 Keimdrüsen und 44 Ovarien nachweisen konnten. Allerdings wird manchmal das volle Reifestadium auch von Mehrjährigen nicht erreicht, vermutlich durch Einwirkung von Außenfaktoren, weshalb sie in manchen Jahren eine ,,Brutpause" einlegen.

Libbert (1954) prüfte das Verhalten nichtbrütender Störche anhand von 1367 Wiederfunden aus der Zeit vom 1. April bis 15. August (s. Tab. 4). Danach verweilte jeweils ein Drittel der Einjährigen in Entfernungen von 3000 bis 10000 bzw. 1000–3000 km vom Geburtsort und nur ebenfalls ein Drittel näherte sich diesem auf weniger als 1000 km. Bei diesen Zahlen muß allerdings die unterschiedliche Aussicht auf einen Wiederfund berücksichtigt werden, die sich aus der jeweiligen Bevölkerungsdichte, dem Aufenthalt des Storches in Gefahrenzonen und dem möglichen Krankheitszustand ergibt. Zweifellos werden kranke Störche leichter gefunden oder erbeutet.

Einjährige Störche verweilen während des ganzen Jahres auffallend zahlreich in Israel, Syrien, Anatolien oder Marokko und weiter südlich davon, ja selbst in Gebieten, die nicht im Durchzugsbereich liegen wie Ägypten oder Libyen. Der Grund dafür ist kaum in verlockenden Nahrungsquellen zu suchen, sondern vielmehr im vorzeitigen und völligen Erlöschen des im allgemeinen schwachen und nach Zeit und Ort unterschiedlichen Zugtriebes. Die Störche verbleiben und übersommern eben dort, wo die innere Umstellung erfolgt. Viele gelangen noch nach Südosteuropa, z. B. nach Makedonien, Bulgarien, Südrumänien (Walachei oder Dobrudscha), dagegen nur noch wenige in die weitere Umgebung ihres Geburtsortes innerhalb 100 km. Kennzeichnend für sie ist das Herumstreifen. Störche aus Oldenburg wurden z. B. jenseits der Oder und der Weichsel angetroffen (Vogelzug 10, 1939, S. 103). Manche gelangen bei diesem Umherirren in Gebiete, in denen Störche nicht Brutvögel sind. Ein dänischer Storch konnte zwischen dem 11. April und 9. Juli 1975 mit Hilfe seines Ringes 19mal an Orten in Dänemark, Schweden und an der südlichen Ostseeküste kontrolliert werden (Vogelwarte 30, 1980, S. 277).

Auch die zweijährigen Störche sind im allgemeinen noch nicht voll ausgereift und damit noch nicht endgültig in den ,,Zugplan eingegliedert". Zwar halten sich zwischen Mitte Mai und Mitte Juli, wenn die Sommerruhe die Zugbewegungen weitgehend zum Stillstand kommen läßt, bereits fast zwei Drittel in der weiteren Umgebung des Geburtsortes auf, doch bleiben immer noch eine größere Anzahl unterwegs oder sogar in Afrika, Israel oder Syrien (s. Tab. 5) hängen.

Vom 3. Lebensjahr geht die Zahl der Wiederfunde in mehr als 1000 km Entfernung immer mehr zurück, und vom 5. Lebensjahr an gibt es dort nur noch Einzelfunde. Da die Altersgruppen immer schwächer werden, wird die zunehmende Heimatbindung umso deutlicher.

Die Nichtbrüter finden sich oft zu Flügen von 100 und mehr Störchen zusammen, wobei die Ein- und Zweijährigen wohl meist – entsprechend der Häufigkeit dieser Altersgruppe – den Hauptanteil stellen. Diese Storchtrupps sammeln

Tabelle 4. Wiederfunde beringter Weißstörche zwischen 1. April und 15. August nach Alter und Entfernung. Nach Libbert 1954

km vom Beringungsort		Alter in Jahren												Gesamt
		1	2	3	4	5	6	7	8	9	10	11	12	
0– 1000	n	104	119	212	192	116	96	69	47	24	17	8	5	1009
	%	33,4	60,1	88,7	89,7	95,1	94,0	92,0	95,9	92,4	100,0	100,0	100,0	73,9
1001– 2000	n	39	29	8	9	3	3	4	2	1	–	–	–	98
	%	12,2	14,7	3,4	4,2	2,5	3,0	5,3	4,1	3,8	–	–	–	7,2
2001– 3000	n	67	18	9	6	–	1	2	–	1	–	–	–	104
	%	21,5	9,1	3,8	2,8	–	1,0	2,7	–	3,8	–	–	–	7,6
3001– 4000	n	18	9	3	2	1	–	–	–	–	–	–	–	33
	%	5,8	4,6	1,3	0,9	0,8	–	–	–	–	–	–	–	2,4
4001– 5000	n	8	3	2	1	–	–	–	–	–	–	–	–	14
	%	2,6	1,5	0,8	0,5	–	–	–	–	–	–	–	–	1,0
5001– 6000	n	15	2	1	–	–	1	–	–	–	–	–	–	19
	%	4,8	1,0	0,4	–	–	1,0	–	–	–	–	–	–	1,4
6001– 7000	n	22	8	1	1	1	1	–	–	–	–	–	–	33
	%	7,1	4,0	0,4	0,5	0,8	1,0	–	–	–	–	–	–	2,4
7001– 8000	n	10	2	1	–	–	–	–	–	–	–	–	–	14
	%	3,2	1,0	0,4	–	–	–	–	–	–	–	–	–	1,0
8001–9000	n	22	2	1	3	1	–	–	–	–	–	–	–	29
	%	7,1	1,0	0,4	1,4	0,8	–	–	–	–	–	–	–	2,1
9001–10 000	n	7	6	1	–	–	–	–	–	–	–	–	–	14
	%	2,3	3,0	0,4	–	–	–	–	–	–	–	–	–	1,0
Gesamt	n	312	198	239	214	122	102	75	49	26	17	8	5	1367
	%	22,8	14,5	17,5	15,7	8,9	7,5	5,4	3,6	1,9	1,2	1,6	0,4	100,0

Tabelle 5. Alter und Entfernung zum Geburtsgebiet zur Brutzeit

	Entfernung bis 1000 km	4000 km	7000 km	10000 km
einjährige Störche	33,4%	39,5%	14,5%	12,6%
zweijährige Störche	60,1%	28,4%	6,5%	5,0%
drei- und vierjährige Störche	89,2%	8,2%	1,3%	1,3%
fünf- bis neunjährige Störche	93,9%	5,4%	0,7%	–
zehn- bis zwölfjährige Störche	100,0%	–	–	–

sich gern auf Wiesen und an anderen nahrungsreichen Orten, z.B. an Stauflächen oder abgelassenen Teichen, an denen sie leicht Beute finden. Jahr um Jahr können es die gleichen Örtlichkeiten sein, an denen sie den ganzen Sommer über verweilen. Sie streifen gesellig umher, jagen gemeinsam nach Feldmäusen, suchen nach der Mahd und beim Abnehmen des angewelkten Grases nach Insekten und folgen, vom Geräusch angelockt, den Ackermaschinen als Schreitjäger. Gesättigt treiben sie dann Gefiederpflege, ruhen stehend oder auch sitzend und suchen nahegelegene Gehölze oder auch Maste der Hochspannungsleitungen zum Nächtigen auf.

Derartige Storchenflüge sind vielerorts zu beobachten, oftmals treten sie ganz überraschend auf. Andernorts, z. B. an der Friedländer Großen Wiese, einer etwa 6000 ha großen Niederung in Ostmecklenburg, sind sie eine regelmäßige Erscheinung, besonders im Juni und Juli. Am 15. 6. 1978 konnten hier 308 Störche gezählt werden. In den Durchzugsländern scharen sich Störche, die nicht bis zum späteren Brutgebiet vorstoßen, in der gleichen Weise zusammen, Bei Zvolen (Slowakei) waren es am 12. 7. 1961 etwa 100 Störche (Ochrana Fauny VI, 1972, S. 168).

Die Ankunft im Brutgebiet. Vereinzelt finden sich Störche ungewöhnlich früh im Brutgebiet ein – manchmal bereits im Februar –, verschwinden aber dann bei erneutem Kälteeinbruch oft nochmals für längere Zeit. Solche Vorboten verschleiern den eigentlichen Zugablauf ebenso wie überwiegend Einjährige oder Nichtbrüter als Nachzügler im Mai und Juni. Von solchen Außenseitern abgesehen, erstreckt sich die Ankunft im Brutgebiet über drei bis sechs Wochen. Länge und Beginn dieser Zeitspanne sind kalendermäßig großen Schwankungen unterworfen, so daß die Mittelwerte von Jahr zu Jahr bis zu vier Wochen verschoben sein können.

Schematisch lassen sich drei Typen des Ankunftsablaufes unterscheiden. Im günstigsten Fall erreicht die Zahl der Ankömmlinge bereits wenige Tage nach dem zusammengedrängten Eintreffen der ersten Störche ihren Höhepunkt oder läßt zwei Zugwellen erkennen. Etwa eine Woche später ist dann bereits die Brutpopulation vollzählig eingetroffen (Abb. 64a). Weniger günstig ist ein ähnlicher Ablauf, der jedoch später einsetzt und dessen Ende sich vor allem sehr weit hinauszieht (b). Der geringste Bruterfolg ist zu erwarten, wenn die Rückkehr spät erfolgt, mehrere und oftmals nur wenig hervortretende Gipfel aufweist und erst im Juni ihr Ende findet (c).

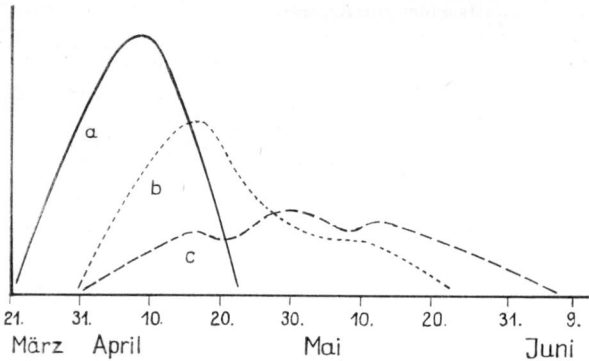

Abb. 64. Schematische Darstellung der Ankunftsmöglichkeiten (Erläuterungen s. S. 105)

Natürlich ist auch die geographische Lage des Brutgebietes von Einfluß. Während in Spanien mit der Rückkehr im Februar gerechnet werden kann, erfolgt sie in Baden-Württemberg im März. Im Weser-Ems-Gebiet verteilt sich die Ankunft von 1906 Störchen in den Jahren 1962–1975 nach Meybohm (1978) wie folgt:

bis 10. April	11.–20. April	21.–30. April	Mai
442 = 23,2%	650 = 34,1%	480 = 25,2%	334 = 17,5%

In Oldenburg kamen im Normaljahr 1955 9,1% der Störche vor dem 1. 4., 33,3% bis zum 10. 4. und 25,8% bis zum 20. 4. an (Tantzen 1955). In der Oberlausitz treffen die ersten Vorboten in der 2. Märzhälfte ein. Ihnen folgt die Masse der Brutstörche – oft in mehreren Wellen – im Verlauf des April und Mai im Zeitraum von mehreren Wochen (s. a. Beitr. Vogelk. 12, 1967, S. 268–273). Für 189 Störche in Polen vermerkt Profus (1986) die Ankunft zwischen 8. März und 11. Mai und im Durchschnitt am 3. April, wobei der zweite Partner im Mittel etwa 7 Tage später eintraf.

Eine frühe Ankunft ist für den Brutverlauf vorteilhaft, obwohl es nicht selten vorkommt, daß ein brütender Storch eingeschneit wird oder daß eine frühbegonnene Brut wegen eines anhaltenden Kälterückschlages aufgegeben wird. Die Durchschnittstemperatur beträgt in Mitteleuropa gegen Anfang April nur etwa +3 °C (im Gegensatz zum Wegzug, der fast immer bereits bei hochsommerlichen Wärmegraden von +20 °C und mehr erfolgt!).

In der Regel stellen sich die alteingesessenen Brutpaare zuerst ein, und erst später folgen ihnen die Erstbrüter oder noch nicht brutfähigen Störche. Im allgemeinen kommt das Männchen ein bis zehn Tage vor dem Weibchen an, zuweilen kehren aber beide gleichzeitig und ausnahmsweise sogar das Weibchen zuerst zurück. Der Erstankömmling muß unter Umständen bis zu 3 Wochen oder noch länger auf den Partner warten. Er steht oder liegt stundenlang im Horst und verläßt ihn in diesen Tagen zur Nahrungssuche trotz des meist nur knappen Angebotes nur für kurze Zeit, gewöhnlich am Spätvormittag, Nachmittag und gegen Abend. Dieses Liegen im Horst könnte als Zeichen von Schwäche und Ermüdung nach dem eben überstandenen kräftezehrenden Rückflug gedeutet werden. Der

Wartende besetzt und bewacht jedoch lediglich den Horst bis zum Eintreffen des Partners und bietet gleichzeitig sich und den Horst überhinfliegenden Störchen an. Dabei bedient er sich des weißen Rückengefieders als eines augenfälligen Blickfanges. Er betreibt eifrig Gefiederpflege, nestelt im Horstboden herum und besucht auch dazwischen ungeduldig leerstehende Nester in der Nachbarschaft. Die Bindung des Storches an seinen Brutplatz ist oftmals stärker als die an den Partner. Der altgewohnte Horst wird wieder aufgesucht und das hier erneut zusammentreffende Brutpaar liefert eher ein Beispiel für Horsttreue als für vermeintliche Gattentreue. Bei verzögerter Ankunft des früheren Partners oder bei dessen völligem Ausfall erfolgt die Neuverpaarung ebenfalls am Horst. Nach Horstkämpfen duldet ein Weibchen manchmal sofort das siegreiche fremde Männchen.

Die Paarbildung verläuft nach Lorenz (J. Orn. 83, 1935, S. 325–411) im „Chromidentyp", d. h. beide Altstörche sprechen sich schon beim ersten Zusammentreffen mit geschlechtlich gebundenen Instinkthandlungen an und zeigen ein „richtiges" Verhalten ohne Fehlhandlungen und Rangkämpfe. Der Wartende begrüßt den Ankömmling mit Klappern und Flügelpumpen. Das Weibchen nähert sich indessen schrittweise, verharrt dann vorsichtig in „Marabuhaltung", bevor es ebenfalls mit gekrümmtem Hals und fast waagerecht gehaltenem Schnabel klappert, das Männchen geradezu hofierend umschreitet und schließlich sogar am Hals krault. Oftmals folgen schon sehr bald erste Begattungen und der weitere Ausbau des Horstes.

Paarbildung außerhalb des Horstes ist ungewöhnlich und kommt wahrscheinlich nur bei horstlosen Erstbrütern vor. Unter den besonderen Voraussetzungen der Gefangenhaltung zeigen Störche z. T. ein abweichendes Verhalten (L'Oiseau 37, 1967, S. 316–335). Während ein Männchen in der Regel das erste sich bietende Weibchen annimmt, geht die Paarbildung hier oft auf das Betreiben des Weibchens zurück, das manchmal recht wählerisch ist. Ein Weibchen wies ein Jahr lang alle Bewerber zurück, und ein anderes vertrieb nach Haverschmidt (1949) Woche um Woche alle auftauchenden Interessenten „wie eine Furie", bis es am 15. Juli doch noch ein Männchen annahm, verständlicherweise aber dann alle Begattungen erfolglos blieben.

Die Brutreife. Histologische Untersuchungen des Keimdrüsenzustandes ein- bis fünfjähriger Störche liegen nur wenige vor, deshalb sind wir zur Ermittlung der Brutreife auf Nachweise des erstmaligen Brütens angewiesen, obwohl der Zeitpunkt des Eintrittes der Brutreife nicht unbedingt mit dem der Erstbrut übereinstimmen muß. Selbst einem 16jährigen Storch konnte erstmals eine Brut nachgewiesen werden! Andererseits kann die Bindung an einen Horst oder die Bildung eines Brutpaares der Legereife bereits vorausgehen.

Während einjährige Störche nur zu einem Teil ihr Geburtsgebiet erreichen, treten zweijährige schon wesentlich öfter in ihm auf. Sie statten zuweilen sogar ihrem Geburtshorst einen Besuch ab und gehören zu den „Fremdstörchen", sind aber kaum jemals aggressiv und störfreudig. In der Regel sind sie physiologisch noch nicht voll entwickelt und zeigen deshalb nur ausnahmsweise Brutlust, Nestbautrieb und Paarungsbereitschaft. Soweit sie in bekannt gewordenen Einzelfällen an

Tabelle 6. Festgestellte Erstbruten nach Lebensjahren

	n	2	3	4	5	6	7	8	9
		Ende des Lebensjahres							
Dänemark (Lange 1974)	(76)	2	12	22	14	–	–	–	–
Masuren (Hornberger 1943)	(536)	–	36	90	95	62	50	–	–
Oberlausitz (Creutz 1981)	143	–	14	38	30	27	18	9	7
Niedersachsen	158	2	19	42	30	28	37	–	–
(Meybohm u. Dahms (1975)									
Baden-Württemberg									
(Zink 1967)	119	7	54	38	16	4	–	–	–
Elsaß (Schierer 1972)	(338)	3	50	74	69	44	31	–	–

einer Brut beteiligt waren, ergab sich nur eine niedrige Jungenzahl. Für Dänemark gibt Lange (1954) zwei erfolgreiche Bruten Zweijähriger mit 2 und 4 Jungen an, und auch für den Südwesten der BRD gibt es einige Nachweise (Schnetter u. Zink 1960). Ein zweijähriges Männchen hatte mit einem unbekannten Partner 3 Junge, die allerdings nach 3 Wochen – vielleicht wegen des noch nicht voll ausgebildeten Fütterungstriebes – eingingen, und auch 1958 hatten zwei vermutlich männliche Zweijährige jeweils drei Junge. Zwei Zweijährige versagten bei der Eiablage (Meybohm u. Dahms 1975). Sichere Nachweise vom Brüten zweijähriger Störche sind trotz weiterer Angaben so spärlich geblieben, daß sie auch künftig unbedingte Erwähnung verdienen.

Auch unter den dreijährigen Störchen sind Brutvögel noch keine Normalerscheinung, wenngleich in diesem Alter schon wenigstens 10% zur Brut schreiten, allerdings oft ohne Erfolg oder doch mit einer durchschnittlichen Jungenzahl von weniger als 1 Jungstorch/HP. Die meisten Altersgenossen streifen als Kampfstörche umher, stiften als Brutstörer viel Unheil und ergänzen wohl zuweilen auch ein Paar bei Ausfall eines Brutvogels. Diese Altersgruppe stellt einen Großteil der Spätankömmlinge und begnügt sich oftmals mit Anfängen einer Horstneugründung. Von den zur Brut schreitenden Dreijährigen hat kaum die Hälfte Nachwuchs.

Bei einem langlebigen Spätbrüter wie dem Storch ist der Eintritt der Brutreife nicht bei allen Altersgenossen gleichzeitig zu erwarten. Die Zahl der Erstbrüter erreicht im 4. und 5. Lebensjahr ihren Höhepunkt, während im 6. und 7. Jahr lediglich noch einzelne Störche unverpaart sind. Zwar werden Erstbrüter selbst noch im 8. oder einem noch späteren Lebensjahr gefunden, doch muß mit zunehmendem Alter mehr und mehr mit einer vorausgegangenen Brut an unbekanntem Ort gerechnet werden. Ausnahmsweise mag so spätes Erstbrüten auch auf abnormes, krankheitsbedingtes Verhalten oder auch auf Partner- oder Nistplatzmangel zurückzuführen sein.

Die Vollreife ist also mit 5 bis 6 Jahren erreicht. Dies stimmt völlig mit der Alterspyramide, mit der Steigerung der durchschnittlichen Jungenzahl und dem Rückgang der HPo-Zahl überein. Auch die Zahl der Gast- und Kampfstörche, die sich von Zweijährigen an zunächst gesteigert hatte, ist vom 4. Lebensjahr an rückläufig. In der Oberlausitz gab es vom 2. bis 5. Lebensjahr 2 – 9 – 6 – 4 Nachweise, danach nur noch einzelne.

Das Einsetzen der Brutreife ist von der geographischen Lage abhängig. Während in Mitteleuropa damit ab 3. Lebensjahr gerechnet werden kann und die 4- und 5jährigen mit etwa 70 % Bruterfolg den Grundstock einer Population bilden, tritt die Reife in Baden-Württemberg früher, in Masuren (Nordostpolen) später ein (s. Tab. 6). Hier sind die Fünfjährigen am erfolgreichsten, in Polen möglicherweise sogar erst die Siebenjährigen.

Manches spricht auch für einen grundsätzlichen Unterschied zwischen den Storchpopulationen beiderseits der Zugscheide oder auch zwischen beiden Geschlechtern. Die Männchen, die zwar allgemein leichter mit größerer Sicherheit erkannt werden als die Weibchen, brüteten mit durchschnittlich 3,4 bzw. 3,8 Jahren früher als die Weibchen mit 3,9 bzw. 4,1 Jahren (Zink 1967 bzw. Schüz 1940). Natürlich kommen auch individuelle Unterschiede in Betracht. In größeren Populationen fallen zwei deutlich unterscheidbare Gruppen auf, von denen die eine nur einen Gesamtdurchschnitt von 1,5 bis 2,0 Jungen/Brut erreicht, die andere dagegen den doppelt so hohen von 3,0 bis 3,7 Jungen/Brut (s. Tab. 7).

Mit dem Erreichen der Vollreife ist weder der deutliche Gipfel der Fruchtbarkeit erreicht, wie Hornberger (1943) erkannt zu haben glaubte, noch erfolgt eine weitere Steigerung oder ein Rückgang der Fruchtbarkeit, vielmehr bleiben Störche bis in das hohe Alter gleichmäßig fortpflanzungsfähig. Der Storch Rad BB 2024 zog mit 24 Jahren noch 5 Jungstörche auf, und ähnliche schöne Beispiele sind nicht selten (s. z. B. Meybohm u. Fiedler 1983).

Tabelle 7 zeigt, daß der Gesamtnachwuchs eines Storches 50 und wahrscheinlich noch mehr Nachkommen betragen kann. Andererseits kommen in allen Lebensaltern auch erfolglose Bruten vor, die wohl überwiegend in Verlusten durch Störungen begründet sind (eingeklammerte Ziffern), vielleicht auch in einem zu jungen Partner. Lücken weisen darauf hin, daß der Storch trotz gründlicher Überprüfung des Gebietes nicht nachgewiesen werden konnte. Man darf wohl annehmen, daß diese Störche in diesen Jahren die Brutheimat sehr wahrscheinlich wegen Schwächung durch Wurmbefall oder wegen einer anderen Erkrankung nicht erreichten.

Horstpaare ohne ausfliegende Jungstörche (HPo). In jedem Jahr bleiben Storchenpaare aller Altersgruppen in mehr oder weniger großer und von Jahr zu Jahr wechselnder Zahl ohne Nachwuchs. Es waren z. B. in

Oldenburg 1928–1963 (Tantzen 1962) in 36 Jahren 7,5 % bis 72,1 % (∅ 30,1 %)
Dänemark 1930–1954 (Lange 1954) in 25 Jahren 7,0 % bis 65,0 % (∅ 32,0 %)
Kreis Bautzen 1958–1986 (Creutz) in 29 Jahren 8,7 % bis 47,4 % (∅ 23,0 %).

Auf Größengruppen verteilt waren dies in

	n Jahre	bis 10 %	bis 20 %	bis 30 %	bis 40 %	bis 50 %	bis 60 %
Oldenburg	36	1	6	14	9	2	4
Kreis Bautzen	29	2	9	15	1	2	–

Tabelle 7. Bruterfolg einiger langjährig kontrollierter Störche

Ringnummer		Lebensjahre																					
		4	5	6	7	8	9	10	11	12	13	14	15	16	17	18	19	20	21	22	23	24	25
RadBB	1939	–	–	0	–	–	2	–	3	–	–	–	–	?	4	E	2	–	–	2	–	–	–
RadBB	2024	–	–	–	3	3	3?	4?	4	2	2	3	3	0	4	3	(0)	2	3	(0)	4	5	2
RadBB	6227	–	–	–	2	3	?	3	3	3	(0)	1	(0)	(0)	3	–	–	–	–	–	–	–	–
RadBB	7235	–	3	3	2	4	4	4	–	–	–	–	–	2	–	0	–	–	–	–	–	–	–
RadBB	7258	–	3	–	(0)	3	(0)	4	2	4	3	4	0	–	4	–	3	3	–	–	–	–	–
RadBB	7416	–	–	3	3	4	4	4	–	3	2	4	3	4	2	–	–	–	–	–	–	–	–
RadBB	7825	2	–	4	2	4	4	4	(0)	1	4	4	0	4	–	–	3	3	–	–	–	–	–
RadBB	7826	–	1	(0)	(0)	(0)	(0)	4	3	0	2	3	3	4	2	–	–	–	–	–	–	–	–
RadBB	8526	–	–	1	2	2	0	4	1	4	4	3	–	–	–	–	–	–	–	–	–	–	–
RadBB	10964	2	0	1	4	3	4	3	3	3	4	3	2	+	–	2	3	0	0	4	1	–	–
RadBB	13822	–	3	E	3	2	3	2	0	4	2	2	1	3	4	–	3	–	–	–	–	–	–
RadBB	15303	3	–	(0)	3	2	3	2	2	2	2	2	2?	–	–	2	–	–	–	–	–	–	–
RadBB	15577	–	2	(0)	(0)	3	–	0	2	2	2	1	–	–	–	–	–	–	–	–	–	–	–
RadB	51642	1	0	0	2	3	4	0	4	?	3	4	–	–	–	–	–	–	–	–	–	–	–
Hidd	2012	4	4	4	3	1	2	3	3	3	3	3	3	(0)	2?	3	–	–	–	–	–	–	–
Hidd	2142	–	–	–	2	3	3	0	3	2	4	0	2	3	–	–	–	–	–	–	–	–	–
Hidd	3136	–	–	4	2	2	3	4	3	3	3	E	–	–	–	–	–	–	–	–	–	–	–
Hidd	3152	–	–	3	2	2	2	2	2	3	3	3	2	(0)	2	–	–	–	–	–	–	–	–

0 kein Gelege vorhanden, (0) Gelege vorhanden, (0) Gelege oder Junge vernichtet. Bemerkenswert sind Störche mit hoher (Rad 7825, Hidd 2012) bzw. niedriger durchschnittlicher Nachkommenzahl (Rad 7826, Hidd 2142)

Zink (1967) nennt als Durchschnittswerte für Hpo für das Elsaß 15,4 %, für Baden-Württemberg 19,3 %, Veroman (1982) für die Niederlande 33,9 % (14 Jahre), für Hannover 38,2 % (12 Jahre) und für Estland 26,4 % (27 Jahre) und Dornbusch für die DDR 38,0 % (1987). Werte für weniger als 5 % für Ungarn, Litauen und Lettland dürften auf unvollständiger Erfassung beruhen. Die Angaben sprechen für geographische Unterschiede und eine Zunahme nach Norden hin (Zink 1967). Brutausfälle von 15–25 % im Jahr können als normal gelten. Bedenklich müssen dagegen Werte stimmen wie etwa 47,4 % HPo im Kreis Bautzen (1982), 48,9 % HPo im Burgenland, 53,7 % HPo in Baden-Württemberg (1965, Zink 1967) oder gar 72 % in Oldenburg (1949, Tantzen 1962), denn die verursachten Nachwuchsausfälle können nicht ohne Nachwirkungen bleiben. Überschreiten die erfolglosen Bruten 40 %, ergeben sich – oft im Zusammenwirken mit anderen Faktoren – sogenannte „Störungsjahre" mit nachteiligem Einfluß auf die Entwicklung einer Population.

Die Ursachen für das erfolglose Brüten sind nicht immer bekannt und oftmals auch nicht mehr nachträglich feststellbar. Nicht selten hält ein Storchpaar zusammen, trifft aber keine Anstalten zum Brüten und es kommt nicht zur Eiablage. Solche Paare werden als HPn bezeichnet. Sie oder wenigstens einer der Partner sind meist physiologisch noch nicht brutreif oder die Rückkehr erfolgte so spät, daß die Störche nicht mehr in Brutstimmung geraten. Ungenügende Brutreife liegt wohl auch bei Störchen vor, die zwar in der Zeit zwischen dem 14. April und 15. Juni wenigstens 4 Wochen am Horste weilen, ohne aber ein Gelege zu zeitigen. Diese HPo – kommen nach einigen Wochen nur noch unregelmäßig zum Horst, bleiben ihm schließlich ganz fern und schließen sich mit anderen Störchen zusammen, die sich in Trupps herumtreiben. Andere Paare (HPo[m]) bebrüten zwar ein Gelege, dessen Eier sich jedoch als unbefruchtet (taub, schier) erweisen. Schließlich verliert manches Paar seine Eier bei einem Storchkampf, durch tierische Räuber (Marder!), Horstabsturz, Verlust eines Elternvogels und vor allem durch Witterungsunbilden. Zu diesen HPo(–) kommen dann die eigentlichen HPo, deren Junge aus den gleichen Gründen nicht zum Ausfliegen kommen. Die Verteilung der Ausfälle auf die verschiedenen Möglichkeiten ist sehr unterschiedlich (s. Tab. 8).

Tabelle 8. Ursachen für HPo

	Niedersachsen (Meybohm u. Dahms)	DDR 1958 (Schildmacher)	DDR 1974
kein Gelege	16	53	
Brut erfolglos	15	63	
abgeworfene Gelege	11	47⎫	
abgeworfene Jungstörche	3⎫	29⎭	50
verendete Jungstörche	3⎭		
Verlust eines Altvogels	3		11
Nestabsturz	1		7
sonstige Unglücksfälle	–		12
unbekannt	4	299	

Tabelle 9. Beispiel für Zusammenhalt und Lösung von Brutpaaren. Die Querlinien mit den ausgeschriebenen Ortsnamen zeigen den Zusammenhalt der Tiere, blind endende geben Bruten mit unberingtem Partner, ferner den Brutort und die Jungenzahl an. Die Abkürzungen für Ortsnamen bedeuten: C Crosta. L Luga, M Milkel, N Niederuhna, Q Quoos, Ü Übigau.

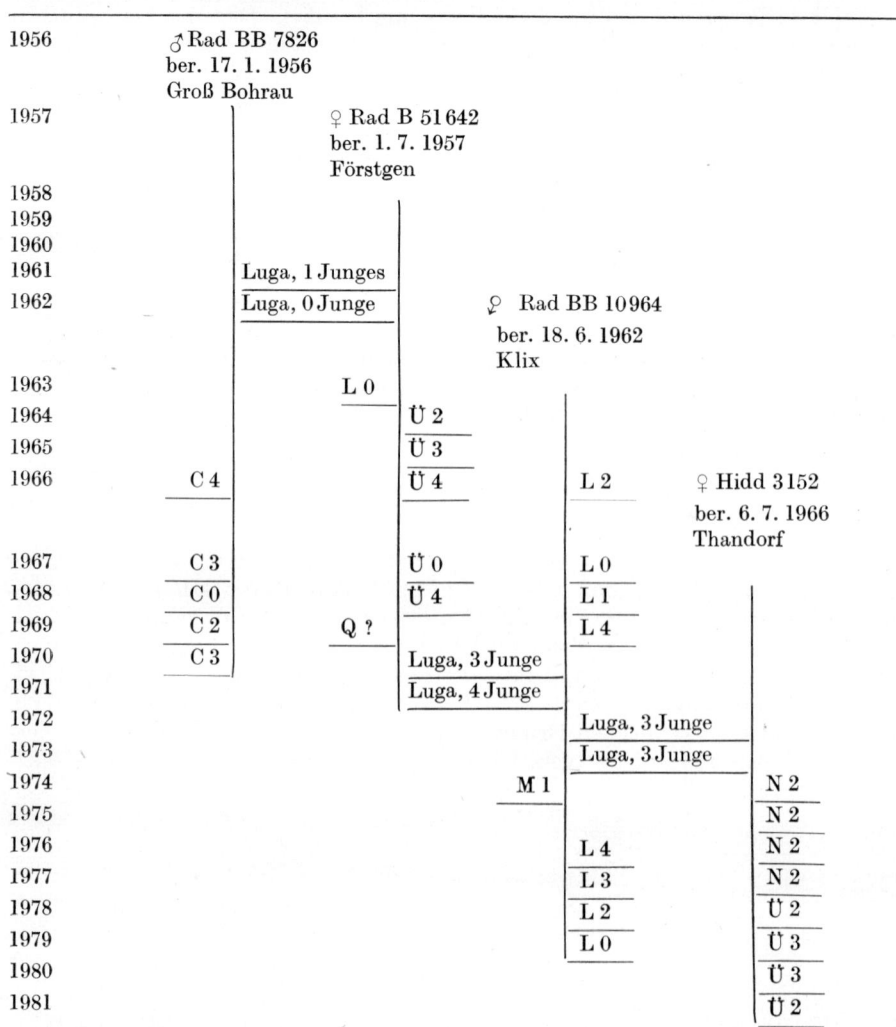

Paartreue und -lösung. Nur ausnahmsweise sind beide Partner eines Paares beringt und noch geringer sind die Gelegenheiten, sie in späteren Jahren erneut anzutreffen. Darum sind Nachweise von Paartreue oder -lösung nicht häufig, doch gibt es solche auch für den Zusammenhalt von Paaren. In einem Fall zog ein Paar in 6 Jahren zusammen 2, 3, 3, 1, 3 und 4 Junge auf (Meybohm u. Fiedler

112

1983). Die Partner finden sich jeweils am gleichen Horst zusammen, dessen Bedeutung im Storchleben damit erneut unterstrichen wird. Lediglich einmal wählte – oder wohl besser: traf sich – ein Paar an einem anderen Horst und brütete da. Die Störche Rad BB 7531 und BB 7258, die bis 1963 in Caminau (Oberlausitz) gebrütet hatten, zogen 1964 gemeinsam in das 3 km westlich gelegene Commerau um und hatten dort Junge.

Paarlösung ist nach bisherigen Beobachtungen immer mit dem Ortswechsel wenigstens des einen Partners verbunden. Auch hier fallen Störche auf, die ihrer Natur nach besonders unstet zu sein scheinen und dann auch zuweilen ihren Partner mehrfach wechseln. Ein Weibchen hatte im Verlauf der Jahre wenigstens vier verschiedene Männchen (Meybohm u. Fiedler 1983). Partnerwechsel kann sogar im Verlauf einer Brutzeit erfolgen (Vogelwarte 22, 1963, S. 100–109).

Tabelle 9 gibt ein eindrucksvolles Beispiel dafür, wie Paartreue und -lösung sogar bei dem gleichen Storch möglich sind und sich daraus eine Verflechtung innerhalb der Population ergeben kann.

Schließlich sei ein Fall von Verpaarung zweier Geschwister – bisher wohl der einzige nachgewiesene – erwähnt. Sie brüteten fünfjährig 25 km nordwestlich ihres Geburtsortes, allerdings erfolglos, wobei dieses Versagen nicht unbedingt auf die Geschwisterschaft, sondern vielleicht auch auf späten Brutbeginn zurückzuführen war (Meybohm u. Fiedler 1983).

Bei den individuell bekannten und laufend beobachteten Störchen der Aufzuchtstation Altreu konnte Bloesch (1983) die Paarbildung zwischen zwei Geschwistern beobachten, die mehrere Jahre erfolgreich miteinander brüteten. Eine Tochter aus der letzten Brut wurde weiterhin geduldet und legte schließlich gemeinsam mit der Mutter in das gleiche Nest. Mehrere Jahre zog diese Dreiergemeinschaft erfolgreich Junge aus den Eiern beider Weibchen auf, bis es zu Auseinandersetzungen zwischen Mutter und Tochter kam. Nach dem Entfernen der Mutter brüteten Vater und Tochter noch mehrere Jahre miteinander. Weder die Nachkommen dieses Paares noch die der Geschwisterehe ließen Degenerationsfolgen erkennen. In einer weiteren Dreiergemeinschaft legte die Tochter – erst zweijährig! – ebenfalls 4 Eier in das Nest der Mutter. Die Wahl des Vaters zum Partner war in voller Freiheit und ohne Beeinflussung durch Gehegeenge erfolgt. Als es im folgenden Jahre zu Unstimmigkeiten zwischen beiden Weibchen kam, wurde die Tochter schließlich von der Mutter vertrieben und verpaarte sich mit einem anderen Männchen. Bloesch kann auch von einem Weibchenpaare berichten, das 10 Jahre lang ein „echtes", aber nachwuchsloses Paar vortäuschte, und ebenso von einem „Paar" aus zwei Männchen. Beide besorgten als Stiefväter die Aufzucht eingehorsteter Jungstörche artgemäß und bewährten sich als gute Adoptiveltern. Übrigens kam es in beiden Fällen regelmäßig zu ambivalentem Verhalten.

Die Brutortstreue. In der Landbevölkerung ist die Meinung weit verbreitet, daß die Störche Jahr um Jahr zum gleichen Horst zurückkehren, mindestens aber dann später die Jungen. Weil ein Horst oftmals jahrzehntelang bezogen wird, glaubt mancher Bauer, es seien immer die gleichen Bewohner, und oft will er sogar „seine Störche" wiedererkannt haben.

Auch hier ermöglichte das Ablesen von Storchringen einen guten Einblick in die Verhaltensweisen. In der Oberlausitz erwiesen sich von 93 Störchen, die in mehreren Jahren als Brutvogel nachgewiesen werden konnten, 51 (= 54,8%) als ortstreu und kehrten teilweise wiederholt zum gleichen Nistplatz zurück. Rad BB 2024 brütete 19 Jahre lang in demselben Horst, vielleicht sogar noch öfter! Die Horstbenutzung in mehreren Jahren (Ortstreue) dokumentiert die folgende Aufstellung:

Jahre	2	3	4	5	6	7	8	9	10	11	12	13	14	...	19
n	20	13	7	3	2	–	3	–	–	1	–	–	1–		1

Ganz ähnliche Ergebnisse liegen auch aus anderen Untersuchungsgebieten vor, wenn auch meist – sicher als Folge kürzerer Beobachtungsdauer – nicht so langjährig. Lediglich Schierer (1972) teilt mit, daß der Storch 4631 als Neunzehnjähriger 1971 zum 16. Male den gleichen Horst benutzte.

Ortswechsel (Umsiedlung) kann aus mancherlei Gründen zwangsläufig notwendig werden, z. B. wenn ein Storch von einem Rivalen verdrängt wird oder als Spätheimkehrer „seinen" Horst bereits besetzt findet. Oftmals ist auch ein Horst beseitigt worden oder abgestürzt. Andererseits gibt es aber auch freiwilligen Wechsel, sei es, daß ein reiches Horstangebot dazu verführt, oder daß eine individuelle Neigung vorhanden ist (s. u.). Einige Beispiele lassen auch vermuten, daß vor allem Weibchen nach einer groben Störung oder nach Brutverlust künftig einen anderen und oftmals sogar recht weit entfernten Brutplatz wählen, wie es ähnlich vom Trauerschnäpper bekannt (vgl. Vogelwarte 29, 1978, S. 276) und auch bei anderen Vogelarten wahrscheinlich ist.

Wie die Beispiele in Tabelle 10 zeigen, kann der Horstwechsel in recht unterschiedlicher Weise verlaufen. Der Regelfall dürfte einmaliger Wechsel sein, der im Oberlausitzer Untersuchungsgebiet 18mal (= 42,9% aller Ortswechsel bzw. 19,4% aller in mehreren Jahren nachgewiesenen Störche) stattgefunden hat, wobei allerdings manchmal ein unbekannt gebliebener Wechsel vorausgegangen sein könnte. Bei normalem Ablauf entscheidet sich ein Storch wohl schon mit eintretender Brutreife für einen bestimmten Horst. Oft kann er sich ihn aber im Frühjahr nicht erobern oder ihn behaupten und wird von älteren Besitzern abgedrängt. Er bezieht deshalb zunächst einen anderen Horst, der oftmals weniger günstig gelegen sein mag, und wartet auf seine Chance, den begehrten Nistplatz besetzen zu können. Dieser Wechsel erfolgt überwiegend im 2. Brutjahr bzw. im 4. bis 7. Lebensjahr, danach immer weniger oft, weil bis auf Ausnahmen die Neigung zum Umsiedeln und die durchschnittliche Entfernung mit zunehmendem Alter zurückgehen, die Seßhaftigkeit also zunimmt. Der Abstand zwischen Horst a und b betrug meist weniger als 10 km, je 2mal auch fast 20 km oder wenig über 20 km. Oft siedelt ein Storch nur in das benachbarte Dorf über (Tab. 11).

Sehr zahlreich sind zweimalige Umsiedlungen, bevor der endgültige Brutplatz gefunden ist. Dabei ist sowohl eine Rückkehr zum ersten Horst als auch das Besetzen eines dritten möglich. Eigenartigerweise gibt es Störche, die möglicher-

Tabelle 10. Beispiele für ein- und mehrmaligen Horstwechsel,
? = unvollständig abgelesen, – = „Wo–Storch"

		Lebensjahre																	
		3	4	5	6	7	8	9	10	11	12	13	14	15	16	17	18	19	20	21
Rad BB	13882	a	b	–	b	–	–	–	–	–	–	–	–	–	–	–	–	–	–	–
Hidd	7757	a	a	a	b	b	b	–	–	–	–	–	–	–	–	–	–	–	–	–
Hidd	3012	a	a	a	a	b	–	b	–	–	–	–	–	–	–	–	–	–	–	–
Rad	7826	–	–	a	a	b	?	?	b	b	b	b	–	–	–	–	–	–	–	–
Hidd	4360	–	–	–	–	–	a	a	–	b	b	–	–	–	–	–	–	–	–	–
Rad BB	15284	–	–	–	a	a	a	b	–	–	–	–	–	–	–	–	–	–	–	–
Rad	7453	–	–	–	a	–	–	–	–	–	–	–	–	–	–	–	–	b	–	b
Rad	6227	–	–	–	–	a	a	a	a	–	a	–	a	–	b	b	b	–	–	–
Rad BB	10613	–	–	–	–	–	–	–	a	–	a	a	–	b	–	–	–	–	–	–
Hidd	2081	–	a	a	b	b	a	a	–	–	–	–	–	–	–	–	–	–	–	–
Hidd	3285	–	a	b	a	a	a	a	a	a	a	a	–	–	–	–	–	–	–	–
Rad BB	10964	–	a	a	a	a	a	a	a	a	b	a	a	a	a	–	–	–	–	–
Rad	7223	–	–	a	a	a	b	a	a	–	–	–	–	–	–	–	–	–	–	–
Rad BB	15577	–	–	a	b	b	b	–	–	a	a	a	a	–	–	–	–	–	–	–
Hidd	6547	–	–	a	b	–	c	–	–	–	–	–	–	–	–	–	–	–	–	–
Hidd	201135	–	–	a	–	b	–	c	–	–	–	–	–	–	–	–	–	–	–	–
Hidd	8592	–	a	b	?	b	c	–	–	–	–	–	–	–	–	–	–	–	–	–
Hidd	2012	–	a	b	c	c	c	c	c	c	c	c	–	–	–	–	–	–	–	–
Rad BB	10823	–	–	–	–	–	a	b	–	c	c	c	–	c	–	–	–	–	–	–
Rad	7242	–	–	a	a	–	b	–	c	–	–	–	–	–	–	–	–	–	–	–
Hidd	8537	a	a	b	b	c	–	–	–	–	–	–	–	–	–	–	–	–	–	–
Rad	7531	–	–	–	a	a	b	c	c	c	–	–	–	–	–	–	–	–	–	–
Rad	51642	–	a	a	a	b	c	c	c	c	c	a	a	–	–	–	–	–	–	–
Rad	7235	–	–	a	a	a	a	a	–	–	–	–	–	b	–	c	–	–	–	–
Pol	1400136	–	–	a	a	a	–	–	b	b	–	c	c	c	–	–	–	–	–	–
Rad	7258	–	–	a	?	?	a	?	b	c	c	c	–	–	–	–	–	–	–	–
Hidd	203757	–	–	–	–	–	a	b	b	–	c	–	–	–	–	–	–	–	–	–
Hidd	3152	–	–	–	a	a	b	b	b	b	c	c	c	c	–	–	–	–	–	–
Pol	524024	–	–	a	a	b	b	c	b	c	–	–	–	–	–	–	–	–	–	–
Rad BB	15303	–	a	–	b	c	c	c	c	c	a	a	d	–	–	–	–	–	–	–
Rad BB	1939	–	–	–	a	?	?	b	c	b	d	d	d	–	d	e	d	b	d	f
Hidd	2142	–	–	–	–	a	b	c	c	c	d	d	e	e	e	–	–	–	–	–

weise aufgrund einer besonderen Veranlagung kaum zur Ruhe kommen. Sie wechseln den Brutplatz noch im hohen Alter und sind unstet wie Hidd 2142, der in 10 Jahren in 5 Horsten Junge aufzog, oder Rad BB 1939, der in 16 Jahren neunmal, letztmalig noch im Alter von 21 Jahren den Brutplatz wechselte und insgesamt 6 Horste benutzte. Die Zahl der von unsteten Störchen benutzten Horste ist folgende:

Zahl der Horste	2	3	4	5	6	7	8	9
Zahl der Störche	9	13	1	1	1	–	–	1

Tabelle 11. Brut- und Lebensalter bei einmaligem Horstwechsel, unberücksichtigt blieben
* = 42 km und ** = 410 km

Alter in Jahren		2	3	4	5	6	7	8	9	...	15
Wechsel im Brutjahr	n	11	2	2	1	1	–	–	1	–	–
	x̄ km	8,8*	6,0	5,0	–**	3,0	–	–	4,0	–	–
Lebensjahr	n	–	–	3	5	4	3	–	2	–	1
	x̄ km	–	–	15,3	7,7*	5,2	5,3**	–	5,0	–	3,0

Die Ansiedlung der Erstbrüter. Zwar ist beim Storch mit seinem ausgedehnten Lebensraum eine enge Bindung an den Geburtsort nicht zu erwarten, aber dennoch ist ein Streben nach dem Herkunftsgebiet unverkennbar. Dem planmäßigen Beringen und Ablesen von Störchen in verschiedenen Gegenden, z. B. in Niedersachsen (Meybohm u. Dahms 1975), Baden-Württemberg (Zink 1967) oder der Oberlausitz (Creutz 1981), verdanken wir ausgezeichnete Einblicke in das Siedlungsgeschehen.

Leider wird vielerorts dem Auftreten beringter Störche noch nicht die erwünschte Aufmerksamkeit geschenkt, so daß Wiederfunde außerhalb der Kontrollgebiete spärlich und vom Zufall abhängig bleiben. Deshalb weichen die sich aus Wiederfunden in der DDR ergebenden Befunde Siefkes (1981) auch etwas von denen der planmäßig erzielten und gut miteinander übereinstimmenden aus nicht so großräumigen Gebieten ab.

Späteres Brüten im Geburtsnest ist nur sehr selten belegbar, und selbst Ansiedlung im Geburtsort ist noch ungewöhnlich. Immerhin sind sie einige Male durch Wiederfunde bestätigt (Hornberger 1954 u. a., Meybohm u. Dahms 1975, Siefke 1981, Meybohm u. Fiedler 1983). Für die Oberlausitz gibt es keinen sicheren Nachweis. Der Storch Radolfzell BB 10738 konnte zwar einmal – erst zweijährig! – an seinem Geburtsnest abgelesen werden und wurde zunächst als Brutstorch angesehen, erwies sich aber nur als Gastbesucher und blieb weiterhin verschollen. Hiddensee 2142 brütete zwar als Zwölfjähriger in seinem Geburtsnest, hatte jedoch vorher bereits an drei anderen Orten Junge aufgezogen. Insgesamt benutzte das außergewöhnlich unstete Männchen 5 verschiedene Horste in Entfernungen bis zu 6 km voneinander und geriet bei seinem Herumstreifen auch

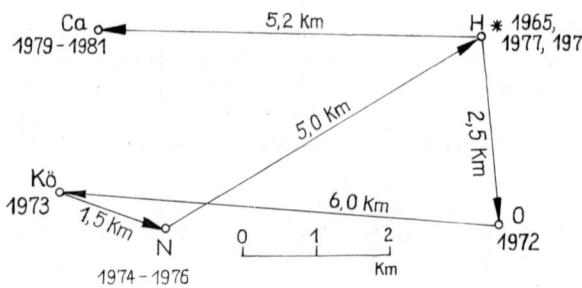

Abb. 65. Die Brutorte des unsteten Storches Hiddensee 2142. H = Hermsdorf (1965 Geburtsort), O = Oppitz, Kö = Königswartha, N = Neudorf, Ca = Caminau. Orig.

Tabelle 12. Ansiedlungsentfernungen in km (%)

Ort	n	bis 10 km	bis 25 km	bis 50 km	bis 100 km	über 100 km
Dänemark (Lange 1940)	76	38,2	34,2	13,2	10,5	3,9
Masuren (Hornberger 1943)	353	49,0	21,0	11,0	10,0	9,0
Oberlausitz (Creutz 1981)	171	20,5	28,1	17,0	11,7	22,8
DDR (Siefke 1981)	142	15,5	15,5	12,7	21,1	35,2
Niedersachsen (Meybohm u. Dahms 1975)	403	20,8	23,8	17,9	23,6	13,9

zufällig an seinen Geburtshorst, den er aber nach zwei Jahren erneut aufgab (vgl. Beitr. Vogelk. 27, 1981, S. 49 und ebd. S. 50–51).

Auch die Ansiedlung in Entfernungen bis 1 km ist in der Oberlausitz einmalig geblieben, während Meybohm u. Dahms (1975) dafür 15 Beispiele unter 403 Nachweisen anführen. Anscheinend ist diese hohe Zahl auf die örtliche Siedlungsweise – verstreut liegende Einzelhöfe im Marschland! – zurückzuführen. In der Regel verlassen Störche die engere Geburtsheimat und schreiten in einiger Entfernung zur Brut, davon etwa zwei Drittel im Umkreis von 50 km. Für 171 Störche der Oberlausitz ergab sich ein Durchschnitt von 76,6 km, während er für 142 Wiederfunde aus der gesamten DDR bei 90,6 ± 7,7 km mit einem Median bei 63,0 km lag (Siefke 1981) (s. auch Tab. 12).

Die Ansiedlungsorte liegen nach allen Himmelsrichtungen verstreut und erreichen innerhalb von 50 km im Umkreis ihre größte Flächendichte. Diese verdünnt sich mit zunehmender Entfernung, wobei auch mancher Ringstorch „außer Kontrolle" geraten mag. Im Schrifttum werden öfter Beispiele für Ansiedlung bis in 500 oder gar 600 km Entfernung angeführt, z. B. von Dänemark nach Nordbrabant oder in den Kreis Arnswalde, von Cottbus nach Eisenstadt/Österreich oder nach einer alten Angabe aus dem damaligen Mecklenburg-Schwerin nach Ragnit, dem heutigen Neman. Die bisher bekanntesten größten Entfernungen weisen von Bleckede, Kr. Lüneburg, zum 750 km entfernten Storchenstädtchen Rust/Österreich (Helgoland 245748), wo G. Fiedler nunmehr sogar einen Zuzügler aus dem 910 km nordwestlich gelegenen Ihlowerfehn (53.24 N 7.26 E) feststellen konnte (♀, Helgoland E 3014; Meybohm u. Fiedler 1983).

Eine Anzahl von Fernansiedlern deutet darauf hin, daß vorwiegend Männchen beteiligt sind, wie dies ja auch einer allgemeinen Tendenz bei der Ausbreitung von Tierarten entsprechen würde. Vorerst reicht jedoch die Zahl der Nachweise für eine eindeutige Aussage noch nicht aus; vielmehr konnte Zink (1967) im Oberrheingebiet bei 54 Männchen eine Durchschnittsentfernung von 33 km, bei 37 Weibchen dagegen von 61 km feststellen.

Vernetzung und Austausch. Ab- und Zuwanderung ergeben eine starke Bestandsdurchmischung. Die Vernetzung würde noch deutlicher hervortreten, wenn Beringung und Ablesung von Störchen über weite Räume hin mit gleichem Eifer betrieben würden. Ein überzeugendes Beispiel dafür bietet der Storchbestand

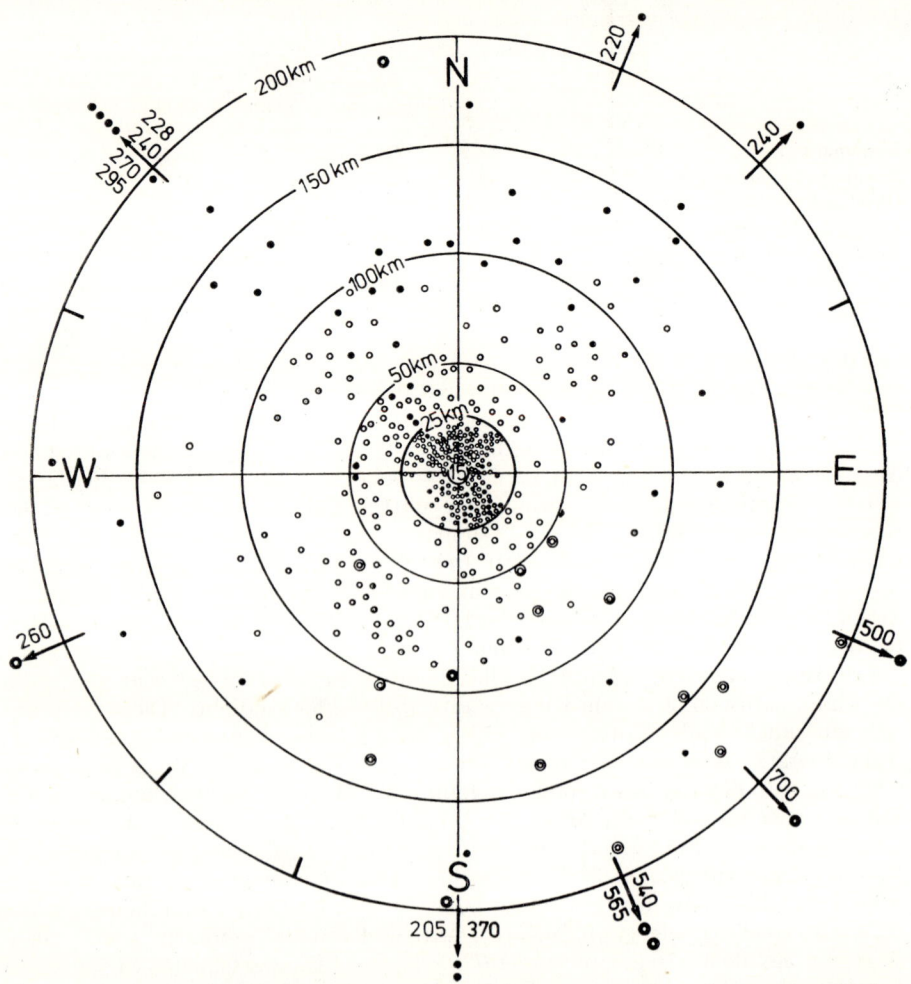

Abb. 66. Richtung und Entfernung von Neuansiedlungen. Das Geburtsnest ist im Mittelpunkt zu denken (hier 15 Fälle bis etwa 1 km vom Nest). Schwarze Punkte beziehen sich auf Zusiedler, Doppelkreise auf Fortsiedler über das bearbeitete Gebiet hinaus. Nach Meybohm u. Dahms 1975

der Oberlausitz mit dem Kreis Bautzen als seinem Kernstück. Abb. 67 stellt den Austausch mit den Nachbargebieten schematisch dar, der in allen Himmelsrichtungen erfolgt, wie aus der folgenden tabellarischen Übersicht hervorgeht:

aus und nach	N	NE	E	SE	S	SW	W	WNW
n	4	3	4	8	1	7	7	30

118

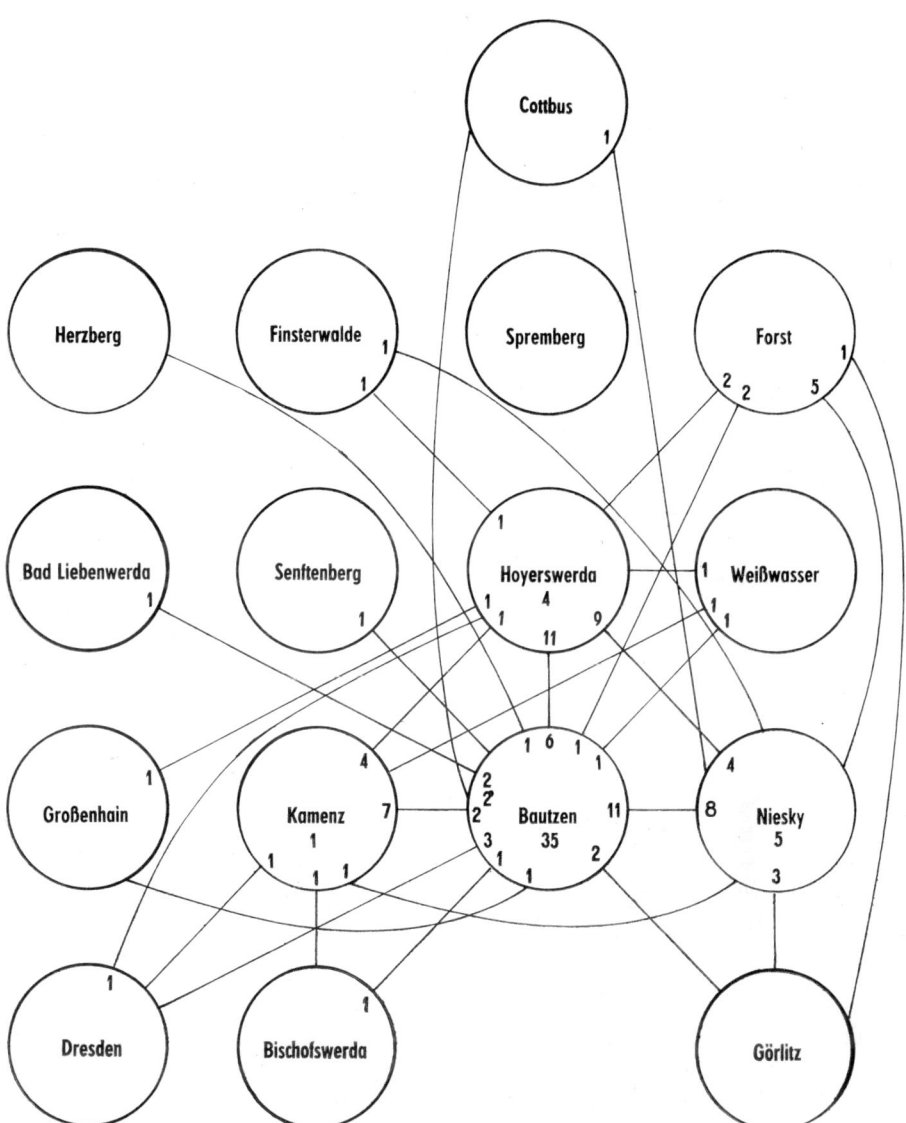

Abb. 67. Austausch durch Ansiedlung in der weiteren Umgebung vom Geburtsort („Vernetzung"). Die Zahlen unter dem Namen der Kreisstadt geben jeweils die Anzahl der nachweisbaren im Kreis verblieben, die am Kreisrand der abgewanderten Weißstörche an. Org.

In diesen Zahlen widerspiegelt sich deutlich der Einfluß der Lage des Untersuchungsgebietes am Südrand eines ausgedehnten zusammenhängenden Verbreitungsgebietes, das sich von der Nordsee über die nördliche DDR bis nach Polen

119

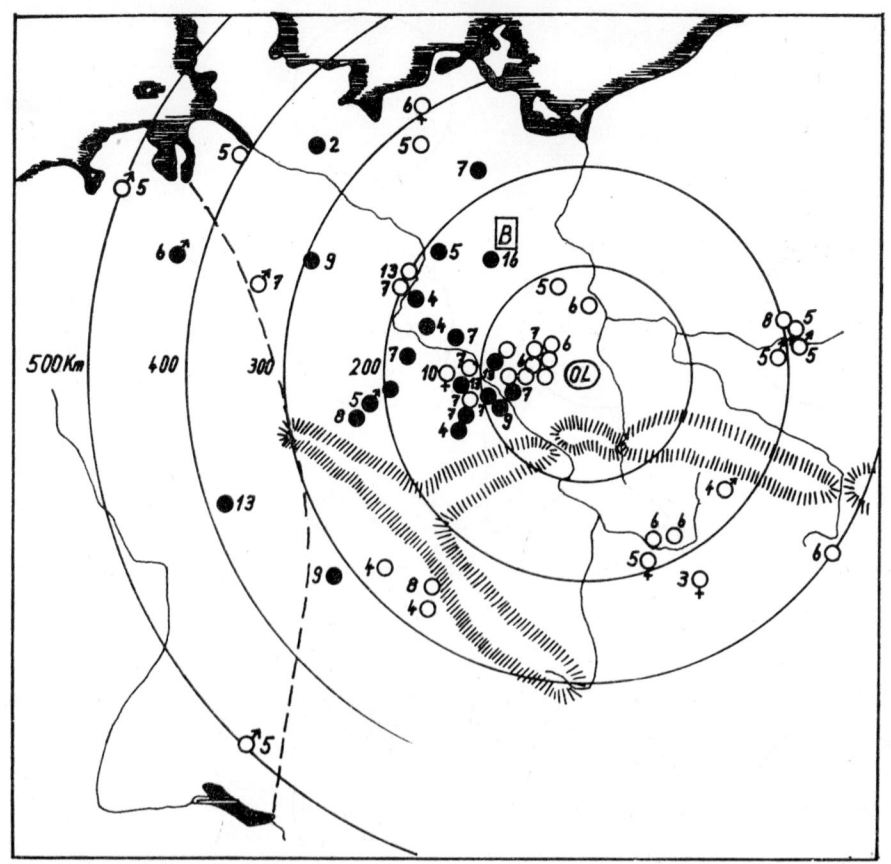

Abb. 68. Ansiedlungsorte (●) in der Oberlausitz (OL) geborener und Geburtsorte der (○) dort zugewanderten Weißstörche. Orig.

erstreckt, nach Süden jedoch durch den Mittelgebirgszug von anderen Vorkommen in Nordostbayern oder in Nordböhmen getrennt wird (s. Abb. 68).

Die Lage der Oberlausitz erklärt sowohl die schwache Verflechtung nach Süden hin als auch die auffallend starke nach Nordwesten und Norden hin mit mehr als 50 % aller Ansiedlungsnachweise. Daneben tritt – wenn auch schwächer – die Beziehung nach Südosten (Nordböhmen!) ebenfalls klar hervor. In ähnlicher Weise wird die Ansiedlungsrichtung der Störche aus Niedersachsen durch die Nordsee oder der masurischen Störche durch die Ostsee bestimmend beeinflußt.

Von Nordwesten nach Südosten verläuft jedoch das breite Band des östlichen Zugweges von Dänemark und Niedersachsen über die Lausitz hinweg zum Bosporus. Zahlreiche Wiederfunde zeugen nicht nur vom Durchzug, sondern auch davon, daß Störche aus der Oberlausitz – möglicherweise ganz besonders Jungstörche – von Artgenossen zu Zugverlängerung veranlaßt und sogar bis nach Niedersachsen „mitgenommen" werden oder umgekehrt dort beheimatete bei Zugverkürzung in der Oberlausitz „hängenbleiben" (s. Abb. 68). Dabei muß offengelassen werden, ob diese Beeinflussung bereits im Winterquartier ihren Ursprung hat oder erst auf dem Rückzug erfolgt. Der Brutnachweis von vier Störchen (2 ♂, 1 ♀, 1 ?) aus der 200 km ostwärts liegenden Baryczniederung (Polen) in der Oberlausitz muß überraschen, weil entgegengesetzte Wechselbeziehungen zwischen beiden Landschaften nicht bekannt sind. Allerdings erwiesen sich drei dieser Störche im Verlauf der Jahre als außerordentlich unstet (Creutz 1981).

Weniger leicht ist ein Austausch über große Entfernungen mit dem Bereich der anderen Wegzugrichtung jenseits der Zugscheide zu verstehen, da ja die Lausitz nicht mehr im eigentlichen Randgebiet der Mischzone, sondern bereits jenseits von ihr liegt und sich außerdem noch der Mittelgebirgszug vom Thüringer Wald über das Erzgebirge und Elbsandsteingebirge bis zum Lausitzer Bergland als Sperriegel dazwischenschiebt. Wechselbeziehungen innerhalb des Mischgebietes über den Zugscheidengrat hinweg sind zu erwarten und tatsächlich mehrfach mit Niedersachsen, Hessen oder Oberfranken nachgewiesen (s. a. Abb. 68). Als Beispiele für größere Ansiedlungsentfernungen seien angeführt:

Helg 232238 o nj. 5. 7. 1952 Parey (52.41 N 12.15 E), Bez. Potsdam
  + als Brutvogel abgelesen 4. 6. 1957 Geisingen (47.55 N 08.38 E),
    590 km SW
Helg 234167 o nj. 14. 6. 1953 Heygersdorf (51.21 N 11.22 E), Kr. Artern
  + seit 1958 ♂ eines Brutpaares in Holtzheim (48.35 N 7.39 E),
    Elsaß, 400 km SW
Helg 219767 o nj. 3. 7. 1956 Susigke (51.50 N 12.04 E) Kr. Köthen
  + 26. 7. 1959 als Gaststorch abgelesen bei Straßburg (48.35 N
    07.45 E), Elsaß, 465 km SW
Dagegen siedelten aus einem Wegzugsbereich in den anderen über:
Ross B 53088 o nj. 27. 6. 1934 Mühlsdorf (50.24 N 17.35 E), Schlesien (Slask)
  + abgelesen Juni 1939 Rißtissen (48.16 N 09.50 E), Oberschwaben,
    600 km SW
Rad BB 14943 o nj. 21. 7. 1970 Ertingen (48.06 N 09.28 E), Württemberg
  + als ♂ eines Brutpaares 1975 bis 1977 mehrfach abgelesen Neudorf/
    Spree (51.19 N 14.33 E), Kr. Bautzen, 520 km, NE
Hidd 207192 o nj. 30. 6. 1974 Grethen (51.15 N 12.43 E), Kr. Grimma
  + als ♀ Brutvogel abgelesen 6. u. 7. 5. 1980 Straßflurg (48.35 N
    7.45 E), Elsaß, 460 km SW

Besondere Aufmerksamkeit verdient das Schicksal der Nachkommen solcher Störche. Von insgesamt 6 Jungen des Storches Rad BB 14943 kam nur einer zum Nachweis. Er hatte sich der östlichen Population eingefügt und seit 1980 mehrmals in der Nähe seines Geburtsortes gebrütet.

Entfernung und Richtung der Ansiedlung können auch von der Beschaffenheit einer Landschaft abhängen. Wenn in ihr bereits alle artgemäßen Nahrungsbiotope und Nistmöglichkeiten ausgenutzt werden oder eine hohe Siedlungsdichte keinen geeigneten Lebensraum mehr freiläßt, müssen sich die brutreif gewordenen Störche zwangsläufig eine Brutgelegenheit in größerer Entfernung suchen. In der Oberrheinischen Tiefebene ließen sich deutlich zwei Gruppen unterscheiden. Während sich 70% aller aus einem Raum mit storchgünstigen Biotopen stammenden Störche später in weniger als 50 km Entfernung ansiedelten, waren es bei einer anderen Gruppe aus den Vorbergen des Schwarzwaldes mit weniger guten Lebensbedingungen nur zwei von zwölf. Die übrigen mußten „auswandern" und schritten im Durchschnitt 86,5 km entfernt zur Brut (Zink 1963).

Der Horst und seine Bedeutung. Für den Storch sind hohe Lebenserwartung und späte Brutreife kennzeichnend. Es kann deshalb nicht überraschen, daß dem Horst im Storchenleben eine besondere Bedeutung zukommt. Er ist ein auf lange Dauer berechnetes Bauwerk, das sich im Lauf der Jahre zu einer mächtigen Reisigburg entwickeln und sehr alt werden kann. Zwar ist ein dürftiger Notbau in wenigen Tagen möglich, doch gelingt in ihm nur selten eine Brut, selbst wenn Niststoffe mit besonderem Eifer herzugetragen werden. Oft werden Horstanfänge erst im folgenden Jahre ausgebaut und endgültig belegt, dann aber über Jahre oder Jahrzehnte benützt. Für Ungarn werden 28 Horste mit einem Alter von 60 bis 100 Jahren und 3 noch ältere angegeben (Vogelwarte 22, 1965, S. 120). In Langenhagen (Bez. Schwerin) besteht ein Horst nachweislich seit 1864 (Kintzel 1965), und in Langensalza (Bez. Erfurt) soll ein bereits 1549 erwähnter Horst noch vor wenigen Jahren bewohnt gewesen sein.

Der Trieb zum Nestbau beginnt sich bereits bei älteren Nestlingen zu regen. Sie nehmen spielerisch Zweige auf, tragen sie herum und versuchen, sie irgendwo einzunesteln. Eben flügge gewordene Jungstörche trugen schon im ersten Herbst ihres Lebens Äste zu einem Erdnest zusammen, auf dem sie übernachteten. Manchmal beginnen Störche bereits im Sommer mit einem neuen Nestanfang, der dann im folgenden Jahr ausgebaut wird.

Bald nach der Rückkehr beginnt an den alten Horsten der Frühjahrsputz. Der Nestboden wird aufgelockert, Erdbrocken und gekeimtes Getreide oder Gräser werden entfernt und herabgeworfen. Der Horst wird „entgrünt", und neue Niststoffe werden herangetragen. Abgesehen von individuellen Unterschieden ist der Bautrieb bei Männchen meist stärker ausgeprägt. Nach Nagy (1952/55) trug ein Männchen bis zum Schlüpfen der Jungen 46mal, danach 99mal Niststoffe ein, sein Weibchen dagegen nur 5mal bzw. 46mal. Eine strenge Arbeitsteilung wie bei Reihern gibt es nicht, doch bringen zuweilen Männchen oftmals Äste herbei und legen sie nur ab, während sie dann das Weibchen, selbst im Sitzen während des Brütens aufnimmt und verankert. In der Erregung geschieht das auch als Übersprunghandlung. Störche sind immer baubereit, selbst noch bei Dunkelheit. Während der gesamten Brutzeit schleppen sie Niststoffe herzu, so daß alljährlich ein neuer „Jahresring" aufgesetzt wird. Aus Ästen und dünneren Zweigen entsteht eine mächtige Burg, die zunehmend breiter und oft gegen die Windseite hin verschoben wird. Gegen Ende der Nesthockzeit wirkt der Horst flacher, weil seine Ränder niedergetreten sind und die Mulde mit weicherem Material ausgefüllt wurde. Diese Pflegemaßnahme dient nicht nur einer Auspolsterung der Lagerstätte, sondern wohl auch der Nesthygiene und soll gleichsam ein neues Bettlaken überziehen. Ist ein Horst in eine Schräglage geraten, erhält er durch einseitige Aufstockung erneut eine waagerechte Plattform.

Ältere Horste haben oft einen Durchmesser von 90–200 cm, ein stattliches Gewicht und eine Höhe bis zu 4 m. Selbst eine Opuntie trug einen 2 m hohen Horst (Vogelwarte 22, 1963, S. 73). In Lippitsch (Oberlausitz) warf ein Sturm ein wenigstens 500 kg schweres Nest herunter, Weber berichtet von 770 und 1250 kg (Jschr. Kreismus. Haldensleben 1982, S. 58–68). In Melaune (Oberlausitz) mußte ein Horst mit dem Kran von einem Schornstein abgenommen werden. Er hatte einen Durchmesser von 160 cm, war 70 cm hoch und wog 600 kg. Ebenfalls aus Sicherheitsgründen mußte 1976 die „Storchburg" auf dem Kirchturm in Mengen (Baden-Württemberg) abgetragen werden. Bei einem Durchmesser von 180 cm hatte sie eine Höhe von 190 cm und ein Gewicht von mehr als 2 t erreicht (Aßfalg 1980, S. 278–285).

Dieser Horst in 36 m Höhe dürfte zugleich einer der am höchsten gelegenen gewesen sein, denn die meisten Storchnester werden in Höhen zwischen 10 und 20 m errichtet, selten auch bis zu 40 m, wie z. B. auf einem Industrieschornstein in Allstedt (Bez. Halle). Andererseits gibt es vereinzelt auch Bodennester, vor allem bei der Gefangenschaftshaltung flugbehinderter Störche. Im Kehdinger Außendeichland (Niedersachsen) wurden 1970 und 1971 Bodennester gefunden, aus denen allerdings die Jungen nicht hochkamen (Meybohm 1978) und Boxberger (1926) berichtet Gleiches von einem Horst in einem Kartoffelfeld. Nester auf Heu- und Strohmieten oder auf Haufen von Maisstengeln und Weinreben sind nicht ungewöhnlich.

Der Unterbau eines Storchhorstes besteht aus grobem Nistmaterial, vorwiegend aus Ästen bis Daumenstärke und bis zu mehr als 1 m Länge. Welche Schwierigkeiten ihre Befestigung als Unterlage bereitet, bezeugen die zahlreichen herabgefallenen Äste am Fuß des Neststandortes. Die Zweige werden niemals abgebrochen, sondern irgendwo aufgelesen oder auch unbewachten Horsten entnommen, die bei ungestraften Besuchen abgebaut werden können. Das Baumaterial wird in der unmittelbaren Nähe gesucht oder auch aus größerer Entfernung und zur Nestlingszeit auch bei Nahrungsflügen mitgebracht. Die Äste werden mit dem Schnabel quer gefaßt, mit Hingabe und oftmals unter sichtlicher Anstrengung durch seitliche Bewegungen in die Unterlage eingeschoben und mit großer Mühe eingerüttelt. Gelingt der Versuch beim ersten Mal nicht befriedigend, wird er erneut und oft an anderer Stelle wiederholt.

Ist ein fester Unterbau entstanden, werden feinere Zweige eingetragen und schließlich wird die Mulde mit einem Polster aus Laub, Heu, Stroh, Grasbatzen, Büscheln von Queckenwurzeln, Kartoffelkraut, Pferdemist u. a. ausgekleidet. Oft finden sich auch recht unerwartete Gegenstände, z. B. alte Kleidungsstücke, Strümpfe, Mützen, Handschuhe, Schuhe, Fahrradreifen, ein Kamm, selbst Kinderspielzeug, Glasscherben oder Stacheldraht. Ein Storch riß Stücken von einem Papiersack ab, ließ sie aber dann doch liegen. Recht verhängnisvoll können sich Plastefetzen auswirken, die sich den Eiern anschmiegen und dann die Embryonen zum Absterben bringen. Auch Schnüre, Bindfäden, Kunststoffbänder, Drahtreste oder Knäuel von Angelschnur aus Dederon oder anderen Kunststoffen werden zwar sehr gern eingetragen, bilden aber eine große Gefahr für die Jungstörche, die sich leicht darin verfitzen und dadurch ernste Schäden erleiden oder sogar tödlich verunglücken können. Dies ist ein Grund mehr, derartige Abfälle nicht achtlos im Gelände liegenzulassen. Aus zerbröckelten Gewöllen und Erde, die mit Niststoffen oder Nahrung eingetragen wurde, kann sich schließlich ein fester Nestboden bilden.

Die große Bedeutung des Horstes im Storchleben macht die Anhänglichkeit seines angestammten Besitzers verständlich. Als im Burgenland ein Haus abgebrochen wurde und lediglich der Schornstein stehenblieb, hielt ein Storchenpaar weiterhin an ihm fest (Falke 24, 1977, S. 102).

Gegen Artgenossen wird der Horst mit erbitterter Hartnäckigkeit verteidigt. Selbst wenn kein Mangel an Brutmöglichkeiten besteht, versuchen oftmals herumstreifende Einzelstörche oder horstlose Paare sich einen besetzten Horst zu erkämpfen. Es sind vorwiegend mehrjährige, aber noch nicht voll brutfähige Störche und wohl vor allem Männchen, die offenbar beim Anblick eines besetzten Horstes in Erregung geraten. Von 23 altersmäßig bestimmbaren Störenfrieden waren 2 zweijährig, 9 dreijährig, 6 vierjährig, 4 fünfjährig und je 1 sechs- bzw. siebenjährig. Sie nähern sich zunächst vorsichtig und neugierig, schließlich aber versuchen sie, den Horst – nur diesem, nicht aber dem Partner gilt der Angriff – in Besitz zu nehmen. Die Horstbesitzer sind bestrebt, den Eindringling durch bloßes Drohen zu vertreiben. Mit erregtem Klappern verteidigt das Brutpaar seinen Besitz und bemüht sich, den Fremden abzudrängen. Es kommt – selbst bei Dunkelheit! – zu Händeln, bei denen sich die Kämpfenden gegeneinander stemmen, mit zunehmendem Widerstand aufeinander loshacken oder sich derart ineinander verbeißen, daß sie manchmal mit wildem Geflatter auf den Erdboden herabwirbeln, wo sie benommen gegriffen werden können. Dabei kämpfen Männchen in der Regel mit größerer Erbitterung, während Weibchen mit besonderem Eifer Rivalinnen angreifen.

Bei solchen Kämpfen entscheidet nicht allein die Stärke über den Ausgang. Das Brutpaar geht mit Schneid und heftiger Erbitterung vor und bleibt dank der stärkeren Bindung an den Ort meist Sieger.

Rund 2660 Antworten auf eine Umfrage ergaben, daß bei 47 Storchkämpfen Blut geflossen und in 77 Fällen ein Storch tot auf dem Kampfplatz zurückgeblieben war (Schüz 1944). Wir erhielten einmal einen Altstorch, der verletzt abstürzte und sich dabei auf einem Blitzableiter aufspießte, glücklicherweise aber später wieder geheilt werden konnte. Enthält der Horst bereits Eier, wird das Gelege oftmals zertreten oder herabgeworfen, ebenso auch kleine Jungstörche. Der Volksmund bezeichnet deshalb solche Händelstifter auch als Kampfstörche, Streitstörche, Raubstörche, Geltstörche, Wildstörche oder Junggesellen.

Die Belästigungen durch Störenfriede können sich täglich mehrmals wiederholen und wochenlang bis in den Juli anhalten, bevor die Kampflust im Verlauf der fortschreitenden Jahreszeit allmählich mit der nachlassenden Brutstimmung erlahmt. Biologisch kommt diesem eigentümlichen Verhalten offenbar eine regulierende Bedeutung zu. In dicht mit Störchen besiedelten Gebieten wird dadurch der Bruterfolg gesenkt und ein weiteres Ansteigen der Siedlungsdichte verhindert. Eine beträchtliche Anzahl der HPo ist auf Storchkämpfe zurückzuführen.

Zeugen eines Storchkampfes sollten rasch eingreifen und versuchen, die Streitenden zu trennen. Da es kaum möglich ist, den Fremdstorch sicher zu bestimmen, würde ein Eingriff mit der Schußwaffe leicht einen Brutstorch der Folgejahre treffen können und außerdem einen strafbaren Verstoß gegen das Naturschutzgesetz bedeuten. Wenn Eier oder Junge abgeworfen wurden, aber unbeschädigt geblieben sind, müssen sie sobald als möglich wieder in den Horst zurückgebracht werden!

Der Standort des Horstes. Als Standort für den Horst mögen einstmals vorwiegend Felsen gedient haben, wie es in Portugal gegenwärtig noch oft der Fall ist, weiterhin aber vor allem auch Bäume, deren hochschäftiger Wuchs die erwünschte Sicherheit bot, deren starke Seitenäste einen sicheren Halt für den schweren Reisighorst abgaben und deren freier Stand einen ungehinderten An- und Abflug ermöglichte. So mag es auch heutzutage vor allem noch dort sein, wo nistplatzsuchende Störche auf sich selbst angewiesen sind, weil sie keine Unterstützung durch den Menschen erfahren, namentlich wenn keine hohen Bauwerke zur Verfügung stehen. Der polnische Bauer sieht den Storch lieber in der Nähe seines Anwesens als auf dessen Dach. Deshalb brüten die weitgehend auf Selbsthilfe angewiesenen Störche in manchen Gebieten Polens nahezu ausschließlich, in anderen überwiegend auf Bäumen, und auch in Belorußland und der Lettischen und der Estnischen SSR finden sich Baumbrüter in der Überzahl. Sehr hoch ist ihr Anteil auch in Slask und Nordböhmen. In Südböhmen, der Südwestslowakei und Teilen Ungarns steht noch jeder 3. bis 4. Storchenhorst auf einem Baum, in der DDR sind es 8,5 %; vor allem im Bezirk Cottbus und im Osten des Bezirkes Dresden sind sie zahlreich.

Für die Anlage eines Baumhorstes sind nicht alle Gehölze gleichermaßen geeignet. Am ehesten erfüllen Eichen (*Quercus* sp.), Linden (*Tilia* sp.) und in Flußauen auch Erlen (*Alnus* sp.) oder Pappeln (*Populus* sp.) die geforderten Ansprüche. Diese Bäume tragen zuweilen mehrere Horste, z. B. in der Polessje am Pripjat. Ein mächtiger Baum bei Sedes (Griechenland) wies allein 15 Storchnester, ein anderer bei Sidi Brahm (Marokko) sogar 28 Horste auf (Vogelwarte 28, 1975, S. 75)! Eine abgestorbene Ulme bei Kulatź in Südbulgarien trug 12 Horste. Andererseits erweisen sich Birken (*Betula* sp.) wegen ihres weichen hängenden Gezweiges als nur wenig geeignet. Trotzdem fand ich in Osteuropa auch auf ihnen mehrfach Nester in abgebrochenen Kronen, Stammgabelungen oder auf starken Seitenästen.

Wiederholt werden auch Weiden (*Salix* sp.), Ulme (*Ulmus* sp.), Platane (*Platanus* sp.), ferner Apfelbaum (*Malus* sp.), Birnbaum (*Pyrus* sp.) oder Esche (*Fraxinus* sp.) als Brutbaum angegeben, vereinzelt auch Nußbaum (*Juglans* sp.), Kastanie (*Castanea* sp.), Buche (*Fagus* sp.), Maulbeerbaum (*Morus* sp.), Feigenbaum (*Ficus* sp.), Kirschbaum (*Prunus* sp.), Robinie (*Robinia* sp.) oder Ahorn (*Acer* sp.). Von den Nadelbäumen bieten die breite Krone der Kiefer (*Pinus* sp.) und der Pinie *(Pinus pinea)* am ehesten eine geeignete Horstunterlage, während Zeder (*Cedrus* sp.), Lärche (*Larix* sp.) oder Fichte (*Picea* sp.) eine weniger günstige Wuchsform haben und oftmals erst einen Horst tragen können, wenn durch Blitzschlag oder Sturmschaden die Spitze herausgebrochen ist. Allerdings soll in der Estnischen SSR die Fichte mit 28 % aller Nester unter den Baumarten an erster Stelle stehen (Vogelwarte 31, 1981, S. 115).

Die Liste der Baumarten ließe sich noch beträchtlich erweitern und auch für hier nicht angeführte das eine oder andere Beispiel finden. In der Bevorzugung einer Gehölzart spiegelt sich jedoch auch ihre geographische Verbreitung und Häufigkeit wider. Dies wird am deutlichsten bei Robinie (besonders in Ungarn, Makedonien), Platane (in Spanien, Bulgarien, Türkei), Feigenbaum, Maulbeerbaum oder Pinie in Süd- und Südosteuropa und noch mehr bei Eukalypten, Opuntien oder Zedern im Mittelmeerraum oder in Kleinasien. In Portugal standen 1108 Storchhorste auf Eukalypten gegenüber nur 239 auf anderen Bäumen (Santos 1961), ähnlich auch in Tunesien. Profus (brfl.) sah bei Sevilla in einer 2 ha großen Olivenpflanzung *(Oliva europaeus)* 56 Weißstorchhorste in nur 2,5 bis 3,5 m Höhe über dem Erdboden. Noch niedriger stehen sie nicht selten auf Opuntien *(Opuntia ficus-indica)*.

Der Mensch unterstützt das Horsten auf Bäumen in mehrfacher Hinsicht. Er verändert das natürliche Angebot durch Anpflanzen von ihm – und teilweise auch vom Storch – bevorzugter Gehölzarten und leistet bei der Anlage von Storchhorsten Hilfestellung. Im Spreewald werden oft Erlen und Pappeln, in Ungarn auch Robinien, durch ein einfaches Lattengerüst zwischen Stammgabelungen oder starken Ästen zu gern angenommenen Nistgelegenheiten hergerichtet, andernorts auch Bäume dazu geköpft oder gestutzt.

Während einst in Ostfriesland Störche auf Hausdächern nicht willkommen waren, weil man das Regenwasser von ihnen als Brauch- und Trinkwasser sammelte und deshalb Storchnester auf Bäumen begünstigte (Goethe et al. 1978), wurde umgekehrt im baumarmen Bessarabien den Störchen der Horstbau in Obstbäumen verwehrt (Heer u. Schöch 1952).

Es erscheint deshalb wegen der bewußten oder auch unbeabsichtigten Lenkung der Nistweise nicht sinnvoll, die für zahlreiche Landschaften vorliegenden Übersichten von Baumbruten einander gegenüberzustellen, zumal sich die Zahlen im Zug der Landschaftsumgestaltung teilweise rasch und erheblich ändern. Es mag dafür die Angabe genügen, daß im Gesamtverbreitungsgebiet etwa $1/4 - 1/5$ aller Storchhorste auf Bäumen steht, wie es etwa auch in den Bezirken Dresden und Cottbus oder in der Slowakei der Fall ist. In Südböhmen und Westungarn gilt dies für jeden 3. Horst, in den Niederlanden oder in Nordböhmen für jeden 2. Horst. Ganz allgemein werden Baumhorste nach Osteuropa hin immer zahlreicher, und zwischen Polen, der Estnischen und der Belorussischen SSR stehen stellenweise mehr als 90 % aller Horste auf Bäumen. In Belorußland befanden sich nach Dolbik (1974) von 3326 Baumhorsten 23 % auf Linde, 20,5 % auf Eiche, je 12,3 % auf Pappel und Kiefer, 11,7 % auf Birke und der Rest auf weiteren 12 Baumarten.

Die Bestandserhebungen in der DDR ergaben 1958 bei 1609 Angaben 84 (= 5 %) Baumhorste und 1974 unter 2676 etwa 240 (= 8,9 %), also eine leichte Zunahme (Schildmacher 1958, 1975). Die Baumart wurde in 148 Fällen angegeben, und zwar in abnehmender Reihe Eiche (27 %), Pappel (19,6 %), Erle (12,8 %), Ulme, Linde und Esche (zwischen 5 und 10 %), Kiefer, Weide, Birne, Fichte, Kastanie, Buche, Robinie, Tanne (jeweils unter 3 %) und je einmal Eberesche, Platane, Birke, Wildbirne. Bei der Zählung 1984 war die Zahl der Baumhorste nahezu unverändert. Sie betrug nach Angaben für 2775 besetzte Horste (= 99,2 %) 237 Baumnester (= 8,5 %), davon 22 % auf Pappel, 16 % auf Eiche, 12 % auf Linde, 11 % auf Erle, 7 % auf Esche, 27 % auf weiteren elf und 5 % auf unbestimmten Baumarten (Dornbusch 1987).

Irgendwann – der Zeitpunkt läßt sich nicht mehr festlegen – setzte im Verlauf der Entwicklung ein tiefgreifender Wandel in der Bevorzugung der Nistplätze durch die Inanspruchnahme menschlicher Bauwerke ein, vielleicht veranlaßt durch die günstigeren Nistmöglichkeiten oder die erhöhte Sicherheit vor natürlichen Feinden. Bereits in der Antike finden sich im Vorderen Orient und in Anatolien, aber auch in den Ruinenstädten Nordafrikas Horste auf Gemäuern. Vielleicht sind dies die ersten Schritte, denen nördlich der Alpen erst mit dem Bau hoher fester Steinbauten weitere folgen konnten, schon frühzeitig gefördert durch künstliche Unterlagen. Nach dem Steuerbuch der Freien Reichsstadt Schwäbisch-Hall wurden bereits 1536 3 Kreuzer für das Anbringen eines Storchhorstes ausbezahlt! Gegenwärtig ist mindestens im Kern des Verbreitungsgebietes das Brüten auf Bauwerken mit 50–75 % die häufigste Nistart. Selbst im Stadtkern („City") mancher Großstädte horsten Störche, z. B. in Sevilla, Ankara oder Bagdad, und lassen sich weder durch Lärm und Unruhe noch durch den Straßenverkehr beeindrucken.

Sehr gern – besonders wenn ihnen dazu eine Unterlage angeboten wird – errichten Störche ihren Horst auf Türmen von Burgen und Schlössern, mittelalterlichen Stadtbefestigungen, Wassertürmen, Kirchen (hier auch auf Giebeln und Schornsteinen), Entlüftern oder auch auf Trockentürmen für Feuerwehrschläuche. Ebenso beliebt sind hohe Schornsteine in Industrieanlagen oder in Landgemeinden auch von Brauereien, Brennereien, Ziegeleien oder Bäckereien. Wenn sie bei einer Betriebsstillegung dem Abriß entgangen und „kalt" sind, geben sie einen vorzüglichen Nistplatz ab, ganz besonders wenn sie eine Abdeckung als Schutz gegen Sonneneinstrahlung aufweisen. Noch in Betrieb befindliche Schornsteine ohne seitliche Rauchabzugsmöglichkeit müssen allerdings einen Aufsatz erhalten.

In den Dörfern sind Siedlungsform und Bauweise der Häuser von großer Bedeutung. Als die mit Schilf oder Stroh gedeckten „Weichdächer" noch weit verbreitet waren, boten sie verlockende Nistgelegenheiten. Ohne Unterstützung durch storchfreundliche Menschen konnten die Störche in Selbsthilfe ihren Horst errichten. Sie zupften – nicht immer zur Freude des Hausbesitzers! – die Halme auseinander und verankerten zwischen ihnen die ersten Äste als Horstunterlage. Oftmals schützten die besorgten Bauern wenigstens den Dachfirst durch einen „Laufsteg" aus Brettern. Diese Nistart war noch vor wenigen Jahrzehnten z. B. in Mecklenburg, Polen oder Bessarabien vorherrschend. In der Baryczniederung standen ehemals mehr als 90 % aller Horste auf Weichdächern. Deren Verfall oder Abriß führte seit 30 Jahren überall zu einem raschen Rückgang dieses Anteiles. Im Kreis Güstrow sank er in den Jahren von 1967 bis 1980 von 70 % auf 30 % (Neubauer 1982), im Kreis Cottbus von 28,4 % auf 19,2 % (nach Krüger 1981). Als Behelfslösungen gaben oftmals Strohberge (Portugal), Strohschober (Bessarabien), Schilfhütten und -stapel (Nordafrika) oder Reisighaufen (Ungarn) eine Horstunterlage ab. Sie zwangen jedoch die Störche zu häufigem Nistplatzwechsel,

Tabelle 13. Horststand beim Storch in der DDR. Nach Schildmacher 1960, 1975 und Dornbusch 1987

Zähljahr	Horstzahl	Horststand auf					
		Dächern	Türmen	Schornsteinen	Bäumen	Masten	sonstige
1958	1 609	85,0% (1 368)	1,0%	7,5% (113)	5,3% (84)	0,4% (7)	1,8%
1974	2 676	66,7%	2,7%	11,4%	8,9%	10,3%	2,7%
1984	2 757	43,3% (1 199)	3,3% (91)	17,2% (476)	8,5% (237)	25,3% (703)	2,5% (69)

Tabelle 14. Horststand beim Storch in der Slowakei. Nach Stollmann 1976

Jahr	Horststand auf			
	Dächern	Bäumen	Schornsteinen	Masten
1934	62,8%	9,3%	23,4%	–
1958	50,6%	13,4%	29,3%	„einige" = 0,1%
1968	35,0%	17,8%	42,8%	52 = 4,4%
1974	25,3%	13,4%	42,0%	164 = 14,6%

wenn diese Vorräte aufgebraucht und in Bessarabien z. B. das Weizenstroh verheizt und das Gerstenstroh verfüttert wurde (Heer 1952). In Spanien wird sogar ein Zusammenhang zwischen dem Verschwinden der Strohmieten und dem Rückgang des Storchbestandes gesehen (Bernis 1954).

Anstelle der Weichdächer traten im Lauf der Zeit mehr und mehr die „Hartdächer" mit einem Belag aus Schiefer, Ziegeln, Wellblech, Eternitplatten oder Teerpappe und anderen Materialien. Sie setzten fast immer die Unterstützung durch eine künstlich angebrachte Unterlage voraus. Die Umstellung der Landwirtschaft auf industriemäßige Produktionsmethoden macht viele ländliche Bauten funktionslos. Sie verfallen oder werden umgebaut. Gleichzeitig nimmt mit zunehmender Naturentfremdung die Bereitschaft ab, dem Storch Hilfe zu gewähren. In steigendem Maße wird deshalb auf der Suche nach neuen Nistmöglichkeiten abermals eine Umstellung der Störche notwendig, deren Verlauf ein Vergleich der Bestandserhebungen 1958, 1974 und 1984 erkennen läßt (Tab. 13). Ähnlich verlief die Entwicklung auch andernorts, z. B. in der Slowakei (Tab. 14).

Auch in anderen Ländern ist die gleiche Tendenz zu erkennen, z. B. in Niedersachsen, in der ČSSR oder in Ungarn. Es handelt sich also um eine allgemeingültige Erscheinung. In zunehmendem Maße weichen Störche auf Schornsteine, Masten und andere Brutmöglichkeiten aus, die sie sich oftmals mit geradezu unnachgiebiger Beharrlichkeit und Eigenwilligkeit ertrotzen, auch wenn sie dabei durch unaufhörliche Auseinandersetzungen mit dem Menschen während der ganzen Brutzeit ein Jahr Brutausfall hinnehmen müssen. Selbst ein angebotener

128

Abb. 69 Rastender Storchentrupp mit einigen Schwarzstörchen an einem Teich. Aufn. G. Tiede

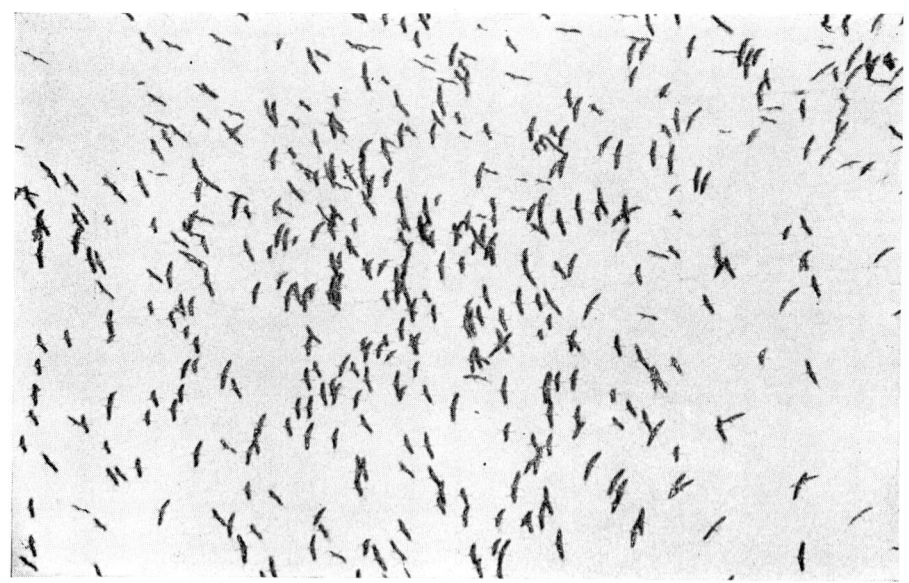

Abb. 70. Herbstlicher Storchenzug über dem Bosporus. Aufn. G. Fiedler

Abb. 71. Rastende Weißstörche im Dezember 1982 an einem Teich bei Haifa (Israel). Aufn. G. Fiedler

Abb. 72. Verdriftete Störche konnten sich auf ein Schiff retten. Einige der anfangs 100 Störche im Februar 1935 auf „Albert Janus" vor der nordafrikanischen Küste. Nach Schüz 1983

Abb. 73. Der Flug über Wüsten fordert hohe Opfer. Nach Schüz 1976

Abb. 74. Sicherer Nistplatz auf einer hölzernen Plattform, die den Mast überragt. Aufn. G. Fiedler

Abb. 75. Eine überragende Standfläche schützt vor den gefährlichen Drahtschleifen (Überspannungsableitern) eines Transformatormastes. Aufn. G. Fiedler

Abb. 76. Isolierende Kunststoff-Abdeckungen („Schutzhauben") entschärfen die Gefahrenquelle. Aufn. G. Fiedler

Abb. 77. Hängende Isolatoren und größere Abstände der Leiterseile verringern die Gefahren. Aufn. G. Fiedler

Abb. 78. Ein Band an einem als Niststoff eingetragenen Plastesack schnürte einem Jungstorch das Bein ab. Aufn. G. Fiedler

Abb. 79. Gemeinschaftliches Brüten in Altreu (Schweiz). Aufn. M. Bloesch

Abb. 80. Überwinternde Störche in Altreu (Schweiz). Aufn. M. Bloesch

Abb. 81. Antennen und Blitzableiter werden zunehmend zur Gefahrenquelle. Aufn. G. Tiede

Ersatzhorst, der nach unseren Vorstellungen größere Vorteile bieten würde, kann sie dann nicht von ihrer Sturheit ablenken. So wurden z. B. wiederholte Beseitigungen unerwünschter Horstanfänge auf Leitungsmasten oder einem Trockenturm von den Störchen nicht mit der Aufgabe ihres Vorhabens, sondern jeweils mit hartnäckigem Neubeginn beantwortet (Sächs. Heimatbl. 13, 1967, S. 89).

Groß ist deshalb auch die Zahl ungewöhnlicher Nistplätze, über die in Fachzeitschriften berichtet wird. Beispiele dafür sind das Brüten auf der Spitze eines kegelförmigen strohgedeckten Schweinestalles, im Horst eines Fischadlers (Falke 14, 1967, S. 100) oder in einem anderen Greifvogelhorst. In der SSR Estland horstete ein Storchpaar auf einer Hebevorrichtung und ließ sich weder durch das Verladen von Holz noch durch Auto- und Sägelärm beeindrucken (Veroman 1980). In der ungarischen Puszta stieß ich auf einen Ziehbrunnen, der durch einen Storchhorst verwendungsunfähig gemacht und deshalb durch eine Motorpumpe ersetzt worden war.

Masten, Pfähle und Stangen wurden in unterschiedlicher Art z. B. in den Niederlanden schon seit langer Zeit angeboten und zu 27,1% auch angenommen (Haverschmidt 1949). Siedler verpflanzten diesen Brauch auch in das Gebiet der Netze (Noteć, Frase 1934). Er ist ferner in baumarmen Landschaften üblich, z. B. in Ungarn, Bessarabien oder Ostanatolien. In jüngster Zeit sind die Masten der Energieversorgung ein willkommener Ersatz. Erste Anfänge dieser Nistweise lassen sich bis in die 20er Jahre zurückverfolgen. Mastenhorste 1928 im damaligen Kreis Pyritz (Pyrzice) und im Samland wurden damals noch für mitteilenswert gehalten (Beitr. Fortpfl. Vögel 4, 1928, S. 222 und 11, 1935, S. 176). Seit den 60er Jahren häufen sich entsprechende Nachrichten auffällig. Während im Kreis Cottbus 1960 Mastenhorste noch völlig fehlten, waren es 1969 bereits 3,8% und 1972 16,7% (Krüger 1981)! Auch im Kreis Bautzen stieg die Zahl seit 1974 rasch auf 12,5% an, in der Slowakei auf 14,6% (Stollmann 1976), in Bulgarien auf 30% (Vogelwarte 31, 1981, S. 113), im Kreis Güstrow von 1970 bis 1980 auf 43% (Neubauer 1982), im Distrikt Csongrád (Ungarn) ebenfalls auf 43% und im Distrikt Dunajská Streda (ČSSR) sogar auf 57,1% (Jakab 1977). Ähnlich verlief die Entwicklung in Polen oder in Griechenland und Rumänien. Hier standen 1986 im Bezirk Timis 35% der Horste auf Masten, im Donaudelta sogar 67% und es ergeben sich bereits daraus Probleme, für deren Lösung das behördliche Interesse noch fehlt (Klemm brfl.).

Weiträumig vollzieht sich gegenwärtig erneut ein Wandel in der Wahl des Nistplatzes. Ist es die zwangsläufige Folge auf den Ausfall bisher gewohnter Nistmöglichkeiten? Ist die Umstellung auf die Zunahme von Antennen, Blitzableitern oder auf andere Störungen zurückzuführen? Erwecken die Masten mit ihren Isolatoren und Drähten den Eindruck eines astreichen Baumes? Verlocken die größere Sicherheit vor Raubwild oder die bessere Durchlüftungsmöglichkeit des Nestbodens? Wir wissen es nicht, und die naheliegende Möglichkeit, daß in Masthorsten aufgewachsene Jungstörche später die gleiche Nistweise wieder wählen, durch Beringungen nachzuprüfen, stößt gerade hier auf technische Schwierigkeiten. Bisher ist eine Aussage jedenfalls nicht möglich.

Während manche Storchenfreunde diese Gelegenheit für die Vermehrung des bedrohten Storchbestandes begrüßen, verfolgen andere die Entwicklung wegen der erhöhten Drahtopfer mit Besorgnis. Abgesehen von der Bedrohung durch Blitzschlag bei Sommergewittern kommt es oft zu Schäden und Störungen in der Energieversorgung, die Anlaß geben, jeden Ansiedlungsversuch möglichst schon im Anfang zu unterbinden. Nicht selten werden aber die Gegenmaßnahmen erst zu spät ergriffen oder scheitern am Widerstand der Störche. Erfreulicherweise werden immer häufiger Masten mit besonderen Sicherheitsvorkehrungen umgerüstet oder mit einem Horstaufbau versehen.

So besteht Hoffnung auf eine technische Lösung des internationalen Problemes, das infolge der zunehmenden Elektrifizierung künftig immer dringlicher werden wird. In Ungarn wurden bereits im Auftrag der Regierung mehrere Hundert Horstunterlagen auf Masten angebracht, und weitere sind vorgesehen.

Brutgemeinschaften. In Anbetracht der dauernden Händel und Auseinandersetzungen zwischen den Storchpaaren benachbarter Dörfer fällt es schwer, sich ein kolonienweises Brüten vorzustellen. Es sind jedoch Brutgemeinschaften in Wäldern oder auf Einzelbäumen bekannt, die vielleicht die ursprüngliche Nistweise des Storches darstellen, z. B. 1907 beim damaligen Reetz (Recz) Kreis Arnswalde und bei Großziethen Kreis Angermünde mit jeweils mehr als 12 Horsten (Eckstein 1907). Um 1910 brüteten etwa 50 Paare in einem Wald bei Puppen (der heutigen Puszcza Piska, Masury) (Seeling brfl.). Glasewald kannte 1934 eine Ansiedlung von 20 Paaren auf Eichen bei Beeskow-Storkow, und 1935 bis 1937 soll auch eine kleine Brutkolonie bei Friedrichsmoor (Lewitz) bestanden haben.

Die bekannteste Waldkolonie stand im Jagen 306 des Kriegbusches im Unterspreewald. Schon Hesse (Orn. Mber. 22, 1914, S. 155) kannte hier 10 Horste, von denen 5 besetzt waren. 1926 trugen die alten Eichen 11 Horste, davon 9 besetzte (ebd. 35, 1927, S. 21–22), von denen 1955 nur noch 5 und 1963 noch 2 verblieben waren. Ein Gewittersturm im Mai 1964 warf die morschen Eichen, und letztmalig wurden in einem Ersatzhorst 1965 und 1966 je zwei Jungstörche flügge (Falke 12, 1965, S. 350–351 u. 27, 1980, S. 96). Am Rand eines Auenwaldes an der mittleren Elbe bei Pratau Kreis Wittenberg bauten 1978 8 Paare Horste in Eichen, doch kam es weder zu Bruten noch zu einer Daueransiedlung, denn auch 1979 erschienen die Störche nur zum Übernachten (Zuppke 1982).

Die ausgedehnten Auenwälder der Donau und ihrer Zuflüsse bergen bei Marchegg (Niederösterreich) zwei Waldsiedlungen mit mehr als 10 Horsten (Sauter u. Schüz 1954). Warncke (Anz. orn. Ges. Bayern 6, 1962 S. 234–263) erwähnt zwei Kolonien südlich von Hodonin in Südmähren mit je 20 bis 30 Horsten, und Dornbusch (brfl.) berichtet von 15 Horsten an der Dyje bei Lednice (Südmähren). Etwa 100 Nester standen bei Sedes (Griechenland) auf Kiefern.

In Baumkolonien kommt es gelegentlich auch zu einer Brutgemeinschaft mit dem Graureiher *(Ardea cinerea)*, z. B. 1955 im Unterspreewald zwischen Krausnigk und Lubolz oder im Bischwald an der Mosel, ferner bei Voorschoten in den Niederlanden oder bei Varel und Bleckede in Niedersachsen. Zwar nützen beide Arten einen gemeinsamen Nahrungsgrund aus, doch ist eine Konkurrenz nicht zu befürchten und ein Zusammenhang zwischen der Zunahme einer Art und der Abnahme der anderen nicht erkennbar. Allerdings fehlen Reiherkolonien in dem von Störchen dicht besiedelten Gebiet von Stapelholm, und um Eiderstedt gibt es nur 6 Storchpaare gegenüber etwa 800 Reiherpaaren. Auch der Nachtreiher *(Nycticorax nycticorax)* wurde einmal brütend in der Nähe gefunden.

Weit häufiger als in Wäldern sind Brutgemeinschaften des Storches in Dörfern, und noch um die letzte Jahrhundertwende waren solche mit mehr als 30 Storchhorsten keine Seltenheit, besonders im Nordwesten des Verbreitungsgebietes. Veddum in Hümmerland (Südjütland) soll 1885 auf 49 – wohl zerstreut gelegenen – Gutshöfen 135 Horste besessen haben, in denen allerdings 1915 nur noch 19 Brutpaare und 1938 keines mehr Junge aufzogen (Vogelwarte 31, 1981, S. 114). Nachdem in Dänemark die letzten Waldkolonien bereits vor 1870 auf Seeland und Fünen aufgegeben worden waren, folgten ihnen dann die etwa 50 Dorfkolonien zunächst auf den Inseln, danach auch in Jütland, wo um 1940 im Osten von 56 noch 2 und im günstigen Marschengebiet des Westens von 114 noch 9 Dörfer mehr als 5 Horste aufwiesen (Lange 1942). In Wulsdorf (Niedersachsen) gab es um 1900 noch 31 besetzte Horste (Meybohm 1972).

Für Besitz (Kr. Hagenow) werden 1901 noch 77 Horste, für Seligenfeld (wenige km südöstlich des heutigen Kaliningrad) 39 angegeben. Im Kreis Rostock hatte 1901 Jörgenshagen 55 Horste, Bargeshagen 41 und Parkentin 33 Horste, 1983 nur noch je 1 bis 2 (Zöllick brfl.). Der Flugpionier Otto v. Lilienthal zählte 1895 in Vehlin Kreis Kyritz auf 40 Dächern 54 Horste (Ringleben 1986). Gegenwärtig können als storchenreichste Dörfer der DDR Rühstedt Bez. Schwerin (1986: 14 Horste mit 36 Jungen), Linum Bez. Potsdam (1983: 9 HP$_m$ mit 22 Jungen), Molkenberg und Parey Bez. Magdeburg gelten; in der BRD Bergenhusen in Schleswig-Holstein (1985: 7 HP$_m$ mit 17 Jungen) und die Landschaft Stapelholm (1986: 13 HP$_m$ mit 26 Jungen). In Österreich besaß das Storchenstädtchen Rust am Neusiedler See 1959 noch 35 Horste, 1984 jedoch nur noch 8 HP$_m$ mit 10 Jungen. Es wurde von Illmitz noch übertroffen (1986: 9 HP$_a$ und 1 HE).

Auch für andere Länder werden storchenreiche Dörfer angegeben. In Polen gab es 1984 in Klopot 32 HP$_m$, 8 HP$_o$ und 55 Junge, in Czarnowo 16 BP, in Kamien Maly und Nietkowice je 14 BP und in Ruda Sułowska und Romanowo in der Baryczniederung jeweils mehr als 15 Horste. Allein in der Wojewodschaft Zielona Gora wurden 10 Dörfer mit mindestens 5 Brutpaaren festgestellt. In Lettland beherbergte eine Lärchenallee im Walnierskom Rayon 30 Paare. In der Litauischen SSR besitzen Scheschuoleljai, in der ČSSR Cicarovce im Bezirk Trebisov größere Storchkolonien. Mit 59 Storchnestern (1953) kann Salánk neben Szalonna im Bodvatal mit 30 Horsten und Nagyiván (1977: 23 besetzte Horste) für Ungarn als am storchreichsten gelten, für Rumänien Otomani mit 28 Nestern (Vogelwarte 28, 1975, S. 75) neben Pachia (Paké), wo von 33 Horstpaaren 27 zusammen 65 Junge aufzogen. Außer ihnen hatten Scoreu im Olttal, Schirkanyen, Venetia de Jos, Simbata de Sus, Sacadate und Racovita ebenfalls je 10 bis 20 Brutpaare. In Orlovat im Banat, Kreis Zrenjanin in Jugoslawien standen 1981 41 Nester, von denen 36 mit 119 Jungen besetzt waren, vorwiegend auf Strohhaufen, die bis zum Juni bis auf den horsttragenden Rest abgebaut wurden. In Algerien dürfte gegenwärtig Mirabeau bei Tizi Ouzou die größte Storchsiedlung besitzen (1960 etwa 150 Paare).

Selbst auf einem Dach oder wenigstens auf den Gebäuden eines Bauernhofes können mehrere Horste stehen. In Leppin Bez. Neubrandenburg gab es auf dem Gutshaus 10 Horstpaare, von denen 9 allerdings nur 15 Junge zum Ausfliegen brachten. Auf einem Bauernhof in Gát in Ungarn waren es 6 Nester. in Echem bei Lüneburg 1969 noch 3. Das Kirchendach in Wrachia in Griechenland trug 1940 20 Horste (Vogelwarte 28, 1975, S. 75), ein solches in La Calcada de Oropesa in Spanien, 150 km nordwestlich von Madrid 1983 19 besetzte Horste, während eine ähnliche Kolonie in Nordostpolen (Sokolica Kreis Bartoszyce) eingegangen ist. Eine erstaunliche Dichte wies ein Flachdach in der Ferme Noël in Algerien mit 14 Nestern (1959) auf einer Fläche von 50 × 50 m auf (Orn. Beob. Bern, 1980, S. 170).

Untermieter im Storchhorst. Während Graureiher *(Ardea cinerea)*, Stockenten *(Anas platyrhynchos)* oder Mäusebussarde *(Buteo buteo)*, die in Abwesenheit der Störche einen Horst besetzten, jeweils nach der Rückkehr der Störche vertrieben wurden und sich lediglich ein Habichtspaar *(Accipiter gentilis)* zu behaupten vermochte, finden oftmals Untermieter im Genist älterer Storchhorste einen sicheren Unterschlupf oder Nistplatz. Am häufigsten sind Star *(Sturnus vulgaris)* und Haussperling *(Passer domesticus)* anzutreffen, oft auch beide Arten gleichzeitig, weniger zahlreich auch Feldsperling *(Passer montanus)* und in Südosteuropa der Weidensperling *(Passer hispaniolensis*, Heckenroth 1969). Vereinzelte Nachweise finden sich für Bachstelze (*Motacilla alba*, Dolderer 1956), Zaunkönig (*Troglodytes troglodytes*, Meybohm 1978), Steinkauz (*Athene noctua*, Meybohm 1978) und Turmfalke (*Falco tinnunculus*, Meybohm 1978; Vogelwarte 20, 1959, S. 186).

Meybohm (1978) berichtet von einer Waldkauzbrut *(Strix aluco)* mit 3 Jungen 1974 in Alfstedt (Niedersachsen). Öfter brütet die Dohle *(Corvus monedula)* in Storchhorsten. Löhmer (1974) beobachtete bis 5 Dohlen und etwa 40 Sperlinge in einem Horst. Eine andere Reisigburg beherbergte sogar die Nester von wenigstens 15 Haussperlings- und 5 Feldsperlingspaaren und außerdem von je einem Paar Turmfalken und Blauracken (Beitr. Fortpfl. Vögel 9, 1933, S. 142–143).

In Gorgtapeh (Iran) trug eine Platane 8 Storchhorste, die außer Staren und Haussperlingen auch ein Paar Blauracken *(Coracias garrulus)* und vielleicht auch Turmfalken und Baumfalken *(Falco subbuteo)* beherbergten (Vogelwarte 24, 1967, S. 57). Auch in Südafrika hatten sich Stare eingenistet, ferner auch Kapweber (*Ploceus capensis;* Vogelwarte 23, 1965, S. 11).

Als weitere gelegentliche Mitbewohner seien Ameisen (Heckenroth 1969) und Bienen erwähnt. Sogar etwa 20 Ratten sollen sich einmal eingenistet und schließlich die Jungstörche nahezu restlos aufgefressen haben (Sächs. Postillion vom 14. 7. 1905).

Die Paarung. Die Begattung, in der Lausitz im Volksmund das „Kappen" genannt, erfolgt stets im Horst und fast immer ohne vorausgehendes Klappern. Lediglich das Weibchen läßt manchmal durch Gefiederschütteln ein Wohlbefinden erkennen. Oft stehen beide Partner zunächst längere Zeit untätig im Horst oder treiben Gefiederpflege. Dann reckt das Männchen den Hals hoch, steht kurz wie „überlegend" und beginnt schließlich, das Weibchen mit „würdevollem" Ausdruck

– zwangsläufig im Kreis – zu umschreiten, falls dieses nicht vorangeht. Danach setzt es einen Fuß auf den Rücken des Weibchens und steigt auf, mit Flügelschlägen das Gleichgewicht suchend, bevor es sich niederhockt. Das Weibchen winkelt seine Flügel leicht nach auswärts, so daß die Vorderzehen des Männchens die Oberarme umklammern und sich die Kloaken besser treffen können. Es schnäbelt nach Kopf und Hals des Weibchens, das seinen Schnabel nach oben reckt und an den Hals des Männchens legt. Nach der Begattung springt das Männchen gewöhnlich seitwärts ab, doch ist im Film (K. Tepperwien, Fernsehen der DDR I am 22. 12. 1979) auch der Abgang nach vorn erfaßt und festgehalten. Meist beginnt das Männchen danach zu klappern oder es stimmt in das Zischklappern des Weibchens ein. Putzen, Schütteln und oftmals das Abfliegen eines Partners schließen sich an. Etwa zwei Wochen lang wird die Paarung täglich 5- bis 10mal vollzogen. Die eigentliche Vereinigung mißlingt oft, besonders wenn kein Nestumgang vorangeht oder das sitzende Weibchen getreten wird. Nachwuchslose Paare wiederholen sie noch längere Zeit, doch wurden auch noch Kopulationen beobachtet, wenn sich im Nest bereits zwei Wochen alte Jungstörche befanden.

Nach dem Ausfliegen der Jungen sind im August öfter erneut kopulierende Paare zu beobachten. Sie wiederholen dann kurz vor dem Wegzug in abgeschwächter Form die Verhaltensweisen vom Beginn der Brutzeit.

Ei und Gelege. Die Eier aller Storcharten sind weiß und ungefleckt. In frischem Zustand sind sie grünlich durchscheinend, besonders anhaltend beim Schwarzstorch, bleichen aber oftmals in gelbliche Töne aus. Während des Brütens entstehen oftmals bräunliche Schalenflecke. Das Schalenkorn weist eine charakteristische Strichelung auf, die sonst bei keiner anderen Vogelfamilie auftritt. In winzigen Abständen sind in der Schalenoberfläche mit der Lupe kleine, meist bräunliche Vertiefungen von unregelmäßiger Form erkennbar, die in allen Richtungen verlaufen und nicht immer zusammenhängen (Schönwetter 1960).

Die Eiform ist meist nahezu elliptisch und nur mäßig verjüngt. Eier vom Weiß- und Schwarzstorch sind im allgemeinen nach Größe und Gewicht zu unterscheiden, doch überschneiden sich die Werte für extreme Stücke wegen der sehr großen Schwankungsbreite der Maße. Das Eigewicht (99–120 g) beträgt mit

Tabelle 15. Eimaße einiger Storcharten

n	Größe	Schalengewicht		Schalen-dicke	Vollgewicht	
	mm	$\varnothing$	g	$\varnothing$	mm	g	$\varnothing$
	Weißstorch, *Ciconia c. ciconia*						
150	65,0–81,5 × 46,5–56,0	73,0 × 51,8	8,6–13,6	11,1	0,53	95,5–129,0	110
	Schwarzschnabelstorch, *Ciconia boyciana*						
10	68,0–77,0 × 53,0–58,0	75,0 × 54,5	10,7–13,8	12,1	0,53		124
	Schwarzstorch, *Ciconia nigra*						
80	60,5–74,0 × 45,0–52,0	65,4 × 48,8	7,1– 9,6	8,5	0,50		86

Tabelle 16. Gelegestärke beim Weißstorch

Eizahl	n	1	2	3	4	5	6	7	∅
Spanien (Chozas 1986)	203	7	14	59	98	24	1	–	3,59
Niedersachsen (Meybohm 1978)	95	4	9	37	33	7	3	2	3,50
Mecklenburger Bezirke (Graumann u. Zöllick 1982) 1972	30	2	2	5	17	3	1	–	3,70
1980	40	4	–	7	19	9	1	–	3,80
Sowjetunion (Lebedewa 1900)	59	2	3	13	20	11	2	–	
Polen (Mrugasiewicz 1972)	837	–	9	400	365	63	–	–	3,49
ebd. (Profus 1986b)	90	–	7	10	49	21	3	–	4,03

durchschnittlich 110 g beim Weißstorch (3500 g) etwa 3,4 % des Körpergewichtes, beim Schwarzstorch (3000 g) mit 86 g etwa 2,7 %. Als Maße werden die in Tabelle 15 angegebenen Werte genannt.

Als abnorme Größen gibt Skovgaard (Beitr. Fortpfl. Vögel 10, 1934, S. 238) 97,5 × 58,4 mm und 64,0 × 46,0 mm, an anderer Stelle (Danske Fugle 4, 1933) 85,0 × 57,0, 56,5 × 52,5 und 56,5 × 43,8 mm an, Henrici (Beitr. Fortpfl. Vögel 6, 1930, S. 48–49) auch 71,5 × 57,6 mm. Eigene Messungen ergaben als Grenzwerte 70,0 × 40,8, 68,2 × 40,8 und 65,0 × 41,9 mm. Das erstgelegte Ei muß weder das größte noch das zuletztgelegte Ei zugleich das kleinste des Geleges sein. Die Eier von Störchen aus Mitteleuropa sind etwas größer als die aus Spanien oder Nordafrika.

Die Bestimmung der Gelegestärke bereitet einige Schwierigkeiten, weshalb nur wenig Angaben für größere Reihen vorliegen (Tab. 16) und meist nur Rückschlüsse aus der Jungenzahl möglich sind. Eizählungen mit Hilfe eines Spiegels an einer langen Stange könnten hier abhelfen, sind aber erst im Anlaufen. Sie könnten dazu beitragen, auch Fragen nach dem Legeabstand, den Beziehungen zwischen Gelegestärke und Weibchenalter, dem Legetermin oder Umweltfaktoren, nach den Eiverlusten, der Brutdauer usw. zu beantworten.

Dreiergelege sind danach am häufigsten, in manchen Jahren auch Vierergelege oder doch wenigstens nahezu ebenso zahlreich. Während Fünfergelege besonders in manchen Jahren noch öfter vorkommen, werden sechs Eier noch gelegentlich (s. Bloesch 1982) und mehr als 6 Eier lediglich ausnahmsweise festgestellt, doch mehrfach sogar noch 7er Gelege im Schrifttum erwähnt, die allerdings gewöhnlich nur 3 bis 5 Junge ergeben (Beitr. Fortpfl. Vögel 9, 1933, S. 35; Aquila 50, 1943, S. 418 und 419). Aus einem Nest mit 5 Jungen und einem tauben Ei wurde ein weiterer Jungstorch abgeworfen (Beitr. Fortpfl. Vögel 16, 1940, S. 106), ein anderes in Höchstadt a. d. Aisch (Bayern) enthielt 7 Junge (Wüst 1980). In Wurschen (Oberlausitz) blieben nach dem Ausfliegen der zwei Jungen noch 6 unbefruchtete Eier zurück, und in Neuhaus (Bayern) fanden sich 1964 6 Junge und ein Ei, außerdem wurden noch zwei Eier herausgeworfen (Mebs 1969). Mit einem Horst, den ein Segelflieger 1958 unglücklicherweise von einem Scheunengiebel in Särchen (Oberlausitz) herabgestoßen hatte, stürzten 7 Junge und zwei Eier zur Erde. Vermutlich hatte hier das Weibchen die Bebrütung des eben vollzählig gewordenen Erstgeleges wegen einer heftigen Kälteperiode unterbrochen, dann ein Nachgelege gezeitigt und dieses mit den entwicklungsfähig gebliebenen Eiern des Erstgeleges ausgebrütet. In Fällen mit hoher Eizahl muß jedoch damit gerechnet werden, daß zwei Weibchen zusammengelegt haben. Es spricht manches dafür, daß die Gelege frühzeitig mit der Brut beginnender Störche und ebenso die Altersgruppe der mehr als Sechsjährigen im Durchschnitt größere Gelege haben, dagegen Störche aus Gebieten mit höherer StD oder aus geographischen Randlagen des Verbreitungsgebietes schwächere, doch bedarf es hier noch weiterer Unterlagen.

Erwähnenswert ist der Fund eines zweidottrigen Eies (Creutz 1979). Am 24. 7. 1966 wurde einem Horst in Luga (Oberlausitz) ein zurückgelassenes Ei entnommen, um es zu präparieren. Dabei kamen zwei weitentwickelte Embryonen zum Vorschein (Abb. 46). Die erst nachträglich abgenommenen Maße von etwa 80 × 50 mm ergaben zwar ein großes Ei, lagen aber noch im Bereich der Schwankungsbreite und ließen den ungewöhnlichen Inhalt nicht ahnen.

Der Legeabstand beträgt ein bis zwei Tage, gewöhnlich 48 Stunden. Ein Vierergelege war mit 6 Tagen vollständig. Andererseits wurde mehrfach die Ablage des nächsten Eies nach drei Tagen beobachtet. Bloesch (1967) stellte bei einem vierjährigen Weibchen in der Gefangenschaft eine Legepause von 6 Tagen fest. In Mitteleuropa beginnen die Störche meist sehr bald nach dem Eintreffen am Brutplatz mit der Eiablage, also in der Regel in der 2. Aprilhälfte, doch sind Ausnahmefälle sowohl für Ende März als auch noch für Anfang Juni bekannt. Verständlicherweise gibt es erhebliche geographisch bedingte Unterschiede, z. B. erfolgt die Eiablage in Marokko bereits Ende Februar, in Spanien zwischen dem 12. März und 17. April (Vogelwarte 31, 1981, S. 144), und in Polen Ende April bis Anfang Mai.

Die Bebrütung setzt schon beim 2. oder 3. Ei fest ein, also noch bevor das Gelege vollständig ist. Zuvor werden die Eier manchmal unzureichend bedeckt. Im Verlauf der Bebrütung verliert ein Ei etwa 13 % seines Frischgewichtes.

Beide Gatten sind am Brüten beteiligt, doch kann der Anteil im Hinblick auf Dauer und Tageszeit recht unterschiedlich sein und scheint keiner festen Regel zu unterliegen. Männchen und Weibchen lösen sich tagsüber mehrmals ab, so daß der freigewordene Partner der Nahrungssuche nachgehen kann. Eine Fütterung des Weibchens am Horst erfolgt nicht. Oftmals übernimmt es das Brüten während der Nacht, und das Männchen trägt den Hauptanteil bei Tag.

Der zurückkehrende Gatte wird mit Geklapper empfangen und setzt sich ohne weitere Zeremonien meist sehr bald auf die Eier, während der abgelöste davonfliegt. Der brütende Storch erhebt sich immer wieder einmal, um eine andere Lage einzunehmen oder die Eier zu wenden. Dabei lockert er meist auch den Nestboden, dessen erdige Bestandteile sich vor allem bei feuchter Witterung leicht verkleben. Er bohrt die Schnabelspitze in das Genist und spreizt sie, um die Durchlüftung des Nestes zu ermöglichen. Oftmals werden auch Reiser festgerüttelt oder irgendwelche Gegenstände mit einer Schleuderbewegung des Kopfes über den Nestrand befördert.

Der bevorstehende Schlupfakt kündigt sich durch eine gesteigerte Unruhe des brütenden Vogels an. Öfter als zuvor erhebt er sich, tritt hin und her, ,,betrachtet" sein Gelege, stochert am Horstboden herum und wirft kleine Stückchen davon hinaus.

Tabelle 17. Geheckestärke in verschiedenen Landschaften

	HPa	HPm	HPo	1	2	3	4	5	6	ges.	JZa	JZm
				Jungenzahl								
Oberlausitz 1966–1983 (Creutz unveröff.)	860	616	244	59	201	238	107	11	–	1658	1,93	2,69
Niederlausitz 1974–1978	297	213	84	18	60	89	41	5	–	594	2,00	2,79
(Krüger 1981) Mittelelbegebiet 1976–1980 (Zuppke 1982)	152	123	29	9	30	43	35	5	–	369	2,43	3,00
Niedersachsen 1973–1982 (Meybohm 1978, ergänzt)	683	469	214	52	154	164	93	6	–	1254	1,84	2,67
Baryczniederung 1959–1968 (Mrugasiewicz 1972)	1093	978	115	84	238	383	244	29	–	2830	2,59	2,89
Ungarn	1927		89	–	36	36	15	2	–	250		2,81
(Schenk 1927)	1928		107	6	30	46	20	5	–	309		2,86
und	1929		177	7	37	76	53	4	–	541		3,05
1936/37)	1930		196	7	22	52	70	39	6	718		3,66

Für die Bebrütungsdauer finden sich unterschiedliche Angaben bis zu 35 Tagen. Die Beobachtungen, mit denen M. Bloesch (1967) an Bruten in der Gefangenschaft alle Unsicherheiten und Beobachtungsschwierigkeiten ausmerzen konnte, ergeben eindeutig die Dauer von 32 Tagen bei normalem Brutverlauf. Häufige Unterbrechungen können eine Verlängerung ergeben, günstiges Klima (Spanien!) eine Verkürzung.

Die Küken befreien sich selbst aus der Eischale, doch kann ein Altvogel auch Hilfestellung leisten, wie ein Film von K. Tepperwien deutlich zeigt (Fernsehen der DDR I, 22. 12. 1979). Der Altstorch vergrößerte das Schlupfloch im Ei durch Knabbern und zog das Junge behutsam am Flügel aus der Schale.

In Mitteleuropa schlüpfen die Jungstörche frühestens kaum vor Mitte Mai, dagegen in Spanien zwischen dem 12. April und 19. Mai, also etwa 4 Wochen früher (Vogelwarte 31, 1981, S. 114).

Die Jungenzahl. Da die Jungenzahl leichter als die Gelegestärke festzustellen ist, finden sich Angaben in größerer Zahl, von denen einige für verschiedene Landschaften in Tab. 17 zusammengestellt sind. Aus der Übersicht geht hervor, daß 3 Junge am häufigsten vorkommen, sehr oft auch 2 oder 4, während Bruten mit 5 Jungen bereits Ausnahmen bei guter Nahrungslage sind, erst recht Bruten mit 6 Jungen, auf die deshalb oft besonders hingewiesen wird (Dornbusch 1967, Zuppke 1982, Profus 1986 u. a. m.).

Überblickt man die Jungenzahl eines Gebietes über eine längere Reihe von

Tabelle 18. Im Kreis Bautzen (OL) je Horst ausgeflogene Jungstörche 1971–1983

Jahr	Brutzahl	1	2	3	4	5	$\emptyset$/HPm
1971	36	1	12	12	9	2	2,97
1972	38	4	9	13	12	–	2,87
1973	24	–	17	6	1	–	2,33
1974	40	4	16	14	6	–	2,55
1975	38	3	9	19	7	–	2,79
1976	38	2	19	14	3	–	2,47
1977	37	4	10	14	9	–	2,76
1978	46	4	7	15	13	7	3,26
1979	39	5	18	15	1	–	2,31
1980	44	6	10	23	5	–	2,61
1981	43	4	15	14	8	2	2,74
1982	28	4	7	14	3	–	2,57
1983	43	5	12	17	9	–	2,70

Jahren hinweg (Tab. 18), erkennt man erhebliche Unterschiede von Jahr zu Jahr. Besser als durch die Gesamtjungenzahl (JZG) wird der Bruterfolg von der durchschnittlichen Jungenzahl der erfolgreichen Brutpaare (JZm) verdeutlicht, der im Beispiel zwischen 2,31 und 3,26 schwankt und „gute" oder „schlechte" Storchenjahre erkennen läßt (1962, 1964, 1971, 1978 bzw. 1973, 1979). Diese Schwankungen werden bestimmt durch den Zeitpunkt der Rückkehr und des Brutbeginns, durch die Storchdichte, das Alter der Brutpaare und die Wetterlage während der Brutzeit.

Frühe Rückkehr und zeitiger Brutbeginn bieten im Hinblick auf die lange Brut- und Nestlingszeit die besten Aussichten für die Jungenaufzucht im Mai und Juni, also in der nahrungsgünstigsten Zeit. Spätrückkehrer sind bereits bei der Horstplatzwahl benachteiligt und kommen mit der verkürzten Aufzuchtzeit nicht zurecht, geraten in Zeitnot oder überhaupt nicht mehr in Brutstimmung. Der Aufbruch zum Heimzug wird vom körperlichen Zustand, vor allem aber – auch während des Zuges – vom Wetter beeinflußt. Wenn in Mitteleuropa mehr als die Hälfte aller Brutstörche vor dem 15. April am Horst weilt, verspricht dies ein gutes Storchjahr. In Niedersachsen brüteten 507 von 600 Storchpaaren, die am 25. April am Nest waren, erfolgreich, dagegen nur 129 von 337 erst später zurückgekehrten Brutpaaren (Meybohm 1978). Die mit fortschreitender Jahreszeit zurückgehende Jungenzahl wird nach Fiedler auch durch die Stapelholmer Störche bestätigt.

		bis 20. April						bis 5. Mai						nach 5. Mai		
	HPa	BP		JZG		JZa	JZm	BP		JZG		JZa	JZm	BP		JZG
		n	%	n	%			n	%	n	%			n	%	
1981	23	11	47,8	25	78,1	2,3	2,3	6	26,1	7	21,9	1,2	2,3	6	26,1	0
1982	18	7	38,9	12	66,7	1,7	2,0	4	22,2	6	33,3	1,5	1,5	7	38,9	0

In Polen brüteten 85% der vor dem 6. Mai zurückgekehrten Brutpaare erfolgreich, von den späteren Heimkehrern nur noch 50%, und ab Ende Mai begonnene Bruten verliefen sämtlich erfolglos (Profus 1986b).

Hohe Storchendichte hat in der Regel vermehrt Horstkämpfe und Streitereien zur Folge, in deren Verlauf Bruten verlorengehen, wodurch die Zahl der nachwuchslosen Brutpaare (HPo) ansteigt und der Wert für die JZa sinkt.

Spätbrüter sind vorwiegend erstmals zur Brut schreitende Störche. Ihre Jungenzahl ist deutlich niedriger, und sehr oft bleiben sie ganz ohne Nachwuchs (Tab. 19). Die Tatsache, daß sie oftmals einen neuen Horst beziehen, veranlaßte Veroman (1981), diese Zusammenhänge nachzuprüfen. Er fand für die Jahre 1954 bis 1974 für 678 Brutpaare in neuen Horsten die Werte 54,1% HPo und nur 1,2 JZm gegenüber 23,1% HPo und 2,1 JZm bei 7113 Brutpaaren in alten Horsten. Auch Erstbrüter im Alter von mehr als 3 Jahren erreichen noch nicht die Nachwuchszahlen achtjähriger und älterer Störche (Tab. 20).

Tabelle 19. Jungenzahl bei Erstbrütern

Junge	0	1	2	3	4	5	⌀
Schleswig-Holstein (Emeis 1933)	5	2	3	6	2	–	1,89
Oberlausitz (Creutz unveröff.)	28	14	40	45	17	–	2,09

Tabelle 20. Jungenzahl bei Brutstörchen verschiedenen Alters in der Oberlausitz (erstmalig erfaßt, wobei ältere möglicherweise zuvor übersehen)

| | n | Jungenzahl | | | | | | |
		0	1	2	3	4	5	⌀
zweijährig	–	–	–	–	–	–	–	–
dreijährig	14	7	1	3	3	–	–	1,14
vierjährig	38	10	6	10	8	4	–	1,74
fünfjährig	30	7	3	9	10	1	–	1,83
sechsjährig	27	2	2	7	11	5	–	2,26
siebenjährig	18	1	2	6	6	3	–	2,44
achtjährig	9	1	–	3	2	3	–	2,67
neunjährig	7	–	–	2	4	1	–	2,86
zehnjährig	1	–	–	–	1	–	–	(3,00)

Vor allem die Vier- und Fünfjährigen bleiben noch deutlich hinter dem Bruterfolg älterer Störche zurück. In Masuren erwiesen sich Fünfjährige erfolgreicher als Drei- und Vierjährige (Schüz 1957). Mit fortschreitendem Alter ergeben sich eine Abnahme der nachwuchslosen Bruten und eine Steigerung der durchschnittlichen Jungenzahl bis die Vollreife etwa mit 8 Jahren erreicht ist.

Beim Eintreffen in der Brutheimat werden die Störche nicht selten von wenig freundlichem Wetter überrascht, und nicht ungewöhnlich ist das Bild eines von Schneeschauern eingedeckten brütenden Storches (Abb. 40). Länger anhaltende Kälte kann die Keimlinge in den Eiern abtöten. Sehr oft kommt es durch Dauerregen zum Verlust von Eiern oder Nestlingen, die verklammen, weil die regennassen Altvögel sie nicht mehr ausreichend erwärmen können. Im Westen des Verbreitungsgebietes ist trockenwarmes Wetter während der Brutzeit vorteilhaft, im Osten dagegen etwas Niederschlag. Allerdings konnte Meybohm (1978) in Niedersachsen nur geringe Unterschiede zwischen warmen trockenen Jahren (1959, 1964) und feuchtkalten (1962, 1974) feststellen, doch konnte Zink (1967) einen deutlichen Einfluß des Wetters zwischen dem regenreichen Elsaß und dem benachbarten Baden nachweisen.

Indirekt beeinflußt die Witterung den Nachwuchs über das Nahrungsangebot, weil sie die Entwicklung der Beutetiere bald fördert, bald hemmt. Obwohl die Vielseitigkeit der Nahrung Ausweichmöglichkeiten bietet, kann trotzdem Nahrungsmangel die Nachwuchszahl senken. Vor allem jugendliche Storcheltern scheinen dann leichter zur Aufgabe ihrer Brut bereit zu sein. Entscheidender als die Lufttemperatur ist die Sonnenscheindauer, die oftmals die Mäuseentwicklung begünstigt, während sich Regen unterschiedlich auswirkt. In Trockengebieten, z. B. in Ungarn oder im Burgenland, trägt er zur Steigerung der Jungenzahl gegenüber Trockenjahren bei, im Einflußgebiet des feuchten Seeklimas bewirkt er das Gegenteil.

Möglicherweise ist es auch im Bereich der beiden Wegzugrichtungen beiderseits der Zugscheide zu einer physiologischen Sippenbildung gekommen (Sauter u. Schüz 1954), die nicht nur in unterschiedlichen Zugrichtungen und -entfernungen, sondern auch in anderen Eigenschaften zum Ausdruck kommt, z. B. in einer höheren Widerstandskraft gegen eine Herabsetzung des Fortpflanzungsvermögens und einer höheren Nachwuchsrate. Während 1 122 Bruten in Oldenburg in den Jahren 1944 bis 1953 eine JZa von 1,847 erbrachten, betrug diese bei 1 798 Bruten in Baden-Württemberg 2,4.

Füttern und Tränken. Beide Altvögel beteiligen sich an der Aufzucht. Sie tragen das Futter im Schlund herbei. Hochgereckt stehen sie am Nestrand, beugen sich vor und erbrechen die Nahrungsbrocken aus weit geöffnetem Schnabel in die Nestmitte. Das Erbrechen kann jenach der Größe und Beschaffenheit der Beutetiere unterschiedliche Schwierigkeiten bereiten, erweckt aber kaum den Eindruck einer Anstrengung oder Qual. Regenwürmer, Heuschrecken und andere kleine Insekten oder Frösche erscheinen in Klumpen, Mäuse meist einzeln. Fische werden mühelos hervorgebracht, und lediglich stachelbewehrte wie z. B. Flußbarsche verursachen ein krampfhaftes, manchmal von Pausen unterbrochenes mehrfaches Schütteln des Kopfes und seitliche Schleuderbewegungen des Schnabels, ebenso auch Wollhandkrabben.

In den ersten Lebenstagen erhalten die Jungstörche vorwiegend kleine, zarte Beute, doch sind die Altvögel nicht auf den geringen Nahrungsbedarf eingestellt und werfen mehr aus, als verzehrt wird. Die Jungen picken gierig nach dem Futter und schlingen, was sie bewältigen können. Den Rest und ebenso entglittene oder zu große Nahrungsbrocken nehmen die Alten erneut zurück. Wenn sie den Kopf hochnehmen, ist das Zurückschlucken deutlich zu erkennen. Nach einer Pause würgen sie den Rest nochmals hervor, dann meist sichtlich vorverdaut.

Am Anfang der Nestlingszeit kehren die Alten oft schon in kurzen Zeitabständen zum Horst zurück. Sehr bald werden die Pausen zwischen den Fütterungen größer, allerdings auch die Futtermenge. Eine Abhängigkeit von der Ergiebigkeit einer Nahrungsquelle oder der Heftigkeit, mit der die Jungen betteln, ist kaum zu erkennen.

Die halbwüchsigen Jungen warten vor Hunger meist ungeduldig auf die Rückkehr der Eltern, die sie schon in erstaunlich großer Entfernung erkennen. Sie richten sich im Hocksitz, später auch stehend und mit Flügelschlagen und Schwanzspreizen, zur Horstmitte und erwarten den Anflug des Futterspenders mit kläglich jammerndem „chriieeh" und wimmerndem Maunzen. Sie picken in den leeren Horstboden, nach Zweigen und anderen Gegenständen im Greifbereich oder auch nach den Zehen des inzwischen auf dem Horstrand eingefallenen Altvogels, ja sogar nach dessen Schnabel, doch sind Klammergriff und Herabziehen des Schnabels nicht – wie bei den Reihern – die Regel.

Der Altvogel sichert meist kurz, verbaut mitgebrachte Niststoffe und sucht sich dann eine günstige Stelle auf dem Nestrand, von der aus er, angeregt durch das Appetenzverhalten der Jungen, das Futter auf den Nestboden erbrechen kann. Manches Beutetier wird in hastigem Zuschnappen erfaßt, bevor es die Nestmulde erreicht hat. Halbwüchsige Junge vermögen bereits eine kräftige Schermaus mit einiger Anstrengung hinunterzuwürgen, müssen aber bei größeren Brocken manchmal erschöpft eine Schlingpause einlegen. Nicht selten packt inzwischen ein Geschwister die Beute am anderen Ende, und es beginnt ein „Tauziehen", bis schließlich eines Sieger bleibt.

Während sich der Futterspender nach der Fütterung anfangs eine Ruhepause gönnte und seinen Partner in der Bewachung des Horstes oder beim Hudern der Jungen ablöste, wird diese schließlich entbehrlich und die Verschnaufpause nur kurz. Die Unruhe im Horst wird den Storcheltern lästig. Sie bevorzugen daher einen Ruheplatz, der sich durch Kotbahnen verrät, auf einem benachbarten Dach oder auch weiter entfernt. In Radibor (Oberlausitz) war es ein Kreuz auf dem Giebel einer Kirche in 200 m Entfernung. Oft stehen sie auch längere Zeit untätig auf einem Feld, bis sie eine „innere Uhr" als Reizschwelle an eine erneute Fütterung gemahnt oder auch der Anblick eines in Horstrichtung fliegenden Fremdstorches Mißtrauen erweckt und das Aufsuchen des Horstes ratsam erscheinen läßt. Einem Menschen weichen sie nur über kurze Strecken hin aus und fliegen erst zum Horst zurück, wenn sie ausreichend Futter gesammelt haben. Eine Regel im Fütterungsrhythmus ist nicht erkennbar. Am Morgen und gegen Abend sind die Altvögel am eifrigsten, während gern eine mittägliche Ruhepause in Horstnähe eingelegt wird.

Gegen Ende der Hockzeit können Fütterungspausen bis zu 5 Stunden dauern. Der Volksmund spricht von „Aushungern", und tatsächlich geht das Körpergewicht etwas zurück, wahrscheinlich um das Fliegen zu erleichtern. Auch nach dem Flüggewerden erfolgen die Fütterungen noch einige Zeit vorwiegend am Horst, bis die Jungstörche ihre völlige Selbständigkeit erreicht haben.

Das Tränken der Nestjungen besonders bei starkem Wasserbedürfnis an heißen Sommertagen oder bei überwiegend trockener Nahrung erfolgt in einem ähnlichen Verhaltensablauf wie das Füttern. Obwohl dieser Vorgang auch durch Bildbelege bestätigt ist, haben ihn nur wenige Vogelkundler beobachtet oder beschrieben. In Abständen von 1 bis 3 Stunden fliegt ein Altstorch zu einer Wasserstelle und kehrt nach kurzer Zeit wieder zurück. Mit Schräg vorwärts gestrecktem Hals und abwärts gerichtetem Schnabel stellt er sich über die Jungen, senkt dann den Kopf und läßt nach Würgebewegungen die Wassermenge einer Tasse bald tropfen, bald stoßweise als dünnen Faden oder auch als kräftigen Strahl abfließen. Obwohl die Jungen es gierig aufzufangen versuchen, geht viel Wasser verloren. Von Heinroth aufgezogene Störche tranken aus einem Eimer.

Große Sorgfalt wird auf die Nesthygiene verwendet. Immer wieder wird der festgetretene Nestboden aufgelockert und neu ausgepolstert. Im Bemühen um die Sauberhaltung des Horstes wird verschmutztes Nistmaterial entfernt. Auch faule Eier oder tote Jungstörche werden über den Nestrand befördert, bleiben allerdings machmal in ihm hängen oder werden in der Nestmulde überbaut, sehr kleine Jungstörche sogar verzehrt.

Die Kotabgabe erfolgt etwa eine Stunde nach der Futteraufnahme mit einem kräftigen Strahl, dem später in Abständen mehrmals kleine Spritzer oder auch ergebnislose Kotversuche folgen. Storchküken schieben sich sobald sie kräftig genug sind – notfalls mit Unterstützung von Schnabel und Flügelstummeln – rückwärts zum Nestrand, ältere treten dahin zurück. Mit einem Bückling zur Nestmitte entleeren sie den Kotstrahl in hohem Bogen über den Horstrand und halten so das Nest sauber. In gleicher Weise verfahren auch die Altvögel, die übrigens auch auf einem Bein stehend oder während des Fliegens den Kot abspritzen können.

Die Entwicklung der Jungstörche. Wenn sich die Jungen aus der Eihülle befreit haben, sind sie etwa 70–75 g schwer (Schwankungsbereich 68–88 g), fast nackt und recht hilflos. Sie können den Kopf nur mit Mühe etwas anheben, und auch die Nahrungsaufnahme bereitet Schwierigkeiten. Nach wenigen Stunden öffnen sie die Augen, und der zarte Flaum der weißen Erstlingsdaunen ist getrocknet. Der schwärzliche Schnabel mit dem verhältnismäßig großen Kehlsack und die starken schwärzlich-grauen Beine erwecken jedoch einen ungestalteten Eindruck.

Bei normalem Entwicklungsverlauf nimmt das Körpergewicht rasch zu. Es hat sich nach vier Tagen verdoppelt und nach zwei Wochen bereits verzehnfacht. Die tägliche Zunahme beträgt im Alter von drei Wochen 150–200 g und setzt die dreifache Nahrungsmenge voraus. Das Höchstgewicht wird gegen Ende der 7. Lebenswoche erreicht, danach erfolgt wieder ein leichter Rückgang:

Lebenstag	1	5	8	10	12	15	17	20	26	31	38	48	58
Gewicht (g)	72	160	270	340	570	860	1082	1570	2120	2400	2970	3050	2950

Bis zum Sprossen des 2. Dunenkleides gegen Ende der 2. Lebenswoche liegen die Jungen in der Nestmulde. Erst nach etwa 15 Tagen sind sie imstande, auf den

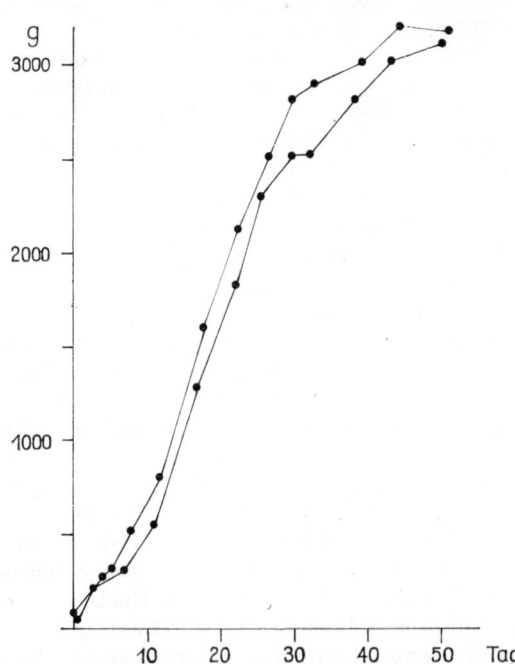

Abb. 82. Der Entwicklungsverlauf des Körpergewichtes zweier Jungstörche. Nach Blümel

graugelblichen bis schwärzlichen, verdickten Fersen und dem Steiß zu hocken. Um sich aufzurichten und im Gleichgewicht zu halten, benötigen sie anfangs die Unterstützung durch ihre Flügelstummel. Die Füße halten sie beim Hocken angehoben, so daß die herabhängenden Spitzen der Zehen gerade noch den Nestboden berühren. Mit zurückgelegtem Kopf machen sie die ersten Klapperversuche, doch geben die weichen Schnabelscheiden noch nicht den rechten Ton.

Bis zu dieser Zeit sind die Jungen besonders schutzbedürftig. Ein Altstorch weilt stets am Horst. Er ist kaum zu bewegen, ihn zu verlassen und muß auch das Auftauchen eines Störenfrieds in der Nähe ohne Abwehr dulden, bis der Partner zu Hilfe kommt. Immer wieder setzt er sich vorsichtig nieder, um die Jungen zu wärmen. Auch wenn das Hudern entbehrlich wird, halten die Altvögel noch fast zwei Wochen lang abwechselnd im Anschluß an die Fütterungen am Horst Wache. Sie stehen dabei gern auf einem Bein, dösen vor sich hin oder putzen sich ausgiebig. Bei starker Sonneneinstrahlung oder kräftigem Regen stellen sie sich auch breitbeinig und mit geöffneten Flügeln schützend über die Nestlinge. Bietet der Horst nur wenig Platz oder geht es in ihm zu unruhig zu, wird sein Rand mit einer Warte auf dem Dach oder einem nahen Baum vertauscht.

Etwa vom 10. Lebenstag an machen die Jungen erste Ruderbewegungen mit den Flügelstummeln. Um den 15. Tag unternehmen sie erste Stehversuche. Sie erheben sich dazu mit einem Kippschwung und oftmals mit Unterstützung durch den Schnabel, stehen aber zunächst noch sehr wacklig auf den Beinen und fallen sehr bald auf den Fersensitz zurück. Mit rasch zunehmender Sicherheit können

150

sie sich jedoch schon wenige Tage später sogar für kurze Zeit auf einem Bein halten.

Bis zum 25. Lebenstag haben die Jungstörche erstaunliche Entwicklungsfortschritte gemacht und bleiben von jetzt an unbewacht. Mit zunehmender Sicherheit stehen sie längere Zeit auf den nunmehr gelblichen Beinen, schnäbeln oder kraulen sich gegenseitig, führen auch spielerisch harmlose Schnabelgefechte durch, klappern, gähnen, hecheln, werfen Gewölle aus und füllen so mit einem nahezu vollständig beherrschten Bewegungsinventar die Wartezeiten zwischen den Fütterungen aus. Beim Putzen können sie fast alle Körperstellen erreichen, und lediglich das Kopfkratzen mißlingt noch oftmals. Interessiert verfolgen sie alle Vorgänge in der Nestnähe oder auch mit schiefgehaltenem Kopf am Himmel. Beim Anblick selbst in großer Ferne oder Höhe vorüberfliegender Greifvögel oder Fremdstörche klappern sie erregt.

Im Fall einer drohenden Gefahr, manchmal aber auch beim Erscheinen eines Elternteiles oder eines Beringers, drücken sich die Jungen spontan flach in die

Tabelle 21. Entwicklung zweier Nestlinge vom Weißstorch. Nach Blümel

Nestling	Datum	Alter in Tagen	Gewicht in g	Schnabellänge in mm	Lauflänge in mm	Flügellänge in mm
2	22. 5	1	80	–	–	–
1		–	–	–	–	–
2	25. 5.	4	275	–	–	–
1		3	220	–	–	–
1	26. 5.	5	320	34	27	39
2		4	260	31	28	35
1	29. 5	8	490	39	40	55
2		7	320	38	33	41
1	2. 6.	12	795	48	59	87
2		11	570	45	49	71
1	8. 6.	18	1 605	66	96	145
2		17	1 255	62	79	110
1	13. 6.	23	2 155	81	130	221
2		22	1 850	76	111	195
1	17. 6.	27	2 525	90	155	270
2		26	2 300	85	126	251
1	21. 6.	31	2 775	96	165	300
2		30	2 550	93	146	291
1	24. 6.	34	2 890	103	170	338
2		33	2 525	100	160	320
1	30. 6.	40	3 035	111	190	420
2		39	2 850	110	185	411
1	5. 7.	45	3 195	149	193	467
2		44	3 070	116	188	442
1	12. 7.	52	3 150	156	195	502
2		51	3 100	124	190	478

Nestmulde und verharren bewegungslos, Kopf und Hals vorgestreckt. Dieses angeborene Verhalten, die Akinese, täuscht den Verlust der Bewegungsfähigkeit vor und bietet den geringsten Anreiz für ein feindseliges Zustoßen oder -beißen. Eine Adrenalinausschüttung, ausgelöst durch einen psychischen Reiz, unterdrückt den Fluchtinstinkt. Selbst Altstörche können noch in diese Starrehaltung verfallen, wenn sie sich unterlegen fühlen. Jungstörche behalten sie meist bei, bis sie nahezu flugfähig sind, sitzen aber schließlich oftmals auch nur still, weichen bis zum Nestrand zurück oder gehen sogar mit Schnabelstößen zur wirkungsvollen Abwehr über.

Während die Laufknochen ihr größtes Längenwachstum zwischen dem 12. und 30. Tag erfahren und sich in dieser Zeit täglich etwa 6 mm strecken, folgen dann die Schwingen etwas später mit einem größten täglichen Zuwachs von durchschnittlich 9 mm. Gleichzeitig beginnen die Konturfedern zu schieben. Ihre Blutkiele belasten die Flügel, die dadurch einen schwarzen Saum erhalten und immer wieder schwer herabsinken. Am Ende der 7. Woche ist das Gefieder nahezu fertig entwickelt und die Größe des Altvogels beinahe erreicht. Lediglich der anfangs schwarze und nun braunrötlich verfärbende Schnabel bildet noch ein gutes Unterscheidungsmerkmal.

Immer häufiger werden die Schwingen gespreizt und gestreckt oder heftige Flügelschläge und schließlich mit gesteigertem Eifer und von erregtem Geklapper begleitet nach unruhigen Schritten kleine Luftsprünge im Gegenwind gemacht. Im Alter von 54 bis 68 Tagen, also von etwa zwei Monaten, wagen die Jungen dann erstmalig, sich vom Nest abzuheben und einen – oftmals sicher nicht völlig freiwilligen und noch recht unsicheren – Rundflug zu machen, der schon bald mit mehr Zutrauen und erkennbar gesteigerter Sicherheit wiederholt wird.

Im Regelfall endet der Rundflug wieder im Geburtshorst, doch mißlingt die Landung auch sehr oft und macht einen erneuten Anflug nötig. Mancher Jungstorch hat nicht mehr die Kraft dazu und geht erschöpft zu Boden oder sucht Zuflucht in einem anderen Horst. Dessen Besitzer können den Notgelandeten recht unfreundlich empfangen und derart mißhandeln, daß er ohne menschliches Eingreifen wahrscheinlich getötet würde (Schüz 1943). Andererseits kann er aber auch gefüttert werden, und namentlich Storchpaare, die ihr Gelege verloren oder taube Eier über die Zeit hinaus bebrütet haben, adoptieren oftmals solche Fremdlinge. Meybohm (brfl.) berichtete mir von 4 flüggen Jungstörchen, die sich in einem anderen Horst zu 3 kleineren gesellten und sich dort etwa eine Woche lang mitfüttern ließen, bevor sie wieder in den eigenen Horst und zu ihren Eltern zurückkehrten. Die Fütterung der siebenköpfigen Jungenschar verlief mit viel Geklapper, doch ohne Streit. Diese Erfahrungen ermutigen zu dem Wagnis, Jungstörche in einem fremden Nest oder besser noch auf mehrere Horste mit gleichaltrigen Jungen verteilt ,,einzuhorsten'', wenn es ein Notfall verlangt, z. B. bei Ausfall der Eltern, bei Horstabstürzen oder unerwartet notwendig werdenden Horstbeseitigungen. Derartige Zwangsversuche gelingen mit Jungstörchen etwa in der Hälfte aller Fälle, weniger oft allerdings mit Gelegen oder Horstumsetzungen vor der Eiablage.

Allmählich folgen auch die übrigen Nestgeschwister dem Vorbild des Mutigsten. Nach einer Nestlingszeit von 55 bis 68 Tagen sind alle Jungstörche flügge und folgen ihren Eltern etwa 2 Wochen lang auf nahegelegene Felder und Wiesen. Zwar kann die Fütterung auch hier erfolgen, doch fliegt dazu meist ein Altstorch zum Horst zurück, wohin ihm die Jungen nachfliegen. Auch zum Nächtigen wird er noch einige Zeit aufgesucht. Während des gemeinsamen Feldganges prüfen die Jungen mehr und mehr kleine Gegenstände auf Genießbarkeit, werden dadurch von der Betreuung durch die Eltern immer unabhängiger und sind mit etwa 3 Monaten völlig selbständig. Mrugasiewicz (1972) fand bei 230 Bruten je nach Eizahl und Nahrungsangebot Abweichungen zwischen 80 und 105 Tagen und einen Durchschnitt von 91 Tagen.

Mehrfach konnten Unregelmäßigkeiten oder ungewöhnliche Vorkommnisse im Brutleben festgestellt werden. Die verspätete Rückkehr des vorjährigen Weibchens kann z. B. dazu führen, daß ein inzwischen angepaartes Weibchen verdrängt wird. Werden bei einem solchen Austausch weitere Eier abgelegt, können die Jungstörche dann erhebliche Altersunterschiede aufweisen. G. Hoffmann (Orn. Mber. 43, 1935, S. 120–121) berichtet von einem Horst, an dem sich sogar ein dritter Storch als Aufdringling am Brüten beteiligte. Da oft zwei Störche gleichzeitig brüten wollten, konnte es zu argem Gedränge kommen. Trotzdem ergaben die 4 Eier auch 4 Junge, von denen aber später eines abstürzte. Leider konnte nicht entschieden werden, ob der dritte Brutvogel ein wiedererkannter und deshalb geduldeter Jungstorch aus einer früheren Brut des Paares oder ein noch nicht vollwertiger Fremdstorch war. In der Storchstation Altreu beteiligte sich ein Einjähriger an der Aufzucht einer Brut (Bloesch 1983).

Ein vierjähriges Männchen pendelte zwischen zwei Horsten hin und her und beteiligte sich vermutlich an der Aufzucht einer Fremdbrut. In einem anderen Fall gab ein neunjähriges Weibchen seinen Horst, in dem es 5 Jahre gebrütet hatte, auf und siedelte 3 km um, verließ aber dann dort sein Gelege kampflos und kehrte zum alten Horst zurück, an den es sich offenbar stärker gebunden fühlte als an das Männchen (G. Haas 1963: Hier weitere Sonderfälle, ebenso bei Schmidt 1983, Bloesch 1983 und Meybohm u. Fiedler 1983).

Polygamie wird von Skovgaard (1933/34) innerhalb eng benachbarter Bruten nicht für selten gehalten. Starker und wohl auch berechtigter Verdacht bestand bei dem Ringstorch Radolfzell BB 15303, den ich 1974 wiederholt an den 3 km voneinander entfernten Horsten in Hermsdorf und Lippitsch (Oberlausitz) ablesen konnte.

Mehrfach ist es zu Mischbruten mit Schwarzstörchen gekommen. Im Tiergarten Schönbrunn bei Wien blieben Begattungen zwischen einem Schwarzstorchmännchen und einem Weißstorchweibchen ohne Erfolg (Beitr. Fortpfl. Vögel 10, 1934, S. 57–60). Dagegen zog ein Mischpaar, bei dem das Männchen ein Weißstorch war, im Zoo Basel zwei Jahre nacheinander einen Bastard auf (Zool. Garten 9 N. F., 1935, S. 139–144). Eine aufgezogene und später halbwild freifliegende Störchin baute fünfjährig mit einem ebenfalls halbwilden Schwarzstorch ein Nest, ohne daß es jedoch zu einer Brut kam, weil sich inzwischen ein Weißstorchmännchen einstellte (Ref. Vogelwarte 23, 1965, S. 152).

Die gesamte Brutperiode beansprucht also von der Ablage des 1. Eies bis zur Auflösung der Familie etwa 16 Wochen. Diese lange Dauer läßt Spätheimkehrern nur eine geringe Chance für eine erfolgreiche Brut, weil sie den Frühwegzieher

Storch in zeitliche Bedrängnis bringen würde. Aus dem gleichen Grund kommt es auch nur ausnahmsweise zu einer Ersatzbrut nach dem Verlust des Erstgeleges. Zwar können sich das alte Brutpaar oder ein alter und ein neuer Partner an Stelle eines verdrängten oder verunglückten nach einem Horstkampf sofort erneut begatten, sobald wieder Beruhigung eingetreten ist, und nach 10 bis 15 Tagen die Bebrütung des Ersatzgeleges aufnehmen, doch erweist sich meist spätestens Ende Juni, daß die Eier unbefruchtet waren.

Allerdings gelingen auch manche Bruten, doch sind diese dann in der Regel – ebenso wie solche, die nach verspäteter Rückkehr begonnen werden – nur schwach und haben nur ausnahmsweise mehr als 3 Eier oder 2 Junge. Gegenüber Normalbruten ist ihre Entwicklung deutlich im Rückstand, weshalb sie sich manchmal bis in den September hinziehen oder gar aufgegeben werden.

Nachgelege sind in der Regel nur schwach und bestehen oft aus weniger als 3 Eiern, was auch für Spätgelege gilt, selbst wenn sie unmittelbar nach der verspäteten Rückkehr Mitte Mai begonnen wurden. Jungstörche aus gelungenen Spätbruten sind in ihrer Entwicklung gegenüber Normalbruten im Rückstand. Manche werden beim Heranrücken der herbstlichen Zugzeit aufgegeben, andere verlassen mit ihren Eltern das Brutgebiet verspätet, zuweilen erst September.

Während sich die flüggen Jungstörche an geeigneten Örtlichkeiten sammeln, geraten die Altstörche gleichsam nochmals in eine Brutstimmung, wenn auch in abgeschwächter Form. Sie zeigen eine verstärkte Bindung an den Horst, sitzen oft lange in ihm, bauen an ihm herum, lassen häufig ihr Klapperduett erschallen und führen sogar Begattungen aus. Die Trennung von der Brut ist vollzogen.

Die Vorbereitung des Wegzuges. Bei normalem Entwicklungsverlauf verlassen die Jungstörche in Mitteleuropa Ende Juli oder Anfang August ihren Horst. Sie kehren zwar einige Tage nach Erreichen der Flugfähigkeit zu ihm zurück, doch wird die Neigung zum Herumstreifen immer stärker. Ihr Verhalten ist auffällig geändert. Eine starke Unruhe hat sie gepackt, sie sind auffallend scheu und mißtrauisch, wahren eine große Fluchtdistanz und fliegen sichtlich gern. Auch Störche in Gefangenschaft verraten die gleiche Unruhe und klappern lebhaft beim Anblick von Artgenossen, die in dieser Jahreszeit häufig in Aufwindschläuchen über ihnen kreisen und denen sie sich gern anschließen würden.

Bairlein (1979) wertete die Totfunde von 75 Jungstörchen aus, die im Juni 1975 im Süden der BRD beringt und im Umkreis von 100 km wiedergefunden worden waren. 25 dieser Störche waren 30 bis 45 Tage nach der Beringung in der engeren Nestumgebung nachweisbar oder hatten vereinzelt ungerichtete Ortsbewegungen ausgeführt. Erst nach 85 Tagen deuteten größere Entfernungen und eine sich allmählich herausbildende Vorzugsrichtung den Beginn des wirklichen Zuges an; in Mitteleuropa ist frühestens in der zweiten Augusthälfte, also in der 12. bis 15. Lebenswoche damit zu rechnen. Unerwartete Streubewegungen sind jedoch keineswegs seltene Ausnahmen. Beispiele dafür sind der Storch mit dem Helgolandring 234391. Er wurde am 1. 7. 1951 in Süderdithmarschen beringt und am 15. 8. 1951 in Köylio (61.07 N 22.20 E) in Finnland gefangen. Vermutlich hatten ihn Süd- und Südwestwinde über Alsen, Schweden und die Ålandsinseln dahin verdriftet, vielleicht aber auch luftelektrische Störungen einer Gewitterfront über die örtliche Lage getäuscht (Vogelwarte 16, 1953, S. 143). Drei Jungstörche aus Dänemark gelangten nach Südengland (Vogelwarte 26, 1972, S. 317). Ein Jungstorch verflog sich im August bis nach Lappland Vogelzug 6, 1935, S. 164), ein anderer von der Lausitz bis in die Gegend von Gdansk 450 km nach Nordosten. Am 22. 8. erschienen bei Baktsjaur in Lappland 6 Störche, die dann seit dem 14. September verschwunden blieben. Sie wurden für vorjährige Jungvögel aus einem Gebiet südöstlich der Ostsee gehalten (Fauna och Flora 5, 1934, S. 240).

Das Fernbleiben vom Horst ist gleichbedeutend mit der allmählichen Auflösung der Familienbindungen, aber nicht unbedingt ein Zeichen für bereits erfolgten Wegzug, der sich deshalb zeitlich oftmals nur schwer festlegen läßt. Gern sammeln sich die Jungstörche auf Wiesen in nahrungsreichen Flußauen, wo sie gemeinsam der Futtersuche nachgehen, Flugübungen machen und auf Bäumen, namentlich zopftrockenen Eichen, übernachten, bis sie sich eines Tages gegen Mitte August, in Dänemark bereits in der 1. Monatshälfte, trotz noch vorhandener Nahrungsfülle und hochsommerlicher Temperaturen von Aufwinden davontragen lassen. In der Regel geschieht dies 12 bis 14 Tage, meist 4 bis 5 Tage vor den Altstörchen. Die ersten Durchzüglertrupps bestehen nahezu ausschließlich aus diesjährigen Störchen, und erst später nimmt der Anteil der Altstörche zu, die zunächst nochmals eine besonders starke Bindung an den Horst zeigen.

Nachzügler und Überwinterer. Fast in jedem Jahr bleiben vereinzelte Nachzügler zurück, die sich erst im September oder Oktober auf die Reise begeben oder bis in den November verweilen. Es mögen Junge aus Spätbruten sein, häufiger aber sind wohl Verletzungen, Erkrankungen und Schwäche oder hormonale Störungen der Anlaß. Obwohl Störche wenig temperaturempfindlich sind und ihnen Frost und Schnee wenig anhaben, besteht für sie aufgrund von Nahrungsmangel kaum Aussicht, den Winter bei uns zu überleben, am ehesten wohl noch im Küstengebiet. Sie können entkräftet manchmal noch gefangen werden, wie ein alter Storch am 23. 12. 1963 bei Malschwitz oder ein junger am 27. 12. 1961 bei Wartha, andernfalls verhungern sie, wenn sie keine menschliche Pflege erhalten. Jedenfalls ist der Ausgang von Überwinterungsversuchen, den z. B. 3 Störche im Dezember 1978 an einem Bach bei Löbau oder ein Storch am 23. 1. 1978 bei Quoos wagten, völlig ungewiß. In Stendal überstand allerdings ein Storch zwei Winter dadurch, daß er sich nahe eines Bäckereischornsteines in der Innenstadt aufhielt und sein Futter im Tierpark holte. Ähnliche Beispiele bestätigen, daß Überwinterungen sogar in mehrjähriger Folge gelingen, wenn regelmäßig ausreichend Futter geboten wird. Auffälligerweise neigen immer mehr Störche – keineswegs nur in Storchenzuchtstationen gehaltene oder Gefangenschaftsstörche – zunehmend dazu, auf den Wegzug zu verzichten, so daß künftig vermehrt mit Überwinterern gerechnet werden muß.

12. Der Weg- und Heimzug des Storches

Alte Vorstellungen und die neue Beringungsmethode. Plinius (23–79 u. Z.) muß gestehen, daß er nicht wisse, wo die Störche herkämen und wohin sie reisten. Noch Albertus Magnus (13. Jh.) läßt tausend Jahre später die Störche einfach den Winter im Wasser verschlafen. Ähnliche Vorstellungen bekunden Geßners Vogelbuch (1557) oder Prätorius (1676), nach denen Störche „wie andere Vögel zur Winterszeit verborgen liegen, entweder in den Felsen oder in Sümpfen", allerdings bereits in Afrika. Dazu schreibt noch Lonicerus in seinem Kräuterbuch III (1679) vom Storchgericht vor dem Abflug und vom Wegtragen altersschwacher auf dem Rücken, doch hält bereits Jonstonus (1650) den Storch „unzweifelhaftig für einen Wandergesellen", und Zeitgenossen geben entsprechend den geographischen Vorstellungen ihrer Zeit „Java, Indien und die Wüsten jenseits des Jordan" als Winterherberge an.

Auf die sogenannten „Rückkehrsagen" (Vogelzug 11, 1940, S. 124–125), wonach

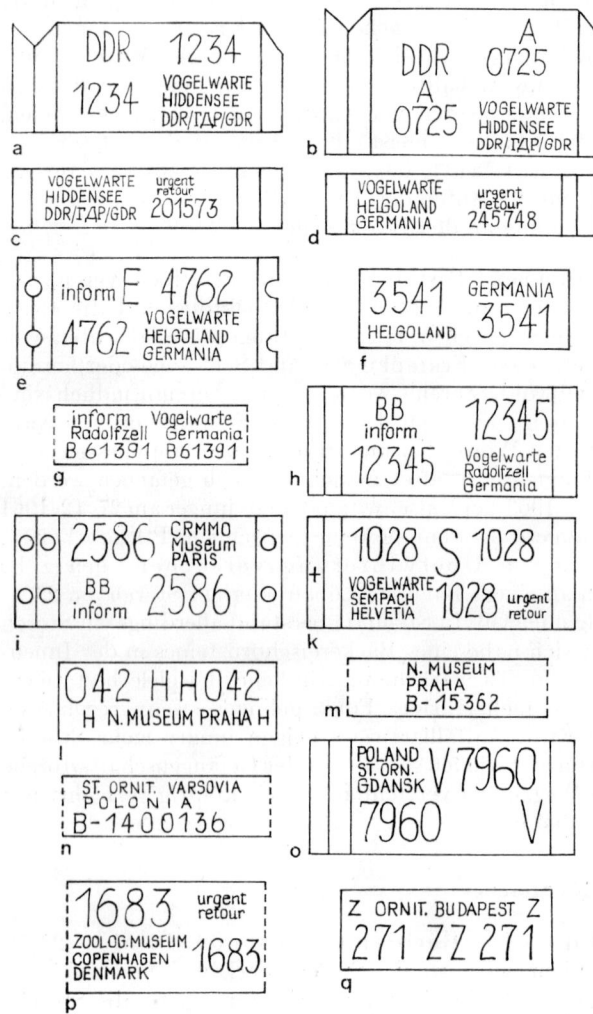

Abb. 83 Formen und Inschriften von Storchringen verschiedener Beringungszentralen. Orig.

einem Storch ein Pergament am Bein befestigt worden sein soll mit der Anfrage, wo er den Winter verbringe, und auf die oftmals ausgeschmückten Geschichten über die Antwort oder gar ein Dankgeschenk soll hier nicht eingegangen werden. Beispiele dafür lassen sich – auch z. B. für Schwalben – vom Mittelalter bis in die Gegenwart verfolgen.

Auch Nachrichten über erste Versuche, Störche mit Ringen, Schildchen oder angehefteten Zetteln zu kennzeichnen, sind überliefert. Die älteste betrifft wohl das Bemühen des Nürnbergers Thurneysser zum Thurm (etwa 1565), der Jungstörche aufzog und dann mit einem „Messinghöslein" fliegen ließ (Vogelwarte 26, 1971, S. 201). In Thunum (Ostfriesland) kehrte 1684 ein Storch mit einem Glöcklein am Hals zurück, das dann für einen Klingelbeutel Verwendung fand (Vogelzug 11, 1940, S. 143). Weitere solcher Geschichten von Kennzeichnungen berichtet Rydzewski (Dansk Orn. Foren. Tidsskr. 45, 1951, S. 61). Im 19. Jh. führten Einzelmarkierungen zu ersten glaubwürdigen Wiederfunden, z. B. 1843 von Alphen in Südholland im gleichen Sommer in Roquefort in Südfrankreich (Vogelwarte 31, 1981, S. 33) oder von Berka an der Werra am 24. 8. 1880 in Gerona in Spanien.

Derartige Wiederfunde erweckten den Wunsch, tiefer in die Lebensweise des großen, vertrauten und in der Nähe des Menschen lebenden Storches einzudringen. Die Kennzeichnung durch Ringe versprach dabei Erfolg. Eine ernstzunehmende Erforschung des Storchenzuges setzte jedoch erst um die Wende zum 20. Jh. mit dem planmäßigen Beringen durch H. C. C. Mortensen ein.

Zunächst wurden Normalringe (15–20 mm hoch, 3,4 g), verwendet, seit 1934 überwiegend „Kennringe" (30–40 mm hoch, 6,3 g), in die außer der Anschrift der Vogelwarte eine kurze Zahl zweimal in unterschiedlicher Zeilenhöhe und gegeneinander versetzt eingeprägt ist. Die großen Ziffern erleichtern das Ablesen mit einem starken Fernglas, besonders wenn sie geschwärzt sind, und ersetzen dadurch Kontrollfänge. Teilweise hat außerdem der Schlaufenverschluß je nach dem Verwendungsland noch eine unterschiedliche Einkerbung, die eine weitere Kontrollmöglichkeit bietet. Weiterhin diente zusätzlich gelegentlich ein Farbring der Einzel- oder Gruppenmarkierung, doch muß davor gewarnt werden, zwei Ringe übereinander anzubringen, da sich an den Berührungskanten Aufwölbungen ergeben können. Zelluloidringe haben sich ohnehin nicht bewährt, wohl aber neuerdings farbige Plastringe oder elektrolytisch eloxierte Ringe.

Da Altstörche nur zufällig in die Hände des Menschen geraten, werden fast ausschließlich nestjunge Störche beringt. Dies bietet zugleich den Vorteil, später über Herkunft und Alter eine Aussage machen zu können. Bei sorgfältigem Vorgehen ist die Beringung unbedenklich, und es besteht weder die Gefahr einer Verletzung noch des Verlassens der Nestlinge durch die Altvögel. Am günstigsten ist das Alter von 3 bis 4 Wochen. Der Beringer tut gut, wenn er die Jungen durch vorsichtige Bewegungen, Bestreichen mit einem Zweig oder Zudecken mit einem Tuch zum Niederlegen bewegt und dann einzeln am Ständer oder Schnabel – nicht am Flügel wegen Bruchgefahr! – zu sich an den Nestrand zieht. Auch Hacklustigen wird am besten eine Decke übergeworfen.

Das Beringen kann nach herkömmlicher Weise über den Zehen erfolgen, doch wird neuerdings das Anbringen oberhalb des Fersengelenkes bevorzugt, weil es das

Ablesen erleichtert. Der Sitz des Ringes ist dabei besonders gewissenhaft zu prüfen, damit nicht ein Herabrutschen über das Gelenk zu dessen Versteifung führen kann. Unbedingt ist auch darauf zu achten, daß die Zahl nicht „kopfsteht".

Die Erfolge haben den Storch als idealen Versuchsvogel bestätigt und keineswegs nur wertvolle Einblicke in das Zuggeschehen gebracht, vielmehr auch biologische Fragen aufgehellt, z. B. die der Ansiedlungs-, Orts- und Paartreue, Brutreife und -beteiligung, Lebenserwartung oder der Verlustursachen.

Insgesamt wurden seit 1909 wenigstens 200000 Störche mit Ringen der europäischen Beringungszentralen gekennzeichnet und damit die Grundlage für einige Tausend Wiederfunde und Ringablesungen geschaffen. Allein in Niedersachsen konnten Meybohm u. Dahms (1975) 1001 Ablesungen auswerten, und fast 3000 Beringungen in der Oberlausitz erbrachten bisher über 600 Ablesungen (Creutz 1982b). Hinter solchen Zahlen verbirgt sich oftmals ein halsbrecherischer Einsatz und ein unvorstellbarer Zeitaufwand. Deshalb sei auch hier den zahlreichen ehrenamtlichen Helfern Dank und Anerkennung ausgesprochen! Er sei mit der Bitte an alle Storchfreunde verbunden, die Storchforschung durch Mithilfe noch erfolgreicher zu machen, indem sie Besitzer stark vergrößernder Optik auf beringte Störche hinweisen und sie um Ablesung bitten, denn noch immer bleiben alljährlich viele Ringstörche mehr oder weniger unerkannt.

Für ein besonders erfolgreiches Vorgehen beim Ablesen lassen sich kaum Ratschläge geben. Es kann in wenigen Minuten gelingen wie auch in anderen Fällen erst nach stundenlangem Ausharren und geduldig wiederholten Versuchen. Feldernde Störche halten meist einen zu großen Fluchtabstand, dazu vereiteln ihre Laufbewegungen oder der Bodenbewuchs oftmals den Erfolg, der am ehesten noch im Anpirschen mit dem fahrenden Auto gewährleistet ist. Am aussichtsreichsten sind Ansitze am Horst, an dem die Störche unmittelbar nach ihrer Rückkehr oder später nach der Brutablösung oder dem Füttern manchmal längere Zeit verweilen, kurz vor dem Wegzug auch gern auf einem nahen Giebel. Günstig sind die mittägliche Fütterungspause oder die Abendruhe, doch sind die Gewohnheiten so unterschiedlich, daß die Ausdauer oft genug auf die Folter gespannt wird und manche Wartezeit einen enttäuschenden Ausgang nimmt, weil alle Mühe durch grelles Sonnenlicht oder einbrechende Dunkelheit, flimmernde Luft, bekotete Ringe oder durch das unerwartete Abfliegen des Storches im entscheidenden Augenblick des Ablesens schließlich noch zunichte gemacht wird. Dabei möchten Ringstörche während ihrer ganzen Anwesenheit möglichst mehrmals überprüft werden, denn zwischen Ankunft und Wegzug ereignen sich mancherlei Vorkommnisse!

Allgemeines zum Zug. Obwohl der Storch nur wenig temperaturempfindlich ist, sucht er überraschenderweise ein Winterquartier auf, das bis 10000 km entfernt in einer anderen tiergeographischen Region liegt. Für diesen weiten Weg werden drei Monate beansprucht, was den zeitigen Antritt der Wanderung verständlich macht. Bei diesem kräftezehrenden Flug sind Tagesleistungen von mehr als 200 km keine Seltenheit. Als ausgesprochener Segelflieger nützt der Storch dabei die aerodynamischen Vorteile vertikaler Luftströmungen aus. Die Pulks schrauben sich in thermischen Aufwinden, die sich besonders über großen und offenen Landmassen bilden, in die Höhe und lassen sich von ihnen mit wenigen ausgleichenden Flügelschlägen davontragen. Die Überquerung von Wüsten ist deshalb kein Hindernis, wie das der Flug über die Sahara oder über die Wüste Sinai bestätigen, wohl aber ein Wagnis, das zahlreichen Störchen das Leben kostet (Abb. 74). Besonders bei Hitzeeinbrüchen fallen sie erschöpft in Brunnen und ertrinken, oder ihre Leichen liegen im Wüstensand.

Selbst Hochgebirge werden überwunden, wenn auch möglichst an niedrigen Paßstellen. Nachweise von Störchen in Italien zeugen vom regelmäßigen, wenn auch vielleicht nicht häufigen Überfliegen der Alpen, so z. B. Wiederfunde von Beringten aus Masuren oder Marburg a. d. Drau oder auch Beobachtungen am Col de Cou (VS/Schweiz, 1925 m) oder am Gotthardhospiz (2091 m). Die Hohe Tatra oder die Karpaten werden ebenfalls überflogen, wie Beobachtungen am Köpataki-See (1800 m; Aquila 71/72, 1964/1965, S. 246) oder bei Kiskirály (1816 m; Vogelwarte 25, 1969, S. 70) bestätigen. In den Südostkarpaten bildet ein Paß bei Predeal das Einfallstor in das Karpatenbecken und nach Siebenbürgen, das die Ungarn deshalb als ,,Porta Ciconiarum" bezeichnen.

Ausgedehnte Wasserflächen setzen dem Storchzug Schranken und werden nach Möglichkeit gemieden, da sie anstrengenden Ruderflug erfordern. Damit erklärt sich das spärliche Auftreten auf Inseln, z. B. auf den Nordseeinseln oder auf Hiddensee. Vor allem wird deshalb das Mittelmeer in weitausholendem Bogen im Westen oder im Osten umgangen. Versuche, es über Italien und dann im ,,Inselsprung" über Sizilien und Malta zu überqueren, sind mindestens gegenwärtig spärliche Ausnahmen. Vielleicht wurden sie ehemals in Zeiten größerer Storchdichte öfter gewagt, denn 1856 sollen bei Malta ,,ungeheure Massen von Störchen auf See verunglückt" sein (Schüz 1942). Schon die 14 km breite Meerenge von Gibraltar bereitet erhebliche Schwierigkeiten, noch mehr der Flug über das 30 km breite Rote Meer (s. u.), und es ist anzunehmen, daß der Ärmelkanal als natürliche Schranke die Besiedlung Großbritanniens mit Störchen verhindert hat.

Nicht selten werden Störche von Stürmen auf das Meer hinaus verdriftet. Dieses Verhängnis bedeutet für sie wohl immer den Tod, wenn sie nicht zufällig Zuflucht auf einer Insel oder einem Schiff nehmen können. Nahezu von allen größeren Mittelmeerinseln liegen Beobachtungen vor, so z. B. von Sardinien und Sizilien. Auf Menorca/Balearen wurde am 16. 8. 1966 ein am 11. 6. 1966 in Groß Zimmern in Hessen beringter Einjähriger verletzt gefunden, auf Malta fand am 19. 10. 1951 ein 17jähriger polnischer Ringstorch den Tod. Von Kreta und der 80 km von der anatolischen Küste entfernten Insel Zypern werden – vor allem für den Hochsommer – erlegte oder beobachtete Störche mitgeteilt. Im August 1971 und 1978 hatten sich auch größere Trupps dahin verirrt oder waren vielleicht durch die ungewöhnlich warme und trockene Witterung dahin verschlagen worden.

Im Atlantischen Ozean rettete sich ein Storch am 23. 1. 1983 185 km westlich von Lissabon bei 39.00 N 11.49 W auf ein Schiff (Orn. Mitt. 35, 1983, S. 118), ein anderer erreichte am 19. 5. 1929 Madeira, wo er präpariert und im Funchal-Museum aufgestellt wurde. Öfter gelangen Störche auf die Kanarischen Inseln Fuerteventura, Teneriffa und Alegranza. Am 17. 3. 1977 verschlug ein heftiger

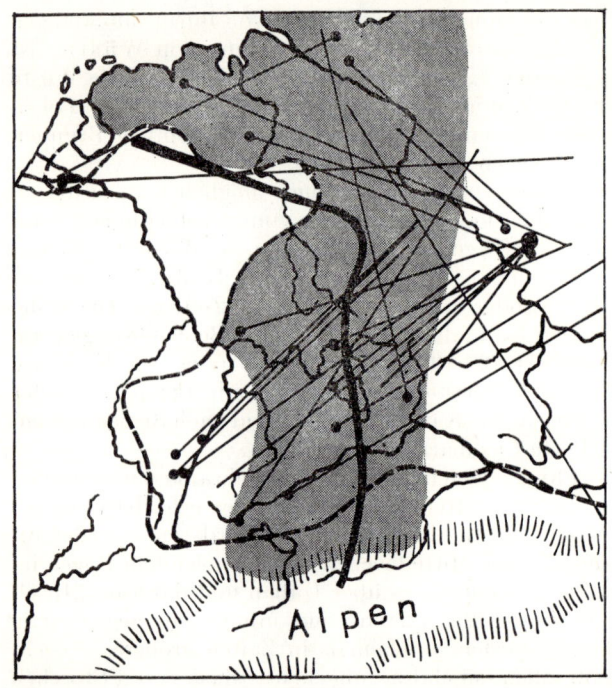

Abb 84. Der Wegzug der Störche in Mitteleuropa erfolgt nach Südwesten oder Südosten. Eine Zugscheide (ZS) verläuft von den Niederlanden zunächst ostwärts und biegt dann nach Süden ab. Beiderseits des Zugscheidengrades (ZSG,–) erstreckt sich ein Zugscheidenmischgebiet (ZSM, grau unterlegt) in verschiedener Breite - - - - = Grenze des Brutareales. Einige Beispiele für Brutansiedlungen jenseits des ZSG sind eingetragen (● Brutort, ● Oberlausitz) Orig.

Schirokko, ein 5 Tage lang aus Südosten kommender heißer Wüstenwind, 35 Störche auf die Insel Lanzarote (Orn. Beob. Bern 34, 1977, S. 197). Sie verblieben offenbar auf der öden, wasserlosen Vulkaninsel und ernährten sich von Heuschrecken und Eidechsen, doch nahm ihre Zahl durch Abschuß, Fang und andere Abgänge rasch ab und betrug am 10. Mai nur noch 10, am 20. Juli etwa 6 Störche, und Anfang August schienen alle verschwunden zu sein. Wenn eine solche Katastrophe einen Wanderschwarm aus einem eng begrenzten Gebiet betrifft, kann sie sich in einer fühlbaren Schwankung des dortigen Storchbestandes auswirken. Ein günstigeres Geschick bewahrte am 21. 2. 1935 etwa 100 Störche, die ein Sturm bei Kap Verde auf den Atlantik verschlagen hatte. Sie konnten sich zwischen Dakar und den Kapverdischen Inseln auf ein nordwärts fahrendes Schiff retten, das sie am 22. Februar bei Kap Blanco bzw. später bei Gibraltar verließen (Vogelzug 6, 1935, S. 125). Selbst auf der fernen Insel St. Helena im Atlantik landete am 12. 8. 1958 oder bereits vorher ein Storch, der verdriftet worden oder vielleicht auch als „blinder Passagier" auf einem Schiff mitgefahren war (Vogelwarte 20, 1966, S. 247).

Zugscheiden. Die Umgehung des Mittelmeeres bedingt in Mitteleuropa einen nach Südwesten und Südosten getrennten Wegzug und infolgedessen eine Zugscheide (abgekürzt ZS; engl. migration divide), deren Gratlinie (ZG = Zugscheidengrat) von Kampen am Ijsselmeer über Osnabrück zum Kyffhäusergebirge und von da, etwa dem 11° östlicher Länge südwärts folgend, über Regnitz und Lech zum nördlichen Alpenrand verläuft. Die ZS ist keine scharfe Trennungslinie, sondern ihr schließt sich beiderseits eine Mischzone (ZSM = Zugscheidenmischgebiet) an. Die niederländischen Störche, besonders die der südlichen Provinzen, und die Störche aus dem westlichen Niedersachsen (Raum Bersenbrück), aus Hessen und aus Baden ziehen überwiegend nach Südwesten. In Nordwestafrika wurden außer ihnen aber auch vereinzelte Ringstörche aus Dänemark und – vor allem östlich von 1° Ost – auch aus anderen Gebieten zwischen Bremen und Weichsel angetroffen. Das östliche Zugscheidenmischgebiet ist also beträchtlich breiter. In Dänemark überwiegen die Südostzügler. Skovgaard (1926) und Mortensen (1929) können 23 Ostfunden nur einen Spaniennachweis gegenüberstellen. Einschließlich neuerer Funde kann ein Verhältnis von 10 : 1 angenommen werden. Die Ostgrenze des Mischgebietes verläuft etwa durch den Westen der Bezirke Rostock, Potsdam (Kr. Rathenow) und Cottbus (Unterlauf der Schwarzen Elster) zur Oberlausitz, doch wurden z. B. Einjährige von Kostelec n. Orliki (50.08 N 16,05 E) am 1. 8. 1939 bei Frankfurt/Main, aus der Oberlausitz in Gelnhausen und Immenstadt/Allgäu oder ein Storch unbekannten Alters im Dép. Gard (Frankreich) angetroffen. Von der Scheitellinie zum äußeren Rand der Mischzone werden jedoch die Beispiele für „regelwidrigen" Wegzug immer spärlicher.

Es ist bemerkenswert, daß sich selbst Nestgeschwister nicht immer gleich verhalten, sondern manchmal unterschiedliche Zugrichtungen einschlagen. So wurde z. B. ein 1974 bei Altenmoor aufgewachsener Jungstorch am 24. August aus Frankreich, ein Geschwister am 27. August aus Ungarn zurückgemeldet (Meybohm 1978).

Geyr v. Schweppenburg (1936a) erklärt das Zustandekommen der Zugscheide lediglich als Weg des geringsten aerodynamischen und ernährungsbiologischen Umweltwiderstandes, nicht aber durch Einfluß von Leitlinien. Störche könnten zwar Meeresstrecken von 50 km oder mehr gelegentlich überwinden, würden aber bei direktem Südflug auf die Sahara stoßen, in der Hunger, Durst und Sandstürme die Restkräfte überfordern würden.

Demgegenüber folgert Schüz (1964) aus der Tatsache, daß Fossilfunde von Störchen aus dem Quartär von Frankreich bis zur ČSSR vorliegen, daß Europa nach den Eiszeiten von zwei Seiten her wiederbesiedelt worden ist. Diese Populationen sind nach der Waldrodung durch den Menschen zusammengetroffen und haben sich in gewissem Umfange vermischt. Möglicherweise ist die Zugscheide eine „Hinterlassenschaft" dieses Vorganges.

Weniger bedeutende Zugscheiden gibt es außerdem in Nordwestafrika und im Vorderen Orient. Auch der nahe verwandte Schwarzstorch *(Ciconia nigra)*, der mit dem Weißstorch Brutgebiet und Zugwege weitgehend gemein hat, hält sich an eine Zugscheide, die jedoch weiter ostwärts verläuft und eine größere Streuung aufweist (Creutz 1982a). Seinen Lebensbedingungen im Wald angepaßt, ist der Schwarzstorch ein gewandterer aktiver Flieger, der weniger von Luftströmungen abhängig ist, bzw. auch dynamische Winde ausnützen kann. Er ähnelt hierin eher den Greifvögeln, mit denen er auch öfter als mit dem Weißstorch gemeinsam zieht. Überquerungen des Mittelmeeres werden bei ihm häufiger vermerkt.

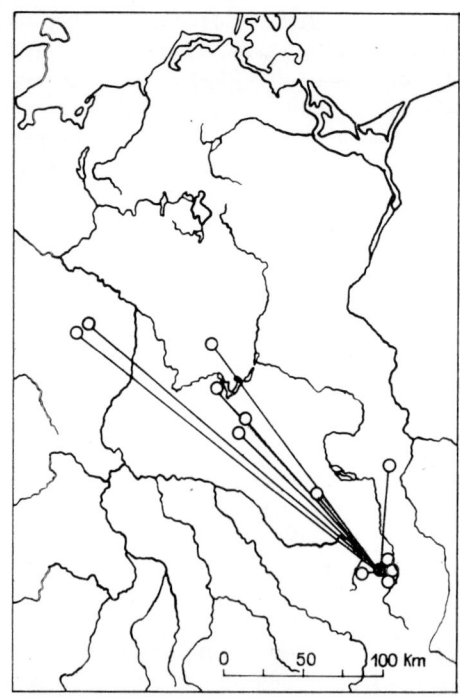

Abb. 85. Ringablesungen ergaben die Zusammensetzung eines Storchtrupps nach der Herkunft. Königswartha (●), 15./16.8. 1974. ○ Herkunftsorte Orig.

Vergesellschaftung ziehender Weißstörche mit anderen Vogelarten sind eine Ausnahme und entstehen wohl fast stets passiv und zufällig durch das Zusammentreffen am Nahrungs- oder Rastplatz, wie mehrere Nachweise mit Graureihern oder Schwarzstörchen zeigen (Abb. 70). Am Bosporus wurden auch Schwarzstörche und große Greifvogelarten beobachtet, welche gemeinsam mit Weißstörchen zugfördernde Luftbewegungen ausnützten. Eigenartig ist die einige Tage anhaltende Bindung eines Pelikans *(Pelecanus onocrotalus)* an 9 Störche (Mitt. Ver. sächs. Orn. 4, 1935, S. 189).

Wegzug nach Südosten. Weitaus die größere, aber schwer zu erfassende Zahl der Störche – schätzungsweise 400000 – wandert in südöstlicher Richtung in das Winterquartier. In Dänemark, dem Nordwesten der BRD und dem Nordteil der Niederlande beginnend, bewegt sich ab Ende Juli ein ständig anwachsender Strom etwa gleichgerichtet mit dem Elblauf und mit seiner Hauptmasse zwischen ihm und dem Nordrand des Harzes nach Südosten.

Der Storchenstrom überfliegt zwischen Wittenberge und Magdeburg die Elbe und erreicht, sich mit Störchen aus der DDR auffüllend und mischend, über das Havelland die Nieder- und Oberlausitz. Die tägliche Flugleistung beträgt 90 bis 200 km, manchmal auch mehr. Ein Storch aus Rudbøl kam nach 3 Tagen in dem 1 200 km entfernten Zilina (SSR) zum Nachweis. Oft werden längere Rastpausen eingeschoben. Bei einem solchen Trupp, der vom 15. bis 17. August 1974 bei Königswartha (Oberlausitz) verweilte, glückte erstmalig der bis dahin mehrfach andernorts aus unterschiedlichen Gründen fehlgeschlagene Versuch, Einblick in die Zusammensetzung einer solchen Reisegesellschaft zu erlangen. Unter den 75 Störchen befanden sich 20 beringte, von denen 12 abgelesen werden konnten. Es waren Jungstörche, darunter mehrfach Nestgeschwister, aus der Altmark und den Bezirken Potsdam und Cottbus, denen sich weiterhin Störche aus der Oberlausitz beigesellt hatten, die gleichsam ,,aufgesaugt'' worden waren (Creutz 1975).

Wann diese Geschwisterbindung gelöst wird, ist ungewiß. Sie scheint auf dem Heimzug nicht mehr zu bestehen, denn Fiedler (brfl.) konnte am 20. 3. 1981 unter 800 sehr scheuen Störchen, die im Jordantal in Israel rasteten, zwei Ringträger mit Hiddensee-Ringen und je einen mit polnischem, tschechoslowakischem und ungarischem Ring ablesen und außerdem noch drei unerkannte mit DDR- und ČSSR-Ring feststellen, also eine ,,internationale Reisegruppe''.

Durchziehende oder rastende Storchtrupps sind in der Südlausitz eine oft beobachtete Erscheinung, die schon in alten Chroniken vermerkt wird. Besonderes Aufsehen erregten etwa 60 Störche, die vom 17.–22. August 1966 allabendlich in dem Städtchen Stolpen zur Nachtruhe auf den Dächern der Burggebäude und der Kirche einfielen (s. Abb. 62a u. b). Während der Nacht ruhen die Wandertrupps auf Bäumen oder Dächern. Sie bleiben beisammen, wahren aber untereinander eine Schnabellänge Abstand (s. Abb. 22 und 62a, b). Am Morgen brechen sie oftmals schon zeitig auf und suchen Aufwindschläuche, von denen sie sich hochtragen lassen, um dann in ungeordnetem Pulk davon zu segeln. Ermüdete Nachzügler verweilen länger und setzen den Flug erst im Laufe des Vormittags fort.

Beim Weiterfliegen stoßen die Störche auf den Nordfuß der variskischen Mittelgebirgskette, die einen Sperriegel bildet und nur ausnahmsweise überflogen wird. Bemerkenswerterweise folgen sie dabei aber kaum dem Elbedurchbruch im Elbsandsteingebirge, der den Weg in den Böhmischen Kessel weisen würde, sondern sie erreichen diesen am ehesten längs der Lausitzer Neiße bei Zittau. Offenbar vereinigen sie sich dann mit der Storchpopulation des oberen Elbtales im Raum Pardubice.

Die Hauptmasse folgt der Nordflanke des Sudetenzuges und sucht an der Nysa bei Klotzko, vor allem aber im Odereinschnitt den Übergang zur Mährischen Senke. Durch die Mährische Pforte nehmen die Störche dann den Weg am Westrand der Beskiden und an der March entlang südwärts über die Slowakei nach Ungarn. In der Pannonischen Tiefebene finden sich nun Störche aus den Niederlanden, Dänemark, Niedersachsen, der DDR, Polen und Ungarn zusammen. Sie erreichen gemeinsam über das Banát und die Südkarpaten, wo sie den Tälern des Mures, Jiu und Olt durch Siebenbürgen folgen, den Unterlauf der Donau, die Dobrudscha und Ostbulgarien. Hier treffen sie mit den Störchen zusammen, die aus Ostpolen, der Baltischen SSR, der Belorussischen und der Moldauischen SSR kommend östlich an den Karpaten vorbei in den Tälern des Pruth und der Sireth in Richtung auf die untere Donau zogen und an den seenartigen ,,Limanen'' nahe der Westküste des Schwarzen Meeres gerastet haben, der sie dann südwärts folgen. Die vereinten Wanderscharen streben danach in schier endlosen Ketten aus Tausenden von Störchen – in den Jahren 1979 und 1980 wurden auf dem Herbstzug 160000 bis 227 000 Störche gezählt! – in beeindruckendem Schmalfrontzug über Kap Kaliakra, Nessebar und Burgas dem Bosporus zu, den sie am Ostrand von Istanbul überqueren. Der thermikbedingte Höhepunkt zwischen 9.00 und 12.00 Uhr muß ein kaum vorstellbares Schauspiel bieten. Schilderungen von R. Porter et al. (Ibis 110, 1968, S. 520–537) und M. J. Helps (Vogelwarte 24, 1968, S. 288) vom Durchzug in der Zeit vom 14. Juli bis 8. November 1966 berichten von Trupps bis zu 11 000 Störchen Anfang September. Insgesamt vermerkten sie außer 207 000 Weißstörchen noch 6 000 Schwarzstörche und 40 000 Greifvögel in 27 Arten!

Die Störche Mittelgriechenlands erreichen Kleinasien offenbar über die Inselbrücke der Ägäischen Inseln und Kos (Chios), wie Martens wahrscheinlich macht (Vogelwarte 23, 1966, S. 205). Kleinasien wird von Nordwesten nach Südosten überquert. Ausgetrocknete Steppengebiete und Felder werden rasch überflogen, ebenso der Sperriegel des bis 3 500 m hohen Taurusgebirges. Die Mittelmeerküste wird im Südosten der Türkei bei Mersin erreicht, dagegen die 80 km von der Küste entfernte Insel Cypern nicht vom regelmäßigen Storchzug berührt. Anfang September 1978 hier verweilende Störche – etwa 1 000 – boten eine wohl einmalige Beobachtung (Vogelwarte 30, 1980, S. 338–339). Der Hauptstrom erreicht über die kilikische Pforte (etwa 1 000 m) bei der Stadt Adana eine von den Flüssen Ceyhan und Seyhan durchzogene Ebene an der Westseite des Golfes von Iskenderun (früher Alexandrette), in der landwirtschaftliche Kulturen mit Sumpfflächen abwechseln und reichlich Nahrung bieten. Offenbar entscheiden die Stärke der auflandigen Golfwinde und vielleicht auch die Erfahrung, ob der Golf, der etwa als Rechteck von 30–40 km Breite und 70 km Tiefe in die Küste einschneidet, in wenigen m Höhe im Abkürzungsflug überquert oder nördlich umflogen wird. Am Vormittag über den Taurus kommende Störche tun dies oft noch am gleichen Tag, nachmittags eintreffende erst am nächsten Tag. An der Ostseite des Golfes stoßen die Storchflüge zwischen Osmaniye und Iskenderun auf das in Nord-Süd-Richtung verlaufende, bis 2 000 m ansteigende Amanusgebirge, dem sie nicht ausweichen können. Sie überwinden es weniger über den nur 700 m hohen Belenpaß, sondern lassen sich von Hangwinden (Steigungswinde = türk. Imbat) in die – oftmals wolkenverhangenen – höheren Berglagen emportragen, wo sie, notfalls zuletzt im Ruderflug, über dem Kamm in den Bereich der ständigen Nordwinde (griech. = Etesien, türk. = Meltemia) geraten, von denen sie sich in scharfer Rechtswendung nach Süden entführen lassen. Am jenseitigen Osthang des Amanusgebirges in Fallwinde geratende Störche gelangen dann an den Amikgölü, den See von Antiochien, und in die angrenzenden Sumpfgebiete, die einen nahrungsreichen Rastplatz bieten (Heckenroth 1968).

Eine kleine Zugscheide trennt hier eine schwache Gruppe, die sich ostwärts nach Al Jazirah (Mesopotamia) absetzt. Sie schließen sich möglicherweise Störchen an, die an der Ostseite des Schwarzen Meeres südwärts gezogen sind und mit denen sie gemeinsam zum Persischen Golf weiterfliegen, wie Storch B 77 632 (o 1939 Rachlau/Oberlausitz + 8. 2. 1945 erlegt am Westende des Hammar Lake, Nasiriyah am Euphrat, 31.03 N 46.19 E), bis zum Golf von Oman (Helg. 208 615 o 21. 4. 1931 Sulau, 51.30 N 17.11 E, Kr. Militzsch + 14. 9. 1931 getötet Saham, 24.10 N 56.50 E, nahebei ein ungarischer Ringstorch) oder gar bis nach Indien gelangen, wo sich in den Museen Nachweise von Nordwestindien bis nach Sri Lanka finden, z. B. im Bombay Natural History Museum solche aus Patan, Satara, Maharashtra, Baghowni und Bengalen. Allerdings ist die Herkunft solcher Störche zum Teil ungewiß, denn bisher weisen lediglich ein Ringfund nach Braunschweig (Helg. 206701 o 11. 6. 1930 Beienrode + 9. 12. 1930 vertrocknet gefunden Bikaner, 28.00 N 73.15 E) und zwei weitere in Südindien bei 8.20 N 77.20 E und 9.20 N 78.35 E nach Jugoslawien. Der Storch Hidd. 5940 (o nj. 3. 7. 1971 in Molkenberg Kr. Havelberg 52.42 N 12.12 E + erl. Januar 1973 bei Tirunelveli [Tanul Nadu] 8.44 N 77.41 E) erreichte fast die Südspitze Indiens (Falke 21, 1974, S. 139), und für Sri Lanka liegen Sichtbeobachtungen vor.

Nordwestindien muß vor allem als Winterquartier der Turkestanstörche gelten, die über den 3600 m hohen Salangpaß im Hindukusch nördlich von Kabul nach dem Einzugsgebiet des Indus ziehen, wie einige Ringfunde bezeugen. Ihnen wird z. B. im Gebiet von Gulbahar in Afghanistan bedauerlicherweise eifrig nachgestellt. Von mehreren Störchen, die nahe der Südspitze der arabischen Halbinsel angetroffen wurden, muß angenommen werden, daß es sich um Irrgäste handelt, die vielleicht im weiteren Zugverlauf vom Hauptstrom abgeschwenkt sind.

Nach der scharfen Rechtswendung über dem Amanusgebirge und der türkischen Landschaft Hatay, die durch zahlreiche Wiederfunde belegt ist, folgen die Störche über die Sümpfe von Homs und den Jisser el Ghizour den nach Süden weisenden Tälern des Orontes und Litani (Leontes) zum Hula-See und dem Grabenbruch des Jordantales zum Toten Meer, an dessen Südende die Oase Safi einen bekannten Rastplatz bildet. Andere ziehen weiter ostwärts über das Wüstengebiet am Jebel ed Druz (Jebel Hauran) und über Transjordanien ebenfalls nach dem Wadi el Araba bis zum Golf von Akaba. Schüz (1966) spricht von einer „genetischen und ökologischen Kanalisierung" in diesem Grabensystem. Hier verlassen sie diese Richtung und biegen über die Halbinsel Sinai ab, deren Südspitze (2640 m) sie meiden. Dieser Wüstenflug ist außerordentlich gefahrdrohend, weil die heiße Wüstenluft Nahrungsmangel und Lufttrockenheit, die zahlreichen Sand- und Staubstürme Turbulenzen und Sichtbehinderung zur Folge haben.

Der Zug von Iskenderun unmittelbar längs der Ostküste des Mittelmeeres südwärts und durch die Wüste Negev galt bisher als Ausnahme, weil die 200 km lange Küste zwischen Trablous (Tripoli) und Akka nur einen schmalen Saum bildet. Inzwischen erfolgten in den letzten Jahrzehnten auch hier Landkultivierungen durch Bewässern, die Anlage von Staubecken, eines Fischteichgebietes bei Beit Hanamiya und großer Luzernefelder, durch die sich eine Änderung im Zugverhalten anzubahnen scheint.

Der Überflug nach Afrika über den hier 30 km breiten Golf von Suez findet stark gebündelt vorwiegend bei El Tär (28 °N) im Ruderflug und meist in geringer Höhe statt. Dazu ist offenbar notwendig, daß Entschlußfreudige den Anstoß geben, denen sich die anderen dann anschließen. Dann aber kann es zu gewaltigen Zügen kommen, die ein Beobachter nach seinen Erlebnissen am 3. 9. 1903 begeistert als „lebendige Kette von Erdteil zu Erdteil" bezeichnet. D. R. Mackintosh berichtet von einem Flug, der in 2,5 Meilen Breite und 4 Meilen Tiefe am 4. 9. 1944 15.25 h Ortszeit den Golf bei 28.03 N 33.29 E in 15 Fuß Höhe überquerte (I bis 91, 1949, S. 55). Viele Störche sind von den Anstrengungen des Zuges

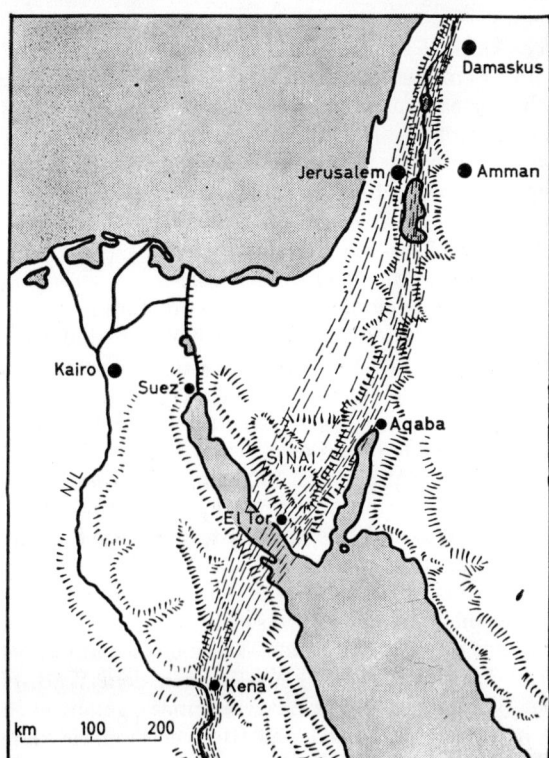

so geschwächt, daß sie entkräftet niedergehen oder sterben. Tote, die in das Meer stürzen, werden von Haien gefressen oder ihre Kadaver an das Ufer gespült.

Meist erreichen die Flüge bei El Ghurdaqa (Hurghada) die Südküste des Roten Meeres und streben dann am Shayib el Banat (Kattargebirge) vorbei (2187 m) durch Trockentäler zum Nil, auf den sie bei Qena (25 °N) stoßen. Unterägypten bleibt also nahezu unberührt seitlich liegen. Vom Nilbogen bei Qena an bildet der Strom fortan die Leitlinie, der die Storchtrupps in schmalem Band nach Süden folgen, wobei sie den 28 °E nach Westen hin kaum überschreiten. Die große Nilschleife ab Dongola wird dann über die Baiyudawüste hinweg bis Khartoum abgeschnitten. Danach verbreitert sich das Zugband beiderseits des Nils, vor allem nach Osten hin. Die Störche folgen dem Blauen Nil, weiter südlich auch dem Sobat aufwärts.

Einzelne und weniger oft auch größere Trupps stoßen nach Ä t h i o p i e n vor, wo während des ganzen Winters Störche angetroffen werden und dadurch dem Land den Charakter eines Winterquartieres geben. Von hier aus gelangen Versprengte oder Herumstreifer auch bis Port Sudan, zum Küstensee Mandalum (17.45 N) oder nach Mitsiwa (Massaua) (z. B. am 13. 4. 1959) und anderen Orten oder bis

Somaliland. S c h ü z (1966) deutet diese Erscheinungen so: „. . . Aus dem normalen Zugstrom sich abtrennende Störche streuen über das Land, verlieren – verlassen vom Verband – ihre Stoßkraft, kommen aber unter günstigen Umständen – Heuschreckengradation oder Großbrand – wieder zu einem Gemeinwesen zusammen, das dann eines Tages ‚gesundet' (sozial aufgeladen) heimwärts zieht. Es gibt aber auch Verirrungen . . ." (s. o.).

Zwischen 10 °N und 4 °N besteht eine Lücke, die durch die Abweichungen nach Äthiopien nicht zu erklären ist. Auch neuere Ringfunde fehlen weitgehend. Entweder wird der Nil gemieden oder Nachweise werden von dem „nachrichtenfeindlichen Stamm der Nuer unterschlagen". Nach den Wiederfunden verläuft der Weiterzug dann vom Südosten des Sudan und dem Westen Äthiopiens nunmehr in etwas geringerer Breite (400–500 km) über den Rudolfsee, Kenia, Tansania, Sambia, Malawi, Simbabwe und Moçambique bis nach Südafrika westlich der Drakensberge, jedoch kaum westlicher als 24 °E. In Angola und Namibia sind Störche seltene Ausnahmeerscheinungen. Unfruchtbare Gebiete oder die Trockenheit der Kalahari mögen allzu abweisend sein.

Die Frage nach dem eigentlichen R u h e z i e l ist keineswegs leicht zu beantworten. In Betracht kommen alle Gebiete südlich des Mittelmeeres, da sie sommerliche Temperaturen und eine ausreichende Tageslänge aufweisen. Bereits in Israel verbleiben zahlreiche Störche während des ganzen Jahres. Regelmäßige Zählungen im Januar ergaben, daß Störche in zunehmender Zahl die Fischteiche und Anlagen aufsuchen, in denen sie Fischabfälle und Geflügelreste finden. F i e d l e r (1986) vermerkte 1967 420, 1975 jedoch 3 577 Störche, die hier als Durchzügler oder Wintergäste verweilten und auf Bäumen, Felsen oder dicht gedrängt in halb angespannten Teichen, bis über das Fersengelenk im Wasser stehend, jedoch niemals in Ortschaften übernachteten. Etwa 1 % der Störche war beringt. Ihre Herkunft aus Schleswig-Holstein, Niedersachsen, den Bezirken Neubrandenburg, Halle und Dresden, aus Ostpolen, der ČSSR und Nordgriechenland konnte ermittelt werden. Es waren sämtlich Altstörche, während Einjährige fehlten. Der Storch He 7 392, im Jahre 1978 als Altvogel in Stade beringt, konnte 1982, 1984 und 1985 am Jordan abgelesen und dazwischen 1983 und – allerdings nicht völlig sicher – auch 1984 in Stade abgelesen werden.

Südlich des 14 °N finden sich zwischen Libyen und Südafrika überall Storchnachweise, vor allem in den tropischen Savannen. In der Serengeti wurde im Januar und Februar der Flug von etwa 2 500 Weiß- und – getrennt davon – 1 000 Abdimstörchen zum Schlafplatz in einer seichten Bucht des Ndutu-Sees am Südostrand der Serengeti beobachtet (Orn. Mitt. 35, S. 218–220 mit 3 Fotos). Als eigentliches Kerngebiet für die Überwinterung darf jedoch der Raum zwischen 24 °S bis 32 °S und 23 °E bis 31 °E angesehen werden. Einjährige zeigen allgemein die Neigung zu weiterem Vordringen nach Süden. Vielleicht gibt es auch Unterschiede nach der Herkunft. Während z. B. Störche aus dem Nordwesten Polens zum Überwintern im äußersten Süden Afrikas südlich 24 °S neigen, verbleiben die aus Südostpolen vorwiegend zwischen 5 °S und 24 °S (K a n i a 1985). Für Angola fehlen Nachweise nahezu völlig, aus Namibia sind außer einigen Feldbeobachtungen (H a v e r s c h m i d t 1949) nur wenige Ringfunde bekannt, und auch im Südwesten der Kapprovinz und in der Umgebung von Kapstadt werden

Störche nur gelegentlich beobachtet (Abb. 87a u. b). Zweifellos üben die Trockengebiete der Kalahari einen abweisenden Einfluß aus.

Im Kerngebiet der Überwinterung halten sich die Störche keineswegs immer in großen Scharen, sondern oftmals auch nur einzeln oder in kleinen Gruppen auf, die umhervagabundieren. Sie sind offenbar nicht an ein stets erneut aufgesuchtes Winterquartier gebunden, andererseits weilte ein Ringstorch in 8 Wintern jeweils bis zu 112 Tagen am gleichen Ort (Meybohm u. Fiedler 1983). Von den unterschiedlichen Umweltbedingungen ziehen Wasseransammlungen in Pfannen und „Vleys", Gras- und Luzerneland, in denen Heuschrecken und Noctuidenraupen verfolgt werden, besonders stark an. Mit großer Vorliebe suchen die Störche die Nähe von weidendem Vieh, das alles Kleingetier beunruhigt, und von landwirtschaftlichen Maschinen auf, oftmals gemeinsam mit Trupps von Regenstörchen. Störche sind im Aufspüren ergiebiger Nahrungsplätze ungemein findig. Ungebunden umherstreifend (– und mit welchen Opfern? –) verweilen sie dort, wo Regen und Nahrung für sie günstig sind, die freilich ohne feste Regel wechseln. Heuschreckenschwärme sind der Anlaß zum Zusammenschluß und zu Wanderbewegungen. Beobachtungen über Massenauftreten oder über Ausbleiben von Störchen erlauben jedenfalls keine Rückschlüsse auf Schwankungen im Gesamtbestand. Auf einer Fläche, die schätzungsweise 80 000 Störche aufwies, waren es in anderen Jahren kaum ein Zehntel! In der Kapprovinz zählte ein Beobachter einmal 5386 Störche im Blickfeld. Um die Jahreswende 1958/59 wurden zwischen 22.30 °E und 26 °E auf 28 000 Quadratmeilen 50 000 bis 110 000 Störche geschätzt, d. h. etwa 1 Storch/km². Umfangreiche Zusammenstellungen von Wiederfunden beringter Störche (Vogelwarte 15, 1950, S. 160–187 und 20, 1960, S. 205–222) enthalten weitere Einzelheiten über das Ruheziel der Störche.

Der Heimzug der Südostzieher. Erst vom November an treffen die Störche im eigentlichen Überwinterungsraum ein, wo sie oft gemeinsam mit den in tropischen Gebieten beheimateten Regenstörchen nur eine verhältnismäßig kurze Ruhezeit verbringen. Schon im Januar beginnen zahlreiche Störche den Rückflug, dessen Fortschreiten jedoch zeitlich und räumlich durch die Bummelei Einjähriger verdeckt wird. Bei einer durchschnittlichen Tagesleistung von 150 km erreichen die Benutzer des östlichen Wanderweges ihre mitteleuropäischen Brutorte bereits im März oder in Nordostpolen frühestens Anfang April.

Anfänglich verfolgt der Zug die gleiche Bahn wie im Herbst, doch schwenken nicht wenige Störche bei Qena (Kena) nicht rechtzeitig vom Nil ab, sondern folgen ihm bis zum Delta und geraten dadurch in eine Sackgasse. Schüz (1955) hält diese „. . . Spätzieher für schwach angetriebene und dementsprechend nicht wegesichere Störche unterwertiger Art; sie haben nicht die Kraft, der ökologischen Verlockung des Nillaufes zu widerstehen und sich in der richtigen, arterhaltenden Weise über die Wüste zum Suezgolf zu begeben." Dort erfolgt der Überflug regelmäßig von Ras Dhib nach Et Tur an der Ostküste, aber auch weiter im Südosten selbst noch bei 27.20 °N, dagegen bei Suez oder El Ismailiya nur spärlich und vorwiegend spät. Immerhin werden die im Herbst gemiedenen Gebiete am Ostrand des Mittelmeeres nun auffallend beflogen. Allerdings sind zu dieser Jahreszeit Steppen und Halbwüsten noch befeuchtet und bieten tierische Nahrung.

Auf die Bedeutung des Thermikfluges weisen Reed und Lovejoy (Condor 71, 1969, S. 146–154) hin. Noch vor Einsetzen der Thermik gegen 9.00 h, die dann in Höhen bis 5000 Fuß, nach Flugzeugbeobachtungen sogar bis 10800 Fuß (= etwa 3000 m) führt, werden erst einzelne, dann immer mehr Störche unruhig, „rudern mühsam umher, nach den noch schwachen, beginnenden Aufwinden suchend, schließlich segeln sie, um nach einer besseren Thermik zu tasten. Alles ist Verwirrung mit Kreisen, mit Sichkreuzen und Herumsuchen, aber allmählich wird die Thermik kräftiger, breiten die Vögel ihre Schwingen, sie schweben aufwärts, und man kann weit über die Wüste hin, oft zu beiden Seiten des Nils, zahlreiche Spiralen sich emporschraubender Störche sehen".

Bedeutsam kann auch der Chamsin (in Libyen „Ghibli" genannt) werden, ein besonders im Frühjahr im östlichen Mittelmeergebiet häufiger trocken-warmer Wind aus Sudan und Arabien. Bringt er zu große Hitze, finden viele Vögel den Tod durch Durst. Er kann die Störche mehrere Tage „am Boden halten, wo sie zweibeinig und bewegungslos stehen, dem Hunger und Durst ebenso ausgeliefert wie den Nubiern und Beduinen (als Nahrung oder einfach als Zielscheibe) oder den Hyänen, Schakalen und Füchsen". Nicht selten kommt es dann zu Massenverlusten. Aus Israel wird dagegen berichtet, daß Störche fast ausnahmslos bei Chamsin ziehen und ihn für eine besondere Form des Segelfluges ausnutzen. Sie schweben mit ausgebreiteten Schwingen und nach Osten gerichteten Schnäbeln in diesem Ostwind nordwärts. Bei abflauendem Chamsin unterbrechen die Störche den Weiterflug sofort, gehen nieder und rasten, auch für längere Zeit. Dabei sind sie auffallend vertraut und weichen selbst Motorfahrzeugen kaum aus, so daß sie ihnen oft zum Opfer fallen. Bei zu starkem Wind suchen sie in Höhlen und hinter Schutthängen Schutz vor Staubsturm. Die Rolle des Chamsin ist also keineswegs eindeutig.

Auf dem Heimzug ziehen schätzungsweise 300000 Störche über Israel. Im Frühjahr 1984 wurden allein im Tal Bet She'an 167000 Störche gezählt. Auch an der Westküste Syriens verläuft der Heimzug stärker und ist deshalb auffälliger als der Herbstzug. Nach der Überquerung des Taurus streben die Zugscharen südlich von Konya zum Bosporus, über dem die Aufwinde zwischen 10.00 und 14.00 h besonders wirksam werden. Durch den häufig bedeckten Himmel wird der Zug kaum beeinflußt, während starker Wind oder niedrige Temperaturen ihn abschwächen und stärkerer oder anhaltender Regen ihn sofort unterbrechen. Im Tal von Sariyer nördlich Bujukdere rasteten zwischen dem 20. 3. und 5. 4. 1978 wenigstens 6000 Weißstörche (Vogelwarte 30, 1980, S. 149–162). Noch vor dem Flug über den Hohen Balkan scheren die Störche Griechenlands aus, um über Trakyen, Makedonien dann südwärts über Thessalien ihre Brutgebiete zu erreichen. Sie führen also offenbar einen Schleifenzug aus, denn über den Inseln des Ägäischen Meeres werden nahezu keine Störche beobachtet. Zwischen Makedonien und Thessalien kann eine Zugscheide angenommen werden.

Die Störche aus Mitteleuropa nehmen ihren Weg in das Brutgebiet über Ungarn und die Tatra bzw. die Mährische Senke und treffen in der Zeit von Mitte März bis Anfang Mai, überwiegend in der 1. Aprilhälfte, in ihrem Brutgebiet ein.

Wegzug nach Südwesten. Nur ein kleiner Teil des mitteleuropäischen Storchbestandes, schätzungsweise 5% und kaum mehr als 5000 Störche (Schüz 1942a), sucht die Winterherberge auf südwestwärts gerichtetem Weg zu erreichen. Die niederländischen Störche streben zunächst leicht gefächert auseinander. Dann wenden sich die südlich von 52.30 °N geborenen vorwiegend nach Südwesten und überfliegen in Frankreich den Loirebogen in Richtung auf die Garonne. Störche aus dem Westen der BRD, vor allem aus Hessen, Baden-Württemberg und Südbayern, vereinigen sich mit Artgenossen aus dem Elsaß und streben durch die Burgundische Pforte südwärts. Die Schweiz wird von diesen Wanderscharen nur ausnahmsweise berührt. Ein solches ungewöhnliches Ereignis bildeten 50 Störche am 21. 8. 1959 in der Nordostschweiz (Orn. Beob. Bern 60, 1963, S. 138–140). Sie waren in ihrer niedersächsischen Heimat im Kreis Bersenbrück bei Osnabrück, die durch Ablesen einiger Ringnummern ermittelt werden konnte, am 9. und 15. August aufgebrochen und dann in den Einfluß von drei Kaltlufttrögen geraten. Am 24. August setzten sie ihren Flug fort.

Die ersten Vorboten können bereits um den 29. Juli bei Narbonne in Südostfrankreich und am 12. August jenseits der Pyrenäen, die vorwiegend im Ostteil überflogen oder in deren Vorland zum Mittelmeer umgangen werden, in Spanien eintreffen. Hier vereinigen sie sich mit den Störchen der Iberischen Halbinsel und überqueren – möglicherweise durch Nahrungsmangel als Dürrefolge veranlaßt – schon unerwartet frühzeitig im August in trichterförmig verengtem Schmalfrontzug die 14 km breite Meerenge von Gibraltar. Bernis (brfl. an Schüz) konnte hier im Herbst 1976 etwa 50 000 Störche zählen.

In Nordwestafrika schließen sich ihnen dann weiterhin die marokkanischen Störche an, so daß westlich von 1 °E außer diesen auch noch Ringträger aus den Niederlanden, Hessen, Baden, ja sogar vereinzelt aus Dänemark angetroffen werden. Die nunmehr auf etwa 150 000 Köpfe angewachsene Storchenschar zieht von hier auf getrennten Wegen weiter nach Süden, und nur einzelne bleiben zurück, um schon hier zu überwintern. Vorwiegend die westeuropäischen und marokkanischen Störche setzen sich auf ihrem Weiterflug bei etwa 30 °N von der Atlantikküste ab, lassen die Westsahara und Mauretanien seitlich liegen und beginnen bei Tindouf in großer Eile einen ungefähr 1 000 km langen Flug über ein Wüstengebiet ohne Wasser und Palmen bis an die Nordgrenze der Sahelzone bei 14 °N. Hier verbringen sie den Winter mit größeren Häufungen zwischen Dakar am Atlantik und Nioro du Sahel in Mali, im Mündungsgebiet des Senegal und Sine-Saloum im Überschwemmungsgebiet des Senegal, ferner am Oberlauf des Niger zwischen Bamako und Mopti und weiter ostwärts in den Savannen Nordnigerias zwischen 18 °N und 12 °N. Gelegentliches Vorstoßen in das Kongobecken ist nicht ausgeschlossen.

Ein wesentlich schwächer genützter Weg wird von etwa 50 000 Störchen Algeriens beflogen, die bei 0 °E südwärts und dann den Wadis von Guir, Zousfana und Saoura folgend und über die Wüste Tanezrouft westlich am Ahaggargebirge (3 000 m) vorbei, den Tschadsee ansteuern. Hier treffen sie mit den Störchen des nordöstlichen Kleinafrika zusammen, denen – überraschend! – auch einzelne Wanderer aus den Gebieten östlich der mitteleuropäischen Zugscheide, also aus dem Nordwesten der BRD, aus der DDR, Polen, ja selbst aus Bulgarien beigesellt sind. Sie kamen über den Östlichen Großen Erg und das Wadi Jgharhar durch Täler mit breiten Mulden, Wasserstellen und Vegetationsoasen und über die Stadt

Tabelle 22. Der Verlauf des Zuges auf den beiden Wanderwegen

		Wegzug nach Südwesten	Wegzug nach Südosten
Juli	2. Hälfte	Aufbruch im Oberrheingebiet und in Frankreich	
August	1. Hälfte	Vorboten erreichen Südfrankreich und Spanien	
	2. Hälfte	Nordwestafrika	Abzug aus Mitteleuropa, aber auch aus Griechenland
September	1. Hälfte	} Weiterflug nach Süden	Ungarn, Bulgarien, Bosporus
	2. Hälfte		Gebiet zwischen Syrien und Sinai, Ägypten
Oktober	1. Hälfte	Westafrika südlich der Sahara, Senegal	Oberägypten, Sudan, Kenia, Sambia
	2. Hälfte		
November	1. Hälfte	südlich der Sahara	Vorboten in Transvaal, Oranje-Freistaat, Natal
	2. Hälfte		
Dezember	1. Hälfte	Überwinterungsgebiet zwischen Senegal, Nigeria und Tschadsee	Überwinterungsgebiet in Südafrika
	2. Hälfte		
Januar	1. Hälfte		
	2. Hälfte	Aufbruch zum Heimzug	
Februar	1. Hälfte	Durchzug in Nordwestafrika Vorboten in Spanien	Aufbruch in Südafrika, Vorboten in Zentralafrika zwischen Sudan, und Sinai
	2. Hälfte	Spanien und Südfrankreich	
März	1. Hälfte	Zweijährige überwiegend nördlich der Sahara, ältere im Brutgebiet zwischen Spanien und Oberrhein	Syrien, Israel, Kleinasien, Ein- und Zweijährige meist weiter südlich
	2. Hälfte	Brutbeginn	Südosteuropa, erste Heimkehrer in Mitteleuropa
April	1. Hälfte	Ankunft und Brutbeginn in den Niederlanden	Ankunft im Brutgebiet
	2. Hälfte		Brutbeginn. In Polen und östlich davon Rückkehr erst Ende April

Amguid, östlich an dem 120 km breiten und 2918 m hohen Querriegel des Ahaggargebirges vorbei nach Tamanrasset (22.47 N 05.28 E) und ziehen weiter nach dem Südrand der Sahara, vor allem zum Süd- und Südwestufer des Tschadsees.

12*

Splittergruppen zweigen vermutlich über der Wüste Ténéré du Tafassasset noch weiter nach Südost ab und gelangen über Oasen am Südfuß des Tibestigebirges (3415 m) und Borkou zum unwirtlichen Ennedi (1450 m, östliche Sahara). Hatten anfangs der nordwestafrikanische Südwestmonsun und Gewitterregen am Saharaatlas bis zum Plateau du Tademait oder auch Aufwinde den Flug über die Trockenzonen der Sahara erleichtert, so werden auf der letzten Strecke nördlich vom Tschad- und Fittrisee bis Darfur zweifellos Hunger und Durst zur Qual, da lediglich die „Geltas" in den Bergschluchten zeitweise etwas Wasser bieten. Im Gebiet von Darfur (bis 3000 m) mag es dann gelegentlich zu Berührungen mit Wanderern des Ostweges kommen.

Heimzug der Südwestzieher. Soweit nicht Überwinterungen bereits in Kleinafrika (= Maghreb) versucht werden, verweilen die Störche südlich der Sahara im Überschwemmungsgebiet des Senegal oder in den dünn bewachsenen, teilweise sogar weitgehend nackten Savannen oder den semiariden Grassteppen des nördlichen Nigeria und Kongo-Urwaldrandes, am Tschadsee, zwischen Ubangi und Chari, sowie südlich bis zum Leopoldsee. Üppige Wiesen werden dabei trockenem, unkultiviertem Land vorgezogen, auch wenn dieses insektenreich ist. Anziehend wirken Buschbrände, die leichte Beute versprechen. Auch höhere Lagen werden nicht gemieden, weil sie möglicherweise Vorteile durch Aufwinde bieten.

Die Störche der Westgruppe, die in der Regel weniger weit ziehen, treten den Heimzug in die Brutheimat auch wieder früher an. Bereits Ende November oder Anfang Dezember setzen sich die Störche vom Senegal und Niger wieder in Bewegung und durchqueren zwischen Atar (20.37 °N 13.08 °W) und Tindouf die mauretanische Wüste. Nur wenig später kehren auch die Benützer der anderen Pluvialbrücken über das Ahaggargebirge und das Tademaït Plateau zurück, vorwiegend wohl nach Algerien, wo die ersten Störche – trotz gelegentlicher Schneefälle – bereits Ende Januar und die meisten schon Anfang Februar wieder an ihren Brutplätzen weilen, ebenso auch in Tunesien und bald danach in Spanien. Im Gegensatz zum herbstlichen Wegzug wechseln jetzt bei Gibraltar die meisten Störche – im Frühjahr 1985 waren es mehr als 27000 – westlich von Tarifa nach Europa hinüber und verteilen sich dann rasch auf ihre Brutgebiete. Alljährlich versuchen sogar – wenn auch sicher nur wenige – Störche, von Cap Bon aus über das Mittelmeer Sizilien zu erreichen. Am Oberrhein können die Brutströche im 2. Februardrittel eintreffen, gewöhnlich die Männchen eher und durchschnittlich 6 bis 7 Tage vor den Weibchen. Die eigentliche Winterruhe währt also oftmals nur einen Monat. Ganz allgemein vollzieht sich der Heimzug schneller als der Wegzug, bei dem sich die Storchtrupps Zeit lassen. Darum versuchen wohl auch nur im Frühjahr täglich 10 bis 20 Störche von Cap Bon in Tunesien nach dem 70 km entfernten Sizilien zu gelangen.

Die Westgruppe wird in besonderem Maße durch Verluste auf dem Zuge gezehntet, und vielleicht ist hierin die Hauptursache für das rasche Zusammenschmelzen des Bestandes zu sehen. Während sich andere Länder um die Erhaltung ihres letzten Storchbestandes bemühen, sind Nachstellungen und Abschuß in Frankreich und Spanien zu beklagen. Von 42 Rückmeldungen aus Frankreich wird wenigstens in 9 Fällen (= 21%) und von 23 aus Spanien in 11 (= 48%) Abschuß als Todesursache angegeben, und trotz Schießverbotes sind die tatsächlichen Zahlen vermutlich noch größer. Dazu kommen sehr hohe Verluste durch Unglücksfälle an Drahtleitungen (16 = 38% bzw. 4 = 17%). In Mittelafrika erfolgt ebenfalls ein starker Aderlaß durch Nachstellungen.

Der zeitliche Ablauf des Storchenzuges und das Vorrücken der Störche auf beiden Wanderwegen weist zeitlich Abweichungen auf (s. Tab. 22).

Der Zug von Südwesten setzt früher ein, und ebenso erfolgen Rückkehr und Brut zeitiger, wohl um der sommerlichen Dürre und der damit zusammenhängenden Nahrungsverknappung zu entgehen. Die in Spanien beheimateten Störche verweilen vom Februar bis Juli im Brutgebiet, während sich die Aufenthaltszeit bei den ebenfalls nach Südwesten wegziehenden Störchen der südlichen Niederlande wie auch bei den aus Mitteleuropa nach Südosten wandernden um etwa einen Monat verschiebt.

Zusammentreffen zwischen West- und Oststörchen? Eine Anzahl von Wiederfunden belegt, daß vereinzelt Weststörche aus den Schmalfronten in Mittelafrika nördlich vom Äquator ausschwenken und dadurch in das Zug- oder Überwinterungsgebiet der anderen Hauptzugrichtung geraten und sich dort Störchen anderer Herkunft anschließen. Am ehesten ist ein solches Zusammentreffen in dem sich quer durch Afrika ziehenden Grasgürtel der Sahelzone zu erwarten. In welchem Ausmaß dies der Fall ist, bedarf allerdings noch weiterer Untersuchungen. Hinweise darauf sind z. B. der Wiederfund eines Elsässer Storches (o 26. 6. 1959 in Schweighausen bei Straßburg + 14. 3. 1960 in Mwenzo/Nordsambia), ferner von zwei im Rheinland und in Westfalen aufgewachsenen, aus Nordostpolen stammenden Störchen in Kenya und dem Süden Sambias oder eines spanischen Storches in Zaire. Bei Sevilla (Spanien) erschien ein Pfeilstorch, der vermutlich in Tansania beschossen worden war. Ein 1982 bei Marrakech beringter Storch kam am 18. 3. 1983 in Tanganyika zum Nachweis, ein anderer aus Constantine in Uganda.

Diese und sicher noch weitere Funde lassen ein stärkeres Zusammentreffen beider Wanderströme im Raum zwischen Tschadsee, Nil und Kongo und den gelegentlichen Anschluß an Wanderer aus der anderen Zugrichtung vermuten. Es ist nicht ausgeschlossen, daß solche Störche von Zugverbänden des anderen Wanderweges aufgenommen und mitgerissen werden oder daß sie sich ihnen aus Geselligkeitstrieb anschließen, doch zwingen die bisher vorliegenden Wiederfunde nicht unbedingt zu einer solchen Auslegung, und weitere Nachweise müssen abgewartet werden. Auch Störche, deren Geburts- und späterer Brutort nachweisbar beiderseits der Zugscheide liegen, machen einen solchen Anschluß wahrscheinlich, müssen aber den Beweis schuldig bleiben, der wohl nur durch das – wenig wahrscheinliche – wiederholte Ablesen eines Ringstorches beigebracht werden kann. Die Aussichten für solche Funde und ihr Bekanntwerden sind wegen der geringen Wohndichte und Aufgeschlossenheit der Bevölkerung in diesen Berührungsgebieten freilich nur sehr gering!

Es erhebt sich die Frage, ob eine angeborene Fähigkeit die erstmalig ziehenden Störche in die Lage versetzt, die artgemäße, also ererbte Wegzugrichtung

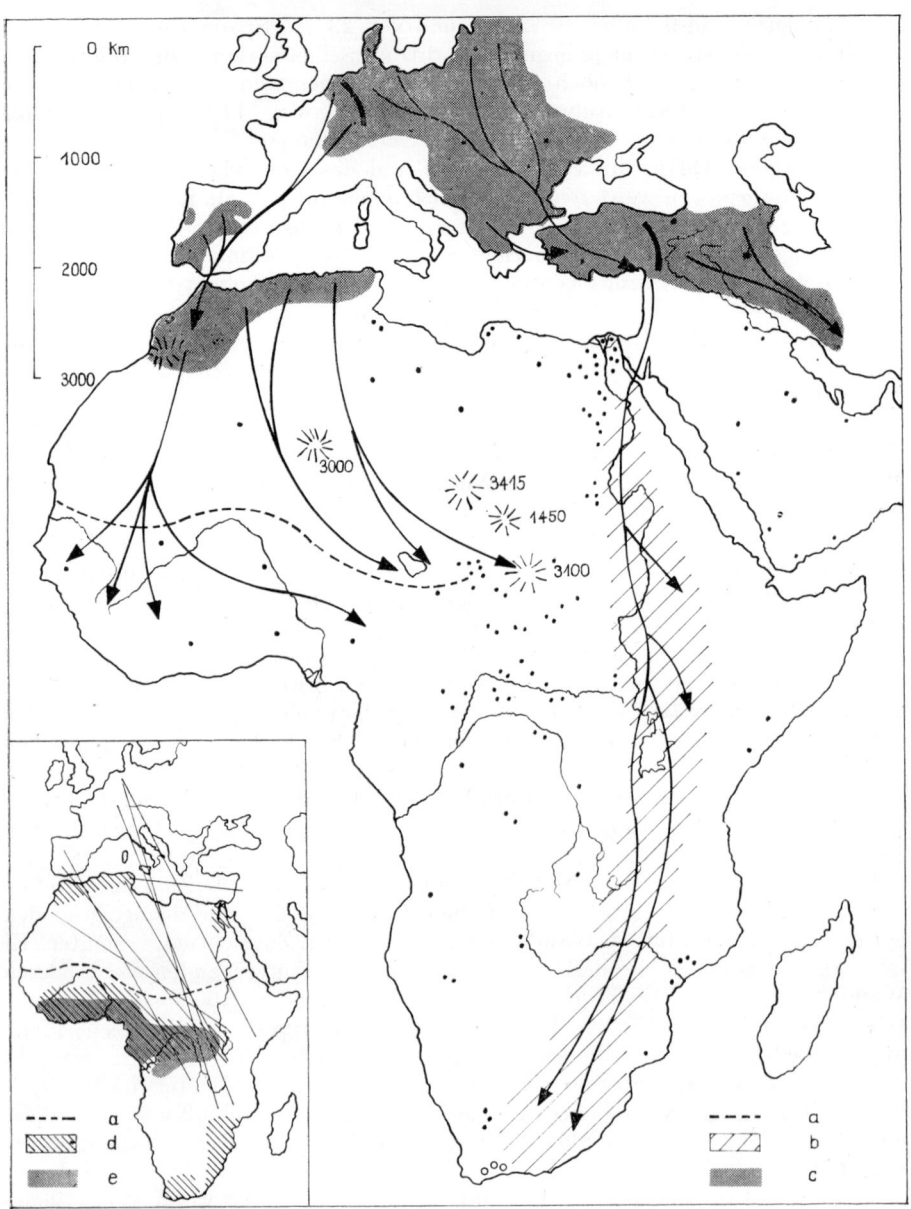

Abb. 87a. Die Zugwege des Weißstorches in Afrika. · Wiederfunde beringter Störche, ● Brutorte in Südafrika, a Nordgrenze der Sahelzone, b von Südostziehern beflogene Zone, c Brutareal in Europa und Nordafrika. – Nebenkarte: Eingetragen sind einige Beispiele für nachgewiesenen Fund im anderen Zugbereich. d Gebiete dichterer menschlicher Besiedlung in Afrika, e Bereich tropischer Urwälder. Orig.

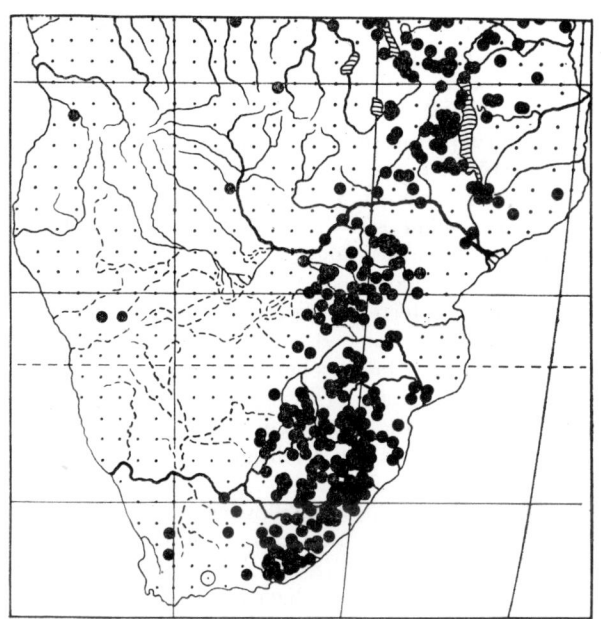

Abb. 87 b. Ringfunde europäischer Weißstörche im südlichen Afrika. Nach Schüz

einzuschlagen, oder ob der Weg durch Führung erfahrener Altstörche erlernt werden muß. Bei einem langlebigen und gesellig ziehenden Vogel wie dem Storch sollte am ehesten erwartet werden, daß die Streckenkenntnis an die unerfahrenen Jungvögel weitergegeben werden muß.

Der Klärung dieser Frage sollten wiederholte Versuche dienen. In einer ersten Gruppe wurden dazu Jungstörche zurückgehalten, bis sie unbedingt auf sich allein angewiesen waren, und dann verspätet freigelassen. Schon Thienemann (Schüz 1934) hatte von 1926 bis 1928 insgesamt 123 Jungstörche in Rossitten (Rybatschi) gesammelt und ihnen in 3 Versuchen erst am 7. bzw. 14. und 22. September den Wegzug ermöglicht. Die wenigen Wiederfunde, die lediglich aus der Zeit des beginnenden Wegzuges vorliegen, bestätigen – mindestens anfangs – den erwarteten Abzug bis Bulgarien, ergaben aber in allen Jahren mehr Irrläufer und Abweichungen in westlicher Richtung (Griechenland, Kreta) als gewöhnlich.

Die stark angewachsene Brutpaarzahl im Masurischen gab 1933 Anlaß, den Zuwachs nicht – wie ursprünglich beabsichtigt – teilweise (nur etwa 1 %!) abzuschießen, sondern für Versuche zu verwenden. Am 12. 9. 1933 erfolgten an drei Stellen erneut Spätauflassungen. Jede Gruppe erhielt als besondere Farbkennzeichnung einen Halsring und 2 Querstreifen über die Brust. Sie war bei 72 Störchen, die von Rossitten (Rybatschi) aus wegfliegen konnten, grün. Die Störche wurden bis zum Schwarzen Meer verfolgt. Drei Störche, offenbar stets die gleiche Gruppe, wichen westlich ab und konnten in Odernähe, in der ČSSR, in Österreich und zuletzt bei Padua/Italien beobachtet werden.

Zwei weitere Gruppen wurden verschickt. Die eine aus 20 Störchen mit schwarzer Zeichnung wurde von Rybatschi nach Frankfurt/Main verfrachtet, flog von da zum Neckar und bog dann – vielleicht durch die Oberrheinebene verleitet – über dem Elsaß und Bern nach Südwesten ab, ein Storch auch nach dem Dép. Haute Marne/Frankreich. Die zweite, blau gekennzeichnete Hauptgruppe bestand aus 144 Störchen, die für eine Verfrachtung in Königsberg (heute Kaliningrad) gesammelt und am 27. 7. 1933 nach Essen im Rheinland gebracht worden waren. Sie zogen in mehreren Verbänden vorwiegend nach Südosten weg. Ein Vorbote erreichte das Salzkammergut, wenigstens 100 Störche auf mehreren Wegen Oberitalien, wo leider jede weitere Spur erlischt.

Demnach wanderte die Hauptmasse der nach Westen verfrachteten und verspätet aufgelassenen Störche – ziemlich gleichlaufend zur normalen Wegzugrichtung aus ihrer Heimat im Masurischen – nach Süd- bis Südosten, selbst bei ungünstiger Wetterlage und unerwartet über das Hochgebirge der Alpen. Der Trieb, eine bestimmte Richtung zu wählen, zeigte sich also recht ausgeprägt, wobei die Massierung der Störche die Richtigkeit und Sicherheit des Handelns offenbar begünstigte.

In den Jahren 1933 bis 1936 wurden weiterhin insgesamt 754 Störche nach dem Rheinland, nach Westfalen und anderen Orten gebracht, dort aufgezogen und im Wegzug nicht behindert (Schüz 1943). Diese Versuche sollten vorwiegend Fragen der Ortstreue klären, gleichzeitig aber auch zur Frage der Richtungswahl beitragen. Die Aussicht auf Wiederfunde wurde jedoch durch die starke Verfolgung in Frankreich und Italien sehr verringert. Zwei dieser Störche wurden später aus Kenya und dem Süden Sambias zurückgemeldet. Auf dem Wegzug kamen vier Störche aus Frankreich in südwestlicher Richtung (245, 625, 625 und 760 km entfernt) zum Nachweis, ebenso auf dem Heimzug in 320, 720, 760 und 1070 km. Keiner erreichte also das engste Aufzuchtgebiet, doch war das Streben dahin zu erkennen. Drei dieser Störche waren dreijährig und möglicherweise brutwillig. Ein Storch brütete siebenjährig (vielleicht schon eher!) 120 km vom Aufzucht- und 740 km vom Geburtsort entfernt. Ein Storch weilte im Juni nach zwei Jahren in Bulgarien und wäre wohl kaum in das Aufzuchtgebiet zurückgekehrt.

Dagegen ergaben schon 7 Nahverfrachtungen von Rossitten (Rybatschi) aus bis zu höchstens 133 km eine Ansiedlung in nächster Umgebung, 85 km vom Schlüpf- und 49 km vom Aufzuchtort entfernt.

Um Orientierungsvermögen und Fluggeschwindigkeit zu erforschen, wurden 1937 in Polen Brutstörche mit Schlingen am Nest gefangen und in unterschiedlicher Entfernung und Richtung aufgelassen (Wodzicki et al. 1938). 75 % fanden sich wieder zurück, davon 3 am gleichen Tag aus 55 und 111 km Entfernung, aus 306 km nur einer von zwei. Je drei von vier in Zugrichtung verfrachtete Störche kehrten aus Bukarest (660 km, frühestens nach 4 Tagen, ⌀ 165 km je Tag) und Lod (Lydda, Israel) (2200 km, frühestens nach 12 Tagen, ⌀ 188 km je Tag) heim, ebenso von außerhalb des eigenen Zugraumes aus Berlin (860 km, täglich 107, 57 und 43 km), dagegen nicht aus Lissabon (2700 km) oder Helsinki (1030 km).

13. Verluste und ihre Ursachen

Mancherlei Ursachen führen beim Storch zu unerwartet hohen Verlusten. Auch hier hat die Storchberingung wertvolle Einblicke gegeben. Soweit Rückmeldungen überhaupt erfolgen, enthalten sie oftmals Angaben über nähere Fundumstände und Todesursachen. Sie mögen nicht immer bekannt sein, werden allerdings auch nicht selten – z. B. bei Abschuß – aus naheliegenden Gründen verschwiegen oder mit der Bemerkung „tot" oder „tot gefunden" verschleiert. Bei der Auswertung dieser Angaben muß weiterhin bedacht werden, daß Wiederfunde aus dem dichtbesiedelten Europa oder aus besonderen Gefahrengebieten eher zu erwarten sind als aus weiten Teilen Afrikas, ferner daß die Aufenthaltsdauer in den einzelnen Ländern und ebenso auch die kulturelle Aufgeschlossenheit ihrer Bewohner unterschiedlich sind. Dennoch ist die Aufschlüsselung von 998 Wiederfunden (nach Zink 1967) recht aufschlußreich (s. Tab. 23).

Als Verlustursachen treten deutlich zwei Schwerpunkte hervor: die Zahl der Unglücksfälle während der Brutzeit im Nest und in den ersten Wochen nach dem Flüggewerden und andererseits Verluste während des ohnehin anstrengenden und kräftezehrenden Fluges zwischen Brutgebiet und Winterherberge überwiegend

Tabelle 23. Todesursachen beringter Störche nach Wiederfunden

Fundgebiet		Todesursache		vom Menschen getötet	Unglücksfälle		natürliche Ursachen
		unbekannt	bekannt (=100%)		Stromtod	sonstige	
SW der BRD, Elsaß,	n	44	119	2	92	10	15
Schweiz	%	–	–	1,7	77,3	8,4	12,6
restliches Frankreich,	n	100	116	64	42	2	8
Spanien, Portugal	%	–	–	55,2	36,2	1,7	6,9
NW- und W-Afrika	n	33	38	34	–	–	4
	%	–	–	89,5	–	–	10,5
westlicher Zugweg	n	177	273	100	134	12	27
gesamt	%	–	100	36,6	49,1	4,4	9,9
DDR, Bayern, Öster-	n	71	145	13	109	6	17
reich, Ungarn, ČSSR,	%	–	–	9,0	75,2	4,1	11,7
Balkan	n	29	27	19	7	–	1
	%	–	–	70,4	25,9	–	3,7
Vorderasien	n	38	33	23	4	3	3
	%	–	–	69,7	12,1	9,1	9,1
E-Afrika (Ägypten bis	n	125	80	56	7	2	15
Kapland)	%	–	–	70,0	8,8	2,5	18,7
östlicher Zugweg	n	263	285	111	127	11	36
gesamt	%	–	100	38,9	44,6	3,9	12,6
Gesamtdurchschnitt	%	–	–	37,8	46,8	4,1	11,3

durch Witterungsbedingungen und durch von Menschen verursachte Gefahren.

Extreme Witterungsbedingungen bilden jederzeit eine drohende Gefahr und stellen einen der verlustbringendsten aller abiotischen Faktoren dar, der zeitlich und örtlich zu ganz erheblichen Störungen im Brutbestand des Storches führen kann. Bei der Ankunft im Brutgebiet herrschen – im Gegensatz zu den heißen Tagen zur Zeit des Wegzuges – oftmals Temperaturen um den Gefrierpunkt. Einsetzender Schneefall und empfindliche Kälterückschläge können den Verlust von Gelegen oder das Aufgeben von frühzeitig begonnenen Bruten zur Folge haben. Als um den 1. Mai 1935 nach gewaltigen Schneefällen das Land zwischen Weichsel und den Masurischen Seen mit einer bis 60 cm hohen Schneedecke überzogen war, fanden zahlreiche Störche den Tod und viele Gelege wurden preisgegeben (Vogelzug 6, 1935, S. 135–136). In Siebenbürgen wurden etwa 70 Störche erfroren aufgefunden, nachdem im März 1962 nochmals starker Frost – am 20. 3. 62 — 17,9 °C! – einsetzte (Vogelwarte 25, 1969, S. 26).

Aber auch große Hitze kann hohe Opfer fordern, besonders in Afrika, wenn die wandernden Störche in der Sahara vom Schirokko oder in Nordostafrika und Sinai vom Chamsin betroffen werden. Dieser Wind, der – wie sein Name besagt – 50 Tage nach der ersten Frühjahrswärme gegen Ende April etwa eine Woche lang glutheiße Luft von Südosten heranführt und oftmals zugleich Sand- und Staubwolken mit sich bringt, bedeutet für viele Vögel den Tod durch Hitze und Durst.

In einem Zeitungsbericht vom 31. 5. 1935 heißt es, daß der Mai 1935 seit vielen Jahren die schrecklichste Hitzewelle für das östliche Mittelmeer und dadurch Tausenden von Vögeln den Tod brachte. Jeder Storchtrupp soll nach seinem Weiterflug 30 bis 40 ermattete Vögel zurückgelassen haben, denen die Kraft zum Mitfliegen fehlte und die schließlich meist verendeten. „Dieses Jahr hatte die schreckliche Hitze beängstigende Verluste unter den Störchen zur Folge – die Wüste ist mit ihren Körpern bestreut und es gibt eine sehr große Zahl von trostlos und ermattet schauenden Vögeln ... die Europa nie wiedersehen werden" (Vogelzug 6, 1935, S. 137–138). Allerdings kann der Chamsin andererseits auch dem Zug förderlich sein (Vogelwarte 17, 1954, S. 166–168).

Durch Hitze verursachte extreme Trockenheit vermag ebenfalls zu Hungerverlusten zu führen, wie Ende Dezember 1972 in Natal/Südafrika beobachtet wurde (Vogelwarte 27, 1973, S. 136), mindestens aber Schwächung, verspäteten Abzug aus dem Winterquartier und damit Störungen im Brutbestand in Europa zur Folge zu haben.

Entgegen der Volksmeinung, nach der Storchhorste vom Blitzschlag verschont seien, werden Altstörche oder auch Nester gelegentlich vom Blitz getroffen. Ebenso wirken sich öfter Gewitterhagel verlustbringend aus und fordern bei Reisegemeinschaften manchmal hohe Opfer. Mehrfach wird von solchen Ereignissen aus Bulgarien berichtet, wo z. B. am 5. August (1932?) bei Gorna-Orechowitza „zirka 200 Störche erschlagen wurden und über hundert mit gebrochenen Flügeln und Beinen am Platze blieben. Die Wiesen waren mit toten und verwundeten Störchen besät, und es gewährte einen überaus traurigen Anblick, die armen, hilflosen, oft des Augenlichts beraubten Tiere sich abquälen zu sehen" (Vogelzug 4, 1933, S. 94). Die Eisstücke sollen z. T. ein Gewicht von 500 g erreicht haben.

Offenbar ist ein solches Ereignis in Bulgarien nicht ungewöhnlich, denn die Beringungszentrale in Sofia erhielt wiederholt Rückmeldungen von ihr beringter und durch Hagelschlag getöteter Störche (Vogelzug 14, 1943, S. 63). Zu einem außerordentlich großen Storchsterben kam es im Februar 1931 am Kamberg in den Drakensbergen (Südafrikas). Hier überraschte ein schweres Hagelwetter eine Ansammlung von Störchen vor dem Heimflug. Nach Presseberichten wurden angeblich Tausende von Störchen auf einer Fläche von 3/4 Meilen Länge und 100 Yard Breite erschlagen und lagen so dicht beieinander, daß sie einem Schneefeld glichen. Eine spätere Nachprüfung ergab immerhin 172 Opfer (Vogelzug 3, 1932, S. 140 bis 141). Noch größer war das Unglück, das sich am 28. Januar 1956 im Distrikt Colesberg (30.44 S 25.05 E) in Südafrika ereignete. Danach trieb der Wind 470 tote Störche an das Ufer eines Stausees bei Palmietfontain, darunter je einen Ringstorch aus Polen und Österreich (Vogelwarte 18, 1956, S. 180–182; mit Abb.).

Selbst anhaltender Dauerregen kann Massensterben verursachen. Ihm erlagen am 6./7. 7. 1931 in Schleswig-Holstein 143 Jungstörche (Beitr. Fortpfl. Vögel, 1933, S. 16–20). und zahlreiche auch in Dänemark, ebenso erneut etwa ein Drittel aller Jungen in den naßkalten Sommern 1979 und 1980, z. T. wohl durch Lungenentzündung (Fiedler brfl.). Unterkühlung bei Dauerregen war auch die Todesursache bei 7 Bruten 1936 in Württemberg (Württ. Landesst. f. Natursch., S. 180 bis 181) oder 1959 in Mirabeau (Algerien), wo in 70 Horsten mehr als 100 Jungstörche starben, die zum Hudern zu groß waren und nicht mehr von ihren Eltern vor dem Wolkenbruch geschützt werden konnten. Im österreichischen Burgenland wurden nach einem Unwetter vom 9.–12. 6. 1959 225 von 505 erbrüteten Jungen tot gefunden (44,6%), allein in der Stadt Rust 71 von 86 (83,7%). Die triefnassen Eltern flogen nicht mehr zur Futtersuche (Vogelwarte 21, 1962, S. 228). Selbst rastende Durchzügler können überrascht und vom Hochwasser fortgerissen werden, wie dies 1938 mit Dutzenden im Oder-Neiße-Gebiet geschehen sein soll (Vogelzug 10, 1939, S. 75). Ähnliche Beispiele ließen sich noch in großer Zahl anführen.

Stürme bringen nicht nur Horste zum Abstürzen oder treiben mit Böen Störche – namentlich noch flugunsichere Jungvögel – in elektrische Leitungen, sondern können ganzen Wandergesellschaften gefährlich werden, wie eine Nachricht über mehr als 200 in der Suezbucht angespülte Störche zeigt (Vogelzug 12, 1941, S. 198). Vermutlich werden auf das Meer verdriftete Störche nur selten ein rettendes Eiland erreichen oder auf einem Schiff Zuflucht nehmen können.

Verdrahtung und Stromtod. Unter den Gefahren, die auf den Menschen und die Zivilisation zurückgehen, steht die Verdrahtung der Landschaft an erster Stelle. Eine Auswertung von 1185 Wiederfunden der Vogelwarte Helgoland (Fiedler u. Wissner 1980) nennt sie in 77% aller Fälle als Todesursache. Dabei sind die unerfahrenen Jungstörche stärker bedroht als die Altvögel. 84% der Störche erleiden den Stromtod im 1. Lebensjahr, 44% bereits am Geburtsort. In Westeuropa und im Bereich der westlichen Zugrichtung sind die Verluste besonders hoch. In Spanien erlitten von 121 Totfunden 61 Störche den Stromtod, 30 wurden abgeschossen (Bernis 1981). Weltweit entwickelt sich durch die fortschreitende Elektrifizierung und den Bau elektrischer Eisenbahnen ein Problem, das nicht mehr als normaler Aderlaß oder als natürliche Auslese gelten kann, weil schon jetzt die Vermehrungsrate die Verluste nicht mehr auffangen kann. Dabei muß wegen des steigenden Energiebedarfes mit einem weiteren Ansteigen der Verdrahtungsopfer gerechnet werden. Wurden in den Jahren 1937 bis 1967 schon 251 Helgoländer Ringstörche als Drahtopfer zurückgemeldet, so waren es 1971 bis 1979 – trotz wesentlich kürzerer Zeit, geringerem Storchbestand, niedrigerer Brutergebnisse und Beringungszahlen – bereits 335!

Nicht eingerechnet ist eine sicher sehr hohe Dunkelziffer, weil viele Opfer nicht gemeldet oder unter den Freileitungen von tierischen Räubern gefunden und weggeschleppt werden. Für 1979 gibt die Statistik der BRD 482000 km Freileitungen (und 19000 km Kabel) an. Inzwischen ist die Zahl längst überholt. Die Zahl verletzter Störche, die in den Storchpflegestationen eingeliefert wird, wächst von Jahr zu Jahr, und auch der ehemaligen Vogelschutzwarte Neschwitz wurden 1953 bis 1972 32 Drahtopfer eingeliefert, denen trotz aller pflegerischen Bemühungen nur in einigen Fällen erfolgreich geholfen werden konnte.

Drahtleitungen können durch den bloßen Anprall (16%) oder durch Stromschlag verhängnisvoll werden. Beim Anprall – ebenso auch an Antennen und Weidezäunen – kann ein Storch günstigenfalls mit Schürfwunden davonkommen. Meist sind jedoch Verletzungen, Brüche oder der sofortige oder durch Absturz herbeigeführte Tod die Folge.

Stromschlag ergibt sich aus Kurzschluß beim Berühren zweier Leiter mit unterschiedlicher Spannung und Stromfluß durch den Körper oder – etwa viermal so oft – durch Erdschluß. Bei diesem wird die Isolation zwischen Leiter und Erde mit einem Stromfluß zur Erdschlußstelle durchschlagen. Er kann aber auch unter Umgehung des Isolators zustandekommen, z. B. wenn ein Kotstrahl oder Niststoffe eine Verbindung zwischen Stromkabel und geerdetem Träger herstellen. Bei Hochspannungsleitungen über 110 kV werden vor allem die Masten mit ihren Querstreben und Traversen zu einer Gefahrenquelle, weil die Leiterseile bereits ab 60 kV wegen des sie umgebenden Spannungsfeldes weitgehend gemieden werden. Mittelspannungen mit 10–20 kV und Ortsfreileitungen mit 1 kV sind am verhängnisvollsten, besonders wenn sie mit Stützisolatoren ausgerüstet sind. Dagegen sind Niederspannungen bis 400 V nahezu ungefährlich.

Die Opfer eines Stromschlages können äußerlich kaum erkennbare innere Verbrennungen haben oder auch brennend herabstürzen. Oftmals weisen Schnabel, Zehen oder Flügel Schäden auf, häufig sind auch Schock mit Herzstillstand, Lähmungen, innere Blutungen und vor allem Brüche. Manchmal gelingt bei guter Pflege eine Heilung, und die Störche erholen sich nach einigen Stunden oder aber auch erst nach Tagen wieder. Deshalb sollen lebend gefundene Drahtopfer nicht voreilig getötet, sondern zunächst in einem dunklen, ruhigen Raum untergebracht und dann möglichst bald einem Tierarzt vorgestellt werden, damit er über Wund- und Schockbehandlung, notfalls auch über das Schienen oder Amputieren von Gliedern entscheidet. Geheilte, künftig aber nicht mehr flugtüchtige Störche sind dann einer Storchpflegestation zuzuführen.

Eine Reihe von Vorschlägen zielt darauf ab, die Berührungsgefahr mit spannungsführenden Leiterseilen zu verringern oder möglichst völlig zu verhindern. Am erfolgversprechendsten sind ausreichend große Abstände zwischen Stromseilen und Erdleitungen, genügend lange Abspannisolatoren und die Verwendung hängender Isolatoren mit Drahtführung unterhalb der Traverse. Eine „Entschärfung" kann auch durch Schutzbügel als Abweiser gegen Landeversuche erreicht werden, ferner durch Isolation der spannungsführenden Teile oberhalb der Traverse mit Schläuchen oder Deckhauben aus Kunststoff oder Plaste und erst recht natürlich der gesamten Leiterseile, für die dann keine Isolatoren mehr benötigt würden.

Stabförmige Abweiser verfehlen oft ihren Zweck. Wo sich Störche einen Mast als Horstunterlage ertrotzt haben und nicht abzuweisen sind, muß ein erhöhtes Gestell für den Horst aus Holz oder anderem nichtleitenden Material angebracht werden (s. Abb. 74 u. S. 98).

Es ist erfreulich, daß sich die Leiter der Energiebetriebe im allgemeinen ihrer Verantwortung bewußt und Beratungen über die Senkung der Unfallgefahr aufgeschlossen zugänglich sind. Ihre Bemühungen um geeignete Konstruktionen können wirkungsvoll unterstützt werden, wenn Meldungen über Art, Ort und Ausgang eines Stromschlages an eine Vogelschutzwarte gegeben werden. Geschlossen weitergereicht, bilden sie eine wertvolle Grundlage für die Kenntnis der Unfallschwerpunkte und Gefahrenquellen und damit für die Abhilfe durch konstruktive Maßnahmen. Angaben über Mastenform, Stromstärke, aber auch über das Alter des Storches, die Entfernung des Horstes usw. bereichern dabei die Auswertbarkeit der Meldungen. Vielerorts werden die Leitungen bereits Schritt um Schritt „umgerüstet", doch sind gegenwärtig noch immer etwa 80% aller Maste ungesichert. Einzelheiten und gute Abbildungen zu dieser Thematik finden sich bei Haas (1980) und Fiedler u. Wissner (1980).

Biozidanwendung. Immer wieder wird auch die Frage nach den Auswirkungen der Biozidanwendung gestellt. Biozide werden weltweit und in immer größerem Umfang eingesetzt. In der BRD sind es etwa 32000 t im Jahr. Die hohe Konzentration an Schadstoffen kann sowohl Kalkmangel, der sich in Dünnschaligkeit und leichter Zerbrechlichkeit der Eischalen auswirkt, als auch verminderte Fruchtbarkeit und Lebensfähigkeit der Embryonen zur Folge haben, also in mehrfacher Hinsicht zu einem geringeren Nachwuchs beitragen. Dazu kommt das verringerte Nahrungsangebot, an dem weiterhin der Einsatz von Kunstdünger beteiligt ist. In der BRD werden jährlich 4 Millionen t in Land- und Forstwirtschaft ausgebracht!

Eine Gefährdung des Storches ist besonders in Afrika zu erwarten, wo die Riesenschwärme von Heuschrecken oder auch Erdraupen (Noctuiden) mit chemischen Mitteln bekämpft werden. Schon Thienemann hatte in Heuschreckenvergiftungen in Afrika eine der Hauptursachen für den Rückgang des Storchbestandes angenommen, und tatsächlich wurden z. B. tote Marabus gefunden, die sich den Magen mit DNC-vergifteten Heuschrecken vollgestopft hatten. In Algerien führte die Anwendung von chlorierten Kohlenwasserstoffen zu Storchverlusten, andernorts wohl auch die von Arsenikkleieködern gegen Heuschrecken bis zu deren Verbot 1945 oder der Gebrauch von Arsenikbädern gegen Zeckenbefall des Viehes in Trockengebieten. Im Staat Hamburg starben 1962 9 Storchenpaare und 23 Jungstörche (von 398) an einem unbekannt gebliebenen Gift, und in Oldenburg bestand 1977 der Verdacht auf „Castrix-Pellets" als Todesursache, eines inzwischen verbotenen Rodentizides auf Pyrmidingrundlage. In Japan brachte die Behandlung von Reis mit einer Phenylquecksilberverbindung gegen Mehltau Schwarzschnabelstörchen den Tod.

Neuere – auch amtliche – Berichte sind zwar z. T. widersprüchlich, jedoch kaum beunruhigend. Sie versichern Gefahrlosigkeit für den Storch, soweit selektiv auf Heuschrecken wirkende und für Warmblüter ungefährliche Mittel verwendet und Fehldosierungen vermieden werden, zumal sich die Störche in den stark begifteten Ausbruchsgebieten der Kalamitäten meist nur in geringer Zahl aufhalten und erst später nach und nach zu größeren Flügen zusammenfinden. Andererseits wurden aber am Tage nach einer großangelegten Webervogelvergiftung 200 tote Störche gefunden, die offenbar ebenfalls Opfer dieser Bekämpfungsmaßnahmen geworden waren (Nikolaus, Vortrag am 15. 10. 1985 in Walsrode).

Die Untersuchung von 5 ergebnislos gebliebenen Eiern aus Horsten in den Kreisen Hagenow und Greifswald ließ weder Kalkmangel noch geringere Eischalendicke als bedrohliche Hinweise auf Pestizide erkennen. Der Gehalt an chlororganischen Verbindungen (DDD, DDT, DDE und am meisten noch PCB) war wesentlich niedriger als bei Greifvögeln und deutet auf eine geringere Kontaminierung der Storchnahrung, von der die embryonale Entwicklung noch nicht beeinflußt werden dürfte (Beitr. Vogelk. 24, 1978, S. 253–256). Auch 7 in den Niederlanden untersuchte Storcheier ergaben keine alarmierenden Werte für 10 verschiedene Biozide. Lediglich für PCB (Polychlorbiphenylen) waren mit 50 mg/kg Lebendgewicht beachtenswert (Het Vogeljaar 1977, S. 304; 1978 S. 285; 1979 S. 289). Nach Untersuchungen von W. Ternes (Vortrag 15. 10. 85 in Walsrode) enthielten beim Storch

	Quecksilber	Blei	Cadmium
Eier	(+)	(+)	(+)
Nestjunge	(+)	+	+
Jungvögel	+	+	+
Altvögel	+	+	++

(+) = Spuren   + = geringe Mengen   ++ = größere Mengen

Die Anwendung von HCB ist verboten und geht bei DDT und DDE zurück, doch ist CHC in Dieldrin und Lindan enthalten. Die geringen Spuren in den Eiern wurden vermutlich im Winterquartier aufgenommen, dagegen stammen die hohen Werte für PCB vermutlich aus dem Brutgebiet. Sie werden in Eiern und Leber gespeichert. Der Storchenschutz-Projektleiter des World Wildlife Fund (WWF), H. Schulz, äußert sich zum Vorgehen in Sudan: ,,Mindestens 3000 Tiere kommen so nur in zwei Monaten in einem Landstrich von nur 20 000 km² ums Leben".

Noch unbekannt sind die Speicherung (Kumulation) von Bioziden und ihrer Abbauformen (Metaboliten) bzw. sich daraus ergebende Spätfolgen, die sich bei besonderer Belastung des Stoffwechsels einstellen können. Weitere Untersuchungen sind deshalb unbedingt notwendig. Dafür vorgesehene Eier oder tote Jungstörche sind kühl aufzubewahren und schnellstens zu einer Bezirksstelle für Veterinärwesen zu bringen. In Afrika, den großen Entfernungen und dem raschen Zerfall wegen der Hitze ergeben. Die Hersteller von Bioziden müssen um gezielte und nicht persistente (– also um leicht abzubauende –) Mittel bemüht sein, deren Zulassung eine strenge Prüfung vorausgehen muß. Bisher hat sich BHC (Gamma-Benzol-Hexachlorid) bei richtiger Dosierung als am ungefährlichsten für Warmblüter erwiesen.

Verfolgung. Als eine der häufigsten Todesursachen geben die Ringfundauswertungen die Verfolgung durch den Menschen an (s. Tab. 23). Übereinstimmend nennen Zink (1968) und Riegel u. Winkel (1971) Frankreich, Italien, Spanien, Portugal, aber auch Syrien, Libanon und vor allem nahezu ganz Afrika mit besonders hohen Werten. In Mitteleuropa kann der Abschuß eines Storches als Ausdruck eines groben Fehlverhaltens gelten. Beispiele sind erfreulich selten und sind nahezu ausschließlich auf Kriegszeiten beschränkt. Dennoch wurden in der Oberlausitz in den Jahren 1945 bis 1949 fast 30 Horste zerstört und beseitigt und wenigstens 55 alte und 16 junge Störche abgeschossen (Makatsch 1949)!

In Afrika ist die Jagd auf Störche seit jeher üblich, in erster Hinsicht des Fleisches als Jagdbeute wegen. Daneben finden die Federn in Sambia und bei anderen nilo-hamitischen Stämmen als Kopfschmuck bei festlichen Anlässen oder

Abb. 88. Am 21. 5. 1822 erschien bei Wismar (Meckl.) ein Storch mit einem 80 cm langen Pfeil (aufbewahrt im Zool. Inst. der Universität Rostock). Nach Kuhk 1931

bei der Herstellung von Pfeilen Verwendung. Die hohlen Knochen dienen als Trinkröhrchen, und „Zauberer" stellen aus dem Schnabel eine Medizin gegen Nervenerkrankungen her.

Die Bejagung erfolgte ursprünglich mit dem Speer und vor allem mit Pfeil und Bogen. Dabei mag mancher Storch nicht tödlich getroffen werden. Seine Wunde verheilt mit dem steckengebliebenen Pfeil, und wiederholt konnten Störche trotz dieses hindernden Fremdkörpers den Heimflug in das Brutgebiet bewältigen. Bisher sind 19 solcher „Pfeilstörche" bekanntgeworden, außerdem auch ein Abdimstorch (Ostrich 40, 1969, S. 17–19).

Die frühesten Funde brachten unfreiwillig erste Kunde von der Winterherberge der Störche, weil Völkerkundler wiederholt die Herkunft des Pfeiles annähernd festlegen konnten (Vogelwarte 15, 1948, S. 8–18; 16, 1951, S. 77–79; 20, 1959, S. 122–124). Der älteste Nachweis erfolgte 1785, mehrere auch im 19. Jh. Je nachdem, ob der Storch im ebenen Feld oder auf einem Baum beschossen wurde, blieb der Pfeil bald in Brust, Rücken, Schulter, Hals oder Schenkel stecken, einmal sogar im Oberschnabel! In manchen Fällen war nur die Spitze eingedrungen, in anderen ragte sie weit heraus (s. Abb. 88), mehrfach blieben auch nur Teile des Schaftes erhalten.

Weit verbreitet ist auch der Fang von Störchen mit Netzen, Fallen oder auch durch Beschleichen bei Nacht und Greifen mit der Hand. In Nigeria sind Schlingen üblich, die in Sumpfgebieten („fadammas") ausgelegt werden, in denen Lockstörche zum Einfallen und zur Futtersuche verführen sollen. Trotz Schutzbestimmungen werden Fang und Handel eifrig betrieben. Bei Fängern konnten Ringe, die z. B. bei Beduinen und Gallas als Amulett beliebt sind, in größerer Zahl gefunden werden. Sie wiesen die BRD, Spanien, Frankreich, Tunesien und Algerien als Herkunftsland aus (Vogelwarte 25, 1970, S. 359). Auch die Haussa in Niger fangen Störche mit Draht- oder Schnurschlingen, am Mare du Chia bei Zinder (13.48 N 9.09E) jährlich etwa 200, unter denen sich ebenfalls Ringträger aus Spanien und Marokko befanden (Vogelwarte 29, 1978, S. 276).

Während diese ursprünglichen Bejagungsweisen kaum einen wesentlichen Einfluß auf den Storchbestand gehabt haben dürften, besteht umso mehr Anlaß zu Besorgnis, je mehr sie durch den zunehmenden Gebrauch von Feuerwaffen (auch spürbar an der Abnahme von Pfeilstörchen!) ersetzt werden. Ganz besonders ist trotz bestehender Schutzbestimmungen der Bestand der westlich abziehenden Störche durch die Schießlust einer wenig storchfreundlichen Bevölkerung von den romanischen Ländern Frankreich und Italien bis nach Mittelafrika hin bedroht, wovon lediglich die Marokkaner eine rühmliche Ausnahme machen. Die südostwärts wandernden Störche geraten in Syrien und Libanon in eine besondere Gefahrenzone. Nach Augenzeugenberichten vereinigt hier hauptsächlich die bloße Schießfreudigkeit über alle sonstigen Gegensätze hinweg Menschen aller Altersstufen, Konfessionen und Weltanschauungen, auf Vögel aller Art vom Geier bis zum kleinsten Singvogel zu schießen, dabei in gesteigertem Umfang auch auf nicht eßbare. Infolgedessen sucht man hier vergebens nach zahlreichen Arten, die erst in benachbarten Ländern wieder häufig sind. Auf dem weiteren Zugweg bildet der Storch dann in Senegal und im Bereich des ostafrikanischen Grabenbruchs eine begehrte Nahrungsbeute.

Auch im Hindukush wird eine eifrige Storchjagd – wohl mehr aus bloßer Lust am Schießen als aus gewerbsmäßigen oder Versorgungsgründen – betrieben, von der die Turkestanstörche betroffen sind (Niethammer 1972, Nogge 1978). Etwa 70 km nördlich von Kabul (Afghanistan) hat sich bei den Dörfern Kohestan und Gulbahar eine besondere Tradition entwickelt. Das 3700 m hohe Hindukushgebirge bildet hier in einem nach Süden geöffneten Knick in 2000 m Höhe eine fruchtbare Ebene mit Teichen und den Flußauen des Pandjirflusses. In diesem Trichter stauen sich die Störche auf dem Heimzug und werden an einem Dutzend Plätzen von den Einwohnern durch Massenfang und -abschuß gezehntet und dann z. T. auf dem Vogelbasar in Charikar verkauft. Die Wanderer werden durch Attrappen zum Einfallen und Rasten verleitet. Für diese wird die Haut eines erlegten Storches mit dem Schnabel, aber ohne Beine, über eine Strohpuppe gezogen und auf einem Stock im Teichboden verankert. Zwischen ihnen laufen Dutzende sehr vertrauter Störche, die im Haus überwintert und gut gepflegt wurden, herum und täuschen einen sicheren nahrungsreichen Platz vor, der unwiderstehlich zum Einfallen verlockt. Die lebenden Lockvögel sind gestutzt oder von ausgeheilten Verletzungen her flugbehindert und durch einen Bandstreifen am Oberschenkel gekennzeichnet. Die Jäger lauern in Verstecken, schnellen Futterfische oder kleine Fleischstücke mit Hilfe eines Lederstückchens an der Doppelsehne eines Bogens etwa 30 m weit in das Wasser und sorgen so für Bewegung. Nach geduldigem – gelegentlich wohl auch tagelangem – Warten werden die zur Rast eingefallenen Störche dann mit alten Vorderladern beschossen und nach mohammedanischem Brauch geschächtet.

Unglücksfälle. Sehr oft werden Störche ein Opfer mannigfaltiger Unglücksfälle. Häufig bilden hohe Schornsteine eine Gefahrenquelle, ja geradezu eine Storchenfalle. Der Schornsteinbauer Eugen Kinzler in Mühlhausen/Elsaß machte eine grauenvolle Entdeckung, als er einen seit 15 Jahren stillgelegten Schornstein öffnete und dabei die Reste von mehr als 50 Störchen fand (Orn. Beob. Bern 48, 1951, S. 113). Möglicherweise hätte es wenigstens für einige eine Rettung gegeben, wenn der Vorgang beobachtet worden wäre, doch endet der Sturz oftmals auch sofort mit dem Tod wie bei zwei Störchen, die nach heftigem Kampf 1934 in Hohenschönhausen in einen Rauchfang stürzten und nur noch tot geborgen werden konnten. Derartige Unglücksfälle lassen sich wohl nur durch ein Schutzgitter über dem Rauchabzug verhindern, mindestens sollte aber bei „kalten" Schornsteinen die Einstiegstür offenbleiben.

Keineswegs selten werden Störche auch Verkehrsopfer durch Zusammenstöße mit Eisenbahnen oder Kraftwagen, vor allem wenn sie in der Nähe der Verkehrswege nach Nahrung gesucht haben und erst im letzten Augenblick schwerfällig vor der heranbrausenden Gefahr aufzufliegen versuchen. Selbst Beispiele für „Vogelschlag", d. h. für den Zusammenprall mit einem Flugzeug, sind bekannt geworden, sowohl hoch in der Luft als auch auf den Rollbahnen von Flugplätzen und angrenzenden Rasenflächen, die – wie auch für andere Vogelarten – günstige Futterquellen darstellen können. Eine Anzahl von Erfahrungsberichten hat Schubert (Beitr. Vogelk. 5, 1957, S. 188–200) zusammengestellt. In Uganda kam ein Royal Air Vickers Gordon-Flugzeug durch Vogelschlag zum Absturz, wobei zum Glück niemand verletzt wurde (Vogelzug 10, 1939, S. 187). Keineswegs dürfen jedoch alle Meldungen eines sensationsfreudigen Nachrichtenwesens unkritisch hingenommen werden, denn nicht alle haben einer Nachprüfung standhalten können (Vogelwarte 17, 1954, S. 165–166).

Groß ist die Zahl sonstiger Unglücksfälle, die mit den Möglichkeiten dazu stetig anwächst. Beispiele dafür sollen nicht wegen ihrer Kuriosität mitgeteilt werden, sondern die drohenden Gefahren aufzeigen, die nicht nur durch Zufälligkeiten, sondern auch durch unbedachtes und sorgloses Handeln entstehen können. Vielleicht kann der Hinweis darauf dazu beitragen, manchen Unfall zu verhüten und manchem Storch das Leben zu erhalten. Dies gilt z. B. für achtlos liegengelassene Schnuren, Bindegarne, Drähte oder Angelsehnen aus Kunststoffen. Sie werden von den Störchen gern als Niststoffe eingetragen und dann den Jungstörchen zum Verhängnis, die sich in den Fadenknäueln verheddern, erdrosseln oder die weichen Beine zerschneiden. In Jetscheba (Oberlausitz) verfingen sich zwei Jungstörche in einer Angelschnur und stürzten, unlösbar aneinander gefesselt, aus dem Nest. Dabei fand der eine sofort den Tod, während der andere getötet werden mußte, weil die Sehnen bereits fest eingewachsen waren. Liegengelassene Glaswolle führt als Nistmaterial ebenso zu Verlusten wie Angelhaken oder unbedacht aufgestellte Fangeisen für Raubwild oder Bisamratten. Dächer mit Blitzableitern werden von Störchen oftmals gemieden. Dennoch spießte sich in Oppitz (Oberlausitz) ein Brutstorch bei einem Storchkampf geradezu auf. Erfreulicherweise fügte er sich dabei nur eine Fleischwunde zu und konnte nach längerer Pflegezeit wieder geheilt freigelassen werden.

Neuerdings werden – z. B. in Libyen – die zahlreichen Ölbohrstellen zu einer ernsten Gefahr. Auf dem Durchzug rastende Störche (– und andere Vögel –) trinken an den Spülungen, nehmen dabei mit Chemikalien versetzten Bohrschlamm auf und verenden. Leider findet der Vorschlag, diese Stellen abzudecken, bei den Verantwortlichen kaum Verständnis (Hahn 1984).

Tierische Feinde hat der Storch kaum. Am ehesten kommen noch Stein- und Baummarder (*Martes foina* und *M. martes*) in Betracht, die vor allem Eier und Jungvögel stehlen, weniger dagegen auch Katzen *(Felis domesticus)*, die aber erbittert angegriffen werden. Ein glücklicher Zufall mag auch einmal einem Fuchs *(Vulpes vulpes)* Erfolg bescheren. Von Greifvögeln droht lediglich durch Habicht *(Accipiter gentilis)* Gefahr, doch wird weder ein Fall von Nestplünderei noch von Überwältigung eines Altvogels erwähnt. Die Tagespresse berichtet zwar manchmal auch von Kämpfen zwischen Störchen und dem Steinadler *(Aquila chrysaetos)*, z. B. auf dem Zug, doch ist mir nur ein verbürgter Fall bekannt geworden (Vogelzug 14, 1943, S. 63). Auch Schüz (1975) äußert sich sehr zurückhaltend zu dieser Frage. Bussarde und Milane lösen erregtes Klappern aus, werden dann aber nur aufmerksam verfolgt.

Während sich keine Beweise für die früher weitverbreitete Ansicht erbringen ließen, wonach der Storch den Bienen nachstelle, wird mehrfach von Überfällen auf Störche durch Bienenvölker berichtet (s. Vogelwarte 17, S. 217–218). In Langenhagen wurden die Jungen 1911 durch Bienenstiche getötet (Vogelwarte 23, 1965, S. 153). In einem anderen Fall starben zwei Jungstörche durch Stiche am

Kopf. Die Bienen waren durch das Honigschleudern am nahen Bienenstand erregt und ließen sich auch durch die Altstörche nicht vertreiben, sondern stachen auch diese, so daß einer zwei Tage nichts sehen konnte (Beitr. Fortpfl. Vögel 11, 1935, S. 151). Mehrfach überfielen Bienen auch bei schwüler Witterung Storchhorste und stachen, durch das abwehrende Flügelschlagen erst recht gereizt, in alle nackten Hautstellen. Nicht unerwähnt soll ein ungewöhnlicher Unglücksfall bleiben, bei dem ein Altstorch bei der Futtersuche zwischen eine Gruppe Färsen geriet, die ihn unerwartet einkreisten und zertrampelten, bevor er davonfliegen konnte.

Krankheiten und Parasiten. Eigentliche Krankheiten wurden bei Störchen nur in Einzelfällen festgestellt, doch ist dies vermutlich in unzureichenden Untersuchungen begründet. Ein Storch hatte nach einem Gutachten des Pathologischen Institutes der Universität Leipzig vom 13. 11. 1959 Myelose (Knochenmarkentzündung). Bei einem anderen wurde eine von Vögeln bisher nicht bekannte juvenile Osteoporose festgestellt (Vogelwarte 25, 1969, S. 161). Weiterhin liegen Nachweise von Darmtuberkulose, von Viren der Newcastle-disease in Blutleukozyten (Vogelwarte 31, 1981, S. 1–6) oder dem bei Vögeln seltenen *Bacterium rhusiopathiae suis*, dem Erzeuger des Schweineroblaufes, vor (Beitr. Fortpfl. Vögel 16, 1936, S. 77). Bosselmann (1972) nennt als mögliche Ursache für den Storchrückgang Salmonellenbelastung. Längere Hungerpausen können zu Muskelmagenatrophie (Schwund) führen und manchmal mit Obstipation (Verstopfung) verbunden sein.

Störche sind Wirtsvögel für zahlreiche Ektoparasiten, z. B. für Federlinge, Lausfliegen, Milben oder Zecken, aber auch für Endoparasiten. Mit ihnen hat sich Szidat (1935) eingehender beschäftigt. Er kam zu dem Ergebnis, daß die nachgewiesenen Innenschmarotzer keine nähere Verwandtschaft zu denen der Reiher aufweisen, obwohl diese ebenfalls zu den Schreitvögeln (Gressores) zählen, vielmehr bestehen engere Beziehungen zu den Darmbewohnern der Greifvögel. L. Szidat untersuchte aus dem Nest geworfene Jungstörche und fand als Todesursache große Mengen des Saugwurmes *Chaunocephalus ferox* Rud. im mittleren Darmabschnitt. Während sie die Nahrungsaufnahme im höchsten Maße beeinträchtigt hatten, wies der untere Dünndarm schwere Entzündungen und Zerstörungen der Darmschleimhaut durch Tausende Trematoden *Tylodelphys excavata* Rud. auf. Die Entwicklung dieser Saugwürmer erfolgt über die Posthornschnecke *(Planorbis corneus)* und den Teichfrosch *(Rana esculenta)*, in dessen Wirbelkanal sich die Cercarien finden. Andere Arten sind weniger häufig, z. B. *Duboisia syriaca* Dubois.

Wenn in Trockenjahren der Wasserstand in den Tümpeln zurückgeht und dadurch zwangsläufig Frösche und Kaulquappen eng zusammengedrängt werden, erhöht sich ihr Parasitierungsgrad und damit zugleich die Infektionsgefahr für Störche, die diesen bewegungsbehinderten Nahrungsreichtum als leichte Fanggelegenheit ausbeuten. Vermutlich kommt es in der Folge nur deshalb nicht häufiger zu ,,Störungsjahren", weil Wasserfrösche weit weniger beliebt sind, als im allgemeinen angenommen wird, und deshalb nur unter besonderen zeitlichen und örtlichen Bedingungen in großer Menge verzehrt werden.

Bei starkem Parasitenbefall im südafrikanischen Winterquartier entstehen nicht nur hohe Verluste durch kranke oder tote Störche, sondern die Rückwanderung verläuft zögernd, verlustreich und wird oft vor Erreichen des Zieles beendet, woraus sich für das Brutgebiet ein „schlechtes Storchjahr" ergibt.

Weiterhin kommt es gelegentlich auch zu einem stärkeren Befall mit Bandwürmern (Cestoden), z. B. mit *Hymenolepis*-Arten oder wohl auch mit dem Riemenwurm *Ligula intestinalis*. Er wird mit parasitierten Fischen oder auch nach deren Zerfall aufgenommen und offenbar nicht immer verdaut. Stammer (1937) fand auch *Anomotaenia discoidea*. Auch Fadenwürmer (Nematoden) finden sich als Schmarotzer des Storches, z. B. *Proalaria* oder der Luftröhrenwurm *Syngamus trachea*. Bei der Behandlung gegen Darmparasiten gefangengehaltener Störche haben sich Carboneum tetrachloratium oder Ascaridol bewährt.

Verluste von Eiern und Nestlingen. Im Verlauf der Brutzeit kommt es zu Verlusten an Eiern und Nestjungen, die ganz erheblich sein können. Alljährlich bleiben in zahlreichen Horsten einzelne unbefruchtete oder abgestorbene Eier zurück oder werden abgeworfen. Stärkere Gelege haben im allgemeinen einen geringeren Schlupferfolg.

Nach Profus (1986 b) erbrachten:

2	3	4	5	6 Eier durchschnittlich
1,75	2,20	2,55	3,24	3,0 Junge in n =
4	10	47	21	3 Fällen.

In Einzelfällen können Gelegeverluste durch ungewöhnliche Anlässe verursacht werden, z. B. durch Ansammeln von Regenwasser bei abflußlosem Nestboden oder weil Stare und Sperlinge als Untermieter den Nestboden so unterhöhlt hatten, daß die Eier darin versanken. Größere Gefahr bringen anhaltende Spätfröste, Dauerregen oder hitzige Storchkämpfe, durch die oftmals vollständige Gelege verlorengehen, so daß in manchen Jahren die Gesamtverluste an Eiern 30 % oder noch mehr betragen können.

Die gleichen Ursachen führen auch zum Verlust von einzelnen Jungen oder ganzen Bruten. So wird z. B. die regelmäßig gegen Anfang Juni auftretende Periode naßkalten Wetters („Schafkälte") oftmals Bruten zum Verhängnis. Da beide Altvögel wenigstens in den ersten 3 Lebenswochen der Nestlinge für die Aufzucht der Jungen unentbehrlich sind und sich im Herantragen des Futters und im Bewachen des Horstes ablösen müssen, bedeutet der Ausfall eines Elternvogels in dieser Zeit meist den Verlust der Brut. Der Überlebende wagt nicht, den Horst zur Futtersuche zu entblößen, und erst bei älteren Jungen besteht etwa in der Hälfte aller Fälle Aussicht auf erfolgreiche Alleinaufzucht. Im gleichen Umfang gelingen zwangsläufig vorgenommene Umsetzungen von Jungstörchen, während auch Spätbruten vor dem Flüggewerden der Jungen ganz oder teilweise preisgegeben werden können. Es schlüpfen mehr Junge als später flügge werden. 15–20 % sterben im Nestlingsalter, so daß nur etwa zwei Drittel der abgelegten Eier auch flugfähige Jungstörche ergeben.

Da Störche bereits mit der Bebrütung des noch unvollständigen Geleges beginnen, ist ungleichmäßiges Schlüpfen die Folge. Die an sich gleich gut veranlagten Letztgeborenen sind etwa 6 bis 8 Tage jünger als ihr ältestes Geschwister und deshalb deutlich schwächer und bei der Nahrungsaufnahme benachteiligt. Können die Altstörche ausreichend Futter herbeitragen, bekommen die Nesthäkchen auch ihren Anteil und gleichen den Entwicklungsvorsprung der älteren Nestlinge schließlich aus. Bei Nahrungsmangel kümmern sie jedoch bald, bleiben weiter zurück und verhungern schließlich. Diese biologische Nachwuchsregelung muß freilich nicht unbedingt das Nesthäkchen, sondern kann auch ein kränkelndes älteres Geschwister bzw. einen Schwächling mit Mißwuchs oder starkem Parasitenbefall oder gar mehrere betreffen. Sie sichert das Aufwachsen der kräftigsten Jungen und hält gleichzeitig eine Nachwuchsreserve bei günstiger Ernährungslage bereit. Ein ganz ähnliches Regulativ findet sich z. B. auch bei Schreiadler *(Aquila pomarina)* oder Rohrweihe *(Circus aeruginosus)*. Der Anblick eines Kümmerlings kann im Elternvogel als eine angeborene Verhaltensweise eine Kette von Handlungen auslösen, die mit Angriffen auf den Jungstorch – sofern er noch Lebenszeichen gibt – und seiner Tötung beginnen. Der tote Nestling wird nicht mehr als Jungstorch, sondern als Beute eingeschätzt und oft unter erheblichen und langwierigen Anstrengungen verschlungen oder – falls bereits zu groß – aus dem Nest geworfen, fallen gelassen oder weggetragen. Diese Verhaltensweise bezeichnet S c h ü z (1943, 1957, 1984) – im Gegensatz zum Kannibalismus – nach der griechischen Sagengestalt des Kronos, der seine eigenen Kinder verschlang, als Kronismus oder unter Geschwistern als Kainismus, der denkbar, aber wohl noch nicht beobachtet worden ist. Zwar scheint die Neigung zu solchem Handeln bei Männchen größer als bei Weibchen zu sein, doch bedarf die Klärung des Anteiles der Geschlechter oder auch bestimmter Altersgruppen noch eingehender Untersuchungen. Dieser populationsstrategisch wichtige Vorgang erlaubt das Aufziehen einer Höchstzahl gesunder, ausreichend ernährter Jungvögel und sichert bei Nahrungsfülle eine zusätzliche Reserve, wobei allerdings auch gesunde Jungvögel ausgemerzt werden können.

Im vorgeschrittenen Alter stürzen Jungstörche bei Rangeleien und Flugübungen ab bzw. verunglücken beim ersten Ausflug tödlich. In Einzelfällen, die insgesamt keineswegs spärlich sind, kommen Jungstörche auch durch Bienenstiche, Erstikken an einem Maulwurf oder einem anderen allzu großen Nahrungsbrocken (Ringelnatter, Fisch) oder an einem steckengebliebenen Speiballen ums Leben. G. und W. H a a s (1965) schildern einen Fall, in dem sich vermutlich ein Doppelgewöll im Schnabelboden festsetzte und durch Verwesen der Zunge und des Innenschnabels den Tod herbeiführte.

Alter und Lebenserwartung. Beim Storch als einer Vogelart mit später Brutreife und geringer Nestlingszahl ist ein hohes Lebensalter zu erwarten. Tatsächlich zählen die Störche aufgrund von Beringungsergebnissen zu den Arten mit einem langen Leben, für das sie im Fernen Osten als Symbol gelten.

Lange Zeit wurden bereits 15- bis 20jährige Störche für „nicht so ganz selten" und einer besonderen Beachtung für wert gehalten. Ältere Jahresklassen waren untervertreten, weil erst – wie auch bei Reihern oder Lariden – Populationsuntersuchungen über längere Zeiträume, in größeren Gebieten und auf der Grundlage umfangreicher Beringungszahlen Nachweise von 20- bis 30jährigen Störchen erbrachten. Damit scheint zunächst die Grenze der Abnützbarkeit der Ringe erreicht zu werden und ihr Verlust den Nachweis noch höheren Alters zu verhindern. Auf alle Fälle muß mit einem höheren Anteil der älteren Jahrgänge gerechnet werden, als bisher angenommen worden ist.

Bei den jugendlichen Jahrgängen ist die Sterblichkeit besonders groß. Die stärksten Verluste treten im 1. Lebensjahr ein. Sie betragen 60–75 % und nehmen dann bis zum 5. Lebensjahr deutlich ab, erreichen aber erst danach eine etwa gleichbleibende Verlusthöhe von jährlich 20–25 %. Nach unserer bisherigen Kenntnis werden etwa 2 % aller Störche älter als 20 Jahre. Bemerkenswerterweise bleibt die Fortpflanzungsfähigkeit bis in das hohe Alter erhalten. Der Storch Rad BB 2024 zog mit 24 Jahren noch 5 Junge auf! In 19 Brutjahren hatte er mindestens 50 Junge. Ein anderer soll es in Jugoslawien in der gleichen Zeit auf 119 Nachkommen gebracht haben. In Zoologischen Gärten wurden Störche nachweislich 26 und mehr Jahre alt. In der Schweiz sind freifliegende Nachkommen eingebürgerter und hier überwinternder Störche noch mit 30 Jahren erfolgreich zur Brut geschritten (Bloesch 1979). Der älteste verstarb mit 33 Jahren 8 Monaten und mit deutlichen Vergreisungserscheinungen, z. B. steifem Gang und Gleichgewichtsstörungen (Orn. Beob. Bern 83, 1986, S. 71–72).

Die bisher ältesten freilebenden und durch Ringfunde belegten Störche sind:

Helg 205 745	22.6.1930–6. 10. 1959: 29 J–3 Mo–18 Ta (The Ring 76, 1973, S. 64)
Polonia B 6 303	15. 6. 1936–20. 8. 1962: 26 J–2 Mo–5 Ta (The Ring 96/97, 1978, S. 225)
Helg 228 973	7. 7. 1944–2. 8. 1970: 26 J–0 Mo–25 Ta (ebd.)
Rad BB 2 024	26. 6. 1954–März 1980: 25 J–9 Mo–0 Ta (Creutz 1981) Es spricht viel dafür, daß dieser Storch den sehr stark abgenützten Ring verlor und unerkannt in diesem Jahr – und vielleicht sogar noch später – im angestammten Horst brütete.
Helg 236 300	30. 6. 1953–1978: 25 Jahre (Vogelwarte 32, 1983, S. 14–22)
Helg 243 212	30. 6. 1957–19. 7. 1981: 24 J–0 Mo–19 Ta (ebd.)
Polonia B 5 059	2. 7. 1938–26. 4. 1962: 23 J–9 Mo–24 Ta (The Ring 96/97, 1978, S. 225).

Für Störche, die mindestens das erste Lebensjahr vollendet hatten, ergab sich in der Oberlausitz ein Durchschnittsalter von 8,22 Jahren (n = 197), in Niedersachsen von 8,9 Jahren (Meybohm u. Dahms 1975).

Für die Berechnung der Sterblichkeit reichen oftmals die Unterlagen nicht aus. Zink (1979) errechnete für das 1. Lebensjahr der Jahrgänge 1950 bis 1959 mit annähernd gleichbleibendem Bestand aus Totfunden eine Mortalität von 60,4 %, für ältere Störche von 25,8 %. Lack (1966) gibt für Altstörche 21 % an, d. h. daß jeweils ein Viertel bis ein Fünftel des jährlichen Anfangsbestandes im Verlauf des Jahres stirbt oder anders ausgedrückt: unter 100 beringten Brutvögeln müßten etwa 20 Erstbrüter sein, um den Bestand zu erhalten. In Jahren

Tabelle 24. Alter in Jahren und Anzahl der Störche

	2	3	4	5	6	7	8	9	10	11	12	13
a	198	239	214	122	102	75	49	26	17	8	5	2
b	3	50	74	69	44	31	22	12	12	10	5	1
c	2	14	18	27	20	8	3	1	1	1	1	1
d	120	139	102	63	50	58	37	34	20	12	5	5
e	1	11	25	26	14	24	19	22	11	5	6	10
f	570	390	310	240	200	160	130	105	82	60	46	35

	14	15	16	17	18	19	20	21	22	23	24	25	26
a	2	2	–	1	–	1	–	–	–	–	–	–	–
b	1	1	1	1	1	–	–	–	–	–	–	–	–
c	1	–	1	–	–	–	–	–	–	–	–	–	–
d	5	5	2	6	4	2	4	1	–	–	–	1	–
e	5	6	4	2	1	1	–	2	1	–	–	–	1
f	24	18	12	8	6	4	–	–	–	–	–	–	–

a Brutzeitfunde verschiedener Beringungszentralen, Libbert 1954; b dgl. Elsaß, Schierer 1972; c dgl. Dänemark; d Ringfunde der Vogelwarte Helgoland (ohne Ablesungen), Meybohm u. Dahms 1975; e dgl. Oberlausitz, Creutz unveröff.; f Idealverteilung nach Schüz 1955

Tabelle 25. Lebensalter von 232 abgelesenen Brutstörchen nach Jahren im Kreis Bautzen

Jahre	3	4	5	6	7	8	9	10	11	12	13	14	15	16	17	18	19	20	21	22	23	24	25	26
1966	–	2	1	1	–	1	1	3	–	3	–	–	–	–	–	–	–	–	–	–	–	–	–	–
1967	–	–	1	1	1	–	2	1	3	–	2	–	–	–	–	–	–	–	–	–	–	–	–	–
1968	1	1	1	4	2	1	–	2	1	2	–	1	–	–	–	–	–	–	–	–	–	–	–	–
1969	–	2	3	2	2	2	–	–	2	–	2	–	1	1	–	–	–	–	–	–	–	–	–	–
1970	1	–	2	2	1	2	–	–	2	1	1	–	1	1	–	–	–	–	–	–	–	–	–	–
1971	1	1	–	2	1	1	2	1	–	1	1	1	–	2	–	–	–	–	–	–	–	–	–	–
1972	–	–	–	1	3	1	–	2	2	–	–	1	–	1	–	1	1	–	–	–	–	–	–	–
1973	1	–	–	–	–	1	1	–	1	2	–	–	–	1	–	1	–	–	–	–	–	–	–	–
1974	–	–	–	–	1	1	1	1	1	2	1	–	–	–	–	–	1	–	–	–	–	–	–	–
1975	–	3	2	–	1	1	1	1	1	1	2	2	–	–	–	–	–	1	1	–	–	–	–	–
1976	–	2	2	2	–	2	1	–	1	1	–	2	1	–	–	–	–	1	–	–	–	–	–	–
1977	2	–	1	4	2	–	1	–	1	–	2	1	2	1	–	–	–	–	–	–	1	–	–	–
1978	–	3	1	2	2	–	1	–	–	1	–	2	–	–	1	–	–	–	–	–	–	1	–	–
1979	–	1	2	2	1	1	–	–	1	–	1	1	2	–	–	1	–	–	–	–	–	1	–	–
1980	1	3	1	1	1	2	3	–	1	2	1	–	1	–	–	–	1	–	–	–	–	–	–	1
1981	–	–	2	–	2	1	1	–	–	1	1	–	1	1	–	–	–	1	–	–	–	–	–	–
1982	–	–	–	1	1	2	1	1	2	–	–	–	–	–	1	–	–	1	–	–	–	–	–	–
gesamt	7	18	19	25	21	19	16	12	17	17	14	12	9	5	5	3	3	2	2	2	1	1	1	1

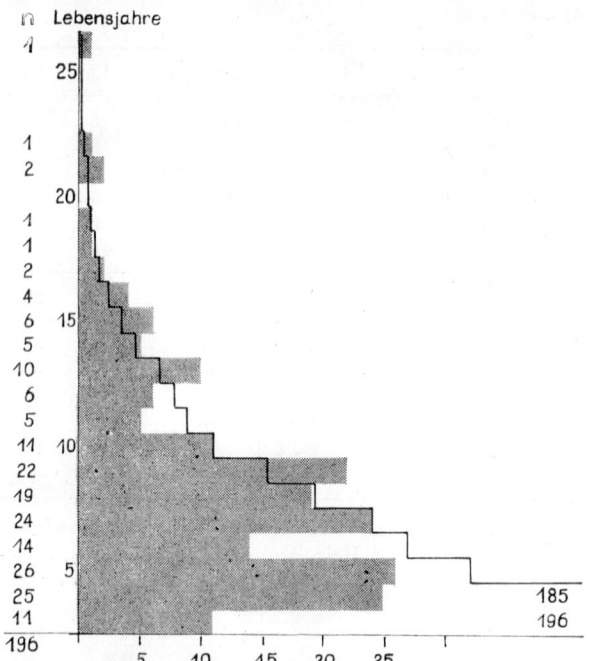

n Lebensjahre

4
25

1
2
20
1
1
2
4
6 15
5
10
6
5
11 10
22
19
24
14
26 5
25   185
11   196
196
     5   10   15   20   25

Abb. 89. Altersaufbau einer
Storchpopulation nach
Letztnachweisen (Ober-
lausitz):
Linke Seite: Anzahl der
Nachweise je Altersstufe.
Orig.

mit rückläufigem Bestand liegen diese Mortalitätswerte höher. Möglicherweise gibt
es einen weiteren Unterschied – ähnlich wie für den Eintritt des Brutreifealters
oder für die Fortpflanzungsrate – auch zwischen den nach Südwesten und den nach
Südosten abziehenden Populationen, weshalb entsprechende Untersuchungen der
für die Populationsentwicklung wichtigen Werte erwünscht sind.

Aufschlußreich ist das Bild der Altersverteilung der Störche (Tab. 25). Daraus
ergibt sich für den Altersaufbau der Oberlausitzer Population ein Lebensbaum mit
sehr breitem Fuß und sprunghaftem Rückgang der Sterblichkeit um das 10. und
15. Lebensjahr (Abb. 89). Innerhalb einer Population sind die einzelnen Alters-
klassen jährlich sehr unterschiedlich vertreten (Tab. 25). Brutstörche sind mindestens dreijährig, der älteste erreichte fast das 26. Lebensjahr. Die stärksten Alters-
klassen liegen zwischen 4 und 9 Jahren. Sie tragen die Population, während die
10- bis 15jährigen nur noch etwa 20% ausmachen. Nur wenige Störche werden
älter als 20 Jahre. Sie lassen sich in Schräglinien in der Tabelle z. B. von 1966/12
nach 1980/26 verfolgen. Die hohe Zahl der 6jährigen deutet auf den Eintritt der
Vollreife hin. Unerwartete Gipfelzahlen (z. B. 1977/6, 1982/11) oder Lücken in
den Zahlenreihen lassen sich nur mit Ortswechsel oder Brutpausen, vielleicht auch
mit ungenügender Erfassung erklären.

14. Bestandsaufnahmen und Bestandsentwicklung

Bestandsaufnahmen. Der Gesamtbestand vieler Vogelarten läßt sich nur durch Schätzungen oder durch Hochrechnung aus Zählergebnissen von Kontrollflächen ermitteln. Bei Großvögeln ist die Möglichkeit einer genaueren Bestandsaufnahme durch Zählen und Kartieren der Einzelvorkommen am ehesten gegeben. Dies gilt in ganz besonderem Maße für den auffälligen und in der Nähe des Menschen lebenden Storch. Zur Zählung dieses vertrauten und unverwechselbaren Vogels können sogar ungeschulte Helfer herangezogen werden. Ihrer Mithilfe sind besonders dann gute Ergebnisse zu verdanken, wenn Fragebogen mit wenigen klaren Fragen zur Verfügung standen.

Nach dem Vorbild von Wüstnei u. Clodius (1902), die als erste eine Erhebung in größerem Umfang vornahmen und nach 10 Jahren durch eine zweite vergleichbare Unterlagen erzielten, und nach den Untersuchungen Ecksteins (1907) entstanden seitdem in fleißigem Bemühen Storchstatistiken für größere Erfassungsräume und längere Zeitspannen. Als vorbildliche Beispiele seien hier nur die jahrzehntelangen Aufzeichnungen von Tantzen für Oldenburg, Hornberger für das ehemalige Ostpreußen oder mehreren Forschern für die Oberlausitz angeführt. Berichte über räumlich enger begrenzte Gebiete sind in Fachzeitschriften, Heimatkalendern usw. weit verstreut und so zahlreich, daß sie kaum noch überschaubar sind. Regional und archivalisch haben sie großen Wert, decken jedoch nicht das Gesamtgebiet ab und eignen sich zum Teil auch nicht für Vergleiche, weil unterschiedliche Begriffe angewendet wurden oder sich die Grenzen mehrerer Zählgebiete überschneiden. Ihre Auswertung muß deshalb den Landesfaunisten überlassen bleiben, während sie weder hier ausgewertet noch im Schrifttumsverzeichnis alle angeführt werden können.

Um den Allgemeineindruck eines beängstigenden Rückganges beurteilen zu können, ist eine weitgehend lückenlose Erfassung des Gesamtbestandes zum gleichen Zeitpunkt und die Wiederholung der Zählung nach einigen Jahren mit der gleichen Methode und Fragestellung notwendige Voraussetzung. Dazu haben Sauter u. Schüz (1954) klare Begriffsbestimmungen und eindeutige Abkürzungen vorgeschlagen, die inzwischen allgemeine Anwendung gefunden haben (s. S. 6).

Die Anwendung dieser Begriffe sichert vergleichbare Werte, wobei die Genauigkeit mit der Größe des Gebietes und der Zahl der Helfer abnimmt und sich gelegentliche Widersprüche, z. B. in den Angaben zweier Beobachter, nicht ganz ausschließen lassen. Trotzdem läßt sich nur auf diesem Weg eine brauchbare Grundlage für die Populationsdynamik und die Lösung angewandter Probleme, vor allem für notwendige Schutzmaßnahmen gewinnen. Bisher wurden vier internationale Bestandsaufnahmen (1934, 1958, 1974, 1984) unter der Schirmherrschaft des ICBP (International Council for Bird Protection) durchgeführt.

Erstmalig kam 1934 eine internationale Storchzählung zustande, die einen Überblick über den Bestand in weiten Teilen Europas und Nordafrikas (außer dem damaligen Estland, Litauen, der UdSSR und dem Westen der Iberischen Halbinsel) gab (Schüz 1936). Insgesamt wurden 44 600 Paare gezählt bzw. 77 000 Paare geschätzt. Das damalige Deutschland besaß 30 730 Paare, davon die Provinz

Ostpreußen, das heutige Nordostpolen, allein 16000. In zwei weiteren Berichten (Schüz 1940a; Sauter u. Schüz 1954) werden dann Nachträge, ferner seit 1939 erfolgte Bestandsaufnahmen und Quellenangaben zusammengestellt. Die Zahlen für HPa, JZa und HPo aus 21 Gebieten werden für die Jahre 1945 bis 1953 ausgewertet und Einzelheiten dazu mitgeteilt. Sie bestätigen die fortschreitende Abnahme in weiten Bereichen gegenüber einer leichten Zunahme z. B. im Burgenland.

Die 2. internationale Bestandsaufnahme erfolgte 1958. Über sie geben Schüz u. Szijj (1960a) einen Überblick für 18 Länder (zum Teil ergänzt durch Zahlen von 1957). Für 2,3 Mill. km² Fläche in Europa (= 73,4 % des Verbreitungsgebietes) werden 68427 Paare mit 125247 + x ausgeflogenen Jungen gezählt, für Asien (516000 km²) 1218 Paare mit 3659 ausfliegenden Jungen. Ergänzt durch geschätzte Zahlen für die ČSSR, Polen, Rumänien, Albanien und die europäische Türkei dürften sich 93000 Paare als Gesamtbestand ergeben. Zwischenzeitliche Veränderungen in Staats- und Verwaltungsgrenzen und leider auch unterschiedliche Beteiligung an der Zählung erlaubten nur den Vergleich begrenzter Teile Europas mit 1934. Für sie ergab sich ein Rückgang von 10307 auf 5086 Paare, also auf etwa 50 %, für die BRD und DDR auf vergleichbarer Fläche von 9035 Paaren auf 2500 bzw. 2300 Paare. Während der Rückgang im Nordwesten, besonders in den Niederlanden und in Dänemark fast 80 % betrug, weist der Bestand in Südosteuropa jenseits einer Linie von den sächsischen Bezirken über Böhmen nach Österreich weitgehend Gleichstand oder gar Zunahme auf. In einer anschließenden Übersicht berichten die Verfasser (1960b) über Einzelheiten, deren Auswertung für 28 Zählgebiete keine entmutigende Abnahme in den Jahren 1954 bis 1958 erkennen läßt.

In einer 5. Übersicht stellen Schüz u. Szijj (1975) für 37 Gebiete jeweils HPa, HPo, JZG, JZa und % HPo für die Jahre 1959 bis 1972 zusammen und ziehen Vergleiche. Auffallend ist nunmehr auch der starke Rückgang im Elsaß und in Baden-Württemberg, während er in Bayrisch-Schwaben nur angedeutet ist. 1957 wurde vom Internationalen Rat für Vogelschutz (ICBP) in Bulawayo eine dritte Zählung für 1974 unter seiner Schirmherrschaft beschlossen, über deren Ergebnis Schüz (1976) berichtet. Beteiligt waren alle Länder außer Albanien, Bulgarien und der Türkei, ferner Syrien, Irak, China und Korea. Überall war ein Rückgang zu verzeichnen, vor allem am Westrand des Verbreitungsgebietes von Dänemark bis nach Baden, in Spanien und Nordafrika und in den Ländern südöstlich von der Slowakei und Ungarn. Nur Österreich, die ČSSR, Polen und Teile der DDR und der UdSSR meldeten Gleichstand oder sogar leichte Zunahme. Für ganz Europa ergaben sich über 100000 Paare und nach Schätzung über 500000 Störche gegen Sommerende. Die Auswertung der 4. Zählung, die 1984 im ,,Jahr des Storches'' durchgeführt wurde, liegt noch nicht vor, doch lassen bereits Teilergebnisse einen weiteren Rückgang erkennen. Bedauerlicherweise sind die vier Bestandserhebungen nicht voll vergleichbar, weil die erfaßten Gebiete z. T. nicht gleich begrenzt oder auch schwer überschaubar waren, die Organisation nicht immer gleich gut war, oder methodisch nicht die gleichen Begriffe zugrunde gelegt wurden. Dadurch kommt es gelegentlich zu ± ungenauen Zählwerten.

Die Bestandsentwicklung in Westeuropa und Nordafrika. Ehemals bildete etwa die Donau die nördliche Verbreitungsgrenze des Storches. Nördlich von ihr stellte die Waldbedeckung weitgehend ein Hindernis für die Besiedlung dar, das erst allmählich beseitigt wurde und dem Storch ein Vordringen in zwei Einwanderungsrichtungen von Südwesten und Südosten her ermöglichte. Gegenwärtig ist sein Brutvorkommen in Europa nach Westen durch den Atlantischen Ozean, nach Nordwesten durch die Nordsee und nach Norden durch die Ostsee begrenzt.

Obwohl Løppenthin (1967) ein Vorkommen auf den Britischen Inseln bereits in römischer Zeit für möglich hält, ist lediglich eine Brut 1416 bei Edinburgh bekannt. Einbürgerungsversuche schlugen fehl, und nur gelegentlich stellen sich vereinzelte Irrgäste ein, vor allem im Hochsommer und Herbst (Brit. Birds 32, 1938/39, S. 154). Der Ärmelkanal bildet ganz offensichtlich eine Schranke, die nur ausnahmsweise überflogen wird.

In Dänemark geben weder Nachweise von Abfällen in den Køkkenmøddingern noch alte Folklore Anhaltspunkte für eine frühzeitige Besiedlung mit Störchen, die hier offenbar erst spät eingewandert sind. Løppenthin (1967) hält dies für die Zeit um 1500, frühestens für 1200–1300 u. Z. für wahrscheinlich. Danach muß die Ausbreitung sehr rasch vor sich gegangen sein, denn bereits um 1700 war der Storch ein häufiger Brutvogel. Für das Jahr 1800 werden 10000 Brutpaare geschätzt, und Dänemark konnte als das klassische Storchenland mit zahlreichen Brutkolonien gelten, doch setzte schon bald ein rascher Rückgang ein. 1900 waren es noch etwa 2500 Brutpaare, danach verdoppelte sich nach einem Tiefstand 1925 mit weniger als 500 HP um 1940 die Zahl auf 860 (geschätzt 1200) und fiel dann abermals erschreckend auf 25 Paare 1981 ab, obwohl weitere brauchbare Nester verfügbar waren. Seeland (bis 1965), Fünen (bis 1964), Lolland-Falster (bis 1947), Alsen und andere Inseln sind gegenwärtig ohne Storchbruten. Lediglich Jütland weist – trotz starkem Schwund besonders im Norden – noch einen Restbestand auf, vorwiegend in den Kreisen Vejle, Ribe, Haderslev, Tønder und Åbenrå, also in den Flußtälern und Marschen. 1981 wurden in 25 Bruten 57 Eier gezählt, die 47 Jungstörche ergaben, von denen 33 ausflogen, so daß die JZM nur 1,32 betrug. 1984 legten noch 8 HPm (von 19 HPo!) insgesamt 47 Eier, die 21 flügge Junge ergaben (JZa 1,11; JZm 2,63). Als nördlichstes Nest Europas kann gegenwärtig der Storchenhorst in Skaerum (57.26 N 10.19 E) gelten. In Norwegen ist der Weißstorch nur Gast, und auch für Finnland liegen nur etwa 50 Beobachtungen vor.

In Südschweden bestand ein kleines Brutvorkommen in Schonen und Halland, das 1917 35 Brutpaare, 1934 noch 12 und 1950 nur noch 4 Paare umfaßte. Letztmalig schritt 1953 ein Paar zur Brut. Die hier nach Schweizer Muster vorgenommenen Wiedereinbürgerungsversuche sind bisher ohne Erfolg geblieben.

Ehemals war der Storch in den Niederlanden weit verbreitet. Er fand in dem an Wassergräben reichen Wiesenland großartige Ernährungsbedingungen vor und erhielt für die Horstanlage auf Bäumen und eigens errichteten Masten ausreichend Brutgelegenheiten geboten. Vielleicht der älteste Hinweis auf ein Storchvorkommen ist die Erwähnung des Ortes Ooievaarsnest in Nordbrabant 1320, in dem es bis 1910 Störche gegeben haben soll. Bereits 1461 wurden in Utrecht Schutzbe-

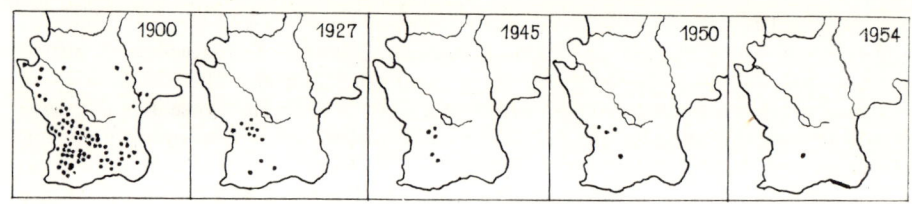

Abb. 90. Das Zusammenschmelzen des Storchbestandes in Südschweden. Nach Schüz 1967

stimmungen erlassen, während andererseits in Westfriesland das Dulden von Storchhorsten auf Bäumen und Dächern im 14. und 15 Jh. mit Strafen bedroht wurde (Hayman u. a. o. J.). Holländische Maler haben nicht selten Störche auf ihren Bildern dargestellt. Eine holländische Landschaft von Dirik Bouts (geb. um 1410 in Harlem – gest. 1475 in Löwen) zeigt ein Haus mit einer Horstunterlage nach Art der Nistböcke, und auf dem Bild „Der Fischmarkt von Amsterdam" von Emanuel de Witte (etwa 1617 bis 1692) sind zwei Störche mit anderen Tieren und Menschen nahe bei einem Fischstand dargestellt (Falke 21, 1974, S. 186).

Noch 1910 gab es in den Niederlanden mehr als 500 Storchnester. Seitdem ist der Bestandsrückgang nach zahlreichen Jahresberichten (allerdings teilweise mit unterschiedlichen Zahlen) unaufhaltsam vorangeschritten, hauptsächlich wohl durch die Umwandlung von Wiesen in Blumenzwiebelfelder. Während gegenwärtig die Dünenstreifen, Gelderland und Overijssel ohne Brutvorkommen sind, gibt es – gegenüber mehr als 300 HP im Jahre 1930 und noch 95 HP im Jahre 1950 – in Friesland, Brente und am Unterlauf von Rijn, Lek, Wal und Maas im Süden der Niederlande nach raschem Zusammenschmelzen des Bestandes über 60 HP (1958) – 26 HP (1960) – 7 HP (1970) nur noch ein Wildpaar neben mehreren Brutpaaren, die hauptsächlich von der Storchenstation „Ooievaarsdoorp Het Liesveld" und ihrer Außenstelle in Herwijnen ausgebracht worden sind und von denen man sich eine Wiederbesiedlung erhofft.

Den gleichen Erfolg erwartet man in Belgien von den Bemühungen des Vogelreservates Zwin bei Knokke-sur-Mer. Nach einstmals regelmäßigem Brüten kamen letztmalig 1880 bei Steenkerke-lez-Furnes und 1895 in Ghistelles (Westflandern) Bruten hoch. Danach nistete lediglich 1972/73 noch einmal ein Paar erfolgreich auf einer Heumiete bei Hachy in der Provinz Luxemburg. 1979 und 1980 kam es auch zu einer Brut bei Philippeville (50.12 N, 04.32 E), während es sonst nur im Naturschutzpark Het Zwin bei Knokke (51.21 N, 03.1 E) freifliegende Paare gibt (Schüz u. Böttcher-Streim 1988). Im Land Luxemburg ist der Storch lediglich Durchzügler.

Ein regelmäßiges Brutvorkommen des Storches hat Frankreich nur noch im Elsaß. Außerdem brüten unbeständig wenige Paare besonders in Nord- und Ostfrankreich, z. B. in den Dép. Manche, Seine-Maritime, Eure, Somme, Ardennes, Marne, Meuse und Moselle. Für die Stadt Metz wird bereits 1444 ein Brutpaar erwähnt. Einzelpaare werden auch für Seurre, die Côte d'Or, Saône-et-Loire und erstmals 1943 auch für die Camargue angegeben. Der Gesamtbestand wurde 1960 auf 160 Paare geschätzt, 1980 auf 10 (außer Elsaß), doch fehlen vergleichbare

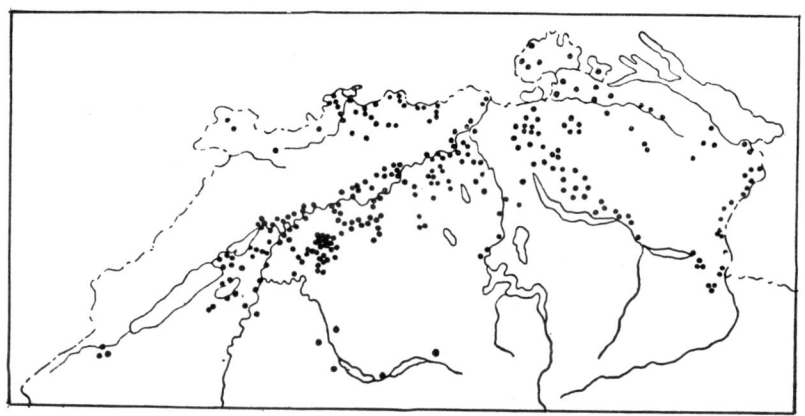

Abb. 91. Die ehemalige Brutverbreitung in der Schweiz. Nach Schüz 1967

Teilzählungen. Seitdem hat ein starker Rückgang eingesetzt, sicher mitbedingt durch die – trotz Verbotes – eifrige Schießerei.

Auch im Elsaß, wo es 1927 noch 149 besetzte Nester, 1947 sogar 177 Horstpaare gab, setzte nach 1960 ein katastrophaler Rückgang ein. Wenn sich trotzdem ein Bestand erhalten konnte, ist das sicher Schierer und seinen Helfern zu danken, die sich um den Schutz bemühten und nach und nach einige Hundert Jungstörche aus Spanien, Marokko und Algerien holten. Sie wurden zur Verringerung von Verlusten zunächst ein Jahr im Gehege gehalten und dann an verschiedenen Orten angesiedelt, wo sie in zunehmendem Maße seit 1973 unter sich und mit ,,Wildstörchen" gemischt Paare bilden, deren Nachkommen fühlbar an der Bestandserhebung beteiligt sind und sich bis über den Südwesten der BRD ausbreiteten. 1983 gab es 3 Brutpaare aus ,,Wildstörchen", 8 aus Abkömmlingen von Gehegestörchen, ferner 7 gemischte und 5 unbekannte Paare (Schierer brfl.).

In der Schweiz waren einstmals die Niederungen des Mittellandes nördlich vom Genfer See zwischen Neuenburg und Bodensee, die Täler der Aare und des Rheins mit ihren Zuflüssen und die Hochflächen vom Storch besiedelt. Er fehlte lediglich im Alpengebiet, in Teilen des Jura, in der Südschweiz und im Genfer Becken. Um 1900 waren noch 140 Horste besetzt, 1930 waren es nur 16 und 1950 keiner mehr. Die Schweizer Vogelwarte Sempach richtete 1948 in Altreu bei Solothurn eine Versuchsstelle zur Storchansiedlung ein, und den Bemühungen von M. Bloesch gelang es schließlich, mit Jungstörchen aus Nordwestafrika eine Population von 81 Brutpaaren (1982) aufzubauen, die bis nach dem Elsaß und nach Baden ausstrahlt.

Durch ein breites storchenfreies Band getrennt erstreckt sich von Spanien ein inselartiges Vorkommen bis nach Nordafrika und dort von Marokko über Algerien nach Tunesien (= Kleinafrika, Maghreb). In Spanien gingen auf 6000 Fragebogen 1948 die Antworten aus 2093 Gemeinden ein. Sie ergaben 14513 HPm, durch eigene Beobachtungen und Schätzungen ergänzt etwa 26000 Brutpaare, also eine Sommerpopulation von rund 100000 Störchen (Bernis 1981). Die größte Sied-

197

lungsdichte wurde in den Provinzen Sevilla (28 HP auf 100 km²), Caceres (27 HP),
Badajoz (21 HP), Cordoba (18 HP) und Cadiz (18 HP), im Norden in Segovia
(14 HP) erreicht. Der Schwerpunkt der Verbreitung liegt danach im Westen des
Landes. Von der nördlichen Hochebene (Meseta Norte) reicht sie „zerfranst" bis
in das Ebrotal, vorwiegend aber nach Neukastilien (6 800 Paare), Estremadura
(11 500 Paare) und Andalusien (6 800 Paare). In Estremadura gibt es mehrere Storchkolonien, z. B. auf einem Kirchdach in Villamésias 23 Horste (1968). Im Norden
sind auch Baumhorste zahlreich. Der Boden ist silikatreich und tonig-sandig.
Dagegen fehlt der Storch in Kantabrien, im östlichen Land mit seinem Trocken-
klima und nahe der Mittelmeerküste. Bei einer Gesamtdichte von durchschnittlich 5,2 Storchpaaren/100 km² beträgt die JZm 2,5. In 616 Angaben (44%) wird
betont, daß nach 1945 eine leichte Zunahme erfolgt ist, 10% berichten von Abnahme. Sie hat sich seit 1974 fortgesetzt und ist in 8 Provinzen erheblich (bis
30%) und in 6 Provinzen leicht (weniger als 15%) während in 3 Provinzen Stabi-
lität und in 4 Provinzen leichte Zunahme festzustellen sind (Chozas 1986). Infolge
der Intensivierung der Landwirtschaft und der verstärkten Pestizidanwendung
hält der Rückgang weiter an. 1984 war durch bis in den Juni anhaltende Kälte
und Nässe ein schlechtes Storchenjahr. Auch der Verlust von Nistplätzen, Verdrahtung der Landschaft und direkte Verfolgung wirken sich spürbar aus.

Portugal ist mit Ausnahme des Nordens und Nordwestens mit Störchen besiedelt, am stärksten südlich des Tejo. 1961 gab es insgesamt 3 471 besetzte Horste
mit einer JZm von 2,53 und einem Sommerbestand von rund 16 000 Alt- und
Jungstörchen. Die erste umfassende Erhebung 1984 ergab 2 004 Nester, von denen
aber nur 1 533 besetzt waren, also auch hier Rückgang. Bemerkenswert sind etwa
50 Brutplätze auf Felsen an der Westküste etwa bei 37.00 N.

Marokko kann – dank seines günstigen Klimas, der durch Bewässerungs-
anlagen bereicherten Nahrungsgrundlage, der geeigneten Nistmöglichkeiten und
des Schutzes, den der Storch bei den Marokkanern genießt – als storchenreichstes
Land gelten. Es besaß nach einer Zählung 1935 – der letzten – 23 969 Horste,
um das Jahr 1974 dagegen nur noch 13 500 Brutpaare (Ruthke 1986). Besonders
dicht sind der Nordteil des Landes bis zum Hohen Atlas besiedelt, in dem sich
wie auch am Oued Sous noch Horste in 2 100 m Höhe finden, und die Flußniederungen und Lagunen zwischen Larache – Rabat – Fez, geringer dagegen die Westküste nach Süden zu, das Rifgebirge und der Mittlere Atlas. Im Nordosten be-
günstigen Bewässerungen und Kultivierungen eine Bestandszunahme. In der
Sahara und Teilen des Atlasgebirges fehlt der Storch als Brutvogel. Die Horste
stehen meist auf den Eingeborenenhütten („Nouales"), auf Mauerwerk, Atlas-
zedern und Opuntien. Bei Sidi Brahm gibt es eine größere Baumkolonie, eine weitere Brutkolonie auf den hohen Mauern des Palais El Beidi.

Von den etwa 2 000 Brutpaaren Algeriens brüten die meisten in den Küsten-
niederungen zwischen Annabe (Bône) und La Calle, am Lac des Oiseaux und –
trotz dessen Trockenlegung – am Fetzarasee und zum Teil auch auf der Hochebene, soweit vor allem Wasserstellen und geeigneter Baumbestand vorhanden sind.
Oftmals werden auch Nester in Städten auf Minaretten, Dächern oder Bäumen
errichtet, z. B. in Ouahran (Oran), Perregaua, Mascara und Saïda. Die südlichsten
Vorkommen liegen bei den Oasen Bou Ktoub Kreider (34.09 N 0.07 E) und Aflou

(34.08 N 02.03 E). Obwohl die Erfassung schwierig und deshalb sicher unvollständig ist, verzeichnet die Bestandsentwicklung – wie auch in Marokko – einen Rückwärtstrend.

In Tunesien ist vor allem der Norden von Störchen besiedelt, z. B. zwischen Tabarka und den römischen Ruinen von Bulla Regia bei Souk el Arba, ferner der Westteil des Landes, während die Ostküste und Maktar nicht mehr erreicht werden, sondern das Vorkommen in der Nähe von Kairouan bei 35.25 N 09.40 E ausklingt. Der Gesamtbestand wird im Jahre 1979 auf etwa 300 Paare geschätzt. Für Libyen wird lediglich eine ungewisse Brut 1955 angegeben. Während für das gesamte Kleinafrika 1935/1936 noch 30 500 Horste geschätzt wurden, waren es 1979 nur noch 24 000 Horste (Bloesch 1960) und nach einer Teilzählung (Schüz 1979) 13 500 Brutpaare, so daß auch hier ein Rückgang eingetreten ist. Der Gesamtbestand wird für das Jahr 1979 auf über 300 Paare geschätzt (Schüz 1979), doch ist dies wohl nur ein Zeichen gründlicherer Erfassung. Außer den Brutstörchen verbringen noch Trupps von Jungstörchen hier ihre Reifezeit. Weiterhin sind Durchzügler zahlreich. In der Zugzeit versuchen täglich 10 bis 20 von Cap Bon aus das 70 km entfernte Sizilien anzusteuern. Zahlreiche Störche überwintern hier auch (Lauthe, Vortrag in Walsrode am 15. 10. 1985).

Die Verbreitung des Storches in der BRD. Seine größte Siedlungsdichte erreicht der Weißstorch in der BRD im Nordwesten, obwohl hier seit 1900 (etwa 8 000 BP) ein Rückgang um 94 % auf weniger als 500 HP (1986) erfolgte. Sie beträgt in Schleswig-Holstein im Durchschnitt 6,1 BP/100 km² und in Niedersachsen immerhin noch 2,1 BP/100 km². In den Marschgebieten nahe der Westküste und an der Unterelbe ist sie deutlich höher als in den Geestlandschaften, in denen auch der Rückgang am fühlbarsten ist. Für den Kreis Eckernförde wird er mit 72 % angegeben. Der Gesamtbestand sank allein in Schleswig–Holstein von 1 776 HP (1934) über 659 HP (1967) und 472 HP (1974) schließlich auf 251 HP (1984) und läßt bei einer erneuten Erhebung einen noch ungünstigeren Bestand befürchten. Trockenlegungen und der Schwund der Weichdächer sind die wesentlichsten Ursachen dafür. Bestandsaufnahmen, wie sie u. a. W. Emeis für Schleswig, J. Möller für Stapelholm oder W. Hagen für Lübeck über mehrere Jahrzehnte hinweg durchgeführt haben, geben davon Zeugnis. Am storchreichsten sind wohl die Landschaften an Eider, Treene, Sorge und unterer Elbe, die Gegend um Stapelholm und das Dorf Bergenhusen, das als Gemeinde mit den meisten Storchpaaren gelten kann und 1936 und 1939 noch 46 Horstpaare besaß, 1980 allerdings nur noch 20 und 1984 lediglich 12! Mehrere Dächer trugen 2, eins sogar 3 Nester.

In Niedersachsen finden sich Storchvorkommen nur noch im Hochwasserbereich der Flußläufe, z. B. der Elbe, Weser, Aller, Leine, Ems, Hase und am Dümmer, außerdem in grundwassernahen Niederungen und den tief gelegenen Landesteilen (Goethe et al. 1978). Besonders hohe Siedlungsdichten weisen die Kreise Bersenbrück nordwestlich von Osnabrück, das Emsland zwischen Aschendorf und Hümling und der Kreis Stade an der Unterelbe auf. Für hier verdanken wir G. Dahms langjährige Aufzeichnungen, während R. Tantzen mehr als 40 Jahre lang die Störche Oldenburgs erfaßte und B. Löhmer seit 1954 die vollständige Beringung aller Jungstörche im Land Braunschweig anstrebt. Der

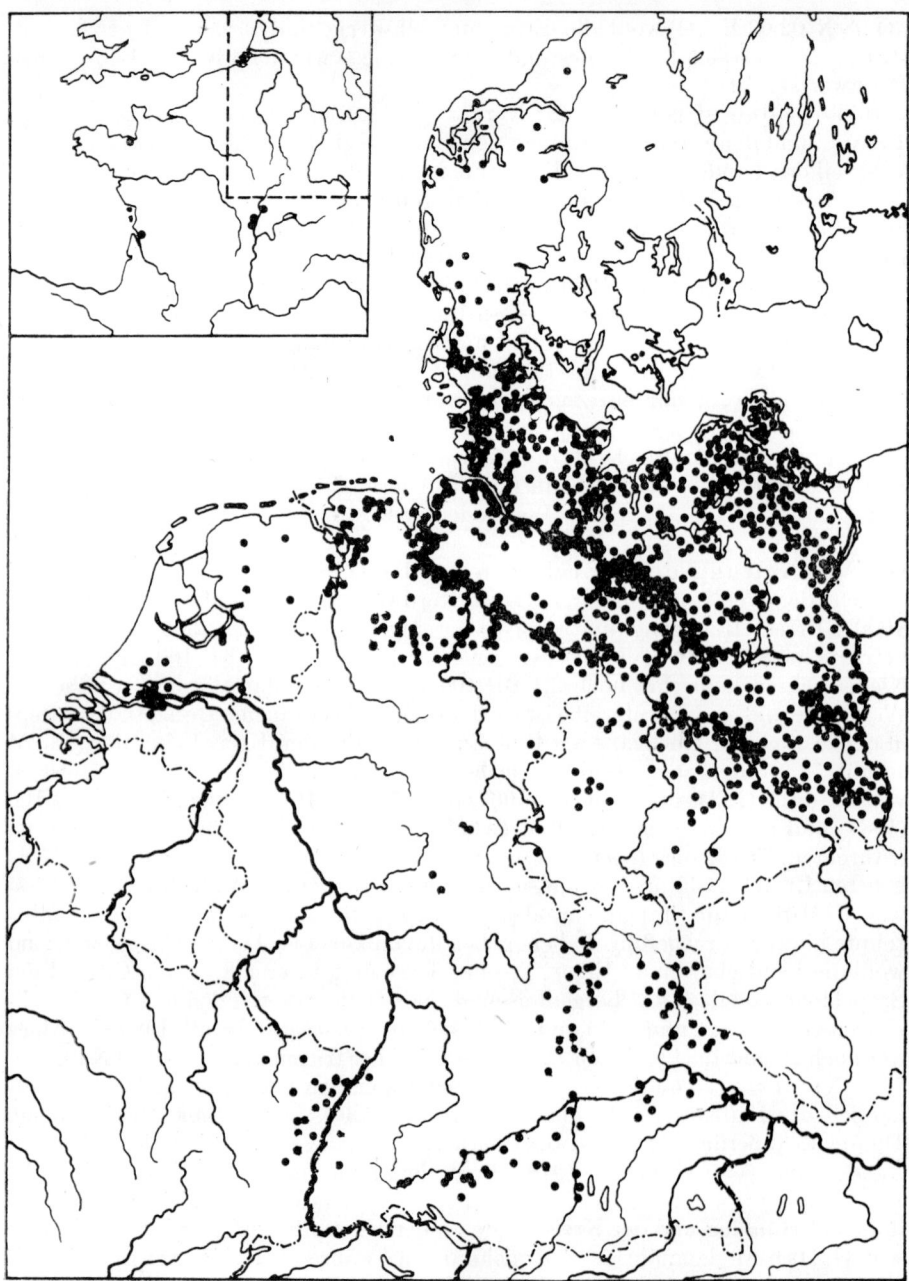

Abb. 92. Die Verbreitung des Weißstorches in Mitteleuropa 1965 (z. T. schematisiert). Die Funde geben die Verteilung, nicht aber die tatsächlichen Einzelvorkommen an (nach Hecken-roth 1969 b, Rheinwald 1982 u. a.)

Gesamtbestand umfaßte in Niedersachsen im Gebiet Steinhuder Meer–untere Leine 1965 794 HP, doch ist er seitdem weiter auf 330 HP (1983) zusammengeschmolzen. In Osnabrück ging die Brutenzahl von 43 (1962) auf 6 (1975) zurück, in Oldenburg von 120 (1939) auf 26 (1973)! Dabei hatte J. Visbeck noch 1798 in seinem Buche „Die Niederweser und Osterstede" schreiben können, daß östlich der Weser in Osterstede einige Hundert Störche brüten würden. Um 1900 gab es fast in jedem Marschdorf einen Storchenhorst (Tantzen 1962).

Die Nordseeinseln werden nur gelegentlich überflogen oder – dann meist von Einzelvögeln – zur Rast benutzt. Lediglich auf der Insel Föhr befand sich ein Nest (Emeis 1941).

Das Land Nordrhein-Westfalen hat, nachdem im Niederrheingebiet die letzte Brut 1947 in Kranenburg hochkam, nur noch etwa 5 Brutpaare im Gebiet um Minden im äußersten Nordosten. Auch in der Rheinpfalz, wo noch 1966 und 1967 in Gimbsheim Kr. Worms ein Paar brütete, und seit 1966 im Saargebiet sind die Störche weggeblieben.

Für Hessen werden 1938 noch 225 HP, aber dann für 1958 nur noch 97 HP und schließlich für 1965 noch 42 HPm angegeben (Heckenroth 1969), davon 9 HP für den Regierungsbezirk Kassel vorwiegend in der Schwalm um Ziegenhain, während das Ohmgebiet 1968 aufgegeben worden ist, und ebenso wohl auch das letzte Brutvorkommen im Regierungsbezirk Wiesbaden. Zunächst konnten sich die Störche noch im Regierungsbezirk Darmstadt halten, in dem sich zwischen Wetter und Kinzig bei Friedberg und Büdingen sowie zwischen Main und Weinheim an der Bergstraße noch kleine Gruppen befanden, doch waren es 1982 nur noch 2 Brutpaare. Dazu kommen die erfolgreichen Versuche der Schiersteiner Storchfreunde. Eine weitere Stützung erhoffen sich die Storchfreunde durch Freilassen im Freilichtmuseum Hessenpark im Taunus erbrüteter Störche.

Immer noch erfreulich, wenn auch drastisch auf höchstens 20 Paare zusammengeschmolzen, ist der Bestand in Baden-Württemberg, der 1948 noch 252 HP und 1965 67 HP umfaßte. Zweifellos wäre er noch stärker bedroht, wenn nicht bereits Störche aus den Versuchsstationen in der Schweiz entstandene Lücken schließen würden. Das Hauptgebiet, dessen ökologische Bedingungen weitgehend denen jenseits des Rheins im Elsaß entsprechen, liegt im Rheintal zwischen Heidelberg und Freiburg i. Br. mit seinen fruchtbaren Böden, weniger auch mit sumpfigen Stellen. Hier hat sich auch der Bestand leidlich halten können, während das Vorkommen in dem meist hügeligen Gelände des Dreiecks zwischen Heidelberg, Ravensburg und Ulm, welches Kraichgau, Neckartal, Donautal, Baar und Saulgau einschließt, sich als weniger günstig erwiesen und namentlich seit 1960 eine starke Schrumpfung erfahren hat, die nur südlich der Donau einen nennenswerten Bestand verschonte. Der Südteil des Kreises Müllheim mit seinen Trockengebieten und seiner Steppenflora, ferner die Vorberge des Schwarzwaldes und größere Waldgebiete werden sichtlich vom Storch gemieden.

Von wenigen Brutpaaren im unterfränkischen Maintal abgesehen, haben sich in Bayern vorwiegend in 4 Kerngebieten etwa 60 Brutpaare (1985) halten können. Von ihnen sind das oberfränkische Storchvorkommen im Bereich der Regnitz und ihrer Zuflüsse, das obere Altmühltal in Mittelfranken, das Naabtal in der Oberpfalz und die Störche Schwabens im Ries und südlich der Donau in einem Streifen,

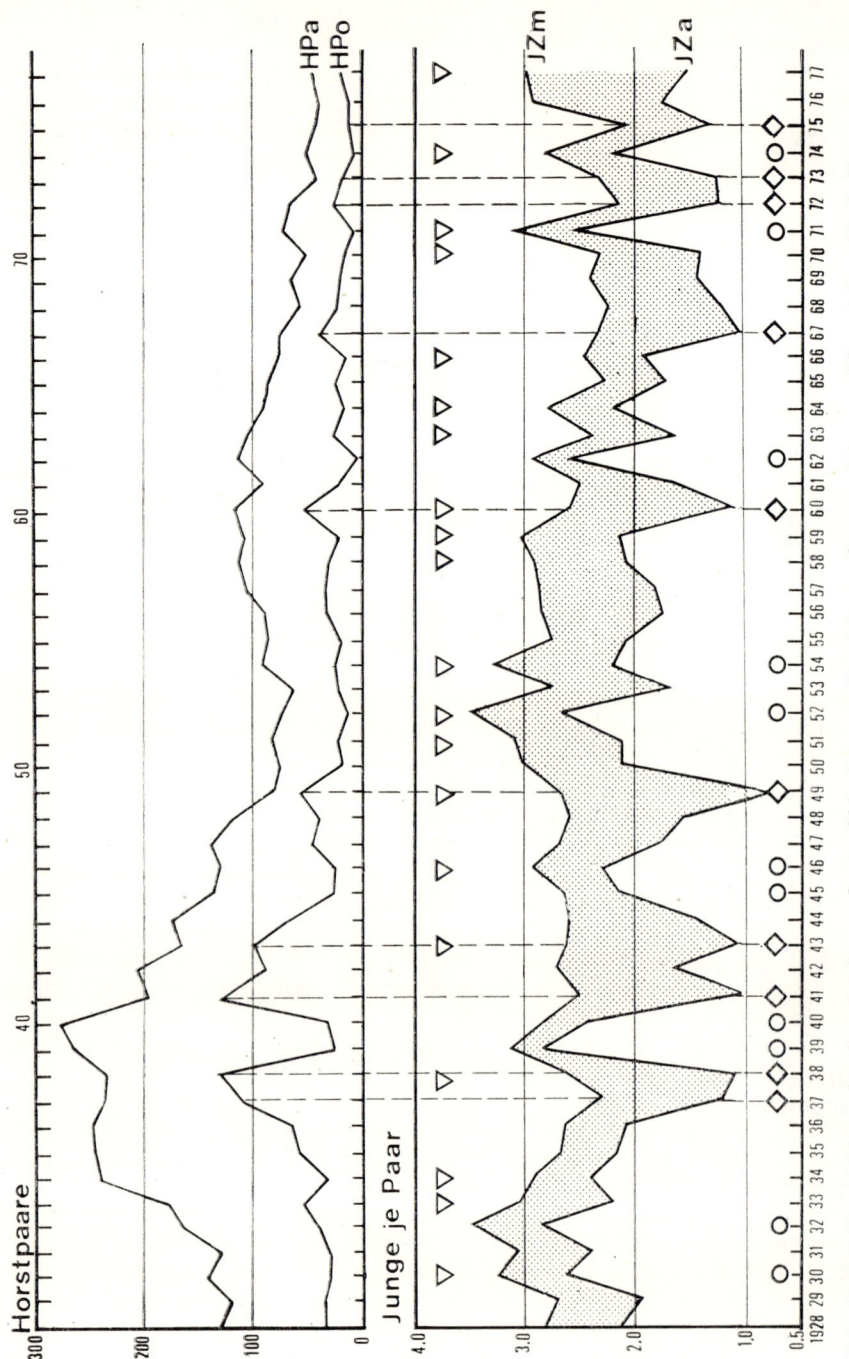

Abb. 93. Die Entwicklung des Storchenbestandes in Oldenburg. ○ Bestjahre, ◇ Störungsjahre, ▽ Mäusejahre. Nach Tantzen

der sich vom Ulmer Raum und von Augsburg bis Neuburg an der Donau hinzieht, am beständigsten. Während die Brutenzahl in Oberbayern in den Jahren 1958 bis 1967 von 24 auf 9 und auch in Unterfranken um 10% zurückging, kann für Oberfranken eine seit 1903 anhaltende, wenn auch nur leichte Zunahme verzeichnet werden.

Für die gesamte BRD ging der Storchbestand seit 1958 von 2500 Brutpaaren – auf einer vergleichbaren Fläche waren es 1935 noch 4450 Brutpaare gewesen! – auf 1900 im Jahre 1965 und 1000 Brutpaare 1975 schließlich auf 570 Paare im Jahre 1986 zurück, also um 57%! 1987 gab es nur noch 500 Brutpaare!

Der Storch in der DDR. Für die DDR liegen Ergebnisse aus den Erhebungen 1934 (Schüz 1934), 1958 und 1974 (Schildmacher 1960, 1975) und 1984 (Creutz 1986, Dornbusch 1987) vor. Bedauerlicherweise erlauben sie jedoch keine unmittelbaren Vergleiche. Die Werte von 1934 beziehen sich teilweise auf anders begrenzte Gebiete. 1958 meldeten 9 Kreise nicht, andere vermutlich unvollständig, so daß mit einem Fehlbetrag von 500 HP gerechnet werden kann. In 109 von 215 Kreisen wurden 2034 Storchpaare (hochgerechnet 2500 HP) mit einer durchschnittlichen StD von 2,02 HP/100 km² auf der besiedelten Fläche ermittelt. Bemerkenswert ist das völlige Fehlen in den Bezirken Gera, Karl-Marx-Stadt und im Gebiet der Hauptstadt Berlin. Auf einer vergleichbaren Fläche ging die Zahl der HP seit 1934 von 2339 HP auf 1283 HP, also um 54,9% zurück. Dies kommt auch in einer niedrigeren StD zum Ausdruck, die 1958 im Kreis Altentreptow mit 8,6 am höchsten war und nur noch in den Kreisen Rathenow (8,15), Hagenow (8,03), Bad Doberan (8,0), Demmin (7,91), Stralsund (7,81), Rostock (7,60), Bützow und Perleberg (je 7,35) und Havelberg (7,28) Werte von 7,0 oder darüber erreichte. Lediglich in den drei sächsischen Bezirken erlitt der Bestand keine Einbuße.

Die Zählung von 1974 ergab ein genaueres Bild. 131 Kreise (= 60,8%) meldeten Storchvorkommen (– der Kreis Neuruppin machte keine Angaben –), und 87 Kreise (= 39,2%) waren ohne Störche. Bei einem Zählfehler von höchstens 10% wurden 2899 HPa gezählt, davon 2098 HPm (72,4%) und 801 HPo (27,6%). Die JZG betrug 535 Junge, so daß sich eine JZa von 1,8 und eine JZm von 2,5 ergibt. Die StD betrug 2,71 und erreichte Höchstwerte in den Kreisen Stralsund (10,96), Strasburg (10,63), Grimmen (10,28) und Bad Doberan (10,0). In den einzelnen Kreisen wurden ermittelt

StD	0–1	–2	–3	–4	–5	–6	–7	–8	–9	–10	über 10
Zahl der Kreise	30	23	19	13	11	12	7	8	2	2	4

Bemerkenswert ist, daß 1974 alle Bezirke Storchvorkommen melden konnten, nachdem nunmehr auch in den Bezirken Gera (2 Paare im Kreis Pößneck, 1 Paar im Kreis Zeulenroda) und Karl-Marx-Stadt (1 HP im Kreis Glauchau) Ansiedlungen erfolgten. Für den Bezirk Cottbus und die drei Nordbezirke ergaben sich erheblich höhere Zahlen, die besonders in den Mecklenburger Bezirken sehr starke

Schwankungen und eine kaum erklärbare Zunahme in den westlichen bzw. Abnahme in den östlichen Kreisen bestätigen. Die höheren Zahlenwerte können als erfreuliches Anzeichen gelten, wenn sie auch nicht unbedingt auf eine tatsächliche Zunahme hinweisen, weil die Zählung 1974 in einem sehr „guten" Storchenjahr stattfand, dem nach den ebensolchen von 1970 bis 1972 das „Störungsjahr" 1973 vorausging.

Die Bestandserfassung 1984 – leider einem Störungsjahr! – war die bisher vollständigste. Von 2724 HPa zogen 1696 HPm (62,3%) 4134 Junge auf, was eine JZa von 1,52 und eine JZm von 2,43 ergibt. Außerdem gab es 1028 HPo (37,7%) und 76 HE. Gegenüber der Zählung von 1974 bedeutet dies einen Rückgang der HPa um 7,0%, der HPm um 20,7% und der JZG um 25,4%. Dagegen stieg die Zahl der HPo um 30,5% an. Der Rückgang betrifft vor allem Kreise im Norden und Westen, während im Süden sogar eine leichte Zunahme vermerkt werden kann. Die Nachwirkungen der „guten" Storchjahre 1970 bis 1972 ergaben eine Bestandsverjüngung, nicht aber eine damit zusammenhängende und erwartete Bestandszunahme, obwohl Neuansiedlungen in bisher storchfreien Kreisen (z. B. Meißen, Zittau) auf eine solche hinzuweisen schienen (Creutz 1986). Zweifellos wirkt sich ein erhöhtes Angebot an Horstunterlagen bestandsfördernd aus, dem z. B. das Ansteigen der StD im Kreis Bautzen von 6,64 auf 8,37 (1983) zu verdanken ist (Creutz 1981).

Einige Bemerkungen zu den einzelnen Landesteilen seien angefügt. An der Ostseeküste fehlen Storchvorkommen auf Poel, dem Darß, Zingst und Hiddensee, nicht aber auf der Insel Usedom (Kramer 1973). Auf Rügen gab es 1934 105 Nester, 1974 noch 63 und 1983 nur noch 51 Horste. Verbreitungsschwerpunkte liegen in den drei mecklenburgischen Bezirken im Bereich der nordöstlichen Lehmplatte, dem Rückland der Seenplatte und im Elbtal (Klafs u. Stübs 1987). Noch um 1860 hatte fast jedes Dorf sein Storchnest und manchmal sogar ein Bauernhof mehrere. Unterbrochen von gelegentlichen Bestandszunahmen erfolgt wiederholt eine starke Abnahme. Schon Clodius (1913) berichtet darüber, daß der Bestand von etwa 3100 BP von 1901 bis 1912 um 66% absank. Erneute Einbußen gab es 1928/29 mit etwa 50% und nach kurzem Aufleben 1931 bis 1934 wiederum um 1940. Erst danach hielt sich der Bestand etwa gleichmäßig, doch war die StD von 14,5 (1934) auf 4,89 (1984) zurückgegangen. Allein im Kreis Neustrelitz sank die HP-Zahl zwischen 1901 und 1965 von 168 auf 23, und alle Bemühungen um den Schutz des Storches konnten den Rückgang nicht aufhalten.

In den drei brandenburgischen Bezirken ist der Storch bis auf große Waldgebiete weit verbreitet. Besonders hohe Siedlungsdichten werden zwischen Havel und Oder, im Norden des Bezirkes Cottbus und zwischen Elblauf und Oberlausitz erreicht. Vor allem das Havelland und die Luchgebiete weisen zahlreiche Storchpaare auf, während die Gebiete von Magdeburg bis Jüterbog und das Braunkohlengebiet um Senftenberg oder die Heidelandschaft im Kreis Weißwasser nur spärlich besiedelt sind. Erwähnenswert ist das Storchendorf Parey, dessen Storchbestand allerdings von 19 HP (1958) auf 5 HP (1985) zurückging. Auch die bekannte Baumkolonie im Spreewald, die 1904 noch 40 Horste umfaßte, erlosch 1964 mit dem Abgang der letzten beiden Horstbäume. Der Süden und Osten des

Bezirkes Cottbus ist vergleichsweise storcharm. Im Bezirk Frankfurt/Oder hatte die Abnahme 1929 zu einem Tiefstand von 8 HP geführt, der sich danach erholte, aber im Kriegsverlauf erneut schwer getroffen wurde, nicht zuletzt durch die Zerstörung zahlreicher Horste. In erfreulicher Entwicklung übertraf der Bestand 1981 mit 243 HP frühere Verhältnisse weit. Vor allem im Oderbruch und seinen Randgebieten, in den Niederungen der Spree, Dahme, Nuthe und anderer Wasserläufe und in waldarmen Gebieten ist der Storch gegenwärtig wieder eine regelmäßige Erscheinung.

Im Bezirk Magdeburg sind die elbnahen Gebiete bis Aken und das Havelland, ganz besonders die Kreise Seehausen/Osterburg und Havelberg mit ihrem Dauergrünland und den ausgedehnten Hutungsflächen stark besiedelt, im Kreis Haldensleben auch die Niederungen des Drömling und der Ohre. Dagegen werden im Flechtinger Höhenzug, in der Letzlinger Heide und in der eigentlichen Börde nur StD unter 1,0 erreicht und im Kreis Wernigerode gibt es überhaupt keine Störche.

Ganz ähnlich liegt auch im Bezirk Halle der Schwerpunkt der Verbreitung in der Elbaue zwischen Aken, Wittenberg Lutherstadt und Elster, wo StD bis 5,3 erreicht werden. Vereinzelte Vorkommen mit nur auffallend wenigen Storchpaaren finden sich im Saalebereich bei Bernburg und Weißenfels, ferner in der Elster-Luppe-Aue östlich von Merseburg. Dagegen sind Störche bei Zeitz bereits 1913 ausgeblieben. Das Brutvorkommen an der oberen Unstrut und Helme bildet dann den Anschluß an wenige Bruten im Bezirk Erfurt (Kreise Nordhausen, Erfurt, Sömmerda) während bei Gerstungen an der Werra und 1985 in Lauchröden je ein Einzelpaar brütete. Im Bezirk Suhl besaß das Werratal ehemals zahlreiche Storchpaare, doch hatten die Bruten in Hildburghausen, Meiningen, Wasungen, Breitungen, Barchfeld, Immelborn, Tiefenort und Vacha u. a. O. meist nur einen kurzen Bestand. Lediglich in Bad Salzungen gibt es gegenwärtig noch einen besetzten Horst.

Zur Zeit Chr. L. B r e h m s (1787–1864) brüteten Störche nicht mehr in Renthendorf, und auch K. Th. L i e b e (J. Orn. 1878) weiß sich nur noch zu erinnern, daß in Ostthüringen „in seiner Jugendzeit noch leere Nester" in Groß Ebersdorf (329 m) und Braunsdorf (413 m) vorhanden waren. 1933/34 kam es auf der teichreichen Kulmhochfläche bei Auma (440 m) kurzfristig zu einem neuen Storchvorkommen (Orn. Mber. 1935, S. 116), danach zwischen Neustadt a. d. Orla, Zeulenroda und Schleiz mehrfach zu Neuansiedlungen in Höhenlagen bis 485 m mit wechselvollem Verlauf. Einige Paare in den Kreisen Pößneck und Zeulenroda scheinen nunmehr, begünstigt durch die Schleizer Seenplatte bei Plothen, den Bestand im Bezirk Gera gefestigt zu haben. Damit erhöhte sich die Zahl der Storchhorste in den drei thüringischen Bezirken von 4 (1958) auf 17 (1981).

Wenn auch in den sächsischen Bezirken die meisten Storchvorkommen in den Niederungen der nördlichen Kreise in den Bezirken Leipzig und Dresden, also in Höhenlagen unter 200 m angesiedelt sind und einstmals die am weitesten vorgeschobenen Brutorte im Elbtal bei Pirna und an der Neiße in Drausendorf bei Zittau lagen, so war diese Beschränkung auf die Niederung keineswegs immer der Fall. Aus dem 16. und 17. Jh. sind Bruten aus dem Bergland bis etwa 500 m Höhe bei Thum und Schneeberg im Erzgebirge und bei Adorf im Vogtland, später auch bei Altendorf bekannt (H e y d e r 1952). Nach längerer Zeitlücke brütet der Storch

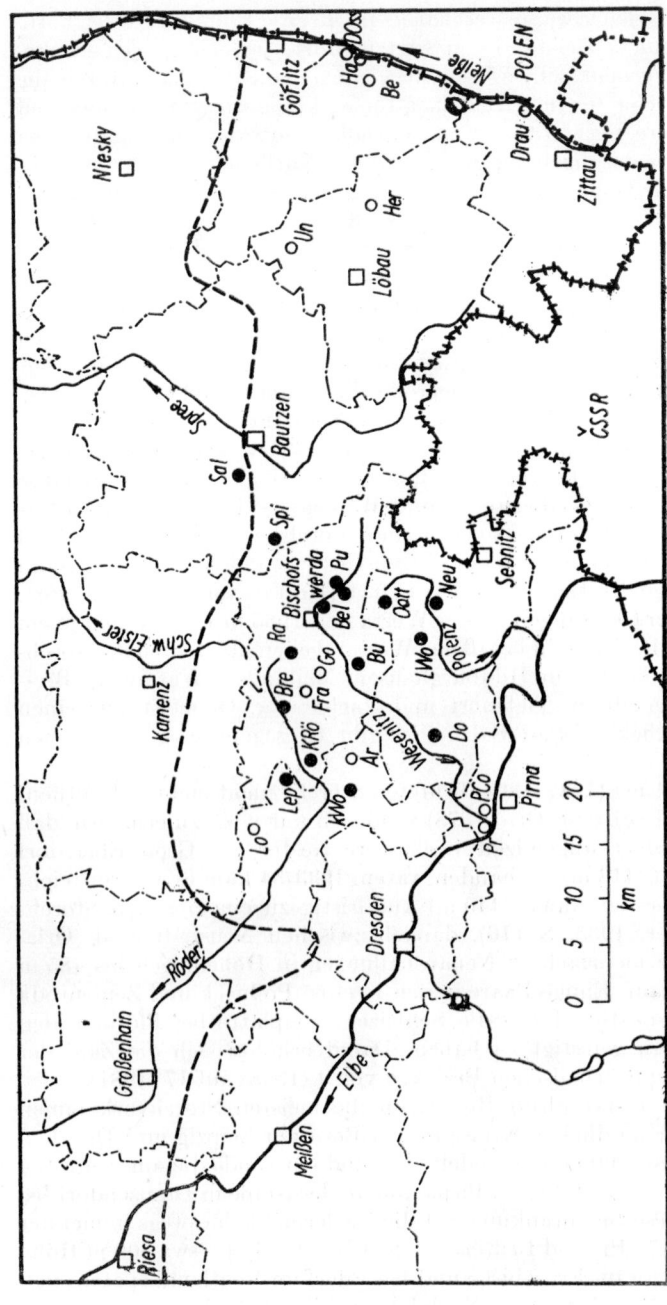

Abb. 94. Das Vordringen in die Mittelgebirgslagen im Bezirk Dresden. – – Südgrenze des ehemaligen Brutareals, ● nach 1960 beflogene und ○ regelmäßig besetzte Horste. Nach Creutz 1967

nun erneut wieder im Bezirk Karl-Marx-Stadt bei Glauchau. Über das Auf und Ab des Bestandes in den Bezirken Leipzig und Dresden berichten Zusammenstellungen in größerer Zahl. Übereinstimmend geben sie die Jahre vor 1914, 1927/1929, 1934 und 1944 bis 1948 als Zeiten mit besonderen Tiefständen an. Für den Verlauf der Bestandsentwicklung, bei der allerdings Grenzänderungen berücksichtigt werden müssen, sollen einige Zahlen angeführt werden:

	1928	1934	1936	1940	1942	1948	1961	1966	1980	1987
Bez. Leipzig	2	3	8	11	?	5	29	47	52	65
Bez. Dresden	13	52	?	35	?	59	93	140	241	171

Die Auswirkungen von Kriegshandlungen oder der Ausweitung des Braunkohlenabbaues sind ebenso unverkennbar wie der Erfolg von Schutz- und Hegemaßnahmen, die seit 1960 zu einer beständigen Zunahme geführt haben.

Im Bezirk Dresden besitzen die Kreise Großenhain, Kamenz, Bautzen, Niesky und Görlitz-Land einen gesicherten Bestand, vor allem längs Röder, Schwarzwasser, Spree, Schöps, Neiße und in der Teichlandschaft, während in den Kreisen Löbau und Zittau nur gelegentlich Störche brüten (Löbau bis 1962, 1971, 1974 und Zittau bis 1949, 1978). Die größte StD erreicht der Kreis Bautzen mit 8,37, in dessen Nordteil nahezu jedes Dorf „seinen" Storchenhorst hat, manchmal sogar mehrere. Das Siedlungsgebiet bildet zwischen Elbe und Neiße ein von West nach Ost verlaufendes Band, das im Norden von ausgedehnten Heidewäldern und dem Senftenberger Braunkohlengebiet, im Süden vom Lausitzer Gebirge begrenzt wird. Hier ist es seit 1958 im Kreis Bischofswerda, seit 1960 auch im Kreis Sebnitz zu Neuansiedlungen im Hügelland bis 350 m Höhe gekommen und dadurch die Südgrenze weiter gegen das Mittelgebirge vorgeschoben worden. Ob dies als Verdrängung durch die Ausweitung des Braunkohlenabbaugebietes im Raum Senftenberg-Hoyerswerda oder als Folge verstärkten Grünfutteranbaues und Weidebetriebes im Hügelland zu deuten ist, kann nur vermutet werden, weil keiner der Neusiedler seine Herkunft durch einen Ring erkennen ließ (Creutz 1967).

Insgesamt gesehen hat also die Entwicklung des Storchenbestandes in der DDR einen wechselvollen Verlauf mit Tiefständen um 1928, 1934 und 1946 genommen. Der seit 1960 annähernde Gleichstand scheint zu Hoffnungen auf den Erhalt des schönen Großvogels zu berechtigen, doch hat nach dem 1978 erreichten Höhepunkt in den Mecklenburger Bezirken und im Bezirk Magdeburg ebenfalls ein Rückgang eingesetzt. Von 1934 bis 1985 betrug er insgesamt etwa 40%!

Der Storch im östlichen Europa. Für die ČSSR vergleicht Rejman (1986) das Ergebnis der 4 Internationalen Storchzählungen. Danach erfolgte von den ursprünglichen Verbreitungsschwerpunkten in Böhmen (Elbe-, Moldaugebiet, Südwestböhmen), Mähren (Oberlauf der Odra im Norden, Unterlauf der Morava und Dyje im Süden) und in der Slowakei (Donaugebiet mit Nebenflüssen) bis 1984 eine von Süd nach Nord gerichtete Ausbreitung auf alle Bezirke und in Höhenlagen bis 800 m. Dabei ging die Zahl der Baumhorste – vorwiegend auf

Eiche, Pappel, Esche und Linde – zurück, während die für Schornsteinhorste anstieg. Den Bemühungen Stollmanns (1969, 1971, 1976) gelang es für 1968 in der Slowakei 1176 Horste zu ermitteln, 1976 jedoch nur noch 1124 Brutpaare in 734 Orten. Entgegen dem allgemeinen Rückgang macht sich im Tatravorland eine Zunahme bemerkbar. Noch 1884 war hier der Storch nur Zugvogel, weshalb der Nachweis einer Brut 1885 berechtigtes Aufsehen erregte. 1934 waren es erst 2 Horste, doch stieg die Zahl bis 1940 zunächst rasch, dann allmählich bis 1955 auf 30 Horste bis in Höhen von 850 m:

Meereshöhe (m)	550–600	–650	–700	–750	–800	–850
Zahl der Horste	3	6	11	5	3	2

Die höchstgelegenen Horste gab es bei Poprad (829 m), im Tal der Waag (Váh) bei 792 m und im Tal des Hornád bei 674 m. Hier – wie auch in Böhmen – führten Biotopveränderungen im Tiefland zu einer Bestandsverlagerung in höhere Berglagen.

In Nordböhmen folgten einer ersten Ansiedlung 1935 bei Hohlen (Holany) bald weitere (Heinrich 1936). Besonders in den Kreisen Česka Lipa und Liberec brüteten 12 bzw. 5 Paare, bisher an 37 Orten bis in 380 m Höhe und meist auf Schornsteinen, von denen 1984 21 Horste besetzt waren (Vondrácek mdl.). Ein größeres Storchvorkommen gibt es zwischen Melnik – Nymburk – Pardubice. Bereits 1934 brüteten hier 41 Paare, vorwiegend auf Bäumen. Mehrere Jungstörche von hier konnten später als Brutvogel in der Lausitz nachgewiesen werden.

Für Westböhmen stellt Beneda (1980) in einer ausführlichen Studie dar, wie der Bestand von 25 Paaren 1938 in zehnjährigen Abständen bis 1978 über 27 – 37 – 48 schließlich auf 58 Paare anwuchs. Im Böhmisch-Mährischen Hügelland wurde erstmals 1920 bei Iglau (Jihlava) ein Horst gefunden. Seitdem ist auch hier die Zahl der Storchpaare angewachsen.

Eine vollständige Bestandserfassung fehlt bisher noch immer auch für Polen. Erstmalig lieferte eine Fragebogenerhebung 1974 genauere, wenn auch noch immer lückenhafte Angaben, nach denen 31 852 Horste mit 27 415 nestgebundenen Paaren (HPa) festgestellt werden konnten. Nach extrapolierender Ergänzung der

Tabelle 26. Storchbestand in der ČSSR (außer Slowakei) 1982. Nach B. Rejman

	HPa	HPm	HPo	JZG
Südtschechischer Kreis	70	45	21	115
Nordtschechischer Kreis	13	8	5	17
Mitteltschechischer Kreis	26	17	8	45
Ostböhmischer Kreis	98	60	38	151
Westböhmischer Kreis	56	39	17	104
Südmährischer Kreis	84	58	26	159
Nordmährischer Kreis	41	32	9	74
zusammen	408	259	124	665

Lücken ergaben sich 37 390 Nester mit 32 223 Paaren. Mit Vorbehalt wird ein Bestand von 33 900 nestgebundenen Paaren angenommen (Jakubiec et al. 1986). Diese Ergebnisse und zahlreiche Teilerhebungen für einzelne Landesteile und Zeiträume lassen – trotz gelegentlich etwas abweichender Zahlen – erkennen, daß das Land bis auf einige Gebirgskreise vollständig von Störchen besiedelt ist. Die Besiedlung ist allerdings ungleich verteilt. Ihr Schwerpunkt liegt östlich der Weichsel und nördlich des Bug. 60 % des Gesamtbestandes brüten im Nordosten des Landes. Schon Hornberger (1939) hatte im damaligen Ostpreußen etwa 16 000 Brutpaare und Storchdichten von 44,5 und maximal 59,0 festgestellt. Die Erhebungen Szczepskis (1968) in der Wojewodschaft Olsztyn hatten nur noch eine StD von 10,0 ergeben und ließen auf sehr starke Verluste in den vorangegangenen Jahrzehnten schließen. Die Folgen der Kriegshandlungen sind offenbar inzwischen weitgehend wieder ausgeglichen, denn auf 62 400 km^2 östlich der Weichsel brüteten 1974 14 500 Paare mit einer StD von 21,5, in einigen Kreisen sogar mir StD von 40 bis 45. Hohe StD werden auch in der Baryczniederung bei Milicz (18,5) (Mrugasiewicz 1977) oder bei Elblag mit 21 bis 23 erreicht, dagegen fehlen Störche vom Krkonosze bis zur Tatra und den Karpaten, doch dringen sie im östlichen Slask und in Malopolska in Bergtäler mit Grünlandwirtschaft vor (Profus 1986).

Die Baltischen Sowjetrepubliken weisen einen guten Storchbestand auf. Für die Litauische SSR werden für 1974 6677 Paare angegeben, gegenüber 1958 mit 8811 Paaren allerdings ein deutlicher Rückgang (Skuodis 1974). Auch in der Lettischen SSR nahm die Zahl der Störche von 6750 Horstpaaren 1934 stark ab, was auf die fortschreitende Aufforstung und das zurückgehende Angebot von künstlichen Nestunterlagen zurückgeführt wird, deshalb horsten 90,8 % der Störche – meist ohne Hilfe – auf Bäumen, im Norden des Landes ist eine Zunahme zu verzeichnen, die sich verstärkt in der angrenzenden Estnischen SSR bemerkbar macht. Hier stellten sich erstmalig 1840 Störche ein. Noch 1850 bildete die Düna die Grenze des Vorkommens, und die Norddistrikte wurden erst zwischen 1920 und 1930 erreicht. Die Brutpaarzahl stieg über 320 (1939) und 713 (1962) auf 1 060 (1974), im angrenzenden Rajon Pskow (RSFSR) von 400 auf 1 218 Paare 1978 (Vogelwarte 29, 1978, S. 233). Damit dürfte die klimatisch bedingte Artgrenze nahezu erreicht sein, doch soll sich bereits ein Brutpaar im Süden der Karelischen SSR angesiedelt haben, während in Finnland bisher nur nestlose Einzelstörche aufgetreten sind. Bemerkenswert ist, daß 28 % der Horste auf Fichten stehen.

Die Ostgrenze des Verbreitungsareals verläuft gegenwärtig etwa längs des 30 °E – neuerdings gibt es sogar im Kreis Lotoschin im Gebiet Moskau bei fast 36 °E einen Horst! – durch die UdSSR südwärts über Luga, Welikije Luki, ostwärts von Pskow, Smolensk, Brjansk, Orjol, Kursk, schließt die Ukraine bis Tscherkassy, Shdanow, Charkow und Mariupol (47.06 N 37.34 E) und die Moldauische SSR ein, die Halbinsel Krim jedoch aus. Im Mittelabschnitt und bei Belgorod ist die Zunahme am auffallendsten und es kam zu Neuansiedlungen in den Kreisen Slawzy und Luga, im Bezirk Nowgorod, Kalinin, Kaluga und Woronesh. Selbst im Bezirk Leningrad gab es 1981 schon etwa 25 Brutpaare, die nördlichsten in Gatschina. Eine Arealausweitung nach Norden und Nordosten ist unverkennbar.

Hohe StD gibt es in der Polessje am Pripjet im Süden der Belorussischen SSR, um Łwow und in den Steppen im Budshak (Bessarabien), deren temporäre Flüsse wie z. B. der Kogilnik zu Pruth und Dnestr entwässern (Heer u. Schöch 1952). Lebedeva (1982) gibt als Gesamtbestand 1974 für die UdSSR 49 726 Brutpaare an. Räumlich getrennt von diesem Verbreitungsgebiet horstet der Storch in größerer Zahl wieder in Transkaukasien. In den Armenischen und Aserbaidshanischen Republiken erstreckt sich ein geschlossenes Siedlungsgebiet bis Lenkoran am Kaspischen Meer und in den Tälern des Aras (Araxes), der Kura und in der Alasano-Ebene.

Das Hauptverbreitungsgebiet in Österreich liegt am östlichen Alpenrand, wo allein im Burgenland fast die Hälfte aller Brutvorkommen zu finden ist. In den Ebenen der Leitha und Wulka, am Neusiedler See und im Seewinkel wechseln Kultursteppe mit Sumpf- und Steppengebieten, Sand- und Schotterflächen und den flachen salzhaltigen Lacken ab. Hier waren 1934 47 HP, 1951 bereits 108 HP, 1958 160 HP und 1974 – 232 besetzte Horste bekannt. Das Städtchen Rust konnte mit 23 Horsten (1939), die meist auf überdeckten Schornsteinen errichtet waren, als Storchenstadt gelten, hatte allerdings 1984 nur noch 6 HP. In der angrenzenden Steiermark ist besonders das Grünland an der Raab und ihren Zuflüssen bis in Höhenlagen von fast 500 m besiedelt, doch ist die Bestandsgeschichte sehr bewegt. Bereits in einem alten Schlösserbuch von 1681 sind drei Schlösser mit beflogenen Storchhorsten abgebildet. Über das Erlöschen dieser Population ist nichts bekannt.

Um 1900 begann sich der Populationsdruck im benachbarten Ungarn westwärts auszuwirken. Er erreichte um 1930 seinen Höhepunkt, doch folgte ihm durch den Krieg wieder ein Niedergang. Um 1950 ließ eine erneute Ausbreitungswelle Störche nach Westen vordringen und im Grazer und Leibnitzer Feld und im Hügelland Fuß fassen. Die Zahl der Brutpaare stieg von 13 (1950) auf 31 und 4 Paare an der Mur südlich von Graz (1954), dann auf 89 HP (1974) und schließlich 103 HP im Jahre 1965 an (Weissert 1986). In Kärnten wurde erstmals 1951 ein Horst bezogen.

Während der Storch in Niederösterreich südlich der Donau und – möglicherweise als Folge der Hochwasserschutzarbeiten im 19. Jh. – auch in den Donauauen fehlt, gibt es nördlich des Stromes in der kultivierten Auenlandschaft an der unteren March seit 1930 etwa ein Dutzend HP. 1958 konnten bereits 47 HP, 1974 sogar 64 HP gezählt werden. 70% der Horste stehen ungefährdet auf Bäumen, vorwiegend auf Eichen, Ulmen, Silberpappeln und Bruchweiden. Der westwärts gerichtete Ausbreitungsdrang führte Störche auch bis nach Oberösterreich, wo sich im hügeligen Marchland zwischen Mühl-und Waldviertel seit 1925 wenigstens 3 HP bis 1980 behauptet und in 6 Orten gebrütet haben (Naturk. Jb. Stadt Linz 1980, S. 123).

In erfreulichem Anstieg konnten als Gesamtbestand in Österreich 1934 118 Horste, 1959 276 HP und 1974 sogar 392 HP bzw. 403 Horste gezählt werden, 1984 allerdings nur noch 320 HP. Möglicherweise war der Storch ehedem in Österreich noch weiter verbreitet, jedenfalls wird von Bruten in Salzburg (1791, 1802) und Vorarlberg bei Bregenz am Bodensee (1876) berichtet. Im Burgenland, in der Steiermark und in Kärnten ist gegenwärtig der Bestand durch Biotopzerstörung gefährdet, weil die Sumpfgebiete mit Erlen und Weiden bepflanzt werden, die in fünfjährigem Umtrieb gehauen werden (Haar mdl.).

Größere Storchdichten bis 30 HP/100 km² und noch darüber werden nach Osten anschließend in Ungarn erreicht, besonders am·Neusiedler See, im angrenzenden wasserreichen Sumpfgebiet des Hanság und in Transdanubien im Gebiet zwischen Balaton und Jugoslawien. Weniger dicht ist das Vorkommen zwischen Balaton und der Donau sowie östlich von ihr im Kiskunság, dann aber wieder verstärkt in der Großen ungarischen Tiefebene (Alföld) und der Hortobágy bis zu den Tälern des Karpatenvorlandes im niederschlagsreichen Nordosten des Landes, wo feuchte Weidegründe, ausgedehnte Ackerfluren und Reisfelder günstige Ernährungsmöglichkeiten bieten. Als vorteilhaft erwiesen sich Sodaböden, weil sie selbst in Trockenzeiten feucht bleiben (Jakab mdl.). Die Brutpaarzahl ging von 1958 bis 1984 von etwa 7473 HP auf 4693 HP zurück (Jakab 1986), was auf Entsumpfungsmaßnahmen und teilweise auch auf absichtliche Horstzerstörung zurückgeführt wird, doch erholte sich der Bestand nach einem Tiefstand 1974 mit etwa 4000 HP wieder etwas, ohne jedoch bisher den Stand von 1958 wieder erreichen zu können. Entscheidend ist dabei wohl das Angebot von Nisthilfen auf Elektromasten, das rasch wahrgenommen wurde. Bei entsprechendem Rückgang der Horste nach ehemals üblicher Anlage stieg die Zahl der Mastenhorste von 11 (1963) auf 2500 (1984 = 52 %!) an, doch wurde dadurch auch die Zahl der Unglücksfälle vermehrt. Eine große Rolle spielen außerdem Sonnenscheindauer, Niederschlagsmenge und Temperatur in der kritischen Periode der Fortpflanzungszeit (Jakab 1986).

Auch in Rumänien, dessen Bestand bisher nicht ganzräumig erfaßt werden konnte, so daß z. B. Angaben für die storchreichen Gebiete von Arad Oradea und Satu Mare, die Donauauen Oltenia und Muntenia und Teile der östlichen Landesteile und der Dobrogea fehlen, ist ein beträchtlicher Rückgang eingetreten. Er beträgt für den Zeitraum 1963 bis 1974 etwa 35 %, wie vergleichbare Unterlagen aus zurückliegender Zeit für vier größere Gebiete wahrscheinlich machen. In 13 Gebieten wurden 1980 fast 1000 BP gezählt, die etwa 25–50 % des Gesamtbestandes ausmachen (Klemm brfl.). 1984 ergab eine Teilzählung 3700 HP, wonach der Gesamtbestand auf weniger als 5000 HP geschätzt wurde. Ein starker Rückgang ist durch eifrige Trockenlegungen – selbst im Donaudelta –!, landwirtschaftliche Umgestaltungen, Pestizide, Hochspannungsopfer und andere Ursachen begründet, nicht zuletzt aber auch durch Horstbeseitigungen – im Bezirk Timisoara wurden innerhalb von 8 Jahren 59 % der Horste abgerissen! – und das Schwinden der storchfreundlichen Gesinnung (Klemm mdl.). Als Durchzügler erscheint der Storch regelmäßig, sowohl im Frühjahr, wenn er durch die „Porta ciconiarum" nach Ungarn einfliegt, als auch im Herbst.

Weit verbreitet ist der Storch in feuchten Gebieten des Flachlandes bis in das Bergland in Bulgarien. Aus Mangel an vollständigen Zählungen ist lediglich eine Schätzung möglich, die 5000 HP veranschlagt (Mitschev brfl. an Schüz). Ein Teilvergleich ergibt für 1961 bis 1977 für 83 von 114 Ortschaften einen Rückgang von 556 auf 241 Brutpaare an, also um 43 % (Vogelwarte 1978, S. 113).

Der Storch im südlichen Europa, in Kleinasien und in Südafrika. Zwar hält Stresemann (Orn. Mber. 47, 1939, S. 118–119) ein ehemaliges Brüten des Storches in Italien – aufgrund der Angaben der alten lateinischen Schriftsteller, daß der Storch im Altertum bis in das Mittelalter hier brütete – für wahrscheinlich. Heute ist sein Erscheinen selbst auf dem Zug ungewöhnlich und erst recht als Brutvogel. In jüngster Zeit machte ein Paar 1959 bei Rovasenda in der Provinz Vercelli (westliche Poebene) einen Brutversuch, ebenso 1960 und zugleich ein weiteres Paar bei dem 6 km entfernten Balocco, doch verliefen alle Versuche erfolglos, meist wohl wegen Abschuß der Brutvögel. 1980 kam es auch zu einem Brutversuch in Latium. Das gelegentliche Brüten halbdomestizierter Störche in Emilia Romagna und in der Lombardei gab möglicherweise den Anstoß zu Aufzuchtversuchen nach schweizerischem Muster im Schloßpark von Racconigi (44.46 N, 07.46 E) bei Turin (Schüz u. Böttcher-Streim 1988).

Für Albanien läßt sich nur ein geringes Vorkommen und abnehmender Bestand vermuten, Einzelangaben fehlen jedoch.

Günstiger liegen die Verhältnisse in Jugoslawien. Während der Westen und Süden des Landes nahezu storchenfrei sind, gibt es im Norden und Osten beachtliche Vorkommen, die allerdings ebenfalls zurückgehen (Pelle 1986). Im Nordwesten Sloveniens wurden 1965 in den Tälern von Mura und Drava 131 HP ermittelt. Weitere Schwerpunkte bestehen im Donau-Drava-Winkel und südlich der Drava in Hrvatska in der Podravska Slatina (1972 300 HP?), in der Posavina längs der Sava bis Lonja 1968 120 HP, an der unteren Sava (45 HP), ferner in der Vojvodina und dem Banát zusammen etwa 300 HP (Pelle 1986). Im Süden des Landes findet sich ein größerer Bestand in Makedonien. Er steht in Zusammenhang mit einem umfangreicheren Vorkommen in den griechischen Landkreisen (Nomen) Florina, Grebena, Kostoria und Kozane mit etwa 100 HP.

Umfassende landeskulturelle Maßnahmen (Trockenlegungen, vor allem von großen Flachseen und Flußniederungen, Änderung der dörflichen Bauweise, Fällen von Horstbäumen und Einzelbäumen in der Feldflur) und Verfolgungen nach der Türkenherrschaft seit 1830 bzw. auch Pestizideinsatz haben in Griechenland zu einem starken Rückgang und zur Aufspaltung in inselartige Vorkommen geführt, die z. T. durch Gebirge getrennt sind. Der Schwerpunkt der Verbreitung liegt im Norden des Landes, wo sich in Makedonien und Thrakien ein Bestand von etwa 1 000 Paaren einigermaßen erhalten hat (Hölzinger u. Künkele 1986), während eine Teilzählung in Westmakedonien einen Rückgang von 169 HP (1968) auf 38 HP (1983) ergab. Das Vorkommen erstreckt sich nach Süden bis nach Lamia in Attiké. Auf den Inseln Lesbos, Lemnos und Kos gibt es Storchvorkommen, selbst auf der Insel Samothrake soll es zu einer Storchenbrut gekommen sein (Vogelwarte 23, 1966, S. 283). Der Gesamtbestand wird auf 1 500 HP geschätzt, von denen etwa 10 % in Höhenlagen zwischen 300 m und 1 100 m horsten, in zunehmendem Maße auf Elektromasten.

Angaben über das Vorkommen des Storches in der Türkei und in Vorderasien haben Schüz u. Gehlhoff (1967) zusammengestellt. Einige Reiseberichte geben dazu einen ergänzenden Einblick. Kumerloeve (1966, 1976, 1979) zählte auf 13 300 km Fahrt durch Kleinasien 460 und 570 Horste in 215 von 1 136 Orten und kam aufgrund seiner Landeskenntnis durch Hochrechnung auf 7 000 (bis 9 000) Paare. Eine ähnliche Zahl findet sich für 1974 bei Schüz (1979). Die Verteilung ist ungleich und stellenweise gehäuft oder durch Kulturmaßnahmen stark aufgelichtet. Der Storch kann noch als zahlreich und weit verbreitet gelten, doch geht seine Zahl stark zurück, und teilweise sind größere Landstriche bereits durch landwirtschaftliche Intensivierung, Meliorationen u. a. m. storchenarm oder gar storchenleer. In Ostanatolien trägt zweifellos zu gehäuftem Vorkommen bei, daß die Einheimischen Nisthilfen auf Stangen anbieten.

An der Schwarzmeerküste befindet sich das größte Vorkommen vermutlich bei der Mündung des Kizilirmak nordwestlich von Samsun (etwa 41.34 N 36.04 E), wo es u. a. am Balik gölü eine Baumkolonie mit 25 Horsten und zwischen Liman-Göl und Cernek-Göl eine weitere mit 12 Nestern gibt, außerdem noch Brutnachweise weiter östlich bei Carsamba (Orn. Mitt. 24, 1972, S. 63–73; 25, 1973, S. 122–124).

Im Irak traf Schüz den Storch zwischen Euphrat und Tigris nicht selten, doch findet das nach Osten reichende Siedlungsband im Norden Syriens bei Damaskus und im Irak bei Bagdad seine südliche Begrenzung, während es im Norden die Armenische und Aserbaidshanische SSR einschließt und an der Mündung der Kura auch das Kaspische Meer erreicht. Von Lenkoran springt die Grenzlinie wieder zurück auf Tabriz in Nordwestiran und die an Störchen reiche Umgebung des Urmiasees und verläuft dann in Richtung auf Teheran. Die Waraminebene im Südosten der Stadt weist einen Bestand von etwa 80 Paaren auf; dann klingt das Vorkommen rasch bei etwa 52 °Ost aus. Etwa 80% des Storchbestandes brütet im Westen Irans, also in Azarbaijan und der Zentralprovinz, wo ein feuchtkühles Klima herrscht und zahlreiche Frischwasserseen vorhanden sind. Nach Süden zu sind Kordestan, die Gegend von Hamadan, Lorestan, Khuzestan und Fars bis 31.15 °N und weiter nach Osten die Umgebung von Shiraz sogar noch bis 29 °N noch dünn mit Störchen besiedelt, während das Land östlich von 53 °E wegen des trockenen Wüstenklimas gemieden wird. Mansoori (Vortrag in Walsrode am 15. 10. 1985) schätzt den Gesamtbestand auf 4000 HP bzw. 2000 besetzte Horste. Den Winter verbringen die Störche im milden Klima am Kaspischen Meer oder im Süden, aber nicht am feuchten Persischen Golf (Tavakolí, Vortrag in Walsrode am 15. 10. 1985).

Regelmäßiges Brüten auf Zypern ist sehr fraglich, und auch in Syrien, Libanon und Israel nicht häufig, wenngleich Baumbruten möglich sind. In biblischen Zeiten gab es hier vermutlich Brutstörche, die wegen ihrer aufopfernden Jungenpflege als fromm (hebr. = hassidah), aber auch als unrein galten und deshalb nicht gegessen werden durften. Noch um die letzte Jahrhundertwende fanden sich Horste in Ruinenstädten. Neuerdings verweilen nicht nur Einzelstörche in zunehmender Zahl ganzjährig in den künstlich bewässerten Kulturflächen, insbesondere Luzernefeldern, sondern schreiten gelegentlich auch erfolgreich zur Brut wie 1962 nahe bei Tel Aviv (Mendelssohn 1975).

Hingewiesen sei hier nochmals auf das kleine Brutvorkommen, das sich seit Jahrzehnten in der Kapprovinz in Südafrika entwickelt und gehalten hat.

Die Entwicklung des Gesamtbestandes. Nur bei wenigen Vogelarten können wir die Bestandsentwicklung so gut verfolgen, wie es beim Weißstorch seit Anfang des 19. Jh. möglich ist. Damals wurde seine weite Verbreitung vorwiegend von der geomorphologischen Ausbildung der Landschaft bestimmt, und er war nahezu überall, vor allem in den Niederungen mit Ausnahme großer Waldgebiete zuhause. Seitdem verläuft die Bestandskurve in bewegtem Auf und Ab ohne einen strengen Zyklus erkennen zu lassen.

Tabelle 27. Ergebnisse der 4. internationalen Storchzählungen.
Es bedeuten: $+$ = ergänzter Wert, $\times$ = einschließlich HP in Storchansiedlungsstationen, [] = Teilzählungen, () = Schätzungen, ? = unbekannt,
— = fehlend

Storchzählung	1934	1958	1974	1984
Dänemark	859	200+	40	19
Schweden	12	–	–	–
Niederlande	273	60+	8	34×
BRD	(4400)	2500	1057	649
Frankreich	(155)	131	9	19×
Schweiz	10	–	32×	109×
Spanien	(14500)	12700	7341	(5800)
Portugal	{ ?	(3500)	?	2300
Marokko	(23969)	(20000)	(13500)	(13500)
Algerien	[6500]	8800	(2000)	(2000)
Tunesien	(87)	250	200	330
DDR	4628	(2500)	2924	2724+
Polen	?	(25000)	(33900)	(33000)
Litauen	?	8811	6677	?
Lettland	6750	(4700)	5763	6273
Estland	300	421	1060	1318
Sowjetunion	?	(31300)	(50000)+	?
Österreich	[120]	276	400	318
Ungarn	(20000)	7473	4005	4774+
Jugoslawien	–	1490	2500	(5000)
Rumänien	–	(7000)	[3000]	(5000)
Bulgarien		2500	(5000)	(5000)
Griechenland	–	9200	2500	(1500)
ČSSR	2313	(2100)	[2000]	[1700]
Italien	–	2	–	–
Türkei	?	?	?	(9000)
Irak	?	?	?	(300)
Iran	?	?	?	(4000)
Israel	?	?	?	(20)
Südafrika	–	(3?)	?	5

In einer kaum überschaubaren Reihe von Veröffentlichungen sind Angaben
zur Bestandsentwicklung in begrenzten Landschaften oder auch ganzen Ländern
niedergelegt. Trotzdem ist daraus wegen Überschneidungen oder verbleibender
Lücken schwerlich ein zeitlich und räumlich geschlossenes Bild zu gewinnen.
Zudem leidet die Vergleichbarkeit unter der nicht einheitlichen Anwendung der
Zähleinheiten (HPa, HPm, Individuen, Horste, besetzte Horste) oder unter bloßen
Schätzungen. Oftmals sind nachträgliche Ergänzungen oder Berichtigungen Anlaß
für voneinander abweichende Ergebnisse. Bei allem unbestrittenen Wert dieser
Erfassungen für die örtliche Faunistik muß jedoch hier darauf verzichtet werden,
sie anzuführen oder auszuwerten.

In den Jahren 1934, 1958, 1974 und 1984 wurden Bestandserhebungen im gesamten Verbreitungsgebiet durchgeführt. Leider erbrachten trotz aller Bemühungen auch diese internationalen Zählungen kein lückenloses Ergebnis, vielmehr sind diese ebenso wenig frei von abweichenden Zahlen und Schätzungen. Trotzdem ist die Gegenüberstellung der Zählergebnisse sehr aufschlußreich (Tab. 27).

Vermutlich besaß der Weißstorch seine größte Verbreitung zu Anfang des 19. Jh. Der danach einsetzende Bestandsrückgang führte zu einem Tiefstand in den Jahren 1850 bis 1860, dem ein erneuter Wiederanstieg zu einem Gipfel um das Jahr 1900 folgte, doch setzte schon bald ein zunächst rascher, dann sich verlangsamender Niedergang ein. In Mecklenburg ging die Zahl der HP zwischen 1901 und 1912 auf ein Drittel zurück (Kuhk 1939)! Nach dem Tiefstand 1928/1929 erholten sich die Bestände ab 1934 bis zu einem Höhepunkt 1948 allmählich wieder. Am Westrand des Verbreitungsgebietes, z. B. in Dänemark oder in Baden kam es dabei fast zur Verdoppelung der Brutpaarzahlen, doch war dieser Aufschwung leider nur von kurzer Dauer und wurde wieder durch eine bis in die Gegenwart anhaltende Abnahme abgelöst. Der Vergleich der Zählergebnisse von 1974 und 1984 könnte zwar auf eine Zunahme schließen lassen, doch wird diese nur durch eine vermutlich unvollständige Erfassung 1974 vorgetäuscht.

Die großen Bestandsschwankungen werden von einer beharrlichen Abnahme überlagert, die am nördlichen und noch mehr am westlichen Rande des Verbreitungsgebietes am deutlichsten hervortritt. In Schweden und in Rheinland-Pfalz und Saar hat sie bereits zum völligen Erlöschen des Brutbestandes geführt, andernorts läßt sie das Ausbleiben des Storches in naher Zukunft befürchten, z. B. in Nordrhein-Westfalen oder in Hessen. In den Niederlanden, im Elsaß und in der Schweiz gäbe es vermutlich ohne die Bemühungen der Storchansiedlungsstationen heute keine Störche mehr. In dem halben Jahrhundert von 1934 bis 1984 schrumpfte der Storchbestand in Dänemark auf 2,3 % und in der BRD auf 14,75 % zusammen. Die einst so storchenreichen Gebiete Schleswig-Holstein und Niedersachsen weisen nur noch 14,1 % bzw. 17,1 % des einstigen Bestandes auf, und auch in Baden-Württemberg beträgt er nur noch 14,0 %. Etwas geringer, aber ebenfalls noch stark ist der südwesteuropäisch-nordafrikanische Bereich betroffen. In Spanien ging der Storchbestand auf 40 %, in Portugal auf 66 %, in Marokko auf 56 % und in Algerien auf 31 % zurück, und lediglich in Tunesien ist eine schwache Zunahme zu verzeichnen. Geringfügige Abweichungen dieser Zahlen sind denkbar, vermögen jedoch nichts an der Tatsache eines erschreckenden Rückganges zu ändern, der aus ihnen spricht!

In Mittel- und Osteuropa liegen die Verhältnisse etwas günstiger. In der DDR ging die Zahl der Brutpaare in den 50 Jahren um 41 % zurück. In den letzten 10 Jahren ergab sich nahezu Gleichstand, weil ein geringer Rückgang im Norden und Nordwesten durch Zunahme im Süden und Südosten beinahe ausgeglichen wurde (Tab. 28).

Eine leichte Zunahme kann auch in Teilen der ČSSR (Mähren) und Österreichs, z. B. im Burgenland und in der Steiermark, festgestellt werden, ebenso im Nordteil der Estnischen SSR und im Oblast Pskow in der SU, in der Ukraine und in Aserbaidshan. Soweit die Unterlagen Vergleiche ermöglichen, muß in Ungarn, Rumänien, Bulgarien und Griechenland, ja selbst im storchenreichen Polen mit ganz erheblichen Bestandseinbußen gerechnet werden. Da Angaben für den Vorderen

Tabelle 28. Der Storchbestand in der DDR. Nach Schildmacher 1975 und Dornbusch 1987

Jahr	HPa	HPm	HPo		JZG	JZa			JZm			StD
						von bis		$\emptyset$	von bis		$\emptyset$	
1958	2034	1633	401 = 19,7%		4345	1,0–4,0		2,10	1,5–4,3		2,66	2,02
1974	2899	2098	801 = 27,6%		5359	0,9–4,2		1,80	1,0–4,2		2,50	2,71
1984	2724	1696	1028 = 37,7%		4134	0,5–3,5		1,52	1,0–4,0		2,44	2,50

Orient fehlen, ist der allgemeine Rückgang des Storchbestandes mindestens ein europäisches Problem. Der Gesamtbestand dürfte gegenwärtig 120 000 Störche kaum noch überschreiten.

Für das Jahr 1984 wurden folgende Werte ermittelt:

	HPa	HPm	HPo	HE	JZG	JZa	JZm	StD
Dänemark	19	8	11	–	21	1,1	2,6	–
Niederlande	34	8	–	–	–	–	–	–
BRD	649	–	–	80	–	–	–	–
Frankreich	19	–	–	–	–	–	–	–
Schweiz	109	–	–	–	–	–	–	–
Spanien	5 800	–	–	–	–	–	–	–
Portugal	2 300	–	–	–	–	–	–	–
Marokko	13 500	–	–	–	–	–	–	–
Algerien	2 000	–	–	–	–	–	–	–
Tunesien	330	–	–	–	–	–	–	–
DDR	2 724	1694	1028	76	4134	1,52	2,44	2,5
Polen	33 000	–	–	–	–	–	–	–
Österreich	318	217	–	–	242	0,8	1,1	–
ČSSR	1 669	1279	352	–	3241	1,9	2,5	1,3
Ungarn	4 774	3245	739	–	8172	1,7	2,5	5,04
Rumänien	5 000	–	–	–	–	–	–	–
Bulgarien	5 000	–	–	–	–	–	–	–
Griechenland	1 500	–	–	–	–	–	–	–
Jugoslawien	4 500	–	–	–	–	–	–	–

Es liegt nahe, die Ursache für die Schwankungen in Änderungen des Klimas zu suchen. Die feucht-kühle maritime Periode, die in den Jahren 1900 bis 1930 für Europa kennzeichnend war, könnte danach ebenso zum Rückgang des Storchbestandes beigetragen haben, wie die nachfolgende Phase kontinentalen Klimas zu seiner Hebung, denn der Storch ist ein wärmeliebender Steppenvogel. Die Zunahme der Temperaturen in den Monaten März bis Mai hat zahlreiche Vogelarten nach Nordosten vordringen und ihr Verbreitungsgebiet erweitern lassen. Ein solches Vordringen ist jedoch beim Weißstorch weder durch Ringwiederfunde belegbar noch wahrscheinlich, wie ebensowenig auch ein Ausweichen des nicht wetterempfindlichen und heimattreuen Vogels in Kältezeiten nach Süden. Auch ein Zusammenhang mit den Brückner'schen Klimaperioden ist erwogen worden, nach denen etwa alle 35 Jahre eine Veränderung erfolgt (s. Beitr. Fortpfl. Vögel 15, 1939, S. 117). Für eine Bestätigung reichen jedoch die meteorologischen Unterlagen für Europa und erst recht nicht für Afrika aus.

Zu erwägen ist weiterhin die Auswirkung des Zusammenhanges zwischen Klima und Nahrungsangebot. Von diesem werden ja Bruterfolg und damit StD und Bestandshöhe wesentlich beeinflußt, da der Bruterfolg durch Nahrungsfülle gefördert, andererseits durch Nahrungsmangel eingeschränkt wird. Hohe Siedlungsdichte wiederum hat eine Verknappung der Nahrung zur Folge und führt vermehrt zu Gedrängestörungen, Horstkämpfen und höheren Verlusten. Die Zahl der HPo steigt an und wird zum Maßstab für den Bruterfolg, der um so niedriger wird, je größer gleichzeitig die Zahl der HE und der schwer erfaßbaren ,,Wo-Störche'' ist, die trotz guter Überwachung eines Gebietes nicht nachzuweisen sind und erst nach einem Jahr oder noch später wieder auftreten, so daß anzunehmen ist, daß sie wegen Schwächung den Rückzug nicht angetreten oder an unbekanntem Ort eine Brutpause eingelegt haben. All diese Nichtbrüter senken die Werte für HPm und JZG und werden im Wert JZa deutlich. Dessen Schwankungsbreite wird zum Maßstab des jeweiligen Bruterfolges (Tab. 29). In ,,schlechten'' Storchenjahren bleiben die Werte für JZa unter 1,6 bzw. für JZm unter 2,6, in Störungsjahren'' sogar unter 1,0 bzw. 2,5 bei einem HPa-Anteil von mehr als 40 %, während andererseits eine JZa über 2,0 bzw. JZm über 3,0 auf ein gutes Storchenjahr hinweisen (Tab. 30). Katastrophenjahre sind für viele Länder bekannt, z. B. Dänemark 1805, Niederlande 1769 und 1860, Polen 1858, Südschweden 1895, Niedersachsen 1956, den Südwesten der BRD 1960, Elsaß 1962, Ungarn 1963 oder östlich der Zugscheide 1950, 1958, 1960, 1969, 1981 und 1984. Öfter traten solche Störungen in benachbarten Ländern um ein Jahr verschoben auf, aber stets wurden sie wieder ausgeglichen.

Tabelle 29. Schwankungsbreite für JZa. Nach Schüz 1975

	Mindestwerte		Höchstwerte		Mittelwerte
Dänemark (17 Jahre zwischen					
1952 u. 1972)	1,53	(1956)	2,66	(1952)	1,87
Stapelholm (1953–1972)	0,84	(1970)	2,71	(1962)	1,57
Oldenburg (1953–1972)	1,01	(1967)	2,16	(1964)	1,79
Baden-Württemberg (1953–1972)	1,13	(1965)	3,03	(1966)	2,31
Bez. Magdeburg (1953–1972)	1,41	(1960)	2,47	(1962)	2,07
Baryczniederung					
(nach Mrugasiewicz 1972)	1,80		2,70		2,30
Steiermark (1953–1972 ohne 1963)	1,43	(1967)	2,63	(1971)	1,82

Eine JZa von 2,0 scheint für die Erhaltung des Bestandes erforderlich zu sein. Niedrige JZa werden meist wieder durch Jahre mit hoher JZa ausgeglichen, in denen gute Geburtsjahrgänge trotz der nicht einheitlich einsetzenden Brutreife in Erscheinung treten. ,,Schlechte'' Storchjahre wirken sich zunächst nur in gebietsweisen Schwankungen aus und haben nur regionale Bedeutung, können also einen kontinentweiten Rückgang nicht erklären.

Von großer Bedeutung für den Bruterfolg ist bereits der frühzeitige und geschlossene Abzug aus der Winterherberge und zeitiger Brutbeginn der Störche, die die Gefahren des Zuges überstanden haben, bei günstiger Wetterlage. Daß der Bruterfolg jedoch nicht allein entscheidend ist, lehrt das Beispiel Dänemarks, wo er nahezu 30 Jahre unvermindert hoch war und trotzdem der Gesamtbestand fast völlig zusammenschmolz (Dybbro 1981).

Tabelle 30. Bruterfolg des Storches

	Jahr	HPa	JZG	%HPo	JZa	JZm	Einschätzung
Gebiet um Weser-	1960	171	224	48,53	1,31	2,54	—
münde	1962	206	473	10,50	2,29	2,75	+
Meybohm 1972	1967	125	154	51,20	1,23	2,52	—
	1971	111	278	18,18	2,50	3,09	+
Kreis Bautzen/	1967	32	44	40,60	1,38	2,32	—
Oberlausitz	1971	41	107	12,20	2,61	2,97	+
Creutz, unveröff.	1973	37	56	35,10	1,51	2,33	—
	1978	57	150	19,30	2,63	3,26	+
	1982	56	72	50,00	1,29	2,57	—
	1983	59	118	25,42	2,00	2,68	—
	1984	59	106	27,11	1,80	2,47	—
	1985	56	98	23,21	1,75	2,28	—
	1986	56	74	41,07	1,32	2,24	—

Es kann kein Zweifel bestehen, daß auch eine zunehmende Verfolgung des Storches durch Fang und Abschuß seinen Rückgang wesentlich beschleunigt, wobei die Entwicklung und Verbreitung moderner Feuerwaffen vor allem in den Durchzugsländern dazu beiträgt, daß dem Storch nicht nur als Jagdbeute nachgestellt wird, sondern daß er mehr und mehr das Ziel bloßer Schießlust bildet. Eine solche Haltung wird durch die an Stelle einstigen Wohlwollens tretende Verrohung, durch Einsichtslosigkeit in biologische Zusammenhänge und durch Verständnislosigkeit gegenüber den Problemen des Naturschutzes gefördert. Dazu lassen Technik und Zivilisation immer neue Gefahrenquellen entstehen. Unglücksfälle durch Landverbauung, gesteigerten Verkehr und die Verdrahtung der Landschaft mehren sich und fordern einen hohen Blutzoll. Aber am nachhaltigsten wirkt sich doch wohl die Einbuße an Lebensraum aus. Nicht nur in den Brutgebieten, sondern auch in den Durchzugsländern und im Winterquartier werden Grundwasserabsenkung, Entwässerung und Trockenlegung von Feuchtgebieten mit Eifer betrieben und schmälern die Nahrungsbereiche des Storches. Stück um Stück geht ihm durch die Umwandlung von Grünland in Ackerflächen verloren, und die modernen Bewirtschaftungsweisen in Land-, Forst- und Teichwirtschaft nehmen dem Storch im Zuge der Industrialisierung durch den Einsatz von Maschinen, Kunstdünger und Pestiziden eine Nahrungsquelle nach der anderen.

Schon jede einzelne dieser Gefahren bedeutet eine ernste Bedrohung der Lebensbedingungen unseres Weißstorches. Sie wird vervielfacht durch ihr Zusammenwirken in mannigfaltiger Verflechtung, die weitgehend unserer Einflußnahme
entzogen ist oder die wir auch nicht ändern wollen oder können. Eine Möglichkeit des Entgegenwirkens bleibt aber bestehen und sollte deshalb nicht ungenutzt
verstreichen dürfen. Es ist das Bemühen, die Storchfreundlichkeit unserer Mitmenschen zu erhalten und zu vertiefen, dem Storch unsere
Hilfe zu bieten, wo immer es nur möglich ist! Das sich auf unterschiedliche
Weise äußernde wachsende Interesse an der Natur stimmt trotz aller zweifellos
bestehenden Probleme optimistisch.

15. Literatur

Das Schrifttum über den Weißstorch ist so umfangreich, daß hier nur eine Auswahl geboten, nicht aber versucht werden soll, eine vollständige Bibliographie zu schaffen. Darauf kann umso eher verzichtet werden, als eine solche von H. Heckenroth zu erwarten ist. Unter Verzicht auf regionale Bestandsuntersuchungen, ferner auf zahlreiche ältere faunistische Angaben oder auf die Mitteilung einzelner Ringfunde wird nachfolgend nur das wichtigste Schrifttum angeführt. Die mit „+" gekennzeichneten Arbeiten enthalten weiterführende Quellenhinweise, einmalig verwendete Arbeiten sind im Text zitiert, Storchmonographien mit „++" gekennzeichnet. Ausdrücklich verwiesen sei weiterhin auf folgende Zusammenstellungen:
Bibliographie der Weißstorch-Untersuchungen der Vogelwarten Rossitten, Radolfzell und Helgoland. Verzeichniswerk 1955, Beihefte zu Vogelwarte 18 (enthält 158 Arbeiten aus den Jahren 1908 bis 1955); Brinkmann, M. (1960): Schrifttum über den Weißstorch *(Ciconia alba* L.) - Veröff. Naturw. Ver. Osnabrück 29: 148–157 (Arbeiten aus den Jahren 1881 bis 1959); Luthin, Ch. (1984): Selected Bibliography on Storks, Ibises and Spoonbills. Suppl. to: World Working Group on Storks, Ibises and Spoonbills Report 2, S. 1–11; Schüz, E. (1986a): Bücher über den Weißstorch *(Ciconia ciconia).* - Artenschutz-Symposium Weißstorch. - Beitr. Veröff. Natursch. Landsch.pfl. Baden-Württ. 43, S. 351–360; Schüz, E. (1986b): Zur Bibliographie des Weißstorchs *(Ciconia ciconia).* - ebd. 43: 361–372

Archibald, K. M. (i. Dr.): Captive management of the Eastern White Stork *(Ciconia boyciana).* - Agric. Mag.; Aschenbrenner, L., u. H. Schifter (1975): Der Bestand des Weißstorches *(Ciconia ciconia* L.) in Österreich im Jahre 1974. - Egretta 18: 8–17; Aßfalg, W. (1980): Die „Storchenburg" von Mengen. - Schwäb. Heimat: 278–285; Aumüller, St. (1954): Der Bestand des Weißen Storches in den österreichischen Bundesländern Burgenland, Steiermark und Kärnten in den Jahren 1952–1953. - Burgenländ. Heimatbl. 16: 115–135; dgl. (1961): Der burgenländische Storchbestand im Jahre 1959. Jub. Jb. 1960/61 Österr. Arb. Kr. Wildtierforsch. Wien S. 92–98; dgl., u. O. Kepka (1965): Der Bestand des Weißstorchs in Österreich in den Jahren 1961 und 1962. - Egretta 8: 6–7
Bäßler, F. A. (1954): Als die Enten noch auf Bäumen wuchsen. - Falke 1: 11–16; + Bairlein, F., u. G. Zink (1979): Der Bestand des Weißstorches *Ciconia ciconia* in Südwestdeutschland. - J. Orn. 120: 1–11; +dgl. (1981): Analyse der Ringfunde von Weißstörchen *(Ciconia ciconia)* aus Mitteleuropa westlich der Zugscheide. - Vogelwarte 31: 33–44; Balát, F. (1949): Quelques notices sur la nidification de *C. ciconia* et *C. nigra* en Moravie méridionale. - Acta Univ. agr. Brno, Sign. D 39 (tschech.); Bardin, P. (1959): Baguage de cigognes blanches, *C. ciconia,* de 1950 à 1955, dans le région de Souk-el-Arba (Tunis). - Mem. Soc. Sci. Nat. Tunisie 4: 95–101; + Bauer, K., u. U. Glutz v. Blotzheim (1966): Handbuch der Vögel Mitteleuropas, Bd. 1. Frankfurt/Main, S. 387–416; Bednorz, J. (1974): Bocian czarny, *Ciconia nigra* (L.) w Polsce. - Ochr. Przyr. 39: 201–243; +Beneda, St. (1980): Die Verbreitung des Weißen Storchs *(Ciconia ciconia* (L.)) im Westböhmischen Bezirk. - Fol. Mus. Rer. natur. Bohemiae occid. Pilsen, Zool. 14: 1–40; + Berg-Schlosser, G. (1968): Die Vögel Hessens, Ergänzungsbd. Frankfurt/Main, 301 S.; Berndt, R. (1938): Über die Ernährung einer Weißstorchbrut. - Beitr. Fortpfl. Vögel 14: 95–99; dgl., u. J. Möller (1958): Bestandsentwicklung des Weißen Storches im Regierungsbezirk Hildesheim von 1907 bis 1953. - Vogelring 27: 39–47; Bernis, F. (1954): Über Demographie und Ökologie des Weißen Storches in Spanien. - Vogelwarte 17: 158–161; dgl. (1959): La migracion de las cigüeñas españolas y de las otras cigüeñas „occidentalis". - Ardeola 5: 9–80; dgl. (1981): La poblacion de las Cigüeñas españolas 1948 bis 1974. Madrid (span.); Berthold, P. (1974): Fortschreitende Rückgangserscheinungen bei Vögeln. - DBV-Jahresheft 1973/74: 41–49; Bloesch, M. (1960): Zweiter Bericht über den

Einsatz algerischer Störche für den Storchansiedlungsversuch in der Schweiz. – Orn. Beob. Bern 57: 215–223; +dgl. M. Dizerens u. E. Sutter (1977): Die Mauser der Schwungfedern beim Weißstorch *Ciconia ciconia*. - ebd. 74: 161–188; dgl. (1980): Drei Jahrzehnte Schweizerischer Storchansiedlungsversuch *(Ciconia ciconia)* in Altreu, 1948–1979.- ebd. 77: 167–194; dgl. (1982): Sechsergelege beim Weißstorch *Ciconia ciconia*. - ebd. 79: 39–44; dgl. (1983): Altreu und seine Störche. Solothurn, 62 S.; dgl. (1984): Ablage und Entwicklung außergewöhnlich großer Gelege beim Weißstorch *Ciconia ciconia*. - Orn. Beob. Bern 81: 277–283; Blümel, H. (1984): Zur Brutbiologie des Weißstorchs. - Falke 31: 128–130; Boettcher-Streim, W. (1986): Der Wiederansiedlungsversuch des Weißstorchs in Altreu/Schweiz. - Beih. Veröff. Natursch. Landsch.pfl. Baden-Württ. 43: 315–328; Bosselmann, K.-H. (1972): Die Belastung mit Salmonellen als mögliche Ursache des Bestandsrückganges beim Weißstorch in Niedersachsen. - Gesundh.wes. Desinf. 64: 113–145; Bouet, G. (1938): Nouvelles recherches sur les Cigognes Blanches de l'Afrique du Nord. - L'Oiseau RFO 8: 20–45; ++ dgl. (1950): La vie des Cigognes. Paris, 112 S.; dgl. (1953): L'alimentation des jeunes cigognes blanches au nid. - L'Oiseau 23; Boxberger, L. v. (1926): *Ciconia ciconia* als Bodenbrüter. - Beitr. Fortpfl. Vögel 18; Brinkmann, M. (1933): Fünf Jahre Storchbeobachtung in Oberschlesien. - Schr. R. Ver. Oberschles. Heimatkde 7: 1–26; dgl. (1934): Die Veränderungen im Bestande des Weißen Storches *(Ciconia ciconia)* in Oberschlesien. - J. Orn. 82: 420–434; dgl. (1935): Der Bestand des Weißen Storches *(Ciconia c. ciconia L.)* in Ober- und Niederschlesien nach der Zählung von 1934. - Ber. Ver. schles. Orn. 20: 33–58; +dgl. (1960): Der Weißstorch im Reg. Bez. Osnabrück 1958 und Schrifttum über den Weißstorch. - Veröff. Naturw. Ver. Osnabrück 29: 37–54, 148–157; Brodkorb, P. (1963): Katalogue of Fossil Birds Part 1. - Bull. Florida State Mus. Biol. Sci. 7: 286–293; Broekhuysen, G. (1965): Nesting of the White Stork *(Ciconia ciconia* (L.)) in South Africa. - Vogelwarte 23: 5–11; dgl., u. D. Uys (1966): Über das Brüten des Weißstorchs in Südafrika in der Brutzeit 1965/66.- ebd. 23: 235; dgl. (1974): The behaviour of White Storks *(Ciconia ciconia)* hatched in South Africa. - ebd. 27: 166–185

+Černy, W., u. J. Formánek (1959): Verbreitung des Weißen Storches *(Ciconia ciconia)* im Kreis České Budějovice. - Sborník přírod. věd. 2: 139–158 (tschech.); Cheesman, R. E. (1935): On a collection of Birds from North-Western Abyssinia. - Ibis 77: 151–191; dgl. (1936): Lake Tana and the Blue Nile. London, 400 S.; Chozas, P. (1986): Status und Verbreitung des Weißstorchs in Spanien 1981 und früher. - Beih. Veröff. Natursch. Landsch.pfl. Baden-Württ. 43: 181–187; dgl. (1986): Fortpflanzungs-Parameter des Weißstorchs *(Ciconia ciconia)* in verschiedenen Zonen Spaniens. - ebd. 43: 221–234; Conrad, B. (1977): Die Giftbelastung der Vogelwelt Deutschlands. Greven, 68 S.; Cramp, St. (1977): Handbook of the birds of Europe, the Middle East and North Africa. Oxford: 722 S.; Creutz, G. (1954): Der Weiße Storch und die Vogelforschung. - Falke 1: 83–86; dgl. (1962): Erhaltet unserer Heimat den Storch! - Natursch. Mitt. 7: 13–19; dgl. (1967a): Das Vorkommen des Weißstorches in Sachsen. - Sächs. Heimatbl. 13: 88–91; dgl. (1967b): Zum Vorkommen des Weißstorches, *Ciconia ciconia*, im mittleren Ostsachsen. - Beitr. Vogelk. 13: 33–40; dgl. (1968): Der Storch braucht Hilfe. - Naturschutzarb. Mecklbg. 11: 27–32; dgl. (1969): Der Schwarzstorch als Durchzügler und Brutvogel in Sachsen. - Naturschutzarb. Sachsen 11: 47–53; dgl., u. L. Creutz (1970): Der Bestand des Schwarzstorches *(Ciconia nigra* (L.)) und seine Entwicklung. - Beitr. Vogelk. 16: 36–49; dgl. (1974): Storks ringed in Poland breed in Oberlausitz. - The Ring 81: 184–186; dgl. (1975): Die Zusammensetzung einer Reisegemeinschaft des Weißstorches. - Falke 22: 258–261; dgl. (1977): Helft dem Storch! - Kulturbund Berlin, 13 S.; dgl. (1978): Störche im Gebirge? - Sächs. Gebirgsheimat, S. 17; dgl. (1979a): The sight records of one White Stork. - The Ring 100: 47–48; +dgl. (1979b): Ein zweidottriges Ei beim Weißstorch *(Ciconia ciconia)*. - Vogelwarte 30: 143 bis 145; dgl. (1981): Die Umsiedlungen des Weißstorches Hiddensee 2142. - Beitr. Vogelk. 27: 50–51; dgl. (1982a): Neue Ergebnisse zum Zuge des Schwarzstorches. - Falke 29: 45–50; dgl. (1982b): Zur Populationsstruktur des Weißstorches *(Ciconia ciconia)* in der Oberlausitz. - Ber.

Vogelw. Hiddensee 2: 44–58; dgl. (1984): Ansiedlung von Weißstörchen *(Ciconia ciconia)* in großer Entfernung. - Vogelwarte 32: 306–307; dgl. (1985a): Ungewöhnlicher Horstplatzwechsel bei einem Weißstorch *(Ciconia c. ciconia)*- ebd. 33: 162–163; dgl. (1985b): Die Beeinflussung der Ansiedlung des Weißstorches *(Ciconia ciconia)* durch sein Zugverhalten. - Seevögel 6 (Sonderband Festschrift Vauk): 171–172; dgl. (1985c): Die Entwicklung des Storchbestandes in der DDR 1958 bis 1984. - Vogelwelt 106: 211–214; dgl. (1986a): Zum Vorkommen des Weißstorches *(Ciconia ciconia)* in der DDR 1974–1984. - Beih. Veröff. Natursch. Landsch.-pfl. Baden-Württ. 43: 121–125; dgl. (1986b): Der Weißstorch als Objekt der Forschung und des Naturschutzes. - Falke 33: 91–96

Dahms, G. (1972): 26jähriger Weißstorch *(Ciconia ciconia)* als Durchzügler beobachtet. - Vogelwarte 26: 355–356; dgl. (1973): Bodenbruten beim Weißstorch *(Ciconia ciconia)* in Niedersachsen. - Vogelk. Ber. Nieders. 5 (1): 26–30; Dean, G. (1964): Stork and Egret as predators of the Red Locust in the RukwaValley outbreak area. - Ostrich 35: 95–100; Dolbik, M. (1974): Weißstorch. In: Landschaftliche Struktur der Ornithofauna Weißrußlands. Minsk, S. 144–153 (russ.); Dolderer, P. (1953): Zur Nahrungsbiologie des Weißen Storches. - Aus d. Heimat 61: 292–295; dgl. (1956): Käfer und andere Beutetiere als Zeugen für das Jagdrevier des Weißen Storches. - ebd. 64: 21–27; Dornbusch, M. (1967): Nachgelege beim Weißstorch. - Vogelwarte 24: 146–147; dgl. (1982a): Störche! - Falke 29: 222–233; dgl. (1982b): Zur Populationsdynamik des Weißstorches *Ciconia ciconia* (L.). - Ber. Vogelw. Hiddensee 3: 19–28; dgl. (1987): Der Weißstorch in der Deutschen Demokratischen Republik. - Falke 34/9, 281–289; Drost, R. (1931): Deutscher Weißstorch *(Ciconia c. ciconia* [L.]) in Vorderindien gefunden. - Vogelzug 2: 135–136; Dubief, J. (1952): Les Cigognes et la Sahara. - Bull. Liaison Saharienne 11: 2–10; Dybbro, T. (1970): Bestanden af Stork i Danmark 1961–1969.- Dansk Orn. Foren. Tidsskr. 64: 78–84; dgl. (1975): Storken i Danmark før og nu. - Naturens Verd. 133–141; ++dgl. (1979): Storken. Holte. 112 S.; dgl. (1981): Können wir den Storch in Dänemark retten? Kopenhagen

Eckstein, K. (1907): Die fischereiwirtschaftliche Bedeutung der Vögel. - Dtsch. Fisch.ztg. 34, SD 45 S.; +Eggers, H., F. Riemer u. A. Grisk (1978): Zum Vorkommen chlororganischer Verbindungen (DDT, PCB) in Greifvogel- und Weißstorcheiern. - Beitr. Vogelk. 24: 253–256; dgl., u. G. Fiedler (1980): Zur Kenntnis der Storchenringe im mitteleuropäischen Raum – eine Hilfe für das Ablesen von Storchenringen. - Falke 27: 222–227; Elliot, H. (1962): Birds as locust predators. - Ibis 104: 444; Emeis, W. (1933): Ergebnisse der Storchstatistik in Schleswig-Holstein in den Jahren 1930–1932. - Beitr. Fortpfl. Vögel 9: 16–20; dgl. (1941): Die schleswig-holsteinische Storchstatistik im Lichte mitteleuropäischer Storchforschung. - Vogelwelt 66: 81–85; dgl. (1953): Von den schlesw.-holstein. Störchen. - J. Orn. 94: 114–116; Epple, W., u. J. Hölzinger (1986): Bestandsstützung und Wiedereinbürgerung des Weißstorchs *(Ciconia ciconia)* in Baden-Württemberg. - Beih. Veröff. Natursch. Landsch.-pfl. Baden-Württ. 43: 271–282; Ernst, P. (1986): Der Weißstorch in Nordwestthüringen. - Falke 33: 86–90

Fedosow, A. (1959): Versuch der Kartierung des Weißstorchs im Bezirk von Brjansk. – 2. Allsowj. Orn. Conf. Moskau, S. 28; Fei, D. (1983): Observation on the behaviour of the White Stork *(Ciconia boyciana)* in the suburban district of Qiqihar Heilongjiang Province, China. - Chin. J. Zool. 5: 10–13; +Fiedler, G., u. A. Wissner (1980): Freileitungen als tödliche Gefahr für Störche *Ciconia ciconia.* – Ökol. Vögel 2, Sdh.: 59–109; dgl. (1986a): Ringablesungen an durchziehenden und überwinternden Weißstörchen in Israel. - Beih. Veröff. Natursch. Landsch.pfl. Baden-Württ. 43: 197–203; dgl., u. A. Wissner (1986b): Freileitungen als tödliche Gefahr für Weißstörche. - ebd. 43: 257–270; Fischer, D. (1978): Eine Kolonie des Weißstorches *(Ciconia ciconia)* im elektrifizierten Bahngelände zwischen

Jerewan und Etschmiadsin (Armenien). - Beitr. Vogelk. 24: 107; Frase, R. (1934): Der Weiße Storch *(Ciconia ciconia* L.) in der Grenzmark Posen-Westpreußen. - Abh. Ber. Grenzmärk. Ges. Schneidemühl 9: 1–41; Fricke, R., u. F. Fricke (1974/75): Der Weißstorchbestand im Bezirk Magdeburg in den Jahren 1964–1973. - Naturschutz Heimatforsch. Halle u. Magdeburg 11/12: 72–80; Frieling, H. (1929): Storchrückgang und Heuschreckenvergiftung. - Orn. Mschr. 54: 171–173

+Gebhardt, L., u. W. Sunkel (1954): Die Vögel Hessens. Frankfurt/Main, 532 S.; Geyr v. Schweppenburg, H. (1936a): Storchzug und Mittelmeer. - J. Orn. 84: 339–351; dgl. (1936b): Wie ziehen die holländischen Jungstörche? - Vogelzug 7: 187–190; dgl. (1937): Storchzug, Zugwinkel, Normalrichtung.- Vogelzug 8: 95–106; +Glutz v. Blotzheim, U. (1962): Die Brutvögel der Schweiz. 2. Aufl. Aarau, 648 S.; +Goethe, F., H. Heckenroth u. H. Schumann (1978): Die Vögel Niedersachsens. Hannover: 109 S.; Goos, H. (1977): Storchenschutz in Schleswig-Holstein. - Wir u. Vögel 9: 4–7; Graumann, G., u. H. Zöllick (1982): Untersuchungen der Ei- und Jungenverluste beim Weißstorch, *Ciconia ciconia*, während der Brutperiode 1980. - Orn. Rundbr. Mecklenb. N. F. 25: 3–8; Grimm, H. (1986): Zur Ernährung des Weißstorches *(Ciconia ciconia)* im Thüringer Becken und im Helme-Unstrut-Gebiet. - Acta orn. Jena 1 (2): 185–194

Haartman, L. v. (1971): Population dynamics. In: Farner u. King, Avian biology I: 392 bis 459; + Haas, D. (1980): Gefährdung unserer Großvögel durch Stromschlag – eine Dokumentation. - Ökol. Vögel 2, Sdh.: 7–57; Haas, G. (1955): Über Storchkämpfe, ihre Deutung und Bedeutung nach Beispielen 1955 am Federsee. - Aus d. Heimat 63: 212–218; dgl. (1963): Nestwechsel, Gelegeübernahme, Zusatz- und Nachgelege bei weiblichen Weißstörchen. - Vogelwarte 22: 100–109; dgl. (1964): Horst -und Partnerwechsel eines männlichen Weißstorchs innerhalb einer Brutzeit. - Jh. Ver. vaterl. Natur. Württemberg 118/119: 382–385; dgl., u. W. Haas (1965): Schwere Erkrankung eines Weißstorchs durch Behinderung der Gewöllabgabe. - ebd. 120: 292–295; dgl. (1966): Jungenverlust bei Weißstorch-Gehecken mit zweierlei Altersgruppen. - Vogelwarte 23: 300–305; Haas, W. (1974): Beobachtungen paläarktischer Zugvögel in Sahara und Sahel. - ebd. 27: 194–202; Hagen, W. (1928): Ab- und Zunahme des Storches. - Orn. Mber. 36: 97–103; ++Hahn, O. (1984): Der Weißstorch. Melsungen, 143 S.; Haldane, J. (1955): The calculation of mortality rates from ringing data. - Acta XI. Int. Congr. Orn. 1954: 454–458; Hall, M. R., u. E. Gwinner (1984): Development of sexual maturity in the white stork *(Ciconia ciconia)*. - J. Steroid Biochem. 20: 1546; Hartmann, W. (1957): Gibt es noch eine Brutkolonie des Weißstorches, *Ciconia ciconia*, im Unterspreewald? - Beitr. Vogelk. 6: 27–33; Haverschmidt, F. (1936): Terugmeldingen van in Nederland geringte Ooievaars *(Ciconia ciconia* [L.]). - Ardea 15: 112–127; dgl. (1940): De Ooievaar in Nederland in 1939. - ebd. 29: 1–19; ++dgl. (1949): The Life of the White Stork. Leiden: 96 S.; dgl. (1950): Bemerkungen über den Weißen Storch im nördlichen Zugscheidegebiet. - Orn. Beob. Bern 47: 73–79; Hayman, P., D. Jonkers und P. van Zalinge (o. J., 1983?): Ooievaars in Nederland. Harlem, 121 S.; Heckenroth, H. (1968): Beobachtungen über die Rechtswendung des wegziehenden Weißstorchs am Golf von Iskenderun. - Vogelwarte 24: 246–262; dgl. (1969a): Der Weißstorch-Bestand von Nordwest-Griechenland 1968. - ebd. 25: 19–23; +dgl. (1969b): Der Weißstorch-Bestand 1965 im westlichen Mitteleuropa. - ebd. 25: 27–46; dgl., u. E. Schüz (1970): Funde in Europa beringter Weißstörche im Orient östlich der Schmalfront. - Zool. Abh. Mus. Tierk. Dresden 31 (10): 193–203; dgl. (1978): *Ciconia ciconia*. In: Die Vögel Niedersachsens. Natursch. u. Landsch.pfl. Nieders., Sonderband, Heft 2, 1; dgl. (1986): Zur Situation des Weißstorchs *(Ciconia ciconia)* in der Bundesrepublik Deutschland. Stand 1984. - Beih. Veröff. Natursch. Landsch.pfl. Baden-Württ. 43: 111–120; Heer, E., u. I. Schöch (1952): Vom Weißen Storch in den deutschen Kolonien Süd-Bessarabiens. - Jh. Ver. vaterl. Natur. Württemberg 107: 72–88; ++Heft, T. (1929): Storkens Liv. Kopenhagen, 74 S.; Heinrich,

D. (1974): Der gegenwärtige Weißstorchbestand in den Nordbezirken der DDR. - Falke 21: 78–84; Heinrich, W. (1936): Der Bestand des weißen Storches (Ciconia c. ciconia (L.)) in Böhmen im Jahr 1934. - Lotos: 2–21; Heinroth, O., u. M. Heinroth (o. J.): Die Vögel Mitteleuropas. Bd. 2. Berlin-Lichterfelde: 160 S.;++Helms, O. et al. (1927): Storken. Kopenhagen, 116 S.; Helmstedt, K. (1972): Beobachtung eines neuen ,,Pfeilstorches". - Falke 19: 222–227; Hemke, E. (1984): Über die Gefährdung des Weißstorches durch elektrische Freileitungen. - ebd. 31: 21–23; Hemmingsen, A. M. (1950): Observations on the migration of the Eastern White Stork (Ciconia ciconia boyciana Swinhoe). - Proc. X. Orn. Congr. Uppsala: 351–353; Heyder, R. (1952): Die Vögel des Landes Sachsen. Leipzig, 467 S.; dgl. (1965): Das Nächtigen von Storchflügen in Ortschaften. - Falke 12: 65; Hickey, J. (1972): Survival studies of banded birds. - U. S. Fish Wildlife Serv., Spec. Sci. Rep., Wildlife 15: 177 S.; Hölzinger, J., u. W. Künkele (1986): Beiträge zur Verbreitung des Weißstorches (Ciconia ciconia) in Nordgriechenland. - Beih. Veröff. Natursch. Landsch.pfl. Baden-Württ. 43: 173 bis 179; +Horion, A. (1953): Koleopterologischer Beitrag zur Kenntnis der Storchnahrung. - Mitt. Bad. Landesver. Naturk. N. F. 6: 7–16; Hornberger, F. (1939): Zehn ostpreußische Storchzählungen. - Orn. Mber. 47: 166–170; dgl. (1943): Einige Ergebnisse zehnjähriger Planarbeit im ,,Storchforschungskreis Insterburg" der Vogelwarte Rossitten. - J. Orn. 91: 341–355; dgl. (1953): Vom Speisezettel des Weißen Storches. - Mitt. Bad. Landesver. Naturk. NF 6: 1–7; +dgl. (1954): Reifealter und Ansiedlung beim Weißen Storch. - Vogelwarte 17: 114–149; dgl. (1956): Ist der Rückgang des Weißen Storches durch künstliche Nestanlagen aufzuhalten? Jh. Ver. vaterl. Naturk. Württemberg 111: 207–222; +dgl. (1957): Der Weiße Storch in seinem Nahrungsrevier. - Mitt. Ver. Naturw. Ulm 25: 373–410; dgl. (1964): Folgen des Kälterückfalls Mai/Juni 1962 auf ein ,,Storchjahr" in Württemberg. - ebd. 27: 153–166; ++dgl. (1967): Der Weißstorch. - N. Brehm-Büch. 375: 156 S.

Jakab, B. (1977): Weißstorchbestand Ungarns. - Aquila 84: 37–50; +dgl. (1984): A Gólya (Ciconia ciconia) Populációdinamikájának föbb Tényezöi. - Puszta 2 (11): 89–103; +dgl. (1986): Zur Populationsdynamik des Weißstorchs in Ungarn 1958 bis 1979. - Beih. Veröff. Natursch. Landsch.pfl. Baden-Württ. 43: 167–172; Jakubiec, Z. (1978): Preliminary results of White Stork census in Poland, in 1974. - Prz. Zool. 22: 180–183; dgl. (1984): The Population of the White Stork Ciconia ciconia (L.) in Poland. - Studia Naturae 28, Warszawa-Kraków; dgl., P. Profus u. J. Szecówka (1986): Zum Status des Weißstorchs (Ciconia ciconia) in Polen. - Beih. Veröff. Natursch. Landsch.pfl. Baden-Württ. 43: 131–146; Jančev, J. (1958): Untersuchungen über einige Helminthen und Helminthosen bei Weißen Störchen und Pelikanen. - Bull. Inst. Zool. Ac. Sci. Sofia 7: 393–416 (bulg., russ. u. dtsch.); Johansen, H. (1954a): Der Storchbestand in Dänemark 1952 und 1953. - Vogelwarte 17: 156–157; dgl. et al. (1954b): Über die östlichen Rassen des Weißstorchs. - ebd. 17: 162–165; Jonkers, D. A. (1976–1984): Storchbestand in Niederland 1976 bis 1984. - Vogeljaar 24: 293–300; 25: 298–304; 26: 283–290; 27: 286–292; 28: 301–306; 29: 289–294; 30: 297–301; 31: 285–291; 32: 296–300; Jovetic, R. (1961): The life of the White Stork, Ciconia ciconia, in Macedonia. - Larus 15: 23–66; dgl. (1962): Der Weißstorch in Mazedonien. - Larus 14: 75–83; dgl. (1963): Vom Leben des Weiß storchs in Mazedonien. - Larus 15: 28–99

Kaatz, Ch. (1969): Intensive Hilfe für den Weißstorch. - Falke 16: 202–204; dgl. (1970): Der Bau von Horstunterlagen für den Weißstorch. - ebd. 17: 96–99; +dgl. (1975): Weißstorchhorste auf Leitungsmasten. - Falke 22: 240–241; dgl. (1980): Ein Storchenhof in Loburg. - ebd. 27: 30–31; dgl. (1982): Sicherung von Weißstorchhorsten auf Schornsteinen. - Falke 29: 127–130; Kahl, P. (1936): Thermoregulation in the Wood Stork, with special reference to the role of the legs. - Physiol. Zool. Chicago 36: 141–151; dgl. (1971a): Social behavior and taxonomic relationship of the Storks. - Living Bird 10: 151–170; dgl. (1971b): The courtship of Storks. - Nat. hist. N. York 80/8: 36–45; dgl. (1971c): Spread-wing postures and their possible functions in the Ciconiidae. - Auk 88: 715–722; dgl. (1972a): Comparative ethology of the Ciconiidae 4. The "typical" storks. - Z. Tierpsychol. 30: 225–252; dgl. (1972b): A revision of the family Ciconiidae (Aves). - J. Zool. London, 167: 451–461; +dgl., u. E. Schüz (1972): Zur Benennung und zur taxonomischen Gruppierung der 17 Arten Störche (Ciconiidae). - Vogelwarte 26: 277–280; dgl. u. dgl. (1981): Welt der Störche. Hamburg: 96 S.; Kaleta, E. F., u. N. Kumerfeld (1983): Herpes viruses and Newcastle disease viruses in White Storks *Ciconia ciconia*. - Avian. Pathol. 12: 347–352; Keil, W., u. R. Roßbach (1980): Bestandsveränderungen beim Weißstorch – *Ciconia ciconia* – in Hessen von 1969–1980. - Vogel Umwelt 1: 136–143; Kepka, O. (1955): Weiteres zur Verbreitung des Weißstorchs in der Steiermark. - Vogelwarte 18: 24–25; Kintzel, W. (1965): Der Weißstorch im Kreise Lübz. - Naturschutzarb. Mecklenb. 8: 28–30; +Klafs, G., u. J. Stübs (Hrsg.) (1987): Die Vogelwelt Mecklenburgs. 3. Aufl. Jena: 426 S.; +Kleiner, A. (1937): Über die Conchylien-Aufnahme der Vögel. - C. R. XII. Congr. Int. Zool. Lisbonne 1935: 1805–1824; Klemm, H. (1969): Der Weißstorch-Bestand im Gebiet von Sibiu (Hermannstadt) in Siebenbürgen 1963 und 1967. - Vogelwarte 25: 25–26; +dgl. (1983): Zur Lage des Weißstorches *(Ciconia ciconia)* in der S. R. Rumänien. - Ökol. Vögel 5: 283–293; Knorre, D. v. et al. (Hrsg.) (1986): Die Vogelwelt Thüringens. Jena, 339 S.; Koch, A., D. Magnus, H. Seilkopf, H. Baron u. E. Schüz (1966): Der Weißstorch-Zug im Raum Sinai bis Kenia in landschaftsmorphologischer Sicht. - Vogelwarte 23: 209–220; Kramer, A., u. H. Brinkmann (1973): Der Weißstorch *(Ciconia c. ciconia L.)*, auf der Insel Usedom. - Beitr. Vogelk. 19: 17–35; Krüger, H.-P. (1981): Der Bestand des Weißstorches *(Ciconia c. ciconia)* von 1974 bis 1978 im Kreis Cottbus. - Beitr. Vogelk. 27: 365–372; Kuhk, R., u. E. Schüz (1950): 1949 Störungsjahr im Bestand des Weißstorchs, *Ciconia ciconia*. - Orn. Beob. Bern. 47: 93–97; dgl. (1954): Legenden und Falschmeldungen über Störche. - Vogelwarte 17: 165–166; dgl. (1956a): Hagelunwetter als Verlustursache bei Störchen und anderen Vögeln. - ebd. 18: 180–182; dgl. (1977): Weißstorch *(Ciconia ciconia)* einstmals auf 900 m Höhe ü. M. im Südschwarzwald brütend. - Vogelwelt 98: 158; dgl. (1986): Schwärmende Junikäfer *(Amphimallon solstitiale)* als Nahrung des Weißstorchs *(C. ciconia)*. - Beih. Veröff. Natursch. Landsch.pfl. Baden-Württ. 43: 235–256; Kullenberg, B. (1956): On the migration of palearctic birds across the Central and Western Sahara. -Ark. Zool. 9: 305–327; Kumerloeve, H. (1966): Zu Brutverbreitung und Durchzug des Weißstorches, *C. cicionia* (L.), in Kleinasien. - Vogelwarte 23: 221–224; dgl. (1976): Unterlagen zum Brutbestand des Weißstorchs, *Ciconia ciconia* (L., 1758), in der Türkei (1974). - Bonner Zool. Beitr. 27: 172 bis 217; +dgl. (1977): Über die Südgrenze der Brutverbreitung des Weißstorchs, *Ciconia ciconia* (L., 1758), im Vorderen/Mittleren Orient. - ebd. 28: 292–298; +dgl. (1979): Weitere Unterlagen über den Brutbestand des Weißstorchs, *Ciconia ciconia* (L., 1758), in der Türkei (1977). - ebd. 30: 313–334

Lack, D. (1966): Population studies of Birds. Oxford, 341 S.; Lambrecht, K. (1964): Handbuch der Palaeornithologie. Neudruck Amsterdam; Lange, H. (1940): Storkens Alder og Yngleforhold i Danmark. København, 96 S.; dgl. (1942): Storkens Udbredelse. Storkebygder i Danmark og Tal-Svingninger i Europa. - Dansk Orn. Foren. Tidsskr. 36: 70–92; dgl. (1948): Storkens Udbredelse og Storken i Sydvest Jylland 1940–1947. - ebd. 42: 4–10; +dgl. (1954): Gibt es zweijährige Brüter und alte Nichtbrüter beim Weißen Storch? - Vogelwarte 17: 150 bis 155; Lázaro, E. (1984): Contribución al estudio de la alimentación de la Ciguena Blanca, *Ciconia c. ciconia* (L.) en Espana. Madrid, 332 S.; dgl. (1986): Beitrag zur Ernährungsbiologie des Weißstorchs in Spanien. - Beih. Veröff. Natursch. Landsch.pfl. Baden-Württ. 43: 235–242; Lebedeva, M. (1958): Der Weiße Storch in der Aserbaidshan-SSR. - Priroda: 104–105 (russ.); dgl. (1959): Registrierung der Anzahl von Weißstörchen in der SU. - 2. Allsowj. Orn. Conf. II. Moskau: 26–28 (russ.); dgl. (1960a): Einige Angaben über Zug und Anzahl des Weißen Storchs. - Migracii schivotnych 2. Ak. Wiss. UdSSR, Moskau: 130–139 (russ.); dgl. (1976): Numbers, migrations and ecology of storks in the USSR. Moskau, 25 S.; dgl. (1977):

Distribution and population of the Far Eastern Stork in USSR. - Abstr. VII USSR Nation. Orn. Conf. Kiew, S. 299; dgl. (1979): Migrations of the Turkestan White Stork. In: Migrations of Birds of Eastern Europe and Northern Asia. Bd. 2. Moskau, 27–28 (russ.); Libbert, W., H. Ringleben u. E. Schüz (1937): Ring-Wiederfunde deutscher Weiß-Störche (C. c. ciconia) aus Afrika und Asien. - Vogelzug 8: 193–208; +dgl. (1954): Wo verbleiben die Weiß- störche aller Altersstufen in den Brutmonaten? - Vogelwarte 17: 100–113; Löhmer, B. (1974): Zwanzig Jahre Bestandsaufzeichnung und Beringung im Weißstorchforschungskreis Leine- Steinhuder Meer. - Beitr. Naturk. Nieders. 27: 92–97; dgl. (1980): Bestandsaufzeichnung im Weißstorchforschungskreis Untere Leine-Steinhuder Meer: 6 Jahre weiter (1974–1979). - ebd. 33: 113–116; +Löhmer, R., P. Jaster u. F.-G. Reck (1980): Untersuchungen zur Ernäh- rung und Nahrungsraumgröße des Weißstorches (Ciconia ciconia). - ebd. 33: 117–129; dgl. (1986): Weißstorch (Ciconia ciconia) mit Fußschlinge. - Vogelwarte 33: 249–250; Löhrl, H. (1938): Der Storchbestand in Württemberg 1935–1937. - Württemb. Landesst. Natursch. 14: 180–191; dgl. (1957): Weißstorch „erschnäbelt" Beute im Wasser. - Vogelwarte 19: 52–53; dgl. (1961): Verhaltensweisen eines erfahrungslosen Weißen Storches. - ebd. 21: 137–142; Løppen- thin, B. (1960): The primeval immigration of some forest and open-land birds into Danmark. - Proc. XIIIth Int. Orn. Congr. Helsinki 1958: 462–463; dgl. (1967): Danske ynglefugle i fortid og nutid. Odense, 609 S.; Ludwig, B. (1965): Bestandsuntersuchung des Weiß-Storches in den Jahren 1959–1963. - Falke 12: 148–155.

+Makatsch, W. (1949): Der Bestand des Weißen Storches in der Oberlausitz in den Jahren 1945–1949. - Beitr. Vogelk. 1: 145–168; Malbrant, R. (1949): Les migrations de la Cigogne Blanche en Afrique Equatoriale Française. - L'Oiseau 19: 113–117; +Marián, M. (1970): Der Bestand des Weißstorchs (C. ciconia) in Ungarn 1963. - Vogelwarte 25: 255–257; +dgl., D. Traser, D. N. Nankinov, u. M. I. Lebedeva (1979): Migrations of White Stork. In: Migrations of birds of Eastern Europe and Northern Asia. Bd. 1: Ciconiiformes – Anseriformes. Moskau, 243 S. (russ.); Martens, J. (1966): Brutvorkommen und Zugverhalten des Weiß- storchs (C. ciconia) in Griechenland. - Vogelwarte 23: 191–208; Mazaraki, M. (1979): Bocian biały (Ciconia ciconia L.) w regionie chrzanowskim w latach 1967–1976. - Studia Osr. Doku- ment. Fizjogr. Kraków 7: 125–242; Mebs, Th. (1969): Der Bestand des Weißstorches in Franken 1965–1967 im Vergleich mit den Ergebnissen früherer Zählungen. - Anz. Orn. Ges. Bayern 8: 463–472; Meklenburzew, R. N. (1978): Resultate der Beringung des Weißstorchs in Usbekistan. In: Migrazii ptiz v Asii. Taschkent. S. 98–101 (russ.); dgl. (1980): Übersicht über die Verteilung der Vögel auf dem Territorium Usbekistans. In: Migrations of Birds of Eastern Europe and Northern Asia. Bd. 2. Moskau, 27–28 (russ.); Mell, R. (1951): Der Storch.- N. Brehm-Büch. 35, 44 S.; Mendelssohn, H. (1975): The White Stork in Israel. - Vogelwarte 28: 123–131; Menzel, F., u. H. Menzel (1967): Zum Vorkommen des Weißstorches (Ciconia c. ciconia) in der Oberlausitz. - Abh. Ber. Naturk. Mus. Görlitz 42 (7): 1–15; dgl., u. dgl. (1975): Das Vorkommen des Weißstorches, Ciconia c. ciconia (L.), in der Oberlausitz von 1967 bis 1972. - ebd. 48 (10): 1–16; dgl., u. dgl. (1980): Das Vorkommen des Weißstorches, Ciconia c. ciconia (L.) in der Oberlausitz von 1973–1978. - ebd. 53 (8): 1–16; Menzel, H. (1964): Bisamratte,Ondatra zibethica, als Nahrung des Weißstorches. - Beitr. Vogelk. 9: 377; dgl. (1967): Ankunft und Abzug des Weißstorches (Ciconia ciconia (L.)) in der nördlichen Oberlausitz. – ebd. 12: 268–273; Merzweiler, A. (1965): Zur Höhenverbreitung des Weißstorchs, Ciconia ciconia, in Bulgarien. - Beitr. Vogelk. 11: 107; +Meybohm, E., u. G. Dahms (1975): Über Altersaufbau, Reifealter und Ansiedlung beim Weißstorch (C. ciconia) im Nordsee-Küsten- bereich. - Vogelwarte 28: 44–61; dgl. (1978): Weißstorch. In: W. Panzer u. H. Rauhe: Die Vogelwelt an Elb- und Wesermündung. Bremerhaven, S. 103–108; +dgl., u. G. Fiedler (1983): Neue Fälle von hohem Alter, Ortstreue, Um- und Fernsiedlung und anderen brutbiologischen Befunden beim Weißstorch (C. ciconia). - Vogelwarte 32: 14–22; Milstein, P. le S. (1965): Über BHC-vergiftete Heuschrecken als Nahrung des Weißstorchs in Südafrika. - ebd. 23:

117–121; Mortensen, H. C. C. (1920): Marked storks *(Ciconia alba* Briss.). In: Studies in Bird Migration. Kopenhagen 1950, S. 175–228; dgl. (1924): Storkens Liv. Kopenhagen; Mortensen, I. (1928): Report on a number of Storks *(Ciconia alba)* marked by the late H. Chr. Mortensen. In: Studies in Bird Migration. Kopenhagen 1950, S. 263–268; +Mrugasiewicz, A. (1972): White Stork, *Ciconia ciconia* (L.), over the district of Milicz in the years 1959–1968. - Acta Orn. 13 (7): 243–278 (poln. u. engl.); Müller, G., u. H. Schneble (1986): Die Weißstorch-Aufzuchtstation des Landes Baden-Württemberg in Schwarzach. - Beih. Veröff. Natursch. Landsch.pfl. Baden-Württ. 43: 283–304

Nagy, I. (1952–1955): Biological observations on a pair of White Storks with special consideration for the feeding of the young. - Aquila 59–62: 145–159 (ung. u. engl.); Neubauer, W., u. G. Strache (1982): Bestandsentwicklung des Weißstorches im Kreis Güstrow. - Orn. Rundbr. Mecklenb. N. F. 25: 10–16; +Neufeldt, I., u. K. Wunderlich (1982): *Ciconia boyciana* Swinhoe. In: Atlas der Verbreitung paläarktischer Vögel. 10. Lfg. Berlin; Niethammer, G. (1972): Störche über Afghanistan. - Z. Kölner Zoo 15: 47–54; dgl. (1972): Rückmeldung beringter Turkestan-Weißstörche *(Ciconia ciconia asiatica)* aus Afghanistan. - Vogelwarte 26: 355; Niethammer, J. (1967): Störche in Afghanistan. - Vogelwarte 24: 42–44; Nikolaus, G. (1986): Bemühungen um den Schutz des Weißstorchs im Sudan. - Beih. Veröff. Natursch. Landsch.pfl. Baden-Württ. 43: 347–348; Nogge, G. (1973): Vogeljagd am Hindukusch. - Natur. Mus. 103: 276–279; dgl. (1978): Storchenjagd am Hindukusch – wie lange noch? – Tier 18: 16–19; Noréhn, N. (1952): Storkstammen i Skåne under åren 1947 bis 1951. - Skånes Natur 39: 3–8

Ohlendorf, A. (1933): Wie vollzieht sich zeitlich der Abzug der jungen und alten Störche? - Vogelzug 4: 118–124 (s. a. 166–168 u. 194); Okulewicz, J. (1971): Birds of Olsztyn and its Vicinity. - Acta Orn. 13: 127–172 (poln.); Olson, S. L. (1978): Multiple origins of the Ciconiiformes. - Proc. Colon. Waterbird Group, S. 165–170; Osieck, E. R., u. M. F. Mörzer Bruyns (1981): Important Birds Areas in the European community. - EC-Work. Group-ICBP

Peters, N. (1934): Der Weiße Storch als Vertilger von Wollhandkrabben. - Orn. Mber. 42: 174; Petrov, Th. (1978): Contribution à l'Etude de la Propagation et de la Biologie de Nid de la Cigogne Blanche dans le Département de Plovdiv. - Bull. Mus. S. Bulgaria 4: 37–48; Petzold, H.-G. (1958): Einige Bilder und Gedanken zum Thema ,,Kronismus beim Weißstorch". - Beitr. Vogelk. 6: 261–265; Phillips, W., et al. (1959): Zum Zug des Weißstorchs im Gebiet vom Roten Meer, Suesgolf und Kanalzone. - Vogelwarte 20: 116–121; Piesker, O. (1967): Zum Horstbauverhalten von Weißstörchen. - Falke 14: 206–207; Pinowski, J.' B. Pinowska, R. de Graaf u. J. Visser (1986): Der Einfluß des Milieus auf die Nahrungs-Effektivität des Weißstorchs *(Ciconia ciconia)*. - Beih. Veröff. Natursch. Landsch. pfl. Baden-Württ. 43: 243–252; Plath, L. (1972): Bestandsentwicklung des Storches in den Kreisen Rostock-Stadt und Rostock-Land. - Orn. Rundbr. Mecklenb. N. F. 13: 19–29; dgl. (1976): Verluste während der Zeit der Brut und Jungenaufzucht beim Weißstorch. - Falke 23: 26–28; dgl. (1981): Ungewöhnliche Storchenunfälle. - ebd. 28: 26–27; Prinzinger, R. (1982): Beinkoten beim Weißstorch *(Ciconia ciconia)*. - Ökol. Vögel 4: 82–83; +Profus, P., u. P. Mielczarek (1981): Changes in the numbers of the White Stork *Ciconia ciconia* (Linnaeus, 1758) in Southern Poland. - Act. zool. crac. 25 (6): 39–218 (poln. u. engl.); dgl. (1982): Ecology of the White Stork *(Ciconia ciconia)* in Poland. - Abstr. XVIII. Congr. Int. Orn. Moskau, S. 270; dgl. (1986): Zur Brutbiologie und Bioenergetik des Weißstorchs in Polen. - Beih. Veröff. Natursch. Landsch.pfl. Baden-Württ. 43: 205–220; Putzig, P. (1935): Neue Untersuchungen über die Nahrung des Weißen Storches. - Dtsch. Jagd 14: 256–257; dgl. (1938): Zur Ernährung des Weißstorches. - Beitr. Fortpfl. Vögel 14: 107–108

Rachilin, W. K. u. R. Kuhk (1955): Hohe Lebensalter bei Störchen. - Vogelwarte 18: 21–22; dgl. (1963): Über die Zugscheiden des Weißstorchs in Afrika, Ukraine und Asien. - ebd. 22: 65–70; Radkiewicz, J. (1971): An inventory of nests of the White Stork in the district of Slubice. - Acta Orn. 13: 1–15 (poln. u. engl.); dgl. (1981): Brutkolonien des Weißstorchs an der mittleren Oder. - Falke 28: 384–385; dgl. (1983): Wieś Kłopot jako najwieksza kolonia lęgowa bociana białego w Polsce. - XIII Zjazd Pol. Tow. Zool. Katowice wrzesień: 122; Raviv, M. (1984): Ring findings of the White Stork in Israel. - Tzufit (J. Israel Orn. Cent.) 2: 17–28 (engl. Zusammenf.); Reed, Ch., u. Th. Lovejoy (1969): The Migration of the White Stork in Egypt and Adjecent Areas. - Condor 71: 146–154; Rejman, B. (1983): Současny stav hnízdících čápů bílých (Ciconia ciconia) ve Východočeském kraji v roce 1983; dgl. (1986): Über die Internationalen Bestandsaufnahmen des Weißstorches in der Tschechoslowakei, besonders den vierten Zensus 1984. - Beih. Veröff. Natursch. Landsch.pfl. Baden-Württ. 43: 153–165; Rékási, J. (1973/74): Analyse der in Weißstorchnestern (Ciconia ciconia) gesammelten Gewölle. - Aquila 80/81: 300 bis 301; Rheinwald, G. (1982): Brutvogelatlas der Bundesrepublik Deutschland. - Bonn; Ricklefs, R. E. (1973): Fecundity, mortality and avian demography. In: Farner, Breeding biology of birds. - Nat. Ac. Sci. Washington: 366–435; Riegel, M., u. W. Winkel (1971): Über Todesursachen beim Weißstorch (C. ciconia) an Hand von Ringfundangaben. - Vogelwarte 27: 128–135; Ringleben, H. (1950): Zur Ausbreitung und Verbreitung des Weißen Storches in Nordost-Europa. - Orn. Ber. 3: 27–53; dgl. (1986): Ein „übersehenes" ehemaliges Storchendorf in Brandenburg. - Beitr. Vogelk. 32: 331; Ritzel, L. (1980): Der Durchzug von Greifvögeln und Störchen über den Bosporus im Frühjahr 1978. - Vogelwarte 30: 149–162; Rörig, G. (1903): Untersuchungen über die Nahrung unserer heimischen Vögel. - Arb. Biol. Abt. Land- u. Forstw. Berlin 4 (1): 51–122; Rooth, J. (1957): Over het voedsel, de terreinkeus en de achteruitgang van de Ooievaar, Ciconia ciconia L., in Nederland. - Ardea 45: 93–116; ++Rosendahl, S. (1974): Danmarks Storke. Skjern, 72 S.; dgl. (1975): Den Sorte Stork. Skjern, 72 S.; Rossbach, R. (1983): Zur Auswilderung von Zoo-Störchen (Ciconia ciconia) in Hessen. - Vogel Umwelt 2: 231–234; dgl. (1984): Maßnahmen zur Erhaltung des Weißstorches – Ciconia ciconia – in Hessen. - ebd. 3: 95–99; Rüppell, W. (1931): Zug der jungen Störche (Ciconia c. ciconia L.) ohne Führung der Alten? - Vogelzug 2: 119–122; Ruthke, P. (1986): Zum Status des Weißstorchs (Ciconia ciconia) in Marokko. - Beih. Veröff. Natursch. Landsch. pfl. Baden-Württ. 43: 189–195; +Rutschke, E. (Hrsg.) (1983): Die Vogelwelt Brandenburgs. Jena: 385 S.

Santos Junior, J. R. dos (1961): Demografia da Cegonha Branca em Portugal. - Ann. Fac. Ciências Porto 44: 5–55; +Sauter, U., u. E. Schüz (1954): Bestandsveränderungen beim Weißstorch: Dritte Übersicht, 1939–1953. - Vogelwarte 17: 81–100; Schierer, A. (1951): Ein Massengrab von Störchen. - Orn. Beob. Bern 48; 113–114; dgl. (1960): Zweiter Bericht über den Einsatz algerischer Störche für den Storchansiedlungsversuch in der Schweiz. - Orn. Beob. Bern 57: 214–223; dgl. (1962): Sur la régime alimentaire de la Cicogne Blanche en Alsace. - L'Oiseau R.F.O. 32: 3–4; dgl. (1967): La Cigogne blanche en Alsace de 1948 à 1966. - Orn. d'Alsace 7/8, 57 S. dgl. (1970): A propos de la copulation chez la Cicogne Blanche. - Lien ornith. d'Alsace 6 (14): 6–7; +dgl. (1972): Mémoire sur la Cigogne blanche en Alsace (1948–1970). - Ciconia 1: 1–78; dgl. (1979): La nidification de la cicogne blanche en Moselle. Soc. Hist. Nat. Moselle 42: 255–265; dgl. (1981): La Cigogne blanche (Ciconia ciconia) en Alsace de 1978–1980. - ebd. 5: 32–37; dgl. (1983): Cronisme chez la cicogne blanche. - Ciconia 7 (1): 43–48; dgl. (1986): Vierzig Jahre Weißstorch-Forschung und -schutz im Elsaß. - Beih. Veröff. Natursch. Landsch.-pfl. Baden-Württ. 43: 329–341; Schifferli, A., u. A. Schierer (1950): Die Störche im Elsaß: Brutstatistik 1947–1949, das Störungsjahr 1949. - Orn. Beob. Bern 47: 79–93; Schildmacher, H. (1960): Der Bestand des Weißen Storches in der DDR im Jahre 1958. - Falke 7: 3–8; dgl. (1975): Der Bestand des Weißstorches in der DDR im Jahre 1974. - ebd. 22: 366–371; Schlenker, R. (1986): Der Weißstorch-Bestand in Baden-Württemberg 1974–1984. - Beih. Veröff.

Natursch. Landsch.pfl. Baden-Württ. 43: 105–109; Schmidt, E. (1973): Ökologische Auswirkungen von elektrischen Leitungen und Masten sowie deren Accessorien auf die Vögel. -
Beitr. Vogelk. 19: 342–362; Schmitt, B. (1967): Notes sur la Biologie de la Cigogne Blanche
(Ciconia ciconia) d'après des observations d'oiseaux captifs. - L'Oiseau 37: 316–335; dgl. (1983):
Étude socio-biologique d'une population de Cicogne Blanches *(Ciconia c. ciconia)* au parc de
l'orangerie de Strasbourgh. - Ciconia 7 (3): 113–132; Schneider, K. M. (1952): Vom Kropf-
storch *(Leptoptilos* Lesson) in Gefangenschaft. - Beitr. Vogelk. 2: 196–286; Schnetter, W.,
u. G. Zink (1960): Zur Frage des Brutreifealters südwestdeutscher Weißstörche. - Proc. XII.
Int. Orn. Congr. Helsinki 1958, S. 662–666; Schnurre, O. (1922): Die Vögel der deutschen
Kulturlandschaft. Marburg, 136 S.; Schönwetter, M. (1967): Handbuch der Oologie. Bd. 1.
Berlin, 929 S.; Schubert, H. J. (1957): Über Begegnungen von Vögeln mit Flugzeugen. -
Beitr. Vogelk. 5: 188–200

Aus etwa 160 Arbeiten zum Thema Storch von E. Schüz wurden ausgewählt: Schüz, E.
(1933): Der Bestand des Weißstorches in Ostpreußen 1931. - Verh. orn Ges. Bayern 20: 191 bis
225; dgl. (1934): Beobachtungen über Paarbildung und Nestleben des Weißstorches. - Beitr.
Fortpfl. Vögel 10: 45–51; dgl. (1935): Beobachtungen an beringten Störchen zur Brutzeit. -
ebd. 11: 61–68; +dgl. (1936): Internationale Bestands-Aufnahme am Weißen Storch 1934. -
Orn. Mber. 44: 33–41; +dgl. (1938a): Über Biologie und Ökologie des Weißen Storches. - Proc.
VIII. Int. Orn. Congr. Oxford 1934: 577–591; dgl. (1938b): Auflassung ostpreußischer Jungstörche in England 1936. - Vogelzug 9: 65–70; +dgl. (1940a): Bewegungen im Bestand des
Weißen Storches seit 1934. - Orn. Mber. 48: 1–14; dgl. (1940b): Regenwürmer als Nahrung des
Weißen Storches. - Beitr. Fortpfl. Vögel 16: 203–205; dgl. (1942a): Bestandsregelnde Einflüsse
in der Umwelt des Weißstorches. - Zool. Jb. Syst. 75: 103–120; dgl. (1942b): Über die Unter-
scheidung freilebender Einzelstücke des Weißen Storchs. - Orn. Mber. 50: 99–104; +dgl.
(1942c): Bewegungsnormen des Weißen Storches. - Z. Tierpsychol. 5: 1–37; +dgl. (1943a):
Über die Jungenaufzucht des Weißstorches *(C. ciconia)*. - Z. Morph. Ökol. Tiere 40: 181–237;
+dgl. (1943b): Vierzehn Jahre Storchsiedlung Rossitten. - Vogelzug 14: 90–109; dgl. (1943c):
Versuche über die Bindung des Storchs an seinen Aufzuchtort. - ebd. 14: 137–141; +dgl. (1944):
Nest-Erwerb und Nest-Besitz beim Weißen Storch. - Z. Tierpsychol. 6: 1–25; dgl. (1948):
Störche als Eingeborenenbeute. - Vogelwarte 15: 8–18; dgl. (1949a): Die Spät-Auflassung
ostpreußischer Jungstörche in West-Deutschland durch die Vogelwarte Rossitten 1933. - ebd.
15: 63–78; dgl. (1949b): Reifung, Ansiedlung und Bestandswechsel beim Weißstorch. In:
Ornithologie als biologische Wissenschaft (Stresemann-Festschrift). Heidelberg, S. 217–228;
dgl. (1950): Die Frühauflassung ostpreußischer Jungstörche in West-Deutschland durch die
Vogelwarte Rossitten 1933–1936. - Bonner Zool. Beitr. 1: 239–253; dgl., u. R. Böhringer
(1950): Vom Zug des Weißstorchs in Afrika und Asien nach den Ringfunden bis 1949. - Vogel-
warte 15: 160–187; dgl. (1951): Dreizehn Ringfunde von Weißstörchen. - ebd. 16: 79–82;
dgl. (1952a): Vom Weißstorch in Baden. - Badische Heimat 32: 30–32; dgl. (1952b): Zur
Methode der Storchforschung. - Beitr. Vogelk. 2: 287–298; dgl. (1953): Die Zugscheide des
Weißstorches nach den Beringungsergebnissen. - Bonner Zool. Beitr. 4: 31–72; dgl. (1955a):
Über den Altersaufbau von Weißstorch-Populationen. - Acta XI. Congr. Int. Orn. Basel 1954,
S. 522–528; dgl. (1955b): Vom Zug des Weißstorches im Raum Syrien bis Ägypten. - Vogel-
warte 18: 5–13; dgl. et al. (1955c): Hohe Lebensalter bei Störchen. - ebd. 18: 21–22; dgl.
(1955c): Von der Storchforschung in Baden. - Mitt. Bad. Landesver. Naturk. N. F. 3: 171–179;
dgl. (1955d): Störche und andere Vögel als Heuschreckenvertilger in Afrika. - Vogelwarte 18:
93–95; +dgl., u. G. Zink (1955): Bibliographie der Weißstorch-Untersuchungen der Vogelwarten
Rossitten – Radolfzell und Helgoland. - ebd., Verzeichniswerk 1955, S. 81–85; +dgl. (1957):
Das Verschlingen eigener Junger („Kronismus") bei Vögeln und seine Bedeutung. - ebd. 19:
1–15; dgl. (1959): Störche und Lokustide (Schriftenschau). - ebd. 20: 182–184; dgl. (1960):
Die Verteilung des Weißstorchs im südafrikanischen Ruheziel. - dgl. 20: 205–222; dgl., u.

J. Szijj (1960a): Vorläufiger Bericht über die Internationale Bestandsaufnahme des Weißstorchs 1958: - ebd. 20: 253–257; +dgl., u. dgl. (1960b): Bestandsveränderungen beim Weißstorch: Vierte Übersicht, 1954 bis 1958. - ebd. 20: 258–273; dgl., u. dgl. (1961): Vom Weißstorchbestand in Deutschland 1934 bis 1958. - J. Orn. 102: 28–33; dgl. (1961): Ringfundmaterial
(Stand 1960) zum Thema: Westeuropäische Zugscheide des Weißstorchs. - Auspicium 1: 243
bis 269, 273–310; Bd. 2: 19–60; dgl. (1962): Über die nordwestliche Zugscheide des Weißen
Storchs. - Vogelwarte 21: 269–290; dgl., u. J. Szijj (1962): Report on the International Census
of the White Stork 1958. - VIII. Bull. Int. Counc. Bird Preserv. 1962, S. 86–98; dgl. (1963):
Über die Zugscheiden des Weißstorchs in Afrika, Ukraine und Asien. - Vogelwarte 22: 65–70;
+dgl. (1964): Zur Deutung der Zugscheide des Weißstorchs. - ebd. 22: 194–223; dgl. (1965a):
Gefahren für den ziehenden Weißstorch. - Ber. Dtsch. Sekt. Int. Rat Vogelschutz 5: 15–22;
(1965b): Von „Oshima", vom Schwarzschnabelstorch und von der Lebensdauer der Störche. -
Beitr. Vogelk. 10: 329–333; dgl. (1966a): Über Stelzvögel (Ciconiiformes und Gruidae) im
Alten Ägypten. - Vogelwarte 23: 263–283; dgl. (1966b): Über Paläarkten in Äthiopien. -
ebd. 23: 285–289; +dgl. (1967): Verbreitungsgrenzen der Westrasse des Weißstorchs (Ciconia
ciconia). - ebd. 24: 116–122- dgl., u. W. Gehlhoff (1967): Die Brutverbreitung des Weißstorchs im Vorderen und Mittleren Orient. - ebd. 24: 48–63; dgl. (1969): Storks and other
birds carrying arrowheads. - Ostrich 40: 17–19; +dgl. (1971): Grundriß der Vogelzugskunde.
Hamburg, 390 S.; dgl. (1975): Greifvögel als Angreifer von Weißstörchen (Ciconia ciconia). -
Vogelwelt 96: 114–116; +dgl., u. J. Szijj (1975): Bestandsveränderungen beim Weißstorch,
fünfte Übersicht: 1959–1972. - Vogelwarte 28: 61–93; dgl. (1978): Efforts made to preserve
the White Stork. - Int. Counc. Bird. Preserv., The Presidents Letter 43: 4–7; dgl. (1979a):
Rettet den Weißstorch! - Flugblatt 15 der Nat. Forsch. Ges. Schaffhausen, 44 S.; dgl. (1979b):
Results of the III International Census (1974) of the White Stork. - XIII Bull. of the Int.
Council for Bird Preservation. London, S. 173–179; dgl. (1980a): Status und Veränderung des
Weißstorch-Bestandes. - Naturw. Rdsch. 33: 102–105; dgl. (1980b): Vom rechtlichen Schutz
des Weißstorchs in Afrika. - Ber. Dtsch. Sekt. Int. Rat. Vogelschutz 20: 109–111; dgl. (1981):
The Protection of the Whits Stork in African Countries. - Ökol. Vögel 3: 307–310; dgl. (1982):
Mittelasiatischer Weißstorch (Schriftenschau). - Vogelwarte 31,4: 467–469; dgl. (1983): Drift
eines Weißstorchs in den Atlantik. - Orn. Mitt. 35: 118–121; dgl. (1984): Über Syngenophagie,
besonders Kronismus. - Ökol. Vögel 6: 141–158; dgl. (1985): Über die sogenannten Storch-
gerichte und über die Rolle des Akinese-Verhaltens des Weißstorchs (Ciconia ciconia) als
Notfunktion. - Orn. Mitt. 37: 352–357; dgl. (1986a): Über die Namen des Weißstorchs (Ciconia
ciconia) als Ausdruck einer vielfältigen Mensch-Vogel-Beziehung. - Beih. Veröff. Natursch.
Landsch.pfl. Baden-Württ. 43: 15–24; dgl. (1986b): Bücher über den Weißstorch (Ciconia
ciconia). - ebd. 351–360; dgl. (1986c): Zur Bibliographie des Weißstorchs (C. ciconia). - ebd.
361–372; dgl., u. W. Böttcher-Streim (im Druck): Bericht über die IV. Internationale Bestandsaufnahme des Weißstorches 1984.

Schumann, H. (1933): Die Wasserversorgung der Jungstörche. - Orn. Mschr. 58: 122 und
59: 74; Schuster, L. (1935): Über die Wasserversorgung der Vogeljungen. - Beitr. Fortpfl.
Vögel 11: 104–106; Schwitulla, H. (1962): Heuschreckenbekämpfung und Störche. - Ges.
Pflanzen 14: 70–71; Seilkopf, H. (1953): Die Wanderung eines jungen Weißstorchs von
Holstein nach Finnland (unter meteorologischem Aspekt). - Vogelwarte: 16: 143–146; Seitz, A.
(1935): Einige Mitteilungen über den Hausstorch als Brutvogel in Oesterreich 1934. - Beitr.
Fortpfl. Vögel 11: 85–92; dgl. (1940): Der Hausstorchbestand im Burgenland (Gau Nieder-
donau) 1934–1939. - ebd. 16: 87–92; +Siefke, A. (1981): Dismigration und Ortstreue beim
Weißstorch (Ciconia ciconia) nach Beringungsergebnissen aus der DDR. - Zool. Jb. Syst. 108:
15–35; Siegfried, W. R. (1967): The distribution and status of the Black Stork in Southern
Afrika. - Ostrich 38: 179–185; +Siewert, H. (1932): Störche. Berlin, 208 S.; Skovgaard,
P. (1926): Maerkede Storke. - Danske Fugle 2: 57–72; dgl. (1933/34): Storken i Danmark. -

ebd. 4: 67–82; 5: 83–138; Smith, K. D., u. G. B. Popov (1953): On bird attacking Desert Locust swarms in Eritrea. - Entomologist 86: 3–7; Stammer, J. (1937): Ein Beitrag zur Ernährung des Weißstorches. - Ber. Ver. Schles. Orn. 22: 20–28; Stapel, J. (1981): Die Weißstorchkolonie in Leppin, Kreis Strasburg, Bezirk Neubrandenburg, von 1968 bis 1979. - Orn. Rundbr. Meckl. N. F. 24: 3–5; Steinbacher, J. (1933): Magenuntersuchungen beim Weißen Storch. - Dtsch. Weidwerk 38 (22): 635–636; dgl. (1934): Der Weiße Storch – kein Jagdschädling! - Dtsch. Jäger, S. 653; dgl. (1936): Untersuchungen über die Nahrungsbiologie des Weißen Storchs (*Ciconia c. ciconia* (L.)) in Ostpreußen 1933 und 1934. - Schr. phys.-ökon. Ges. Königsberg 69: 23–36; dgl. (1956): Zur Frage des Weißstorch-Zuges in Italien. - Falke 3: 209–210; Steinfatt, O. (1934): Zur Brut- und Zugverbreitung des Schwarzen und Weißen Storchs auf der Pyrenäenhalbinsel. - Beitr. Fortpfl. Vögel 10: 161–168; +Stollmann, A. (1969): Populationsuntersuchungen am Weißstorch *(C. ciconia)* in der Slowakei 1968. - Vogelwarte 25: 65–66; +dgl. (1970): Die Populationsdynamik des Weißstorchs in der Slowakei während der Jahre 1951–1968. - Sylvia 18: 17–21; dgl. (1971): Der Weißstorch in der Slowakei 1968. - Českoslov. Ochr. Prirody 12: 143–178; dgl. (1976): The White Stork *(Ciconia ciconia)* in Slovakia in the Year 1974. - Biológia Bratislava 31: 861–867; Storch, H. (1981): Ein kleines Storchenparadies. Verden/Aller: 32 S.; Strautzels, Th., u. E. Schüz (1942): Zusammenfassung der Ergebnisse der Storchbestandszählung in Lettland 1934. - Orn. Mber. 50: 69–79; Strawinskiego, St. (1980): Bocian biały, *Ciconia ciconia* (L.). - Ecologia Ptaków Wybrzeza. Gdansk, 80 S.; Stresemann, E., u. V. Stresemann (1966): Die Mauser der Vögel. - J. Orn. 107, Sdh. 445 S.; Szczepski, B. (1935): Bocian biały w powiecie Poznańskim. - Wyd. Kom. Ochr. Przyr. na Wielkopolske i Pomorze 5: 115–127; Szczepski, J. (1968): Results of Census of White Stork. - Przyr. pol. Warszawa 12: 6; Székessy, V. (1950): Die Coleopteren-Fauna der Storchnester. - Verh. VIII. Int. Congr. Ent. Stockholm: 497–507; Szidat, L. (1935): Warum wirft der Storch seine Jungen aus dem Nest? - J. Orn. 83: 76–87; +dgl. (1940): Die Parasitenfauna des Weißstorchs und ihre Beziehungen zu Fragen der Ökologie, Phylogenie und Urheimat der Störche. - Z. Paras.k. 11: 563–592; Szidat, L. (1943): Weitere Beobachtungen über Parasiten und andere Krankheitserreger in aus dem Nest geworfenen Jungstörchen. - Z. Morph. Ökol. Tiere 40: 238–247; Szijj, J., u. L. Szijj (1955): Contributions to the Food-Biology of the White Stork (*Ciconia c. ciconia* L.). - Aquila 59–62: 83–94

Tamm, R. K. (1959): Brut und Zug des Weißen Storches in Estland. - 2. Allsowj. Orn. Conf. Moskau, S. 29–30 (russ.); Tantzen, R. (1956): Die Störche in Oldenburg im Jahre 1955. - Natur Jagd Nieders., Weigold-Festschr., S. 169–173; +dgl. (1962): Der Weiße Storch im Lande Oldenburg. - Oldenb. Jb. 61: 105–213; Thienemann, J. (1910): Der Zug des weißen Storches *(Ciconia ciconia)*. - Zool. Jb., Suppl. 12: 665–686; Tischler, F. (1941): Die Vögel Ostpreußens und seiner Nachbargebiete, Bd. 2 (Schreitvögel bis Hühnervögel). Königsberg; Toschi, A. (1960): La nidificazione in Italia dela Cicogna bianca, del Mignattaio et del Cabbiano comune. - Ric. Zool. appl. caccia Bologna 32: 1–18

Valverde, J. (1958): Some Observations on the Migration through the Occidental Sahara. - Bull. Brit. Orn. Cl. 78: 1–5; Vasvári, N. (1934): Le rôle du pelobates dans la nouritture des Oiseau. - Proc. VIII Int. Orn. Congr. Oxford, 1938: 726–729; Vaurie, Ch. (1965): The Birds of the Palearctic Fauna. London. 761 S.; Verheyen, R. (1950): La Cigogne blanche dans son quartier d'hiver. - Gerfaut 40: 1–16; Herz-Festschr.; Veroman, H. (1970): Vom Bestand des Weißstorches *(C. ciconia)* in Estland 1962 bis 1967. - Vogelwarte 25: 257–259; dgl. (1976): Distribution dynamics of the White Stork *Ciconia ciconia* in the Baltik area. - Orn. Fenn. 53: 150–152; ++dgl. (1980): Valge-toonekurg (Weißstorch). Tallinn, 112 S. (estn., russ. u. engl.); dgl. (1982): Wieviele Brutpaare des Weißen Storches brüten erfolglos? - Abstr. XVIII Congr. Int. Orn. Moskau, S. 302; Vesey-FitzGerald, D. F. (1959): Locust control operations and their possible effect on the population of the White Stork, *Ciconia ciconia*. - Ostrich 30: 65–68;

+Vondráček, J. (1978): Der Weißstorch *Ciconia ciconia* (L.) im Nordböhmischen Kreise. - Fauna Bohem. Septentr. Ustí n. L. 3: 37–40; Vos, C. (1979–1983): Jaaroverzicht Ooievaars-buitenstation Herwijnen, Holland, 1 bis 5

Weber, H. (1938): Käfer aus einem Storchnest. - Ent. Bl. Krefeld 34: 337–338; Weigold, H. (1937): Der Weiße Storch in der Provinz Hannover. - Oldenburg, 97 S.; Weissert, B. (1971 bis 1981): Der Bestand des Weißstorches *(Ciconia ciconia* L.) in der Steiermark im Jahre 1971 (bis 1981). - Mitt. Abt. Zool. Landesmus. Joanneum Graz 1: 147–151; 2: 131–134; 3: 107–109; 4: 151–153; 5: 77–79; 6: 95–98; 7: 135–138; 8: 139–144; 9: 125–135; 10: 73–79; 29: 57–63; dgl. (1984–1985): Der Bestand des Weißstorches, *Ciconia ciconia* L., in der Steiermark in den Jahren 1982 und 1983 (Aves) bzw. 1984. - Mitt. naturw. Ver. Steiermark 114: 351–361; 115: 137–142; Winterbottom, J. M. (1977): The White Stork in South Afrika 1974–1975. - Ostrich 48: 116–118; Wobus, U. (1963): Der Bestand des Weißen Storches in der östlichen Oberlausitz 1954–1960. - Abh. Ber. Naturk. Mus. Görlitz 38 (9): 1–11; Wodzicki, K., W. Puchalski u. H. Liche (1938): Untersuchungen über die Orientation und Geschwindigkeit des Fluges bei Vögeln III. Untersuchungen an Störchen. - Acta Orn. 2 (13): 239–258; dgl., dgl. u. dgl. (1939): Untersuchungen über die Orientierung und Geschwindigkeit des Fluges bei Vögeln. V. Weitere Versuche an Störchen. - J. Orn. 87: 99–114; Wruss, W. (1969): Die Störche in Kärnten. - Carinthia 79: 153–159; +Wüst, W. (1980): Avifauna Bavariae. Bd. 1. München, 727 S.

Zapf, J. (1963): Dle Kärtner Vogelwelt im Laufe von zwanzig Jahren (1942–1962). – Carinthia 73: 194–215; Zimdahl, W. (1958): Sprachliches und Faunistisches über den Weißstorch. - Falke 8: 129–131; Zink, G. (1963): Populationsuntersuchungen am Weißen Storch *(Ciconia ciconia)* in SW-Deutschland. - Proc. XIII. Int. Orn. Congr. Ithaca: 812–818; +dgl. (1967): Populations-dynamik des Weißen Storchs, *Ciconia ciconia*, in Mitteleuropa. - Proc. XIV. Int. Orn. Congr. Oxford: 191–215; dgl. (1975): Bestandsentwicklung beim Weißstorch *Ciconia ciconia*. - Beih. Veröff. Natursch. Baden-Württ. 7: 26–32; Zöllick, H. (1985): Entwicklung eines mit Thyroxin behandelten jungen Weißstorches, *Ciconia ciconia*. - Zool. Garten N. F. 55: 159 bis 162; Zuppke, U. (1975): Beobachtungen bei der Ansiedlung von Weißstörchen *(Ciconia ciconia)* auf Elektromasten. - Beitr. Vogelk. 21: 377–381; dgl. (1982): Der Bestand des Weiß-storches, *Ciconia ciconia*, im Kreis Wittenberg (Bez. Halle) von 1976 bis 1980. - ebd. 28: 175–187

15. Register